广视角·全方位·多品种

权威·前沿·原创

皮书系列为
"十二五"国家重点图书出版规划项目

国际清洁能源发展报告
（2013）

ANNUAL REPORT ON DEVELOPMENT OF INTERNATIONAL CLEAN ENERGY (2013)

主　编/国际清洁能源论坛（澳门）

社会科学文献出版社
SOCIAL SCIENCES ACADEMIC PRESS (CHINA)

图书在版编目(CIP)数据

国际清洁能源发展报告. 2013/澳门国际清洁能源论坛主编.
—北京：社会科学文献出版社，2013.9
（清洁能源蓝皮书）
ISBN 978-7-5097-4983-8

Ⅰ.①国… Ⅱ.①澳… Ⅲ.①无污染能源-能源发展-研究报告-世界-2013 Ⅳ.①F416.2

中国版本图书馆CIP数据核字（2013）第194692号

清洁能源蓝皮书
国际清洁能源发展报告（2013）

主　　编／国际清洁能源论坛（澳门）

出　版　人／谢寿光
出　版　者／社会科学文献出版社
地　　址／北京市西城区北三环中路甲29号院3号楼华龙大厦
邮政编码／100029

责任部门／全球与地区问题出版中心（010）59367004　　责任编辑／王晓卿　张金勇
电子信箱／bianyibu@ssap.cn　　责任校对／岳中宝
项目统筹／王晓卿　　责任印制／岳　阳
经　　销／社会科学文献出版社市场营销中心（010）59367081　59367089
读者服务／读者服务中心（010）59367028

印　　装／北京季蜂印刷有限公司
开　　本／787mm×1092mm　1/16　　印　张／25
版　　次／2013年9月第1版　　字　数／405千字
印　　次／2013年9月第1次印刷
书　　号／ISBN 978-7-5097-4983-8
定　　价／89.00元

本书如有破损、缺页、装订错误，请与本社读者服务中心联系更换
▲ 版权所有　翻印必究

推廣清潔能源
關注持續發展

澳門特別行政區行政長官 崔世安

誌《二〇一三年國際清潔能源藍皮書》付梓

清洁能源蓝皮书编委会

顾　问　苏树辉

主　任　袁国林　李玉崙　毕亚雄

副主任　周　杰　张粒子　刘树坤　元英进

编　委　黄　珺　张子欣　袁　炜　米万良
　　　　　李炳志　桑丽霞　范　湖　蔚　芳

主编单位简介

国际清洁能源论坛(澳门)/IFCE 是一个常设于澳门的非营利性国际组织,于 2012 年 4 月在中国澳门正式成立。IFCE 的宗旨是汇聚全球清洁能源领域官、产、学、研、资各界精英,创建清洁能源国际合作联盟,致力于清洁能源的技术创新力和产业竞争力的提高,实现人人享有低碳、低污染、可持续能源的生态文明社会。

IFCE 四大任务

IFCE 关注领域

可再生能源	清洁能源技术	其他领域
太阳能	化石燃料清洁技术	能源效率
风能	分布式能源和智能电网	大水电
生物质能	储能技术	核能
小水电	新能源汽车	绿色建筑
海洋能	氢能及燃料电池	节能减排
地热能		

IFCE 主要活动

举办国际论坛及其相关活动：每年一届在澳门举行"国际清洁能源论坛"，论坛包括高峰会、产业论坛和展览会等，与此同时，还将不定期举办清洁能源领域的相关活动。

编辑出版《清洁能源蓝皮书》：国际清洁能源论坛（澳门）主编的《清洁能源蓝皮书》是一本以年度发展报告形式针对全球清洁能源领域包括技术、政策、市场、产业等层面热点问题的研究成果。

促进清洁能源先进技术研发以及成果转化：组织国际清洁能源领域专家，对拥有较高市场需求的应用性技术难题进行联合研发，并进行重点孵化和培育，吸引产业基金和风险投资积极参与项目投资。

提供信息、技术、政策、市场和投资的咨询服务：在 IFCE 网站上建立由相关数据库和资料库组成的动态信息系统，分享典型案例、推广优秀项目、促进全球范围内的技术研发、投资合作与市场开发。可为政府部门、产业界、投资者、工程技术人员提供包括行业发展规划、产业发展政策、技术解决方案、法律法规等在内的众多领域的咨询服务。

推广清洁能源事业的普及：吸收热心清洁能源事业的政府、企业、机构和个人加入会员，动员社会各界参与、支持和赞助清洁能源活动，推广清洁能源事业，提出地区性或全球性的倡议，呼吁各国政府对清洁能源给予更多关注和支持。

国际清洁能源论坛（澳门）秘书处
电话：+861085322792
官网：www.mifce.org
邮箱：ifce_mo@sina.com

摘 要

《国际清洁能源发展报告（2013）》的主题是"清洁能源发展的现状与趋势"，主要内容由四部分构成。第一部分为特别报告，第二部分为综合报告，第三部分为产业报告，第四部分为案例研究。鉴于全球对日本福岛核事故的关注，本书推出了一篇"特别报告"，该报告基于中国核电的现状，从可持续发展和生态文明建设的视角分析了核电发展面临的若干问题并提出了相应的对策。"综合报告"通过对不同能源发电系统的比较，对清洁能源的范围和边界进行了重新"定义"；并在此基础上分析了中国和世界的清洁能源发展的现状，提出了政策建议或发展展望。"产业报告"涉及水电、太阳能、风能、生物质能等可再生能源以及核能和非常规天然气，还包括智能电网、清洁煤、储能电池、清洁能源汽车等洁净和智能技术领域；报告立足关键性的前沿技术分析，提出了今后技术发展的方向和应用前景。"案例研究"选取了塔里木油田、中欧合作的清洁能源示范区和太阳能电池板三个具体个案，为我们发展清洁能源提供了宝贵的经验和启迪。

本报告以促进切实加强自主创新能力、拓展能源新领域为目标，通过绘制清洁能源技术发展的路线图，对研发和产业界具有一定的指导和借鉴意义。与此同时，本报告根据世界各国发展清洁能源的现状，给中国政府能源决策部门和相关企业提出了很多有益的建议，希望能为宏观能源决策部门构建一个布局科学、可持续发展的能源体系，以及制定合理的清洁能源产业扶持政策，提供参考依据。

Abstract

Annual Report on Development of International Clean Energy (*2013*), with the theme of "The Development Status and Trend Analysis of Clean Energy", is composed of four parts—special Report, general reports, industry reports and case studies. Considering the global focus on Japan's Fukushima nuclear accident, this book also presents a "special report" —based on the current situation of Chinese nuclear power development, the report analyzes the problems and issues nuclear power development faces, meanwhile, it provides advice for solving them from the perspectives of sustainable development and ecological civilization construction. The general reports, based on technical, economic and social development at the macro and micro levels, give a new "definition" to the concept and inner-roots of clean energy; they also analyze both China's and the world's clean energy development status, provide policy advice or development outlook. Industry reports involve hydro-power, solar-energy, wind-energy, biomass and other renewable energy sources, as well as nuclear power and unconventional gases; they also cover clean and smart technologies, such as smart grid, clean coal, energy storage battery, and clean energy vehicles. The general reports put forward the directions and application prospects of the technology development in the future based on the critical analysis of the frontier technology. The case studies select cases from the Tarim Oilfield, China – EU cooperation on clean energy demonstration zone as well as Chinese solar panels, together they provide the valuable experience and lessons for the development of clean energy.

This report is written with the goal of promoting and strengthening independent innovation skills and expanding new areas in the field of energy; through creating roadmaps for clean energy technology development, it provides significant advice and reference for clean energy R&D and industries. Meanwhile, using the development status of clean energy from countries all over the world as data, it gives many beneficial suggestions to the energy decision makers of Chinese government and other

Abstract

relevant enterprises. We hope that this report will provide policy reference for Chinese government's macro energy decisionmakers, so as to build an energy system that is rationally laid and able to sustainably develop, and formulate a reasonable support policy for clean energy industries.

目 录

前　言 ………………………………………………………………… 苏树辉 / 001

BⅠ　特别报告

B.1　中国核电发展及其安全风险对策研究 ……………………… 李玉崙 / 001

BⅡ　综合报告

B.2　不同能源发电系统环境负荷的全生命周期评价
……………………………………………………… 周　杰　周溪峤 / 043
B.3　中国清洁能源发展现状与政策建议 ………… 袁国林　杨名舟 / 064
B.4　世界可再生能源市场及投资的发展现状与展望 ………… 黄　珺 / 079

BⅢ　产业报告

B.5　中国非常规天然气发展前景与开发利用战略
…… 中国工程院"中国非常规天然气开发利用战略研究"项目组 / 101
B.6　中国大型水电站开发和坝工建设现状与政策建议
……………………………………………………… 张超然　朱红兵 / 111
B.7　中国小水电发展状况及其主要经验 ………… 刘　恒　胡晓波 / 125
B.8　风力发电的发展现状及展望 …………………………… 施鹏飞 / 136
B.9　生物质能利用技术现状及展望 ……………… 李炳志　元英进 / 164

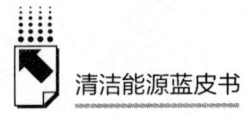

B.10 农业森林残渣生物质能对减排温室气体的贡献分析
　　……………………… Andrea Salimbeni　Valeria Magnolfi / 177

B.11 与清洁能源协同发展的智能电网
　　……………………… 蔚　芳　张粒子　王昀昀　章　超 / 191

B.12 中国洁净煤技术发展现状与展望 …………………… 乌若思 / 219

B.13 中国清洁能源汽车的发展现状与前景 ……………… 张天舒 / 228

B.14 国际核电高效利用回收铀资源的技术发展及路线图
　　………… 阮养强　张振华　杨德滋　陈明军　Sermet Kuran
　　　　　　　　　　　　　　　　　　Catherine Cottrell / 243

B.15 氢能与燃料电池的发展现状与市场趋势
　　……………………………… 姜军港　米万良　苏庆泉 / 268

B.16 锂—空气电池国内外研究现状及前景展望 ………… 孙春文 / 294

B.17 太阳能热发电的发展现状及其关键技术
　　……………… 桑丽霞　蔡　萌　任　楠　吴玉庭　马重芳 / 316

B Ⅳ　案例研究

B.18 塔里木油田铺就中国大规模利用天然气资源发展
　　道路 …………………………………… 王炳诚　张　露 / 327

B.19 中国与欧盟的合作实例
　　——清洁能源示范区
　　………… Roberto Pagani　Alessandra Merlo　Nannan Lundin / 345

B.20 中国太阳能电池板出路在何方：如何在美国市场保持
　　竞争力 ……………………………………… Matthew Fellmeth / 370

B.21 结语 …………………………………………………… 袁国林 / 376

CONTENTS

Foreword　　　　　　　　　　　　　　　　　　　　　　　　　*Su Shuhui* / 001

ⒷⅠ　Special Report

Ⓑ.1　Studies on Chinese Nuclear Power Development and Its
　　　Safety Risk Countermeasures　　　　　　　　　　　　*Li Yulun* / 001

ⒷⅡ　General Reports

Ⓑ.2　Life Cycle Assessment of the Environmental Impacts of Power
　　　Generation from Different Energy Sources　　*Zhou Jie, Zhou Xiqiao* / 043

Ⓑ.3　The Status Analysis and Policy Recommendation for China's Clean
　　　Energy Development　　　　　　　　*Yuan Guolin, Yang Mingzhou* / 064

Ⓑ.4　The Development Status and Outlook of the World Renewable Energy
　　　Market and Investment　　　　　　　　　　　　　　*Huang Jun* / 079

ⒷⅢ　Industry Reports

Ⓑ.5　The Future Development Prospect and Utilization Strategy for
　　　China's Unconventional Natural Gas Resources
　　　　　　　　Research Group on the Development and Utilization Strategy Study of
　　　　　　　　China's Unconventional Natural Gas Resources, CAE / 101

B.6　Survey of and Policy Proposal for China's Large Hydropower Station Development and Dam Construction
　　　　　　　　　　　　　　Zhang Chaoran, Zhu Hongbing / 111

B.7　The Status and Experience of Small Hydropower Development in China　　*Liu Heng, Hu Xiaobo* / 125

B.8　Status and Prospects for Wind Power Generation　　*Shi Pengfei* / 136

B.9　Status and Prospect of Biomass Utilization Technologies　　*Li Bingzhi, Yuan Yingjin* / 164

B.10　Analysis of Contribution to Reducing Greenhouse Gas Emissions by the Biomass Energy from Forestry and Agricultural Residues
　　　　　　　　　　　　Andrea Salimbeni, Valeria Magnolfi / 177

B.11　The Smart Grid in Coordination with Development of Clean Energy
　　　Yu Fang, Zhang Lizi, Wang Yunyun and Zhang Chao / 191

B.12　Current Development of and Prospects for China's Clean Coal Technology　　*Wu Ruosi* / 219

B.13　Development Status of and Prospects for Chinese Clean Energy Vehicles　　*Zhang Tianshu* / 228

B.14　Technological Progress in and Roadmap for Efficient Utilization of Recycled Uranium Resources for Global Nuclear Development
　　　Ruan Yangqiang, Zhang Zhenhua, Yang Dezi, Chen Mingjun,
　　　　　　　　　　Sermet Kuran and Catherine Cottrell / 243

B.15　Current Situation and Development Trend in the Market for Hydrogen Energy and Fuel Cell　*Jiang Jungang, Mi Wanliang and Su Qingquan* / 268

B.16　Research Status and Perspective on Lithium-Air Batteries　　*Sun Chunwen* / 294

B.17　The Development of Solar Thermal Power Generation and Its Key Technology
　　　Sang Lixia, Cai Meng, Ren Nan, Wu Yuting and Ma Chongfang / 316

CONTENTS

B IV Case Studies

B.18　The Practice of Tarim Oilfield Paves the Way for the Large-scale Use of Natural Gas in China　　　　　　　*Wang Bingcheng, Zhang Lu* / 327

B.19　The Clean Energy Demo Zone as A Case of Cooperation between the European Union and China
　　　　　　Roberto Pagani, Alessandra Merlo and Nannan Lundin / 345

B.20　Chinese Panel Manufacturers: Staying Competitive in the U.S. Market　　　　　　　　　　　　　*Matthew Fellmeth* / 370

B.21　Epilogue　　　　　　　　　　　　　　　*Yuan Guolin* / 376

前　言

强化节能减排、发展清洁能源已成为当今世界的一大潮流。经中国、巴西、俄罗斯、印度、安哥拉、葡萄牙、韩国、马来西亚以及中国台湾、香港、澳门地区专家学者的联合倡议，在澳门特别行政区政府的大力支持和批准下，国际清洁能源论坛（澳门）／IFCE 于 2012 年 4 月在澳门正式成立了。IFCE 是一个非营利性国际组织，其宗旨是汇聚全球清洁能源领域官、产、研精英，构建国际交流与合作网络，致力于清洁能源的技术创新力和产业竞争力的提高，实现人人享有低碳、低污染、可持续能源的生态文明社会。IFCE 的主要任务是研究清洁能源政策、支持清洁能源研发、推动清洁能源投资、普及清洁能源市场，重点在于促进全球清洁能源领域高新技术的研发和成果转化，提升清洁能源技术性、生态性、经济性和应用性等综合竞争力。

《清洁能源蓝皮书》是 IFCE 的重要出版物，是一本以年度发展报告形式针对全球清洁能源领域，包括技术、政策、市场、产业等层面热点问题的研究成果。今年蓝皮书的主题是"清洁能源发展的现状与趋势"。本年度的报告推出了一篇特别报告、三篇综合报告、十三篇产业报告、三个案例研究。根据目前全球清洁能源领域的研究现状及未来研究趋势，特别是结合中国的发展现状和前景展望，本书主要有以下三个特点：

第一，本报告试图从技术、经济、社会发展的宏观和微观层面，探索给出清洁能源的"定义"，规范各种"清洁能源"的"清洁"含义，阐明其科学属性；力求在分析各种能源的生产、使用和末端废物处置环节的"清洁"度的基础上，能够逐步建立界定评价"清洁能源"的主要参数或模型。这在清洁能源混乱而复杂的研究环境中是一创新之举，同时对决策者和公众了解其科学属性也有一定的意义。

第二，清洁能源的核心是技术，技术创新力和产业竞争力的提高是清洁能

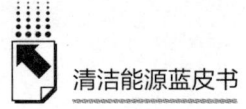清洁能源蓝皮书

源事业发展的关键。以中国为例，近十年来，在"新能源"领域，缺少核心技术是突出问题之一。某些新能源产业（例如光伏发电、风电等）商战失利（当然也有贸易保护主义壁垒等外在因素），面临严重挑战；有的新能源产业与国外差距太大，甚至称不上产业。自主创新是建立中国以及世界可持续能源体系的根本所在。

第三，本报告对"清洁能源"整体产业链，包括应用环节在内的主要工艺环节（应用环节的前端生产和后端处理、处置环节）进行经济技术分析与生态环境影响评价，依照相关领域科技水准逐步深入为量化分析评价，形成一个清晰的利弊图像。希望本报告能为宏观能源决策部门在中国构建一个科学合理布局、可持续发展的能源体系和制定合理的清洁能源产业扶持政策，提供决策参考依据。

尊重科学、鼓励学术争鸣、追求真理是本蓝皮书系列出版物的指导原则之一。智慧火花的碰撞是创新思维的重要驱动力，有利于清洁能源领域自主创新并拥有自己的核心技术。本报告愿能促进切实加强自主创新能力、拓展能源新领域，以利中国尽快建立可持续发展的能源体系，保障中国经济社会的可持续发展。欢迎有志于清洁能源事业的专家、企业家和社会达人共同加盟国际清洁能源论坛（官网：www.mifce.org），共同为人类社会的可持续发展贡献出您的智慧和力量。

本报告的出版得到了澳门基金会和中国长江三峡集团公司的大力支持，特此鸣谢。

国际清洁能源论坛（澳门）理事长
澳门博彩控股有限公司行政总裁

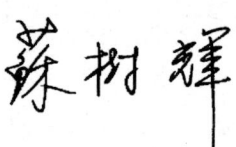

特别报告

Special Report

中国核电发展及其安全风险对策研究[*]

李玉崙[**]

摘　要：

　　核裂变能转化为电能的过程伴随产生放射性核素，并有大规模向环境释放的风险且后果严重。本文依据核能链放射性的来源及存量扼要地分析了核能链的风险特征和各环节相对的风险。

　　福岛核事故灾难性后果的"警示"对发展核电的积极作用在于：促使各国政府提高了发展核电的生态文明意识，推动了核电发展的"安全至上"原则，加强了对小概率高危害事件造成的核安全威胁的重视，推动了全球核安全标准和设计准则升级并获得国际广泛共识。本文着重分析了概率安全评价方法（PSA）由于所使用的数据库和实践的不同，尤其是

---

[*] 作者对与本人进行深入讨论的核安全领域、核电界资深专家，IAEA 国际核安全顾问组几位成员，以及对本文给予不可缺少的帮助的同仁表示衷心感谢！然而，作者对本文负全责，与他人无关。

[**] 李玉崙，博士，研究员，国际清洁能源论坛（澳门）副理事长兼专家委员会主席，长期从事反应堆、核电工程、核安全及核能发展策略研究。曾任中国原子能科学研究院副院长，原中国核工业总公司（核工业部）副总经理（副部长）。

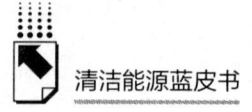

分析外部事件有很大的不确定性，PSA的结果不宜单独用作核电安全性的判据。

基于中国核电现状，本文分析了核电发展面临的若干问题、困惑及相应对策。

关键词：

放射性源项　辐射风险　低碳能源　核电安全性　概率安全评价

一　核电的科学定位是低碳能源

理论上说，"清洁能源"简单明了的定义是：生产和使用过程中不污染空气、土地（包括与之相关联的河流、湖泊、生态资源等）和海洋的能源形式。在人类社会发展的历史进程中，"清洁"的概念从来都是相对的，特别是科学技术迅猛发展的时代更是如此。可以说，人类文明的每一次重大进步都和人类对能源的探索与利用密切相关。如果以今天的视角回头看，远古时代"钻木取火"也有"碳排放"，但它对人类进化具有划时代的里程碑意义。随后出现了薪柴时代、煤炭时代、油气时代和爱因斯坦狭义相对论开辟的核能时代。近三十多年来，应对全球气候变化（国际上有不同见解）、减少温室气体排放催生了各种称谓的可再生能源、绿色能源、清洁能源、低碳能源、新能源等的发展。福岛核事故灾难性的后果，再次促使各国慎重思考究竟应该怎样调整能源结构和能源发展战略。思考的基础仍然是对各种能源科学属性的认知或再认知，权衡利弊、资源条件以及如何使经济社会发展与生态环境保护协调一致，实现可持续发展。

在这种形势下，理论上的清洁能源定义被衍生出侧重点不同的多种"参考定义"，涉及概念、含义、分类和范围，等等。其中一种比较直观且易于判定的清洁能源定义是：在生产和使用后能源自身不产生污染，即使出了事故，其后果对人类环境的损害也是一次性的。迄今，各种能源链，除了排放的温室气体，所排放的其他有害物质对生态环境的污染和对公众健康的损害，尚无一个统一的"指标性参数"用以定量描述能源的"污染度"或界定其"清洁

中国核电发展及其安全风险对策研究

度"。然而,按每生产1千瓦·时(1kW·h)的电能排放的当量CO_2量的多少衡量能源的碳排放多少,已经对当今各种能源链在生命周期内直接和间接的排放量做了大量研究并列出了顺序表。这种方法和研究成果正在被广泛引用,可以定量界定某种能源的"碳排放程度"。

在全球日益关注气候变化和生态环境受人类活动重压的大环境下,评价一种能源,温室气体排放和其他有害物质对生态环境的污染与对公众健康的危害两个方面都要重视。这与正确使用上述各种称谓的能源直接相关。

(一)核裂变能的科学属性及特征

开发利用核裂变能,核裂变过程中有三个很重要的特征:第一,核裂变过程可释放出巨大能量;第二,每次核裂变释放出2~3个快中子和高能瞬发γ射线;第三,核裂变过程产生裂变产物。这也是中子裂变系统的基本属性或特征[1][2]。

人们对世界核电的裂变产物给予特别关注,核裂变过程产生的大量裂变产物是反应堆潜在的主要危险。以铀-235为例,其热中子裂变方式在40种以上,生成的初级裂变产物(裂变碎片)在80种以上。裂变碎片在经过一系列β衰变后,在裂变产物中产生250多种放射性核素和50多种稳定同位素。大部分裂变产物除了放出β粒子外,还放出缓发γ射线。少数激发能足够高的裂变碎片如溴-87和碘-137在β衰变过程中还放出缓发中子(以下均以热中子轻水堆为例讨论)。

有些裂变产物有较长的半衰期和很强的放射性。这给核电厂及核能链后端的乏燃料贮存、运输、处理和最终处置带来一系列特殊困难和风险。这是核电备受全球关注的根源所在,因为若发生大量放射性外泄,对生态环境有潜在长久影响。

(二)核电是低碳能源

核裂变能的科学属性决定了核裂变能发电的优势和风险同在。

1. 核电是"清洁能源"的先决条件

在反应堆内核裂变过程中生成的250多种放射性核素,具有很强的放射性，是潜在的主要风险。反应堆内的放射性源项与燃料的燃耗有关。一座百万千瓦核电反应堆运行几个月时间，累积的裂变产物放射性总量，在停堆30分钟后测量，约为3×10^{20}Bq（贝克），相当于8000吨镭的放射性。苏联曾经采用的核事故后居民避迁标准为地面污染1.48×10^{6}Bq/m^2，上述累计放射性总量会给人以"惊恐"的印象。两年前福岛核危机的影响就其深度和广度而言超过了切尔诺贝利核灾难。但要指出的是，只要核电站正常运行，当代固体陶瓷燃料中（其他形式的燃料另当别论），占放射性总量98%以上的裂变产物留存在陶瓷燃料芯体中，除非芯体熔化。其余1%~2%的裂变产物（主要是在芯体表层的氪、氙、碘、铯等少量惰性气体和挥发性物质）扩散到芯体和包壳之间的间隙中，被包壳密封起来。所以，也有核电厂将保持芯体自身完整性当作防止核泄漏的一道纵深防御的实体屏障。国际上为防止气态裂变产物逸入环境，一般设有三道纵深防御的实体屏障：①燃料棒包壳；②一回路压力边界；③安全壳、屏蔽密封厂房（也有把这项视为二道屏障的，如日本）。虽然采取了严密的保护措施，但一旦发生严重事故（大量燃料元件熔毁）并导致放射性大量向环境释放，对生态环境和公众健康的影响就很严重，甚至导致灾难性后果。如切尔诺贝利和福岛核事故。发生这种事故的核电，何谈"清洁"？显然，只有在核电厂不发生大量放射性外泄事故时才能说核能发电是"清洁"的，这是先决条件。核电不宜无条件地作为"清洁能源"，核能链的前端和后端不是清洁的。

核电厂与常规火电厂比较，主要优点在于：①能量密度高，1kg 铀 -235 或钚 -239 提供的能量约等于2300吨无烟煤，1kg 天然铀可代替20~40吨煤，大量节省燃料费（是动态变化的）。在每kW·h的发电成本中核电燃料费约占不到25%，煤电燃料费占40%~60%，气电燃料费占60%~75%。②燃料数量少，不受运输和贮存的限制。③核电厂不向环境排放 CO_2 等温室气体，也不排放 CO、SO_2、NO_X 等有害气体和尘埃。当然，正常运行和检修时，不可避免地会有少量放射性物质从主回路系统中泄漏或排出，进入环境，但影响小。④总体上核能链（前端除外）气态、液态和固态废物量少。后端，包括乏燃料后处理产生的高放废物量少，但放射性源项强度高。

正常运行的核电厂的热排放、热污染对常规性的环境影响，比其很少的放

中国核电发展及其安全风险对策研究

射性排放要大。裂变能发电是用饱和蒸汽循环将热能转化成电能，比火电厂过热蒸汽循环的热效率低，当然更远低于在我国已推广的超临界和超超临界火电厂机组的热效率，因此，核电厂向环境排放的废热或热污染要多。此外，核电存在以下问题：投资成本大，财务风险也大；目前核电在中国作为基荷运行，未来可能要求参与调峰，为此要技术改造；一旦发生严重事故，有社会稳定的风险。

综上所述，核电是由核裂变能转换成的电能，伴随产生具有强放射性的危险源，且存在向环境大量释放的高风险，这是核电的环境属性，是最基本的科学事实。它决定了核电优势很显著，缺点也很突出。

核电是小概率高危害行业，严重核事故的影响可以跨越国界。福岛核事故发生后，日本向海洋倾排大量放射性废液，致使中国总理温家宝不得不向日本喊话。

2. 核能链的温室气体排放

评价某种能源的温室气体排放量，要顾及能源链过程和全生命周期内，包括直接排放和间接排放。SO_2、NO_X 和烟尘排放引起局部地区环境损害，而温室气体排放则引起全球性环境损害，是全球关注环境的焦点。核能链排放温室气体很少，推动国际原子能机构（IAEA）自 1992 年起同其他 8 个国际组织共同进行了各种发电能源的比较，成为以后各种评价的重要参考[2][3]。

1988 年政府间气候变化专门委员会（the Inter-Governmental Panel on Climate Change，IPCC）成立。IPCC 既不直接从事研究也不监测气候有关的资料和其他相关参数。它的评估主要是基于经过审查的、有资质的和已出版的科学技术文献。根据 IPCC，人类排放的温室气体（GHG）对全球变暖有明显贡献的，用相对发热强度表示，是 CO_2、CH_4、晕碳（含碳和氯、氟、溴或碘的分子，如制冷剂类）和 N_2O。在对流层和同温层边界处的净垂直辐照度（W/m^2）的发热强度是在变化中。与工业化前时代（250 年前）相比，由于温室气体的增加，附加的发热强度估计是 $2.43W/m^2$，其中 CO_2 贡献最大（$1.46W/m^2$），接下来是 CH_4（$0.48W/m^2$）、晕碳（$0.34W/m^2$）和 N_2O（$0.15W/m^2$）。温室气体排放用每生产 $1kW·h$ 能量的 CO_2 当量排放量（gCO_2

当量/kW·h 或 kgCO$_2$ 当量/kW·h）表示。

2003 年，R. Dones 等人发表了欧洲的数据，有参考价值[4]。

2008 年 Benjamin K. Sovacool 总共分析了 103 篇生命周期研究报告，确立了核电厂发电每 1kW·h 的 CO$_2$ 当量排放量均值 66g，相比之下可再生能源发电每 1kW·h 的均值是 9.5~38g，化石燃料电厂发电每 1kW·h 的均值是 443~1050g。Sovacool 的结论是，在抗争气候变化方面基于每 1kW·h 电力生产，核能技术比化石燃料电厂更有效 7~16 倍[5]。

2011 年，IPCC 收集了在 1980~2010 年期间出版的数百篇论文的 CO$_2$ 排放研究结果。IPCC 通过对各种不同能源 CO$_2$ 排放的大量文献的评估，确立了 CO$_2$ 排放值，该排放值落在所有总的生命周期排放研究统计结果的 50% 数位之内（见表1）[6]。

关于已进行的核能链温室气体排放的评估，主要是基于Ⅱ代轻水堆。公认的Ⅲ代轻水堆也只有少数先进沸水堆 ABWR 在日本投入商业运行，而Ⅲ代压水堆（EPR 和 AP1000）在全世界都尚未建成投产。Benjamin K. Sovacool 的评价报告是 IPCC 评估最主要的部分之一。对 19 篇有资质的研究报告统计分析显示，核电生命周期全过程的温室气体排放范围很宽，特别低值达 1.4gCO$_2$ 当量/kW·h，特别高值达 288gCO$_2$ 当量/kW·h。核电厂统计的均值是 66gCO$_2$ 当量/kW·h（参见表2）[5]。

表1　IPCC 协调一致的当量 CO$_2$ 排放

发电技术	说　明	[gCO$_2$ 当量/kW·h]
水电	水库	4
风电	陆地	12
核电	各种Ⅱ代反应堆型	16
生物质能	各种	18
太阳能热	抛物面钵	22
地热	热干岩层	45
太阳能 PV	多晶硅	46
天然气发电	无清洗装置各种联合循环透平	469
煤电	无清洗装置各种发电机型	1001

资料来源：The IPCC's Aggregated Results of the Available Literature, http：//en. wikipedia. org/wiki/Life – cycle – greenhouse – gas – emission – of – energy – sources，2011。

中国核电发展及其安全风险对策研究

表 2　核能链温室气体排放有资质的研究报告的摘要统计

gCO₂ 当量/kW·h	前端	建造	运行/维修	后端	退役	总计
最小	0.58	0.27	0.1	0.4	0.01	1.36
最大	118	35	40	40.75	54.5	288.25
均值	25.09	8.20	11.58	9.2	12.01	66.08
参与统计的研究报告数	17	19	9	15	13	

资料来源：Benjamin K. Sovacool, "Valuing the Greenhouse Gas Emission from Nuclear Power: A Critical Survey," *Energy Policy* 36 (2008): 2940 – 2953.

3. 核电是低碳能源

关于核能链温室气体排放量，中国所能提供给 IPCC 的资料很少，但 IPCC 对大量有资质的研究报告的统计评估可为全球共享。核能链温室气体以及各种能源链温室气体排放量的比较显示，CO_2 当量/kW·h 有明显差异，这与不同的经济体和地域有关。但是，参与比较的不同能源链就每生产 1kW·h 的电力而排放的当量 CO_2 数量而言，可再生能源发电技术和核电技术要比传统能源发电技术少排放温室气体 1~2 个数量级。当今，由于核电的规模效应，使因其而减少的温室气体排放在有些国家比较突出。显然，核电是一种大规模的低碳发电能源。由于核能链的前端，铀矿开采特别是硬岩矿开采过程中，粉尘污染、尾矿和废矿石需处置，放射性弱但数量庞大，而核电厂和后端，很强的放射性源项的存在具有潜在风险。因此核能链的这些属性决定了核电仅是低碳能源，还算不上清洁能源。

二　核能链的风险特征[①]

（一）强放射性潜在风险的后果严重

与同等规模的石化燃料电厂相比，核电厂的废物量最少，但最受全球关注，原因就在于其强放射性物质对生态环境和公众健康的直接伤害与长期潜在的特殊风险，是不可回避的事实。从 1938 年底德国的 Otto Hahn 和 F. Strassmann 发现核裂变到 1942 年 12 月 2 日美籍意大利人 E. Fermi 主持在芝加哥大学校园建成世界上第一座

---

① 本章放射性有关数据，主要来自连培生编著《原子能工业（修订版）》，原子能出版社，2002。

反应堆，人们就知道在反应堆内的裂变过程产生的强放射性物质是放射性危险源。但是，人们在核能利用的探索中从不畏惧艰难险阻。70多年来，核电已在发达国家大规模应用，在能源供给和社会经济发展方面作出了重要贡献。然而，核电史上三次重、特大事故，特别是1986年和2011年发生的两次灾难性核电事故，对生态环境和公众健康的负面影响让人难以忘却。这正是核裂变的强放射性在核电厂内的潜在风险变成现实所致，是核能链独具的风险特征。人们勇于面对核能链风险的存在并加深认知，正是为了探索并采取更科学的应对之策，规避或减少风险，在有效利用核能的同时，勿使核能链发生严重放射性外泄事故，切实保护生态环境和公众健康。对此，核电界责无旁贷，政府更要肩负起核安全的国家责任。

要明确指出的是，原子弹（称"裂变弹"更准确）和核电反应堆是不同的中子裂变装置。应当说在反应堆发展的初期，反应堆物理设计和反应堆结构设计就已经保证了反应堆内不能形成核爆炸的必要条件。即使在特定的反应堆型内会存在瞬发临界的可能（如切尔诺贝利核事故），也绝不会发生核爆炸。但是，即使在两次灾难性核电事故中，有大量强放射性泄漏到环境中，也只是与裂变弹"核爆炸的毁伤效应"中的"放射性污染效应"在损伤原理和后果方面有类比性（参见图1），即对生态环境和公众健康的直接伤害与长期潜在风险都是来自裂变产物、未裂变的核燃料和感生放射性核素。但是裂变弹是主观恶意伤害，核电事故是客观无意伤害（人为恶意攻击除外）。这是核能链风险的特征，也是与任何其他能源链风险的根本区别。表3从中子裂变系统角度，对核电史上三次重、特大事故进行了综合概括。

（二）核电燃料循环主要环节的风险比较

核能链的风险源是放射性物质，它对生态环境的危害具有长期性和潜伏性。风险是不确定性危害的度量，比较严格的定义是：风险R（危害）是事故发生概率P与事故造成的后果C的乘积。在核电产业链的情况下，释放到环境中的放射性源项是科学意义上的后果，由此源项进一步评估公众健康伤害、经济损失和对生态环境的长远影响，是直观的社会现实后果。核电燃料闭式循环主要环节的风险定性比较参见图2。

中国核电发展及其安全风险对策研究

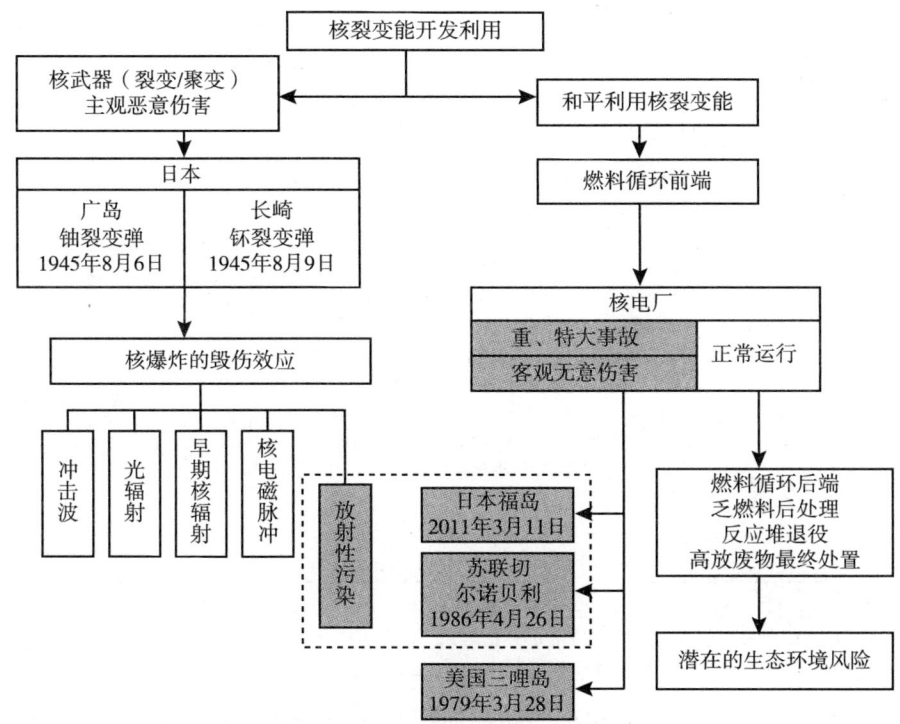

图 1　核裂变能开发利用示意

资料来源：作者独立制作。

表 3　核电史上三次重、特大事故概况

核电厂/反应堆	国际原子能机构事故分级	系统状态和事故原因	事故后果和影响范围
1979 年 3 月 28 日美国三哩岛核电厂 2# 压水堆单堆事故	5	反应堆正常运行,系统中子倍增因子 $K_{eff}=1.0$,临界状态;设备故障和人为误操作导致堆芯冷却恶化,紧急停堆成功,系统 $K_{eff}<1.0$	堆芯燃料 2/3 熔化,严重损坏。安全壳的屏障作用,使放射性物质没有外泄到厂外,环境影响微不足道。反应堆退役和废物清理的经济损失十分巨大
1986 年 4 月 26 日苏联切尔诺贝利核电厂 4# 水冷石墨堆单堆事故	7	反应堆低功率甩负荷试验,系统中子倍增因子 $K_{eff}=1.0$,临界状态;反应堆无安全壳,该堆型的物理、热工设计缺陷,违章操作(指导思想是抢进度向"五一"献礼),导致系统 $K_{eff}>1.0$ 瞬发超临界致功率剧增(紧急停堆无效)	堆芯熔化,熔融的燃料碎片与冷却剂剧烈化学反应,发生蒸汽爆炸和氢气爆炸,石墨晶格潜能释放加剧燃烧,主回路系统和反应堆房被破坏并多处起火。较快发布事故后十天内进入环境的放射性源项,大量放射性物质外泄到大气和土地环境,大气扩散使整个北半球受到气载放射性不同程度的污染,是灾难性后果

009

续表

核电厂/反应堆	国际原子能机构事故分级	系统状态和事故原因	事故后果和影响范围
2011年3月11日 日本福岛第一核电厂 1#、2#、3#、4# 沸水堆群堆事故	7	1#、2#、3#反应堆运行中($K_{eff}=1.0$),4#处于停堆换料($K_{eff}<1.0$);天灾人祸,小概率外部事件9.0级地震诱发(第一时间反应堆系统有损坏),反应堆自动停堆($K_{eff}<1.0$),随后大海啸引起失去全部电源。虽然反应堆处于次临界状态,堆芯(1#~3#)/乏燃料池(4#)失去冷却,无法人工冷停堆,"事故后一年才接近冷停堆"①,全球核电界对此束手无策,只有等待衰变热和放射性慢慢释放。福岛核灾难明显是"人祸",安全监管机构"保安院"默许"东电"未对1#~3#机组实施新安全导则要求的结构性加固工作是祸根②	部分堆芯燃料熔化,乏燃料池部分燃料烧毁,锆—水反应致氢气爆炸,安全壳、厂房严重损毁。大量放射性物质持续经大气、土地和海洋泄漏到环境中,反应堆部分采用MOX燃料元件(含PuO_2)使Pu的影响加重。对生态环境和公众健康影响空前,是灾难性后果,经济损失特别巨大,目前尚难估计

注:① 引自日本原子能委员会委员长近藤骏介在2012年2月14日的讲话。
② 《日本国会福岛核事故独立调查委员会报告》,2012年7月5日。
资料来源:作者根据相关资料独立整理制作。

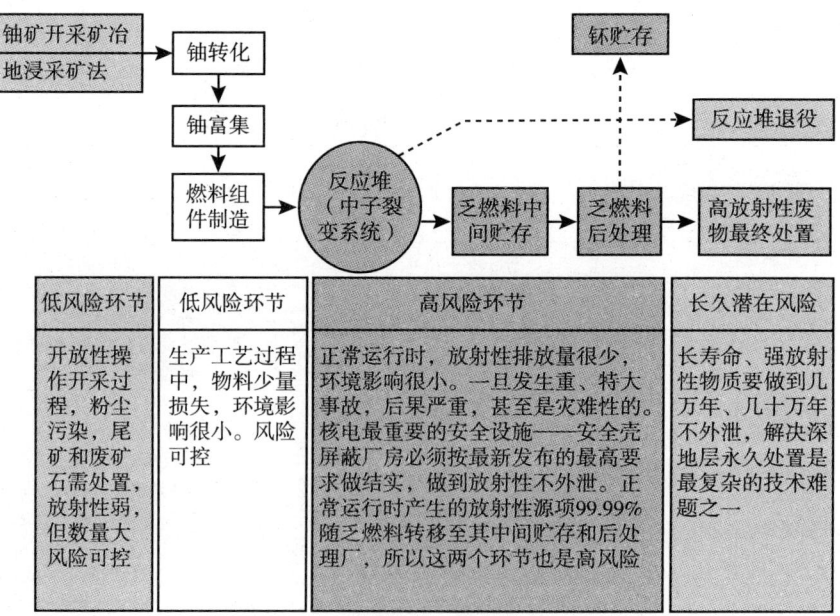

图2 核电闭式燃料循环主要环节的风险比较

资料来源:作者独立制作。

1. 燃料循环前端

铀矿开采、水冶/地浸采矿环节生产铀化学浓缩物［重铀酸铵（NH_4)$_2$$U_2O_7$ 或重铀酸钠（$Na_2U_2O_7$)］，即天然铀生产的初级产品——黄饼，属低风险环节，特点是放射性弱，但数量大。硬岩矿开采中，粉尘污染是主要的，放射性来源是铀-238 的衰变子体，其中镭-226 及其子体是最有害的核素。一个 1000MWe 核电机组，每年约需供应 220 吨天然铀。所需铀矿石量和品位关系最大，1000 吨品位为 0.1% 的铀矿石，可提取 1 吨黄饼，产生 999 吨铀尾矿，成为体积庞大的潜在污染源。铀水冶尾矿对生态环境的危害主要来自铀、钍的衰变子体镭-226 和氡-222 等的放射毒性，酸、碱性物质的强腐蚀性，以及粉尘、污水、有机物等。铀废矿石对生态环境的危害与铀水冶尾矿相似。

铀化学浓缩物经提纯和铀氧化物制备，称为铀的精制。精制产品中以 U_3O_8 在空气中最稳定，便于长期保存。以 U_3O_8 为原料生产六氟化铀（UF_6）及其还原称为铀转化。铀-235 在天然铀中的丰度只有 0.71%，轻水动力堆需用低富集度燃料，铀-235 丰度约在 2%～5%，研究堆、缺钚的快中子堆和工程试验堆都需要更高的富集铀。钍铀循环的初始装料需用高富集铀。裂变弹则需要 93% 的富集铀。为此，需以 UF_6 为工质进行铀同位素分离，得到不同富集度的铀（浓缩铀）。核电厂反应堆的情况，采用氧化铀芯块，制成燃料棒和组件，最后运到核电厂。

燃料循环的铀转化、富集和组件制造环节，生产工艺成熟，管控有效。主要是在生产工艺过程中物料的少量损耗，对环境影响很小。组件运输过程，考虑交通事故掉入水中不发生临界、碰撞、火灾等都有安全措施，不产生环境影响。这些是风险最小的环节。

2. 反应堆（中子裂变系统）/核电厂运行

核电厂是高风险环节，不再赘述。

3. 乏燃料贮存和后处理

福岛核事故已向世人警示：乏燃料贮存是高风险环节。由于剩余发热不能导出，贮存的乏燃料元件可以被烧毁，高放射性物质逸出。燃料棒锆合金包壳与乏燃料池中的水发生锆—水反应产生的氢气也可以引发氢气爆炸。潜在风险变成现实。

从核安全的角度看，除高放射性裂变产物外，乏燃料中含有未燃耗的剩余铀（现行的轻水堆乏燃料含约 0.8%～1.2% 的铀-235，丰度高于天然铀中的

0.71%）和新生成的钚－239。在提取这些可利用的核燃料工艺流程中应避免临界事故的危险。因为含有富集铀、钚的溶液，在工艺流程的许多情况下可能聚集到临界质量（均匀溶于水中的钚－239最小临界质量在全水反射层的条件下为480g，铀－235的最小临界质量为760g）。在工艺设备设计上，已有多种方法防止发生临界事故。但是，毕竟有潜在风险，国外发生过此类事故。

反应堆内产生的中、长寿命放射性物质随乏燃料转移到后处理厂，除具有极强放射性外，另一特点是毒性大。放射毒性分为四组：①极高放射毒性核素，包括 ^{210}Pb、^{226}Ra、^{233}U、^{237}Np、^{241}Am、^{243}Am 以及 Pu、Cm、Cf 等的大部分同位素，都是高能量 α 放射体，多数具有长半衰期；②高放射毒性核素，包括天然钍及 ^{60}Co、^{90}Sr、^{131}I、^{134}Cs、^{144}Ce 等，除钍外几乎都是强 β、γ 放射体；③中等放射毒性核素，包括许多中低能量或短半衰期的 β、γ 放射体，如 ^{89}Sr、^{137}Cs 等；④低放射毒性核素，包括天然铀、^{235}U、^{238}U、^{3}H、^{85}Kr 等。在福岛核事故后，日本几次宣布，在核电厂周边土壤中测到钚，引起特别关注。因为钚不仅有极高的放射毒性，也是化学剧毒物质。钚在空气中的最大允许浓度是 0.074mBq/L（2×10^{-15}Ci/L），在人体内的最大允许含量是 0.6μg。在一座日处理量5吨的大厂内，钚的流量可达45kg/d。因此，必须高度重视安全问题。

可见，乏燃料贮存、后处理环节由于临界安全和强放射性源项的存在，属高风险环节。

4. 反应堆退役环节

一座核电厂永久关闭的过程称为退役。在反应堆关闭、核燃料卸出后，只有感生放射性，此时放射性总量要比反应堆运行时下降3个数量级，仍有 10^5TBq。各国退役方案不同，核电厂永久停产后，核电厂、主要是核岛"安全贮存"百年以上还是"适时"实施退役的决策也不同。退役时产生的废物总量大致等于运行时期产生废物之总和。退役废物特点是低放固体废物数量多、体积大，组分复杂、污染牢固不易去除。总体上说，退役辐射危害小。

5. 高放射性废物的最终处置

以现行压水堆1000MWe核电厂为例，每年卸出乏燃料约30吨，另有100～500m³ 中等放射性固体废物。乏燃料经后处理产生约1.2m³ 高放射性废液，做成玻璃固化体约占体积2～4m³。问题在于，高放射性玻璃固化体内的放射毒性核素，无法用现有物理化学方法消除，只能任其衰变至无害水平（参见下文）。约经10个半衰期，放射毒性水平可降至原有的1/1000；经过20个半衰期后，降至原有的$1/10^6$。^{90}Sr和^{137}Cs这样的高、中放射毒性核素也要隔离300~500年达到安全水平；而高放射性废物中那些长寿命的极高、高放射毒性^{239}Pu、^{99}Tc等核素需要安全隔离几十万年才至安全水平。

核能链产生的废物量虽然很少，但由于其放射性特点，对生态环境和公众健康有长久的潜在风险或危害。

长寿命高放废物的最终处置备受世人关注，成为若干国家和地区不赞成发展核电的主要理由，也是最复杂的技术难题之一，其极长期安全性似乎难以证明。美国哥伦比亚特区巡回上诉法院于2012年6月8日裁定，美国核管会（NRC）应当考虑到乏燃料的一个永久性处置设施可能永远无法建立。NRC此前的《核废物信心法规》（Waste Confidence Rule）被宣布无效。对此NRC已于2012年9月6日令其员工开发一项环境影响报告（EIS）和修改《核废物信心法规》，应在24个月内完成。如果无法通过新的《核废物信心法规》，NRC将不会给新核电站颁发最终许可证。这意味着位于佛罗里达州利维的两座反应堆和南卡罗来纳州的两座反应堆的建造和运行许可证的审批将被推迟[9]。① 此事对核电发展的启示是，在美国依法治理核电建设已考虑到核能链"后端"的现实可行性，核电的发展慎之又慎，后端无着落不批新项目。这也是美国核电复苏"雷声大雨点小"的一个原因。

6. 高放废物的分离和嬗变处理

高放废物的核嬗变处理是利用反应堆、加速器把废物中长寿命放射性核素变为短寿命或稳定核素，即把高毒性废物转变为低毒性或无毒性废物，以消除对后代人的长期辐射风险。利用加速器产生高能质子轰击锕系核素，使其转变为氚和一些短寿命核素，但高能强流加速器的研制殊非易事，并需从建立核数据库开始。以目前的分析，中子俘获和裂变比值α小的快中子堆更适宜中子嬗变处理。加速器驱动次临界系统（ADS）中子嬗变处理，刚在起步阶段。前

---

① 此事由美国能源部于2010年撤销已投资900亿美元的尤卡山核废物最终处置库的申请引起。——作者注

提都是必须把锕系元素和某些长寿命裂变产物核素从后处理高放废液中分离出来，制成适用的燃料元件。这涉及一系列复杂的技术经济性问题，在可预期的时间内，核嬗变处理难以实现。

对锕系元素分离和嬗变处理的价值，国际上存在分歧。曾制定有研发分离和嬗变处理计划的日、俄、法等国，也未见有实质性进展。虽然将其作为发展快中子堆的理由之一，除俄罗斯外，日、法等国快堆计划都一再推迟。目前，尚看不出分离和嬗变处理可以代替深地层处置高放固体废物。

三 "福岛警示"对发展核电的积极意义

2011年3月11日福岛核事故对公众健康和生物圈的长久影响、对核能安全度的信心和核电发展的影响，就其深度和广度而言是核电史上空前的。福岛核事故的警示在于，它不仅再次证明了超设计基准事故的"小概率事件"及其叠加引发重、特大事故导致灾难性后果是能发生的，更重要的是由于这次事故的特点，对全球核电界目前（福岛核事故之前）通行的一些安全设计理念和无条件地把核电归为"清洁能源"而无视放射性外泄的高风险敲响了警钟和提出了挑战。核电界不应对"小概率高危害"事件再存侥幸。

（一）"福岛警示"促使各国政府要提高发展核电的生态文明意识

选择继续发展核电的国家，无一例外地加上了一个先决条件：在保证安全的前提下发展核电。

福岛核事故发生后，不论是生态文明程度较高的"弃核"的国家（以德国为代表），还是要继续发展核电的国家，都强调必须以安全为前提，两者目标有共同点：都要以不同方式保护生态环境和以不同路径实现经济社会可持续发展。核电的环境属性决定了它的科学定位是低碳能源，而不宜无条件地称之为"清洁能源"。选择"弃核"，无放射性源项的后顾之忧，用可再生能源和新能源替代核电，同样可减排CO_2；由于核电仍然是一个大规模工业用电的选择之一，"继续发展核电"可以减排CO_2，但有放射性源项后顾之忧，必须"安全至上"，切实保护生态环境。

中美两国核电的发展和未来最吸引世界眼球。

1. 中国国家领导层高度重视核安全和生态文明建设

福岛核事故发生后，2011年3月16日中国国务院迅速做出了具有前瞻性的"3·16决定"。

胡锦涛主席于2011年11月12日在"APEC US 2011"会议上申明了中国发展的方针，即中国坚持绿色、低碳发展理念，以节能减排为重点，增强可持续发展和应对气候变化能力，提高生态文明水平。

温家宝总理于2012年3月5日在政府工作报告中宣布，中国要用行动昭告世界，绝不靠牺牲生态环境和人民健康来换取经济增长。这是发展国民经济的政府行动纲领，也是安全高效发展核电的依据。

李克强总理（时任常务副总理）在第七次全国环境保护大会上讲道，要特别强调核安全问题，一桩大的核事故，不仅会带来难以估计的损失，甚至会毁掉整个核事业。2011年3月发生的日本福岛核电站核泄漏事故，是一个警示。我们一定要慎之又慎，丝毫不能放松警惕，坚持安全至上。

2012年10月24日中国国务院非常慎重地做出了"10·24决定"，成为中国核电从过去几年扩张性（跑马圈地）加快开发建设，到合理布局、稳妥把握建设速度、提升核电技术、用全球最高的安全标准建设核电站的科学发展的转折点。

2. 美国开始在法律层面顾及全核能链，慎重发展核电

美国是核电头号大国，进入21世纪以来核电界企盼美国核电复苏并再次引领全球大规模建设新核电站。然而，美国核管会（NRC）于2012年2月9日按多次升级的设计控制文件DCD19版（比中国从美国引进首批4台AP1000依据的DCD15版有重大设计修改）、在时隔34年之后，首次批准在美国本土新建2台AP1000（美国南方公司获Vogtle3#、4#机组AP1000建造运营联合许可证，项目造价140亿美元，获政府贷款担保83亿美元，要求有参考电站），并且等待在中国于2009年3月29日就开工建设的AP1000三门项目的经验反馈（事实上已成为美国本土新建AP1000的参考核电站），用于美国本土AP1000项目建设和西屋公司再改进AP1000设计参与海外新项目竞标。为规避美国本土新建项目的投资风险，核电业主毫无例外地都要求美国政府给予高额政府贷款担保，这已成为美国业主建设新核电厂的最重要的、决定性的条件之一。据国际裂变材料小组（IPFM）2011年6月公布的数据，截至2010年年底，美国贮存的乏燃料总共6.45万吨，其中1.535万吨存放在干式容器里。由于永久处置库尤卡山计划一再受挫，这个令人头痛的问题已上升到法律层面。按哥伦比亚特区上诉法院裁定，今后美国核管会颁发新核电项目许可证，要落实燃料循环后端核废料最终处置的《核废物信心法规》，表现出发展核电的极其慎重的态度。近年来，美国页岩气开采水力压裂技术和环保技术的突破改变了能源格局，洁净煤发电技术和碳捕获及贮存技术减轻了CO_2及其他有害气体及粉尘排放的压力。加之受到鼓励的可再生能源快速发展，这些大大削弱了核电在美国的竞争力，核电复苏遭遇到了严峻挑战。

美国华盛顿州2013年3月22日宣布，当地汉福特核禁区至少有6个装有核废料的地下储存罐发生放射性和有毒废料泄漏。据称，目前的泄漏程度在短期内不会对当地民众的健康构成风险，泄漏地点距哥伦比亚河8公里，但长期的影响还是会使当地老百姓不安。能源部部长朱棣文确保将竭尽所有能力处理这一泄漏事宜。用于将这些核废料转化成类似玻璃的圆材，便于安全储存，最新估计耗资123亿美元，预计至少2019年才能投入使用[①]。

这也再次给其他国家关于高放废液储存的安全性提了个醒。可见，发展核电不但必须考虑核能链全生命寿期，而且要考虑长久的生态环境保护，已经或将有大规模核电计划的国家都应有长久的生态环境保护行动计划。

（二）国际共商并达成共识提升核安全标准

"福岛教训"有愈来愈多的人达成共识，但难点是落实。

1. 国家和政府、核安全监管机构、核能企业管理层和从业人员的核安全文化素质具有决定性意义

"核安全文化是由领导层和个人共同承诺的核心价值观和行为准则，它强调安全超越其他与之相比的目标，以确实保证保护人民和环境。"（这是美国

---

① 新华社2013年3月24日报道。

核管会对核安全文化的定义[12]，比 IAEA 2006 年颁布新法规时对"核安全文化"的定义更明确，更直截了当。）"福岛教训"可能成为全球核电界在一定程度上从过去重建设规模、追求企业利润最大化到"核安全第一""核安全至上"和"重视社会责任"的转折点。"福岛核灾难"正是由于"东电"和日本核安全监管部门"保安院"触及"核安全文化"红线所致。

2. 核安全监管机构和核电界必须反省目前（福岛核事故前）对安全标准和设计准则理念上的缺陷与偏执

面对全球日渐频发的极端自然灾害和大型飞机撞击的小概率高危害事件对核电厂的安全威胁，必须提升安全标准和设计准则。而且，要趋于国际统一（国际上虽然尚无法律约束，但核事故可以超越国界）。"有核电计划的国家确保采用核安全的最高标准具有决定性的作用"（见 2011 年 6 月 IAEA 部长级会议上得到广泛支持的 IAEA 总干事声明），IAEA 已于 2012 年 6 月发布核电厂设计和运行的新标准、法规，旧的作废[10]。

IAEA 新标准要求（尚未包括福岛核事故后的经验，拟以后补充）的要点：①切实消除高辐射剂量和高放射性物质释放；②考虑设计扩展工况，含严重事故，作为设计基础；③针对设计扩展工况的安全设施，为安全重要物项；④安全壳能承受极端假想事故，包括堆芯熔化情形。中国核安全规划要求按国际最高标准选择和设计，强调：①大幅降低堆芯损毁和大规模放射性泄漏设计频率（若把主观概率作为决策判断值得商榷）；②力争"十三五"期间及以后核电机组从设计上实际消除大量放射性物质释放的可能性。

20 世纪 90 年代美国推出核电用户要求文件 URD，在提升安全性方面明确要求堆芯熔毁概率小于 10^{-5} 堆·年，大量放射性释放概率小于 10^{-6} 堆·年，热工安全裕量大于 15%。同时，对核电经济性指标——比投资隔夜价也提出要求 1000~1500 美元/千瓦。欧洲委员会则推出了轻水堆核电欧洲用户要求 EUR，也提出类似安全性和经济性要求。不同之处在于，EUR 对当时法玛通和西门子联合设计的 EPR，已经提及设计扩展工况和安全壳承载严重事故厂外释放目标的要求：应无厂外后果[11]。这与 IAEA 新标准的描述很接近。新一轮核电建设的实践已充分证明，URD 和 EUR 设定Ⅲ代核电的经济性指标根本无法达到。URD 和 EUR 的安全、经济指标是业主的要求，不是核安全当局的法规。需要指出的是，核安全监管部门应当有自己的科学、全面的法规。

当然，核电界为 IAEA 新安全标准要付出成本代价，甚至是昂贵的，然而是必需的。寻求新的安全—成本平衡点是未来核电发展的挑战之一。

（三）吸取"福岛教训"有待深入，促进评价核电安全性新的理论突破

1. 福岛核事故触动的是核安全文化的核心

日本国会福岛核事故独立调查委员会的正式报告（2012 年 7 月 5 日提交参众两院，以下简称"独立调查报告"）揭示："事故并非自然灾害，明显是人祸。"根本原因应从东日本大地震发生前寻找。

东电与日本原子能安全保安院（NISA）在此次事故前均已知道为了满足新安全导则的要求，需要对电站进行结构性加固。委员会发现，截至此次事故发生时，东电未对福岛第一核电站的 1 号至 3 号机组实施新安全导则要求的结构性加固工作，而且东电的这一举动得到了 NISA 的默许。此外，虽然 NISA 与核电运营商均认识到存在海啸导致堆芯熔毁的风险，但并未针对这一风险制定相应的规章，东电也未针对这种情况采取任何防护措施。

监管机构还对将来自海外的最新知识与技术成果引入法律法规持消极态度。如果 NISA 要求东电执行美国在"9·11"事件之后发布的有关全厂断电与事故缓解的规定，并且东电执行了这一规定，那么这起事故是可预防的。

在 2011 年 3 月 11 日之前，东电本来有很多机会可用于采取相应的防护措施。东电并没有采取相关的防护措施，而且 NISA 和原子能安全委员会（NSC）也放任了这种情况的发生。它们故意延迟执行相关的安全措施，并基于其自身利益而不是公共安全利益做出了相关决定。

东电强力反对新的安全规定，并拖延通过日本电力公司联盟（FEPC）与监管机构进行协商。作为公众代表，监管机构本应采取强硬立场，但监管机构并未这么做。由于它们坚持自己的想法，即核电站是安全的，因此它们不愿意积极主动地制定新的安全规定。[①]

[①] 日本国会福岛核事故独立调查委员会：《福岛核事故正式调查报告》，《国外核新闻》2012 年 7 月。

1999年12月27日，法国布来耶核电站4个机组中的2个（1号和2号）遭遇纪龙德河洪水，核电站被淹造成了安全威胁，特别是东电坂井年明工程师团队还曾考察了2004年印度洋海啸致使印度南部一座核电站被淹事件，2007年东电的研究报告指出50年内福岛第一核电站遭遇超过6米高度海浪袭击的概率为10%，但这些仍未引起有关方面的重视。东电也没有从其所有的柏崎刈羽核电站地震海啸中汲取教训，更没有采取积极有效的实体和应急防范措施。

"独立调查报告"用事实揭示了集团自身利益高于公众健康及生态环境利益。通常，小概率事件看起来总是不像要发生的样子。决策者基于自身（集团）利益而不是公共安全利益做出了相关决定。本质上是核电公共安全利益与GDP谁超越谁——核安全文化的核心（参阅"前景理论"，行为经济学的核心）。决策层、领导层的安全文化素质重于个体或执行层的安全文化素质。在一定意义上，福岛核危机和次贷危机导致的金融危机有共同点，反映了人性之弱点，前者是侥幸和贪婪，后者是恐慌和贪婪。

2. 吸取"福岛教训"有待深入

（1）关于地震损害

"独立调查报告"促使人们吸取"福岛教训"更加全面和深入。此前曾有人质疑，9.0级大地震第一时间未对核岛设备造成损害，事主一直"引导"核电界只强调分析海啸导致失去全部电源SBO。

> 独立调查委员会认为，东电过早地得出了下述结论，即海啸是造成此次核事故的根源并否认地震造成了任何损害。委员会相信，地震可能给用于确保安全的设备造成了损害，1号机组可能已发生了小规模失水事故。委员会希望由第三方对相关情况进行进一步调查，委员会认为，东电公司的中期报告将所有的事故诱因均归结于意料之外的海啸而不是更有可预见性的地震，这是在试图逃避责任。通过调查，委员会已经核实，相关人员均认识到了地震和海啸的风险。此外，1号机组的受损不仅是因为海啸，还因为地震。这一结论是基于下述事实得出的：
>
> 1. 在自动紧急停堆后出现了一次巨大的震动；2. 原子能安全基础机构（JNES）确认了发生小规模失水事故的可能性；3. 1号机组操作员担

心冷却剂从阀门处泄漏；4.安全泄压阀未正常工作。此外，丧失外部电源的原因有两个，且均与地震相关：抗震的外部供电系统缺少多样性和独立性，新福岛（Shin-Fukushima）变电站不具备抗震性。[①]

确认地震第一时间反应堆安全相关设备和系统受损，发生小破口失水事故（LOCA），可以成为事故后月余，接上外部动力电源向堆内注水仍无明显降温效果的一个合理解释。虽然人们不能否认地震的任何影响，但福岛核电厂多数损害是由海啸引起的。然而，为评估所有与安全相关的结构、系统和部件的精确状态并确立其实际的抗震能力，以便得出抗震设计的普遍教训，特别是关于地震对安全壳功能的影响，需要更多的信息，仍然需要对事故核电厂进行更多的调查。这对正确全面吸取"福岛教训"并采取相应改进措施有积极意义，能避免已显现的偏差扩大。只强调海啸是诱因，不提更有预见性的地震在第一时间造成的系统和设备损坏，会给吸取"福岛教训"造成某种误导。

（2）深入分析福岛核事故反应堆内物理、热工过程的必要性

不排除事故反应堆内局部重现裂变反应。由于堆型特点，事故后采用冷水降温，3号反应堆还装有MOX核燃料元件，更是堆芯可能重现裂变反应的不利因素。不幸的是，2011年11月2日东京电力公司公布了《福岛反应堆疑现"临界状态"》的信息。人民网2011年11月11日报道，东京电力公司承认，福岛核电厂裂变反应或将继续。日本京都大学原子炉实验所助理教授小出裕章表示，如果福岛核电厂的裂变一经证实，日本对于核安全的整个认识都将被颠覆。2012年2月12日东京电力公司发布消息称，福岛第一核电厂2号反应堆压力容器底部再度异常急剧升温至82℃，已超条例规定的安全限值（65℃），引发人们对反应堆内发生裂变反应的担忧。东京电力公司2012年2月16日称，监测没问题。日本原子能委员会近藤骏介委员长在事故一周年前夕说，"灾难过去近一年，现阶段反应堆接近冷停堆"。

近藤骏介委员长的表述，意味着事故反应堆从额定功率紧急停堆转换至冷停堆，长时间未满足冷停堆条件，停堆深度或次临界度不够；反应堆冷却系统

[①] 日本国会福岛核事故独立调查委员会：《福岛核事故正式调查报告》，《国外核新闻》2012年7月。

平均温度未达限值以下。日本官方的这一则信息，可视为重现裂变反应的佐证。这也涉及9.0级大地震是否致使堆内结构（包括控制驱动机构）变形和冷却系统受损，虽然有堆芯燃料棒烧毁，但仍然具备中子裂变系统的基本特征。而局部重现裂变反应，有新的裂变能量释放，也是长期达不到冷停堆热工条件的合理理由。总之，福岛类型的堆芯烧毁，其物理热工过程并不明晰，应深入分析。这也是对福岛型和切尔诺贝利型核事故认知上的差别，而核电界分析清楚，有利于制定福岛型堆芯熔毁的应对措施和改进安全规程，并制定更加适合处理这类事故的操作规程。

披露核事故真相愈透明，吸取教训采取措施愈有效，公众疑虑愈少。日本人民承受了福岛核灾难，福岛经验为全球核电界共享，对福岛核事故深入分析得出清晰图像也是全球核电界之责，有利于科学发展核电。

3. 评价核电安全性的现行理论需要有新方法论的突破

（1）主观概率的局限性——仅用PSA的两个概率表征核电安全性不妥

自切尔诺贝利核事故后20多年来，"核电复苏"步履艰难。当初美国的URD和欧洲的EUR提出升级核安全性和经济性，推出Ⅲ代轻水堆，是突破核电复苏困局之举。

URD和EUR评价核电反应堆安全性最重要的两类参数，就方法论而言，①是用概率论评价严重事故的可能性：每堆·年发生严重堆芯损坏事件的概率要低于10^{-5}，发生大量放射性物质释放事件的概率要低于10^{-6}；②是用确定论方法界定热工安全裕度要大于15%，两个参数很重要：最小偏离泡核沸腾比（Min. DNBR），燃料芯块中心温度低于其熔点温度。确定论方法界定热工安全裕度是以实验为依据，对安全性有本质上的重要性。当代核电厂的安全性仍然应当以实验为基础、可验证的确定论方法决定，不可验证的概率论得出的两个概率不宜被当作确定性判断安全性的依据。

切尔诺贝利核事故25年后，又发生了日本福岛核灾难。"独立调查报告"揭示，由于是小概率事件，其发生的现实可能性被主观忽视了。公众和政府关注核安全更侧重于发生核事故的危害，反应堆发生重大事故致大量放射性物质向环境的释放，对公众、生物和生态环境造成放射性损害是灾难性的、区域性的，作用时间长、范围广和路径多样（海、陆、空）。而辐射的长期生物效应和生态环境的长期潜在影响最令人担忧。正是由于这种特点,简单地将小概率高危害的重大核电反应堆事故仅用"概率低"的理由或只用核电厂正常运行时放射性物质排出量很少的理由,与传统工业事故、交通事故或小剂量的医疗放射性照射相比,难于被公众和政府接受。这样的简单"类比",事实上默认了"潜在照射"及照射概率很小。潜在照射是指有照射的可能性,但不能肯定实际是否真会发生照射的情况。已发生的导致大量放射性外泄事故不是潜在照射。鉴于33年间发生三次重大反应堆事故,正常运行的核电厂和放射性废物处置潜在照射风险必须慎重对待,而且在全寿期核电产业链上都要如此。这正是福岛灾难发生后全球核电界、监管机构已经和正在以及继续要做的事。

应该坦言,核能链的风险评价知之不多,特别是方法论。目前的潜在照射风险评价存在很大的不确定性,主要问题是照射概率或风险源发生的概率 P 不能用统计方法得出。在辐射防护中,考虑潜在照射的风险时,概率 P 因辐射源和实践的不同类型,其不确定性有很大差别,在评价时受社会因素的影响很大。正是由于这种主观概率的不确定性差别很大,国际放射防护委员会(ICRP)尚未提出潜在照射的风险限值。显然,这使主观概率用于潜在照射风险评价上有很大的局限性。

除潜在照射这样的用于风险评价照射概率 P,在核电概率安全、风险评价方法(PSA/PRA)中,作为反应堆安全性指标的严重堆芯损坏概率和大量放射性物质释放事件的概率等也不能用统计方法得出。这类概率是用事件树分析(Event Tree Analysis,ETA)、故障树分析(Fault Tree Analysis,FTA)、过程决策程序图(Process Decision Program Chart,PDPC)等手段求出的主观概率(subjective probability)。这种主观概率是用逻辑分析方法计算出的概率,该类概率无法经过实验证实,属于检验前的概率。因此,是一种主观先验概率。

三哩岛核事故之后,在反应堆安全分析领域,作为确定论方法的辅助工具,在核电厂设计和运行维修等方面ETA和FTA等方法用于安全性分析的概率逻辑计算,找出薄弱环节并采取必要的技术措施,对安全性的提升发挥了积极作用。PSA模型必须适当地并入所有的危害和能够由经验及可靠的工程鉴定验证的事故场景。但是,这种PSA模型强烈依赖于相应的数据库,包括所采集数据来源、相关设备的质量及其认证、人为因素(常见的主观性违规操作和客观性误操作)、对事件树和故障树认知上的不足和缺陷以及社会因素的影响,等等。因此,其不确定性同样有很大的差别,尤其是分析外部事件(如地震、海啸、飓风、洪水等)有更大的不确定性。目前世界上运行的443座核电机组绝大多数是Ⅱ代技术,严重堆芯损坏概率和大量放射性物质释放事件概率分别是10^{-4}和10^{-5}。Ⅲ代技术只有日本运行的4台ABWR机组,两个相应的概率分别为10^{-5}和10^{-6}。仅用这两个概率评价核电的安全性,面对33年间发生三次堆熔事故,有疑惑是正常、合理的。有科学家对世界上自400多座核电站运行以来先后共发生3次重大安全事故估计了一个概率,与上述主观概率相差悬殊,可理解为表达了一种应用统计概率的探索[13]。

如果仅强调用PSA的两个概率表征核电的安全水平,甚至作为主要的评价安全性手段,可能这已经超出了主观概率自身的含义,强调这两个概率并据此做出确定性的判断和决策值得商榷。由此,福岛核事故也启示人们思考:现行的主观概率PSA用于描述小概率事件究竟有多大的可信性,以及用于判断核电反应堆安全性的合理性和局限性。

事实上,经验已表明,即使一个认为全范围的PSA也不能包括全部有危害的事件,因为有时事件可以超越我们的想象,某些事件由于错误的判断不能被认为是可信的。已发生严重事故的核电厂,三哩岛、切尔诺贝利和福岛第一核电厂,所有主要事故分析已表明具有超越当时PSA模型范围的特征或部分。至少这应促使人们思考福岛核事故后如何改进、完善PSA,以便更适合分析日渐频发的极端自然灾害和人为恶意攻击对核电安全的威胁。更重要的是应思考,PSA的结果能否单独地用于判断核电反应堆的安全性及安全水平? 而中国许多场合都在这么用。

在这三十余年核电史上也有令人鼓舞的积极的事例。与三哩岛核电厂同类型的Davis-Basse核电厂,也曾发生过三哩岛2号反应堆相同的工况,但由于操作员的正确处理避免了三哩岛式的核事故。2006年日本按新安全导则修改抗震标准后,日本原子能电力公司采取了实体结构性加固,保护应急电源和水泵设备,于2010年9月完成加固工作,承受住了"3·11"日本大地震和海啸。这是两个人为因素保证核电厂安全的例子(否则又增加了两次严重事故),但同样显现出逻辑计算得到的主观概率用于核电领域判断安全性的局限性。

(2)改进、完善概率评价方法,乃至评价核电安全性期待新的理论方法

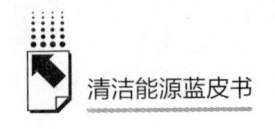

突破

小概率高危害的福岛核事故是又一次反概率理论的实例（参见"甘珀森法则"①）。

门类繁多的概率论理论在其发展过程中，曾发生概率论在统计物理等领域的应用，提出了对概率论基本概念与原理进行解释的需求，科学家发现了一些概率论悖论也揭示出古典概率论中基本概念存在的矛盾与含糊之处。最著名的是"贝特朗悖论"。这类悖论说明概率的概念是以某种确定的实验为前提的，这种实验有时由问题本身所明确规定，有时则不然。这种情况，无论是概率论的实际应用还是其自身发展，都要求对概率论的逻辑基础做出更严格的考察。这也正是今天核电领域用主观概率（逻辑分析计算的）评价堆芯严重熔毁、乏燃料池内燃料熔毁、大量放射性外泄时应思考的问题。需要对主观概率得出的反应堆安全性指标（两个概率）的含义做出说明和解释，防止被滥用于确定性的决策判断。福岛核事故之后提出提升安全标准时，人们就讨论"多安全才是安全"，这事实上已默认将上述两个概率作为判据。而在 IAEA 公布新的安全标准之后，同样是由于主观概率自身不确定性的差别很大，提出"堆芯损毁和大规模放射性泄漏设计频率"多小才是安全的？这也暗示出对于用这两个概率判断安全性的某种忧虑："切实消除高辐射剂量和高放射性物质释放"，这种确定性的判断仍然以不确定性差别很大的主观概率的大小为依据。中国目前使用国外的程序和数据库，而 85% 以上的设备非该国生产，加上不同核安全文化素质的人的因素等，计算出的概率再小，能"切实消除"的可靠性究竟有多大？这种困惑表明，主观概率方法计算出的上述"设计频率"具有局限性，这种计算方法受到了进一步的严峻挑战。

目前独树一帜的大胆探索是值得受到重视的。在液态铅铋冷却快堆成功用于核潜艇的基础上，俄罗斯正在开发的小型、模块式液态重金属冷却的先进快堆 SVBR－75/100，拟于 2017 年在俄罗斯新瓦洛涅什核电厂建成。该堆设计的安全哲理是：确定性地排除任何原因导致的严重事故，严重事故每一百万运行堆·年

---

① 二战期间，英国科学家甘珀森经过多年研究总结出反概率理论，其核心内容是：概率具有矛盾的一面，即越有可能发生的事件并不一定能够发生，越不可能发生的事情却有可能发生。

只发生一次也不可信。此外，还必须考虑恶劣的人为预谋行动，在这种情况下，概率安全分析的结论从根本上说是无效的。应当确定性地排除任何外部或内部以及恐怖主义可能引起的严重事故。对于俄罗斯 SVBR - 75/100 的探索，至少可以理解为是在强调以实验为基础的确定论决策安全性，而非主观概率的 PSA 方法。

早于核电规模应用几十年的航空工业所确立并被证实有效的风险评估方法最值得借鉴，因为两个行业特点极为相似。在航空界无论是空难率、事故率、空中飞机相撞、地面事故、早期机械原因和设计与质量因素、人为因素等都是以事故统计数据为基础，确定飞行事故概率模型和随机过程模型，对飞行安全可靠性指标进行定量评估，确立风险概率。涉及人员伤亡事故，更是以直接的统计数据给出每百万航班出现死亡事故的次数，甚至对近 20 种主要机型给出这种事故概率，而全球都信服，它是典型的统计概率（无条件概率）。近年来，核电界已注意到航空界海恩法则（又称"事故冰山理论"）对核电事故的借鉴意义。波音公司的以可靠性数据为中心的检修方法（RCM）已逐渐被中国国内核电站接受（难点在于中国核电可靠性数据库与其有很大差距），用以解决"检修过度和检修不足并存"的问题，有利于经济合理地排除故障隐患，应属海恩法则的指导思想。航空界对风险评价的学术思想活跃，有很多探索，例如模糊综合评判法的探索[15]等，也应对核安全风险评价方法探索有所启发。应当说明的是，无论是主观概率的 PSA，还是统计概率，都不宜单独用于确定性判断安全性，核电反应堆的安全性仍然应当以确定论判断为基础，而概率论方法是安全分析的一个手段，一种辅助的设计工具。

未来核电的发展"安全至上"，评估核电安全性指标的主观概率参数、指标，克服逻辑分析方法的局限性，改进、完善包括 PSA 模型的风险评价方法，乃至探索跨学科的创新理论方法推动核电安全性的提升有重要的实践意义，将使决策层和执行层有更充分的科学依据。

（四）促进可再生能源快速发展和新核能源的研发

福岛核事故后，可再生能源的发展进一步受到激励，德国成为全球亮点。德国先进的储能技术和智能电网使其风电和太阳能发电量迅速增加，已成德国电力的重要支柱，且技术是世界一流。德国在短时间内可再生能源的增长，在补偿关闭8台核电机组之后的发电量减少方面起到了重要作用。近两年来，作为核电大国的法国，由于经济原因，从德国进口电力达两年来的最高值[14]。有文章①称"由于风电和太阳能发电，德国电力生产常常出现盈余，这促使法国电力供应商倾向于从德国低价进口而非自己直接产电"。2013年1月，法国从德国净进口数额达1570GW·h。自2011年10月以来，法德之间电力输送就保持了法国进口的状态。人们也注意到，法国新任总统奥朗德宣布，到2030年法国核电比例将从现在的78%降至50%。

中国太阳能PV发电吸取过去几年深刻甚至是沉痛的教训，转向在国内建设光伏发电项目并给予政策上的扶持。产能在国内，如果鼓励国内需求加上智能电网和微电网的进步，会迅速增加太阳能光伏发电装机容量。例如，全球单体规模最大的薄膜太阳能地面站——50MW青海南州薄膜太阳能地面站已在中国建成，此举标志着新一代技术在中国开始大规模应用。"十二五"末太阳能发电目标将达到21GW，增长率要达到89.5%。按装机容量，中国已成风电大国。国家能源局新任局长部署当前要突出抓好的十项重点工作，第二项是非正常"弃水""弃风""弃光"等现象。2012年，"弃风"造成风力发电损失200亿kW·h。不只是"弃风"，预计2013年"弃水"也很严重，将有约200亿kW·h水电弃用。"弃风"或"弃水"200亿kW·h，相当于2.5个百万千瓦级核电机组全年满发的电量。这值得深思！

在全球各种新能源的探索中，特别值得关注的是，没有裂变能那样固有的放射性核素产生的新核能源已崭露头角，如同质异能素核能源、低能核反应能源，在理论和实验的探索上都有了显著进展，有的甚至已经在探索试验性商品化开发，并有商业交易活动。

四 中国核电发展面临的若干问题和对策

（一）发展历程简述

1985年秦山核电站1台30万千瓦机组开工建设和两年后大亚湾核电站2

---

① 《法国从德国购进电力达两年来最高值》，人民网，2013年2月19日。

台百万千瓦级机组开工建设拉开了中国大陆规模建设核电的序幕。1996~1997年秦山核电二期工程2台60万千瓦机组再开工建设,这样至20世纪末总共5台压水堆机组开工建设,投入商业运行的只有前3台机组。进入21世纪,随着中国社会经济高速发展,能源需求激增,世界气候变化大会温室气体减排压力加大,沿海经济发达地区对核电需求增加,核电发展速度加快。2005年年底以来,中国核准了10个项目34台机组。在中国核电发展中长期规划(2006~2020年)发布后1~2年,就要求在规模上大幅调高,出现了争相上核电项目的势头。仅2008~2010年的3年间在建机组就增加了23台,扩张性增长使中国2011年年底在建机组数达26台,装机容量达2924万kW;分别占全球在建机组总数(65台)和装机容量(6459.7万kW)的40%和45%。2011年,中国核电占全国发电装机容量的1.19%,占全国发电量的1.85%。目前,在役机组16台,总装机容量1366万kW;在建机组29台,装机容量3166万kW。

福岛核事故的灾难性后果也为中国核电敲响了警钟,国务院2011年3月16日做出了具有前瞻性的四项决定:用最先进的安全标准开展核电安全大检查、制定核安全规划、核电安全规划和调整核电中长期发展规划。2012年10月24日国务院常务会议讨论通过《能源发展"十二五"规划》,再次讨论并通过《核电安全规划(2011~2020年)》和调整后的《核电中长期发展规划(2011~2020年)》。国务院对待核电安全与发展十分严肃和慎重,对当前和今后一个时期核电建设做出部署,特别强调"合理把握建设节奏","十二五"时期"不安排内陆核电项目","按照全球最高安全要求新建核电项目"等。国务院常务会议的"3·16决定"和"10·24决定"是中国核电从一度"跑马圈地"式扩张性建设到科学发展的转折点。目前,核电正在稳妥恢复正常建设。

福岛核事故发生前的十年间(2002~2011),中国在役、在建核电机组数量(台)及相应装机容量(MWe)分别表示在图3和图4上,在役机组发电量和上网电量(亿kW·h)表示在图5上。

中国在役机组堆型、技术来源和商业投运情况等信息见表4,在建机组的相关信息见表5。这两个表是中国核电发展史的缩影。

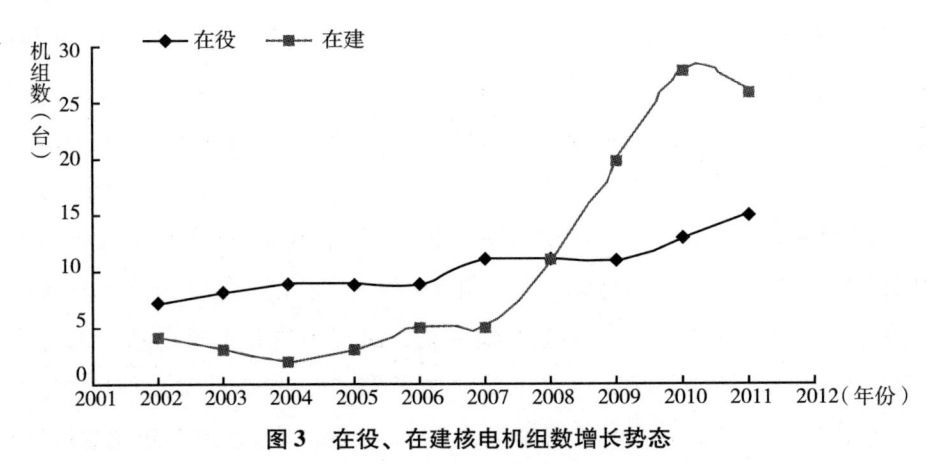

图 3　在役、在建核电机组数增长势态

资料来源：《中国核能年鉴》（2012 年卷），中国原子能出版社，2012。

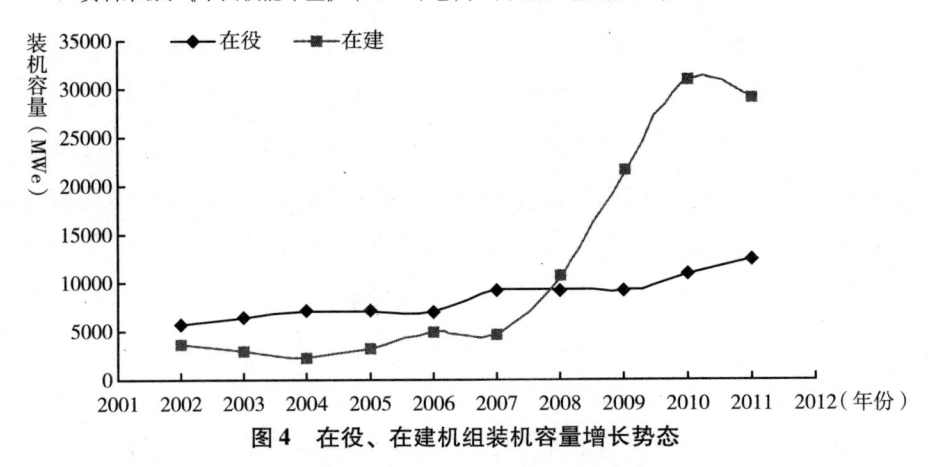

图 4　在役、在建机组装机容量增长势态

资料来源：《中国核能年鉴》（2012 年卷），中国原子能出版社，2012。

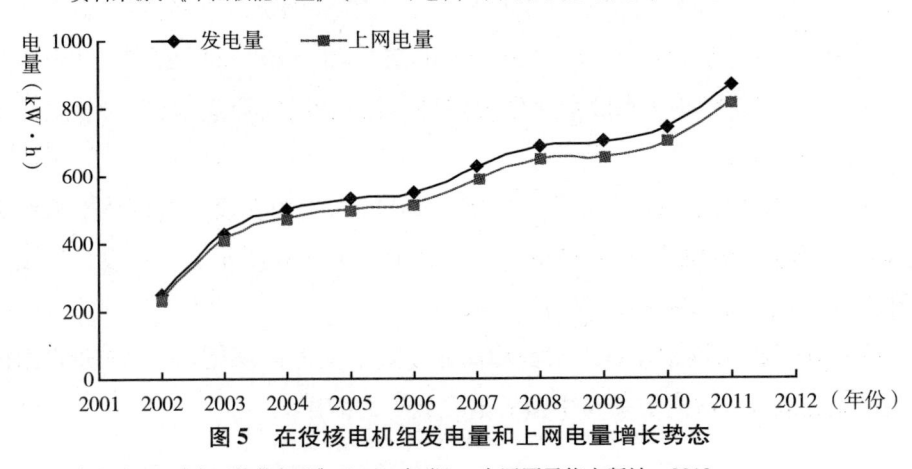

图 5　在役核电机组发电量和上网电量增长势态

资料来源：《中国核能年鉴》（2012 年卷），中国原子能出版社，2012。

表 4　中国在役核电机组基本信息

核电厂名/机组号		堆型/型号	额定功率(MWe)	技术来源 国/公司	建设周期 开工日期	建设周期 首次并网日期	建设周期 商业运行日期
秦　山		压水堆	310	自主设计/中核集团	1985.03.20	1991.12.15	1994.04.01
大亚湾	1#	压水堆/M310	983.8	法国/Areva	1987.08.07	1993.08.31	1994.02.01
	2#	压水堆/M310	983.8	法国/Areva	1988.04.07	1994.02.07	1994.05.06
秦山二期	1#	压水堆	650	自主设计/中核集团	1996.06.02	2002.02.06	2002.04.15
	2#	压水堆	650	自主设计/中核集团	1997.04.01	2004.03.11	2004.05.08
	3#	压水堆	650	自主设计/中核集团	2006.04.28	2010.08.01	2010.10.05
	4#	压水堆	650	自主设计/中核集团	2007.01.28	2011.11.25	2011.12.30
岭　澳	1#	压水堆/M310	990.3	法国/Areva	1997.05.15	2002.02.26	2002.05.28
	2#	压水堆/M310	990.3	法国/Areva	1997.11.28	2002.09.14	2003.01.08
	3#	压水堆/CPR1000	1080	改进设计/中广核集团	2005.12.15	2010.07.15	2010.09.20
	4#	压水堆/CPR1000	1080	改进设计/中广核集团	2006.06.15	2011.05.03	2011.08.07
秦山三期	1#	重水堆(PHWR)	700	加拿大/AECL	1998.06.08	2002.11.19	2002.12.31
	2#	重水堆(PHWR)	700	加拿大/AECL	1998.09.25	2003.06.12	2003.07.24
田　湾	1#	压水堆/V-428/AES91	1060	俄罗斯	1999.10.20	2006.05.12	2007.05.17
	2#	压水堆/V-428/AES91	1060	俄罗斯	2000.09.20	2007.05.14	2007.08.16
总　计	15台		12538.2				

注：以核电厂首台机组开工日期为序。
资料来源：参考 http://zh.wikipedia.org/zh.cn/Template 上的中国核电站分布图编制。

表5 中国在建核电机组基本信息

核电厂名/机组号		堆型/型号	额定功率（MWe）	技术来源国/公司	建设周期 开工日期	计划完工日期
红沿河	1#	压水堆/CPR1000	1080	自主设计/中广核集团	2007.08.18	2012.12.15（2013.2.17完工）
	2#	压水堆/CPR1000	1080	自主设计/中广核集团	2008.03.28	2013.08.15
	3#	压水堆/CPR1000	1080	自主设计/中广核集团	2009.03.07	2014.04.15
	4#	压水堆/CPR1000	1080	自主设计/中广核集团	2009.08.15	2014.10.15
宁德	1#	压水堆/CPR1000	1080	自主设计/中广核集团	2008.02.18	2012.12.31
	2#	压水堆/CPR1000	1080	自主设计/中广核集团	2008.11.12	2013.08.31
	3#	压水堆/CPR1000	1080	自主设计/中广核集团	2010.01.08	2014.09.30
	4#	压水堆/CPR1000	1080	自主设计/中广核集团	2010.09.29	2015.05.31
福清	1#	压水堆/M310	1080	自主设计/中核集团	2008.11.21	2013.11.18
	2#	压水堆/M310	1080	自主设计/中核集团	2009.06.17	2014.06.18
	3#	压水堆/M310	1080	自主设计/中核集团	2010.12.31	2015.08.31
阳江	1#	压水堆/CPR1000	1080	自主设计/中广核集团	2008.12.16	2013.08.15
	2#	压水堆/CPR1000	1080	自主设计/中广核集团	2009.06.04	2014.04.15
	3#	压水堆/CPR1000	1080	自主设计/中广核集团	2010.11.15	2015.03.15
方家山	1#	压水堆/M310	1080	自主设计/中核集团	2008.12.26	2013.12.31
	2#	压水堆/M310	1080	自主设计/中核集团	2009.07.17	2014.10.28
三门	1#	压水堆/AP1000	1250	美国西屋公司/（日本东芝）	2009.03.29	2013.11.30
	2#	压水堆/AP1000	1250	美国西屋公司/（日本东芝）	2009.12.15	2014.09.30
海阳	1#	压水堆/AP1000	1250	美国西屋公司/（日本东芝）	2009.09.24	2014.05.31
	2#	压水堆/AP1000	1250	美国西屋公司/（日本东芝）	2010.06.20	2015.03.31
台山	1#	压水堆/EPR	1750	法国/Areva	2009.11.18	2013.12.31
	2#	压水堆/EPR	1750	法国/Areva	2010.04.15	2014.10.31
昌江	1#	压水堆/CNP600	650	自主设计/中核集团	2010.04.25	2015.02.25
	2#	压水堆/CNP600	650	自主设计/中核集团	2010.11.21	2015.10.25
防城港红沙	1#	压水堆/CPR1000	1080	自主设计/中广核集团	2010.07.30	2015.03.31
	2#	压水堆/CPR1000	1080	自主设计/中广核集团	2010.12.28	2015.11.30
总计	26台		29240			

资料来源：参考http://zh.wikipedia.org/zh.cn/Template上的中国核电站分布图编制。

中国核电建设和发展，事实上从起步到快速建设一直在讨论和争论中前行。起步之初有重水堆—轻水堆之争。以30万千瓦回路压水堆共识作为技术路线，中国首台30万千瓦压水堆机组开工建设，"重—轻"之争告一段落。

此后，从法国引进的大亚湾2台百万千瓦级机组开工建设，并以当时国内重型发电设备实际制造能力为基础，借鉴大亚湾M310堆型自主设计、建设秦山二期工程2台60万千瓦机组，不断在"议论"中进行，其实质在于中国发展核电之路怎么走。

随着中国进一步改革开放，GDP快速持续增长，巨额投资的核电项目受资本约束的情况有了根本性改变，加上对能源需求的刺激性增长和国际形势的变化，使引进核电成为主流。在成功引进加拿大技术的2台Candu堆机组和俄罗斯技术的2台VVER/428机组之后，世界瞩目中国政府招标引进Ⅲ代压水堆机组。在宣布美国西屋公司AP1000中标，一次性全面引进4台机组之后，随即与落选竞标者法国Areva公司谈判引进2台EPR。再后来，又从当时退出竞标的俄罗斯签约引进2台AES-91型机组（田湾3#、4#，并于2013年年初开工建设）。这一轮引进美、法、俄三种压水堆技术机组表明，中国引进核电项目是综合考虑政治、经济、外交等各方面因素而做出的决策，起到了平衡大国之间利益的作用。值得关注的是，中广核集团与法电（EDF）合资公司建设台山EPR项目（多年前已在芬兰开工建设EPR但尚未建成），"利益共享、风险共担"的模式尚属中国国内核电界科学合理决策的创新之举。

这一时段及以后，核电界一直把堆型当作技术路线"热议"。由主管部门指定的"技术路线"AP1000堆型不可能按预期批量投入建设，以该堆型为主无法实现原《核电中长期发展规划（2006～2020年）》目标——到2020年建成投运4000万kW、在建1800万kW装机容量。20世纪90年代中期，中咨公司曾对中国百万千瓦级机组设计能力进行过评估，结论是基本具备设计能力。因此，在大亚湾、岭澳机组成功运行基础上，自主设计的Ⅱ代改进型百万千瓦级机组担当了实现规划目标的主力堆型，上了大批核电项目，呈现快速发展势头。

福岛核事故之前，虽然有的核电项目已暴露出若干问题待解决，包括质量隐患，但以当时对核安全的认知水平，对中国有能力自主设计、自主建设、自主运营、自主管理Ⅱ代改进型核电厂，尚能接受和认可。而Ⅲ代压水堆核电项目，AP1000首先在中国，EPR首先在芬兰、法国，随后在中国开工建设，正在经历先进性、成熟性、可靠性的实践检验。

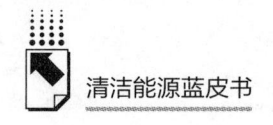

（二）中国核电界的困局

福岛核事故发生后至2012年10月24日国务院对核电发展严肃、慎重地做出科学部署以来，监管机构和核电界对诸多热点问题很踌躇，大干快上和领跑全球核电的心态，使之面对国务院决定总是显得很犹疑，即所谓困局。这主要表现在以下几方面。

（1）国务院"3·16决定"后，对欧盟和美国已是强制性的安全要求，如抗击大飞机撞击能力的要求，中国核安全监管机构和核电界则强调中国"HAF102没有规定"；IAEA公布新标准后，国务院"10·24决定"中也有明确要求，对不合时宜的HAF102等系列法规应不拖延地修改或升级。

（2）新标准实施后，在建核电项目和恢复开工的项目，除少数是Ⅲ代技术外，其余压水堆项目都是Ⅱ代改进的技术，它们建成伊始就要面临按新标准要求、常态化的定期安全审评（显然，这些机组不满足新标准、法规要求），并应实施合理可行的实体改进，是扩张性建设的诸多机组全寿期的一种"纠结"。

（3）即便Ⅲ代AP1000，也因面临有重要物项的后顾之忧（有的已得到证实），从一开始就留下"遗憾"。中国从美国引进首批4台AP1000依据的是DCD15版。引进合同签约前，西屋公司已知会中方，该公司已有重要设计修改的升级版DCD16。为工程尽快上马的需要，中方坚持仍以DCD15签约。美国核管会（NRC）于2012年2月9日按多次升级的设计控制文件DCD19版（比DCD15版有重大设计修改）批准了美国本土新建的2台AP1000。所以，西屋公司很清楚，中国在建的AP1000不同于美国本土的，并不能满足美国的核安全标准。

成为中国核电发展很重要的警醒的是，作为成熟技术引进（但在世界上从未建设过）的首台AP1000三门1#机组，目前面临的困境，包括关系到核电厂安全可靠性的核心设备之一、AP1000首次采用的免维修的大型屏蔽电机泵，未充分在试制中、更未经在核电厂实际运行证实其成熟性。这涉及如何评价安全可靠性的问题。在《第三代核电技术与AP1000先进核电机组》（2009年2

月）一书中专门表述了 AP1000 以两个概率为判据所达到的安全水平。

8.3 AP1000 核电厂所达到的安全水平

AP1000 和二代/二代改进型核电厂堆芯熔化概率、大量放射性向环境释放概率对比表

分析范围		中国核安全法规和导则要求的安全目标	二代/二代改进型	AP1000
堆芯熔化概率（/堆·年）	总计（包括部分外部事件）	$\leqslant 1.0 \times 10^{-5}$	$1 \times 10^{-4} \sim 5 \times 10^{-5}$	5.08×10^{-7}
大量放射性向环境释放概率（/堆·年）	总计（包括部分外部事件）	$\leqslant 1.0 \times 10^{-6}$	$1.0 \times 10^{-5} \sim 9.0 \times 10^{-6}$	5.92×10^{-8}

与第二代核电机组相比，AP1000 的堆芯熔化概率为 5.08×10^{-7}（/堆·年），而通常第二代核电机组出现这种严重事故的概率为 $1.0 \times 10^{-4} \sim 5.0 \times 10^{-5}$（/堆·年），两者相差约 100 倍。AP1000 出现大量放射性向环境释放的概率为 5.92×10^{-8}（/堆·年），而通常第二代核电机组出现这种严重事故的概率为 $1.0 \times 10^{-5} \sim 9.0 \times 10^{-6}$（/堆·年），两者相差 100 倍以上。[1]

全球关注中国核电，中国核电界也要放眼全球核电，尤其是核电安全。英国核设施监察局称，对西屋公司向英国投标 AP1000 的审查中，由于有未解决的技术问题，西屋公司也未能提供足够的技术支持材料，还不能认可，其中包括屏蔽厂房、爆破阀、建议的反应堆冷却剂泵设计变更等。关于 AP1000 的外部事件，英国已明确要求"飞机撞击评估的批准分析报告"。英国于 2011 年 6 月 27 日已正式通知西屋公司，AP1000 从英国安全评审中出局。当时西屋公司 Mike Tynan（该项目负责人）先生不得不承认，在安全方面仍有大量工作要做。西屋公司推出比中国采用的 DCD 版本高的 AP1000 在英国投标，遭安全评审出局，而中国核安全监管当局却能在英国评审几年前顺利通过评审，这值得深思。

从应用主观概率的角度审视 AP1000 的 PSA 分析及其数据库，对首批

---

[1] 资料来源：《第三代核电技术与 AP1000 先进核电机组》，国家核电技术公司，2009。

AP1000机组，基于安全相关的核心设备主循环泵——"首次采用的免维修的大型屏蔽电机泵"的上述实际状况，尚未有在核电厂实际运行的经验，是如何选取其失效概率的？美国本土要求抗击大型飞机撞击和提高抗震能力，屏蔽厂房采用修改设计的 SC 结构，而首批 AP1000 却仍采用 RC 结构，显然应对大飞机撞击能力与 SC 结构不同，这样的外部事件怎样影响 PSA 逻辑分析计算出的概率？这些都决定了主观先验概率分析的结果有更大的不确定性。对于中国 AP1000 核电项目，要勇于面对严重延误工期、反应堆冷却系统核心设备试制过程中一再出现问题的现实，期待中外及中国国内各方"合力"解决问题，不留隐患，并把经验教训反馈到设计修改中，切实达到技术来源国的法规要求和中国国务院决定要采用的最新标准要求，推动中国核电健康发展。

（4）新标准适用所有新电厂的设计，不论是建在沿海还是内地。中国内陆地域辽阔，应能选出适合的核电场址，焦点在长江流域。目前中国内陆核电的"纠结"不在于简单地说"美国、法国都有内陆核电"，而在于要对中外内陆核电场址重要"环评"指标、参数（人口密度、水源、年均静风天数、平均风速等的对比）向公众公开；不在于向媒体简单地宣传内陆核电"零排放"（2012 年）和内陆核电排放标准严于沿海核电（2013 年 6 月），而在于要提出达到这一目标的技术措施及支持性技术资料，证明在核电厂常规运行、发生严重事故致使大量放射性向环境释放以及在核电场址放射性废液长期贮存的可靠性和可信性，使得政府和公众可接受。因地制宜地采取技术措施能否达到新标准的安全要求？应当记住中国的经验教训。25 年前党和国家最高领导人为保护长江流域不受放射性污染亲批关闭 821 厂反应堆等核设施。此后，国务院一直高度重视并给予大力支持处理放射性废液历史遗留问题及退役工程，但长期未能妥善解决。近来，根据国务院领导重要批示，有关部委领导在三个多月时间内三次赴 821 厂视察、指导工作，指出"核设施退役和放射性废物治理是国家的大事"，"关系到国家安全和政治安全"，"要尽快消除隐患风险"。风险隐患久攻不克，至少表明在技术上也有亟待提高水平的期待。目前，中国三个内陆核电场址均地处敏感的长江流域，是跑马圈地扩张性选址的结果，前期已非正常超前大量投入，"弃之可惜，取之烫手"。OECD/NEA 于 2012 年 6 月 22

日发布的《核能在低碳能源未来中的作用》中对内陆核电在某些气候变化呈干旱趋势的区域产生的新问题,亦应注意。

(5) 引进多国多堆型,增加了监管机构的难度和要求,自身亟待提升独立评审能力和水平。

(6) "技术路线"和堆型的博弈。政府部门指定的"技术路线"、堆型首先已被 EPR 和 AES-91 突破。美、法、俄的核电反应堆技术成为掌控中国核电技术的"三强"。"自主研发Ⅲ代"品牌堆型 ACP1000 和 ACPR1000 等虽然步履蹒跚,但已破茧而出,或将跻身于"Ⅲ代堆型"的技术经济性竞争。"自主品牌"堆型,应明确技术创新点、技术特点,及有成熟的技术支撑、相关国外经验的充分理解和吸取。例如,采用 177 盒组件堆芯的 ACP1000,与德国设计并在德国、瑞士、西班牙建造运行多年的 3 环路/3 主泵机组最有可比性。而美国多个 177 盒组件堆芯的机组,是 2 环路/4 主泵。这些反应堆多年成功运行经验都值得深入分析研究,使其宝贵经验为中国所用。

(7) "安全至上"要覆盖核电产业链,NRC 执行美国哥伦比亚特区巡回上诉法院对汉福特核禁区放射性液体贮存罐泄漏事件的裁决,引起了社会关注,为确立玻璃固化方案并实施,美国能源部(DOE)付出成本代价和耗费时间是对核电界的再提醒。

(8) 中国已具备Ⅱ代改进型百万千瓦级核电工程的设计能力,自主设计Ⅲ代也取得了进展;核电设备企业制造的Ⅱ代改进型设备国产化率达 80% 以上,具备每年生产 10~12 套关键设备的能力。核电厂设备制造厂的产能过剩已现端倪。中国若按新标准设计Ⅲ代,核心软件(包括数据库)受制于人,核心制造技术也不易摆脱受人制约的局面。若不加大自主创新力度,难以改变局面。

(9) 核电先进大国基于单机容量效益因子推出大容量品牌堆型(容量范围:1000~1750MWe),中国跟进大容量;近年来 DOE 推动研发小型模块反应堆方案,各国小型堆研发紧跟,包括行波堆在内,不完全统计达十多种。中国各核电企业也在以发电、供热、海水淡化、化工工艺热等"综合利用"为由推出小型堆或将推出小型堆方案(与国外比,都有滞后相位差)。然而,核燃料资源怎么用才是经济合理?就放射性源项而言,大机组集中,小机组是"分布式"。经济性前景分析如何?各种小型堆发展跌宕起伏的历史经验

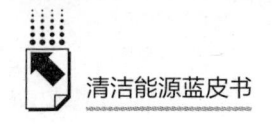

值得注意。

（10）中国第Ⅳ代核能系统走什么路？DOE 于 2000 年 1 月发起九国"联合声明"，到 2002 年 9 月东京 GIF-Ⅳ从 94 个Ⅳ代反应堆系统概念选出 6 个进行开发，拟到 2030 年向世界主要是向发展中国家推荐安全性、经济性、废料少、能可持续发展、防止核扩散的核能系统——气冷快堆、液态钠冷快堆、液态铅合金冷快堆、超高温气冷堆、超临界水堆和熔盐堆。主要核电国家一般会从中选择 1~2 项进行研发。目前，中国的钠冷快堆、高温气冷堆、超临界水堆、熔盐堆都在开展研发，有的已进行示范工程项目建设。实际上，就这些堆型本身而言，都是 20 世纪五六十年代就已提出并有不同程度研发，甚至已有建成并运行多年的百万千瓦级钠冷快堆核电站的经验。现在强调的是核能系统，第Ⅳ代核能系统不只是反应堆而是燃料循环体系的问题，反应堆型开发到商业规模应用需 25 年左右，燃料循环体系的建立和转换要 50 年以上，周期长、耗资大，要认真研究发展战略。

（11）核电自主创新空间小，长期连续引进，无自主开发的品牌，缺少核心竞争力和国际竞争力。自主研发的Ⅲ代核电品牌已有长足进展，但在短期内要达到可供在国际市场经济条件下公开参与竞争尚需时日（个别地缘政治项目除外）。要给核电界更多的自主创新空间，包括上网电价的公平公正市场机制，以改变长期引进与自主创新的"失衡"状态。

美国 20 世纪六七十年代大规模建设核电站之后，仍然重创新、开发新品牌，是以面向海外为主，赚"智力钱"。引进西屋技术后，法、日两国核电规模达到 50GWe 左右时，已成为核电主要出口国。韩国在引进美国 ABB-CE 公司 2 环路百万千瓦级技术和加拿大 Candu 技术后，国内核电规模达到 20GWe 左右时，已成功推出自己的品牌打进国际市场。日本三菱重工和法国法玛通引进美国西屋公司压水堆技术、完成技术转让过程（以有自主品牌，被允许独自向第三国出口为标志），历时二三十年。源自发达国家的"核电复苏"已名不副实，"核电转移"更确切。按 IAEA、OECD/NEA 关于核电发展的预测，发达经济体新建核电机组充其量是替换将退役的旧机组，绝大部分新机组将建在新兴经济体或欠发达地区。不管怎样，这对全球减少 CO_2 排放有重要贡献。然而放射性源项也转移了，一种新传统工业的转移。按调整后的《核电中长期发展规划（2011～2020年）》的规划目标，到2020年在役核电装机达58GWe，在建30GWe。中国在引进多国技术、建设规模超过88GWe时再创新的品牌恐怕也要待以时日。因为，虽然中国首次就引进四台AP1000，不要求有参考电站，但当中国在国际市场（地缘政治项目除外）推销中国"Ⅲ代品牌"时，不见得"上帝"不要求有参考电站（这可以说是国际惯例）。

（12）目前核电体制已不适应安全高效发展之需，深入改革，势在必行。仅就核电走出国门而言，需要NSSS集团，需要金融资本的密切合作，形成既有利于自身发展又有利于参与国际市场竞争的体制、机制。

（三）中国发展核电要走生态文明之路

核电安全事关中国生态文明建设，勿使核电潜在风险演变成核事故危害公众和环境，坚持有利于核电自身可持续发展的原则，是生态文明之路，也是应对热点问题之策。习近平主席郑重、明确地指出，"节约资源、保护环境"是基本国策，国务院也两次对核电发展做出明确决定。中国核电能否健康发展，要害在核电界，尤其是能源和核安全监管部门要正视中国核电发展中的重大问题，不折不扣地执行国务院的决定。

1. 可持续地发展核电四要素

（1）核安全文化的核心是"安全至上""安全第一"，这超越任何其他目标，包括经济高速发展目标和企业利益增长指标。当务之急是要不折不扣地执行国务院"10·24决定"，新安全标准已有，过时的"HAF102"等系列法规要及时修正升级。恪守"安全至上"要从标准、法规做起。摒弃侥幸，从源头上提高核电的安全水准，核安全监管机构责无旁贷。

（2）铀资源的可持续保证供应。天然铀是宝贵的不可再生资源，2011年全球探明的开采成本低于260美元/千克的天然铀总储量709.66万吨[17]，一个百万千瓦级核电机组60年全寿期需1.1万吨天然铀。核电规划的装机容量必须建立在先进核电机组60年寿期的资源需求基础上，而不是"可以保障供应到某年"，2020年中国就将进入天然铀消费大国行列。根据中国工程院能源中长期发展战略研究的预测，到2030年中国核电装机容量达2亿kW，到2050年达4亿kW，届时天然铀需求将达全球已探明储

量资源的60%。① 天然铀是比石油更重要的战略资源，在将"国际采购、国外采矿"的资源量计入"供应"时，必须考虑"政治风险"。要合理高效利用铀资源。

（3）要着力提升自主创新能力，不回避自主创新能力不强的现实。中国核电和中国汽车惊人地相似，在国内建的、跑的都是外国品牌，缺少的是中国自主品牌。新一届领导提出"官员要坐国产品牌车了"，提振了民族自信心，是从利益驱动转向创新驱动的极大正能量。要不失时机地争取自主创新的空间，重在提升核心技术的竞争力，自主创新要有实质性的突破，"价格优势"等低档竞争意识要改变，才能成为核电强国。

在大型轻水堆核电的前沿技术和先进技术中，除各种提升安全性的技术进步外，应着力提高电厂热效率和改进堆芯物理设计增加转化比。前者可节省铀资源和减少热污染，后者可提高铀资源利用率和增加对传统燃料循环的认知，促进燃料循环解决方案的进步。

（4）凝聚有创新思维的优秀的高端人才是关键的关键。"两弹一星"的历史经验、载人航天和北斗通信卫星的现实成就、航空业各种战机的新突破都是证明。发展核电必须有创新的高端人才队伍保证，高核安全文化素质人才是核安全之本，是提升核电技术能力和水平之本。

2. 确立国家核燃料循环体系的战略规划

核电界表现出的"困局"，犹如发展核电驶入公路的"环岛"，哪个路口都有点堵，如何疏导？核电要放在有利于生态文明建设的多元化可持续能源体系内考量，反应堆型的研发要放到核燃料循环体系内考量。这样做，一些"纠结"就可化解。

当前美国仍然引领世界核电发展潮流。近年来中国核电界出现的多种堆型齐头并进的开发局面，事实上是跟风国外者多，自主创新者少。要在前端铀资源保障供应方面有长足进步，加大资源开发力度，扩展国际合作，重视自主创新，探索探矿理论已有实绩。而燃料循环"后端"一直是中国

---

① 倪维斗、陈贞：《煤的清洁利用及与其他能源的协同是低碳发展的关键》，载张仲民等《低碳创新论》，人民邮电出版社，2012。

核工业体系中的薄弱环节，尤其是大型商用后处理厂滞后核电的发展，自主研发能力弱，从国外引进又被"天价"困扰，两者进退维谷，长期难有实质性进展。

中国亟须有一个从国家根本利益出发、以核燃料循环体系为基础的国家级未来核电、核能发展战略规划，而此规划应是跨学科、有充分依据、科学合理利用资源、符合国情的规划。这样才有利于核电产业链"前端—核电厂—后端"的协同发展，特别要提升"后端"研发能力，改变后端跟不上的局面。

3. 依法保证核安全监督部门的独立性

中国核安全监管机构承担着核安全的国家责任，要着力提升独立评审能力并切实保持其独立性，不受任何形式的来自经济部门、企业商业利益压力的影响，确保重要安全事项的真实性，包括Ⅲ代项目。核监管机构的专家委员会应由独立专家组成，是防止监管失效的重要组织措施，也区别于同行专家评议。评审程序中，对核电项目多采用临时组建项目专家委员会负责评审，并不承担任何实质性责任。宜逐步采用由有资质的法人单位承担评审，对评审结果负法律责任。

关于"独立性"之重要的两个最好例证是：1979年3月三哩岛核事故发生后，当月卡特总统委派独立的"凯梅尼委员会"负责调查三哩岛事故，查清发生部分堆芯熔化的原因和后果[16]；2011年3月11日福岛核事故发生后，东电公司的报告受到诸多质疑，日本国会福岛核事故独立调查委员会向参众两院提交正式调查报告，与东电得出完全不同的结论。

增加安全监管透明度和公众参与的机会，例如核电厂环境评价报告和安全分析报告的公开有至少两个好处：表明项目自信，在公众参与下不乏更广泛的专家等有识之士提出建设性意见（正反意见都有助于当事者更深入思考）能促使报告水平提升。

4. 新安全标准下的安全性—经济性平衡点

建立核安全技术队伍和研究体系，依靠科技创新寻求新安全标准下的安全性—经济性"平衡点"。因为"安全标准"一端没商量，不能降低标准，要靠科技创新达到标准，调整天平另一端的砝码，势必导致核电成本上升。安全系

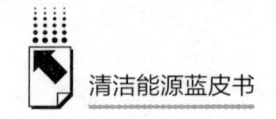

统和设施愈来愈复杂，更要靠科技进步改进设计，使成本代价合理可接受。福岛核事故提供的教训大大地超出了三哩岛和切尔诺贝利核事故所揭示的范围，面对日益频发的极端自然灾害和人为伤害的小概率高危害事件对核电厂构成的安全威胁，除强震、海啸外，也必须能够抵御大型飞机冲撞。坚固的安全壳、屏蔽厂房是抵御大量放射性向环境释放的最后有效屏障，是核岛最重要的安全设施。现代技术能力可以做到把安全壳和屏蔽厂房做得更结实，尽力让"肉烂在锅里"，勿使大量放射性外泄。这也是三次重、特大核事故最主要的启示之一。

重温《核动力厂的基本安全原则》（No. 75 – INSAG – 3）是有益的，"无论怎样努力，都不会有绝对的安全。这些安全原则并不保证将绝对排除核动力厂的风险。但是，在适当地实施这些原则时，动力厂应该是十分安全的"。

美国核管会主席 Gregory B. Jaczko 于 2012 年 2 月 9 日在核能年会上对核电史上三次重、特大事故进行了精辟分析，从中或许可以得到提示。他认为，有很多办法足以防止三哩岛式的事故。但是，这（与三哩岛不同的切尔诺贝利和福岛核事故）告诉我们并展示给我们的是，我们所做的尚不足以防止更重大的严重事故。而 2012 年 3 月 9 日 IAEA 总干事天野之弥说，福岛核事故后，建有核反应堆的国家对核电项目"更加谨慎"。天野之弥承认，无法完全排除今后发生类似事故的可能[①]。无论各国核电界怎样看待他们的提示或判断，这总是有利于恪守"安全至上"的原则，有利于核电成为生态文明的一部分，而不是相反。

"世间万物，变动不居。明者因时而变，知者随事而制。要摒弃不合时宜的旧观念，冲破制约发展的旧框框，让各种发展活力充分迸发出来。"

参考文献

[1] Diete Emendörfer und karl-Heinz Höcker：Theorie der Kernreaktoren Banl：Der

---

① 《福岛核事故警醒全球核电产业》，新华社 2012 年 3 月 11 日。

stationäre Reaktor Mannheim；Wien；Zürich：Bibliographisches Institut Aufl. 1982.

[2] 连培生编著《原子能工业（修订版）》，原子能出版社，2002。

[3] IAEA Bulletin, Vol. 40, No. 1, 1998.

[4] R. Dones, T. Heck, S. Hirschberg, Greenhouse Gas Emissions from Energy System, http：//manhaz. cyf. gov. pl.

[5] Benjamin K. Sovacool, "Valuing the Greenhouse Gas Emission from Nuclear Power：A Critical Survey," *Energy Policy* 36（2008）：2940 – 2953.

[6] The IPCC's Aggregated Results of the Available Literature, http：// en. wikipedia. org/wiki/Life – cycle – greenhouse – gas – emission – of – energy – sources, 2011.

[7] 龙朝晖等：《危险废物的环境风险评价探讨》，《中国资源综合利用》2004 年第 11 期。

[8] 倪维斗、陈贞：《煤的清洁利用及与其他能源的协同是低碳发展的关键》，载张仲民等《低碳创新论》，人民邮电出版社，2012。

[9] NRC News No. 12 – 098，September 6, 2012.

[10] IAEA Standards for protecting people and the environment, Safety of Nuclear Power Plants：Division SSR – 2/1, 2012.

[11] European Utility Requirements for LWR Nuclear Power Plants, Division B Nov. 1995.

[12]《NRC 安全文化声明》，2012 年 4 月 19 日。

[13] 应对气候变化："核电的解决方案和挑战"论坛，http：// www. 360 doc. com/content/11/0827。

[14]《法国从德国购进电力达两年来最高值》，人民网，2013 年 2 月 19 日。

[15] 赵恒峰等：《风险因子的模糊综合评判法》，《系统工程理论与实践》1997 年第 7 期。

[16] Christopher E. Paine，美国自然资源保护委员会核能项目主任"演讲摘要"。

[17] NEA/IAEA, Uranium 2011—Resources, Production and Demand, July 2012.

Studies on Chinese Nuclear Power Development and Its Safety Risk Countermeasures

Li Yulun

Abstract：Nuclear fission yields a mass of radio-nuclides（half-lives ranging from a fraction of a second to tens of thousands of years or even longer）to follow nuclear fission energy into electric power, and there is a massive release risk to ecological environment. According to sources and the inventory of nuclear chain radioactivity, the paper briefly analyzed the risk characteristics of nuclear chain and the relative comparison.

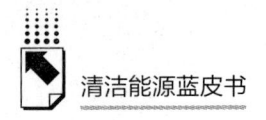

Positive role in Fukushima nuclear disaster "warning" to developing nuclear power lies: as small probability event with high hazard is threatening nuclear safety, nuclear sectors have to abandon the fluke and to persist in "safety first"; To upgrade the nuclear safety standards and design criteria, and win the international consensus; Alone using PSA results to evaluate nuclear power/reactor safety, especially external events caused, there is a big difference between the uncertainties because of the different database and practice, highlighting the limitations for deterministic adjudgment. therefore, it is not an acceptable and looking forward to nuclear power/reactor safety evaluation of a breakthrough new theoretical method.

Based on the present status of China's nuclear power, the problems/puzzles facing the nuclear power development and countermeasures were analyzed from the perspective of sustainable development and ecological civilization construction.

Key Words: Radioactivity Source Term; Irradiation Risk; Low Carbon Energy; Nuclear Power Safety; Probabilistic Safety Assessment (PSA)

综合报告

General Reports

B.2 不同能源发电系统环境负荷的全生命周期评价

周 杰 周溪峤*

摘 要：

生命周期评价法（LCA）是定量化、系统化评价产品环境影响的国际标准方法，已经纳入ISO14000环境管理系列标准而成为国际环境管理和产品设计的一个重要支持工具。本文利用LCA法对不同能源发电系统所造成的环境负荷进行全生命周期的实证研究，选取了不同类型的火力发电、可再生能源发电和核电系统的排放、污染和资源消耗三个环境负荷指标进行比较分析，并以归一化的环境负荷率界定清洁能源发电系统的范围。

关键词：

生命周期评价 清洁能源 发电系统 节能减排 环境负荷

---

* 周杰，博士，国际清洁能源论坛（澳门）秘书长，研究方向为公共政策与制度比较研究；周溪峤，哈尔滨工程大学工业设计专业硕士研究生，研究方向为产品设计理论与方法。

一 目的、范围和分析框架

（一）研究目的

"清洁能源"是人类应对当今能源危机、环境危机、气候危机提出的新概念。但长期以来，人们对"清洁能源"的定义还比较含混，特别是清洁能源发电系统的范围不够清晰，认识边界存在很大的争议。电力是使用最为广泛的二次能源，是从多种一次能源中获得的。由于能源种类和获得方式不同，不同发电系统和不同发电技术的电力生产对环境影响的程度、广度和深度不一。一个比较流行、简明、通用的定义是：清洁能源是指在生产和使用过程中不产生有害物质排放的能源。果真如此吗？

首先，作为常规能源和可再生能源的大水电是否属于清洁能源存在很大的争议。目前，修建大型水利水电工程对生态环境的影响已引起空前的关注。人们注意到大水电在造福人类的同时，还会改变或破坏原有的气候、土壤、水文、地质条件及其生物的多样性。因此，连制定能源政策的中国政府部门也难以统一口径。环保部门认为水电并非清洁能源，在某种程度上可能比火电造成的污染更严重，而能源部门则认为水电是目前中国最现实、潜力最大的清洁能源。

其次，作为新能源和可再生能源的太阳能在使用过程中污染或排放很少，但太阳能电池所需要的晶体硅的提炼会排放大量三氯氢硅、四氯化硅等有毒物质，对环境污染极为严重。甚至生产一块晶硅太阳能电池板所消耗的能源比这块电池板在使用寿命期内转换的电能还要多。同样，尽管风电发电过程中的污染很小，但风电所需要的铅酸蓄电池在生产、使用及报废后的处理都会严重污染环境，风机叶片材料玻璃纤维的生产也是高污染的。因此，风电和光伏发电的污染实质上都是由下游转移到了上游。

再次，作为新能源的电动车可以缓解城市内由汽油或柴油燃烧所造成的污染，但问题是绝大部分的电能全来自燃煤或燃油发电系统。从本质上说，这只不过是将市区内的分散污染源转移成火力发电厂的集中污染而已。也就是说，由石油或煤所造成的污染转嫁到了上游的发电环节。因此，清洁能源不能不问出处，唯有其动力源自清洁能源发电系统的电能才可以说是名副其实的清洁能源汽车。

最后，作为非可再生能源的核能一直被认为属于清洁能源的范畴。如果我们只考察核能发电环节，核电的确可以说是低污染、低排放的发电系统。但是，核燃料在生产、运输及核废料处理过程中，都伴随着非常严重的放射性污染，尤其是当核电站发生事故出现核泄漏，其污染更是大范围的，甚至是全球性的，且危害要延续几十年、几百年，甚至上万年。三哩岛事故、切尔诺贝利事故的影响都非常巨大，而2011年日本福岛核事故更引发了人们对核电风险的担忧。很多国家为此都采取缓建核电站的政策，有的国家甚至宣布"弃核"。核电站还有可能成为战争或恐怖主义袭击的主要目标。因此，人们有理由对核电是否属于清洁能源提出质疑。

由此可见，世界上没有任何一种能源是完全无污染、零排放的。所谓的清洁能源并非是绝对的清洁，而是相对的，且是有条件的。因为整个能源链的各环节都会产生相应的污染和排放，能源生产和再生产过程中自身还会消耗大量资源和能源。清洁能源并非指能源本身有清洁和不洁之分，而是指能源在利用、生产和消费的全过程的环境负荷是否清洁友好。本文研究目的就是从全生命周期考察整个电力能源链的输入和输出，通过对不同发电系统能源生产和使用过程中的排放、污染和资源消耗量的比较，运用归一化的综合指标分析不同发电系统的环境负荷，从而有助于清洁能源标准的评价，以及节能减排目标的设定和应对气候变化政策的制定。

（二）发电系统的生命周期评价模型

生命周期评价（Life Cycle Assessment，LCA）是对一个产品系统的生命周期中输入、输出及其潜在环境影响的汇编与评价。[1] 实际上，LCA就是从原材料采集和加工，到生产、运输、销售、使用、回收、养护、循环利用和最终处理的全生命周期环境负荷的评价方法。经过40多年的发展，LCA已纳入ISO14000环境管理系列标准而成为国际环境管理和产品设计的一个重要支持工具。目前，基于LCA的产品碳足迹和水足迹也席卷全球市场，能源领域的碳足迹研究也越来越广泛，不同的是碳足迹研究只关注各阶段的温室气体排放而已。而LCA的指标体系则比较全面、客观和综合，不只强调片面的单一指

---

[1] 中华人民共和国国家标准 G/BT 24040 - 2008/ISO14040：2006。

标，不仅从开采、运输、发电、废弃等建立了一个完整的电力生产和燃料使用的循环链，而且通过识别和量化全能源链上各个环节的能源与材料使用的环境排放数据，来评价不同能源发电系统的环境负荷程度。因此，LCA对不同能源发电系统环境负荷的比较以及清洁能源标准的评价是一个非常理想和实用的工具。

本文研究范围就是比较和评价各种能源发电系统对环境负荷的影响，包括不同发电系统的比较，如火电、核电和可再生能源发电的对比分析；不同发电技术的比较，如新型发电技术与传统发电技术的对比分析；不同发电规模或等级的比较，如600W与800W风电的对比分析。实际上，各种能源发电方式的设备材料需求是千差万别的，工程技术及工艺流程也参差不一。火电发电运行环节需要使用大量燃料能源，而可再生能源基本不需燃料补给，只是设备生产制造和电厂建设阶段需要燃料和原材料的投入。为了方便比较，我们将发电系统能源链的计量范围确定为两个流程和四个环节，并以此作为发电系统的生命周期评价模型（见图1）。第一个流程是燃料能源的生命周期，包括燃料开采、燃料运输、发电运行、电力使用（含配电送电）四个阶段。第二个流程是建材资源的生命周期，包括资源开采、资源运输、电站建设和电站解体四个阶段。

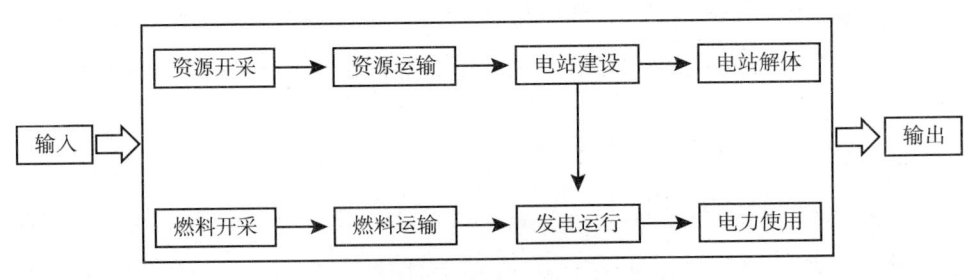

图1 发电系统生命周期评价模型

资料来源：作者自行绘制。

（三）清单数据与分析框架

按照ISO14040系列标准规定的内容，ISO-LCA方法包括四个步骤：目标与范围的确定、清单分析、影响评价和结果解释。这是一个整体，总称为"全生命周期评价"。生命周期清单是指全生命周期一个过程的输入与输出流数据。众所周知，生命周期评价描述的对象是复杂的能源生产与消费活动，具有大尺度的时空跨度，各个国家、各个地区、各个时期、各个产业、各个环节的数据都不尽相同和相通，而且由于社会经济和技术发展水平的不同而不断在变动，因而数据难以反复测量和统计分析。LCA 清单结果通常包含上百种不同的环境排放和资源开采参数，计算结果甚至包含上千条清单条目。因此，本文采用 SimaPro 7.2 版 LCA 分析软件，数据均取自瑞士的 Ecoinvent v2.0 数据库，该数据库中含多个国家各种技术的电力生命周期清单，其数量达 600 多个。从生命周期评价个案研究来看，国外许多研究者针对不同国家和地区，对发电系统进行了大量案例研究。本文少量次要数据引用了日本、欧美国家案例研究的二次数据作为补充。需要注意的是发达国家有关数据和参数与中国国内现况尚存较大差距，如果盲目比较有得出相反结论之虞，须理解数据和参数的所设定的条件和分析情景。

本文定义的资源消耗主要是指发电系统全生命周期的全部输入，包括化石能源、矿产资源和土地资源等。资源消耗量的大小直接与环境负荷相关，消耗量越大排放的污染也就越多。如图 2 所示，发电系统全生命周期输出除电能外，排放的污染物多以 GHG（温室气体）、SO_2、NO_X 为主，而水电污染物则以 PM2.5 为主，核电污染物以放射性物质为主，此外还有重金属（As、Pb、Hg、Ni、Cd、Cr、V、Zn 等）、非甲烷挥发性有机物（NMVOC）等污染排放。因此，在比较不同能源发电系统时，需注意从能源本身科学属性评价，不能完全类比。从本质上说，排放与污染本质上并无根本的区别，但本文定义的排放是特指对人类健康影响的环境负荷指标，而本文定义的污染是指对生态系统质量影响的环境负荷指标。

本文采用简式生命周期法 S-LCA（Streamlined LCA），即在不明显影响结果正确性的前提下，可以简化生命周期的步骤或使用二次数据。[1] 影响评价方法采取分类、特征化以及归一化或加权综合三个步骤。如表 1 所示，本文以生产 1MW·h 电力为单位计算出 11 项特征化影响类型指标。在确定相关影响类型参数之后，各项清单数据就会被分配到这些影响类型中。例如，CO_2 和 CH_4 均被分配到"全球气候变动"影响类型中，而 SO_2 和 NH_3 被分配到"酸化"影响类型中。有时污染物会被分配到一种或者多种影响类型，如土地使用影响

---

[1] Joel Ann and Mary Ann Curran Streamlined Life – Cycle Assessment: A Final Report from the SETAC North America Streamlined LCA. : Society of Environmental Toxicology and Chemistry (SETA C). 1997.

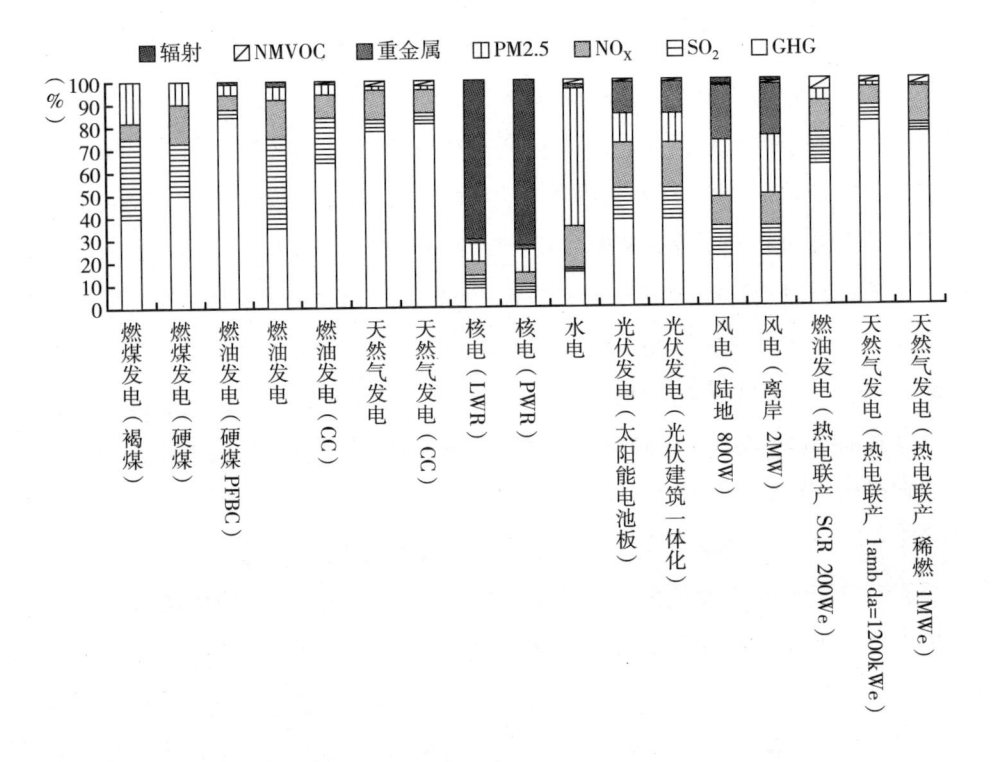

图 2　发电系统排放污染输出清单

资料来源：ExternE – Pol REPORT, *Externalities of Energy: Extension of Accounting Framework and Policy Applications*, Version 2, August 2005。

表 1　基于生命周期法的分析框架

特征化影响类型（中点指标）	所选等效指标	单位	评价方法	归一化指标（末端指标）	加权综合
全球气候变化	CO_2	kg/MW·h	IPCC GWP 100a	人类健康（排放）	环境负荷率
臭氧层破坏	CFC – 11	kg/MW·h	IMPACT 2002 +		
致癌物质	Benzene	kg/MW·h	TRACI 2		
可吸入无机物	PM2.5	kg/MW·h	IMPACT 2002 +		
可吸入有机物	C_2H_4	kg/MW·h	IMPACT 2002 +		
辐射	C – 14	Bq/MW·h	IMPACT 2002 +		
酸化/富营养化	SO_2	kg/MW·h	CML 2001	生态质量（污染）	
生态毒性	2,4 – DB	kg/MW·h	TRACI 2		
化石能源消耗	能量	MJ/MW·h	Eco – indicator 99	资源消耗	
矿产资源消耗	能量	MJ/MW·h	Eco – indicator 99		
土地资源利用	占地面积	m²*yr/MW·h	IMPACT 2002 +		

类型与"生态毒性"和"富营养化"影响类型相结合就会产生重复计算的问题，但不同影响类型评价的角度不同，只是在归一化处理时要注意避免。

在清单列表分类的基础上，LCA采用特征化因子（当量因子），将清单物质数量汇总为针对主要环境影响类型的特征化指标。特征化指标因处于影响类型环境机制因果链的中间环节，又称为"中点指标"（mid-point），它是指清单物质对环境造成影响的直接后果。特征化因子主要反映一个生命周期清单结果对影响类别的相对贡献。如生命周期发电系统所排放的温室气体除CO_2外，还包括CH_4、N_2O、O_3、CFCs等。当同时存在几种温室气体的排放时，我们需利用国际上通用的全球温室效应GWP指数统一到CO_2的等效排放量，以使各种发电方式的排放具有可比性。在计算时设定CO_2对温室效应的贡献为1，CH_4对温室效应的贡献根据GWP特征化因子则为CO_2的21倍。本文所选特征化指标均设有各项等效排放指标和指数，并采用国际上通用的特征化模型进行计算。

影响环境的类型指标不能以指标数值进行简单相加的处理，必须有一个全面反映不同能源发电系统清洁程度的单一的、定量的综合指标。末端指标（end-point）就是归一化指标，它是在影响类型指标基础上进行无量纲化处理后计算得出的，这样就将直接影响进一步转化为对人体健康、生态系统以及资源消耗造成的最终结果。最后，在三项末端指标的基础上又进一步加权计算得出单一的综合评价指标，即环境负荷率。加权是生命周期影响评估中最有争议且最困难的步骤，一般是通过使用主观的权重指数把LCA分析所获得的不同指标综合成为一个或者少数的几个指标的过程。本文归一化和加权均采用Eco-indicator 99模型的默认权重因子进行标准化计算。

二 清单分析与影响评价

（一）清单分析

生命周期清单分析（LCI）是指在所确定的范围和边界内对利用能源发电生命周期过程的输入和输出进行数据量化和分析。表2为利用生命周期评价软件SimaPro 7.2，基于Ecoinvent v2.0数据库，不同能源发电系统每发电1MW·h的输入输出清单分析结果。

表2 不同能源发电系统生命周期清单分析

环境影响分类	全球气候变化	臭氧层破坏	致癌物质	可吸入无机物	可吸入有机物	辐射	酸化富营养化	生态毒性	化石能源消耗	矿产资源消耗	土地资源利用
评价方法	IPCC GWP 100a	IMPACT 2002+	TRACI 2	IMPACT 2002+	IMPACT 2002+	IMPACT 2002+	CML 2001	TRACI 2	Eco-indicator 99	Eco-indicator 99	IMPACT 2002+
单位	$kg-CO_2$	$kg-CFC_{11}$	$kg-benzen$	$kg-PM2.5$	$kg-C_2H_4$	$Bq-C_{14}$	$kg-SO_2$	$kg-2,4-DB$	MJ	MJ	m^2 arable
燃煤发电(硬煤)	1.08E+03	5.59E−06	1.22E+00	7.30E−01	5.83E−02	1.83E+03	5.15E+00	2.00E+03	2.10E+02	1.50E+00	4.14E+00
燃煤发电(褐煤)	1.23E+03	1.92E−06	4.35E+00	1.21E+00	1.95E−02	1.28E+03	9.20E+00	9.13E+01	2.57E+01	9.85E−01	1.50E−01
燃油发电(原油)	8.85E+02	1.05E−04	9.55E−01	9.92E−01	2.03E−01	1.76E+03	9.30E+00	2.15E+02	1.64E+03	1.55E+00	8.92E−01
燃油发电(SCR)	4.14E+02	6.16E−05	1.63E−01	1.47E−01	2.73E−01	9.66E+02	1.00E+00	7.73E+01	7.92E+02	2.09E+00	4.92E−01
天然气发电	6.42E+02	9.26E−05	4.19E−02	1.17E−01	1.18E−01	1.63E+02	6.23E−01	2.88E+01	1.50E+03	6.85E−01	1.29E−01
天然气发电(微型燃气轮机)	7.04E+02	1.10E−04	1.37E−01	1.09E−01	1.54E−01	3.04E+02	6.52E−01	5.75E+01	1.58E+03	3.64E+00	1.53E−01
天然气发电(联合循环)	4.25E+02	6.12E−05	3.79E−02	5.87E−02	7.84E−02	1.18E+02	3.39E−01	2.20E+01	9.94E+02	9.05E−01	7.96E−02
天然气发电(小型热电联产)	2.98E+02	4.55E−05	6.24E−02	4.00E−02	7.54E−02	1.54E+02	2.74E−01	2.53E+01	6.57E+02	8.05E−01	6.81E−02
天然气发电(热电联产、稀燃)	3.20E+02	4.79E−05	6.57E−02	6.63E−02	9.18E−02	1.54E+02	3.66E−01	2.61E+01	6.92E+02	1.01E+00	6.63E−02

续表

环境影响分类	全球气候变化	臭氧层破坏	致癌物质	可吸入无机物	可吸入有机物	辐射	酸化富营养化	生态毒性	化石能源消耗	矿产资源消耗	土地资源利用
水电	4.44E+00	2.73E-07	1.67E-02	6.17E-03	1.54E-03	1.11E+02	1.39E-02	6.10E+00	3.57E+00	1.25E+00	2.63E-02
水电（径流式）	3.51E+00	2.31E-07	1.38E-02	6.20E-03	1.44E-03	7.75E+01	1.27E-02	5.53E+00	3.15E+00	9.97E-01	2.01E-02
水电（堤坝式）	5.23E+00	3.09E-07	1.92E-02	6.14E-03	1.63E-03	1.39E+02	1.50E-02	6.58E+00	3.92E+00	1.46E+00	3.16E-02
风电	1.12E+01	6.82E-07	2.14E-01	1.50E-02	3.74E-03	2.06E+02	5.25E-02	5.75E+01	1.19E+01	1.08E+01	6.63E-01
风电（600kW）	1.72E+01	1.02E-06	3.67E-01	2.58E-02	5.57E-03	3.56E+02	8.37E-02	9.44E+01	1.77E+01	2.08E+01	1.25E+00
风电（800kW）	1.12E+01	6.79E-07	2.14E-01	1.50E-02	3.72E-03	2.05E+02	5.23E-02	5.75E+01	1.19E+01	1.08E+01	6.75E-01
风电（海上）	1.43E+01	8.53E-07	2.20E-01	1.70E-02	4.76E-03	2.40E+02	6.25E-02	6.08E+01	1.43E+01	1.04E+01	7.43E-01
光伏发电（混合）	7.52E+01	1.48E-05	1.28E+00	6.19E-02	5.38E-02	2.39E+03	3.67E-01	4.90E+02	9.32E+01	1.97E+01	5.86E-01
光伏发电（单晶硅）	6.57E+01	1.33E-05	1.10E+00	5.30E-02	4.77E-02	2.44E+03	3.19E-01	4.18E+02	8.30E+01	1.56E+01	4.92E-01
光伏发电（多晶硅）	5.84E+01	1.37E-05	1.08E+00	4.79E-02	4.93E-02	1.67E+03	2.81E-01	3.82E+02	8.01E+01	1.57E+01	4.95E-01
光伏发电（a-Si）	5.58E+01	2.93E-06	1.06E+00	5.00E-02	1.78E-02	1.49E+03	3.59E-01	4.23E+02	5.64E+01	2.10E+01	3.73E-01
光伏发电（CIS）	6.43E+01	3.84E-06	1.06E+00	4.76E-02	1.60E-02	2.20E+03	2.79E-01	4.64E+02	5.31E+01	1.96E+01	3.84E-01
核电	7.79E+00	1.90E-05	1.80E+00	2.58E-02	3.91E-03	1.27E+05	5.57E-02	4.99E+02	9.21E+00	2.20E+00	8.54E-02
核电（BWR）	7.51E+00	1.95E-05	1.82E+00	2.56E-02	3.86E-03	1.11E+05	5.42E-02	5.03E+02	8.87E+00	2.02E+00	8.98E-02
核电（PWR）	7.82E+00	1.89E-05	1.80E+00	2.59E-02	3.91E-03	1.29E+05	5.59E-02	4.98E+02	9.25E+00	2.22E+00	8.50E-02
生物质发电	4.58E+01	9.50E-11	8.23E-04	1.14E-01	2.40E+01	0.00E+00	7.54E-01	4.86E-01	4.53E+00	0.00E+00	0.00E+00

资料来源：作者自行运算绘制。

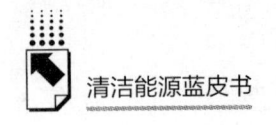

（二）人类健康环境负荷的影响评价

图 3 是不同发电系统全生命周期对人类健康影响的归一化指标，包括全球气候变化、臭氧层破坏、可吸入有机物、可吸入无机物、致癌物质以及辐射六项影响类型指标。总体而言，可再生能源发电和核电对人类健康的影响大幅低于火力发电。火力发电系统对人类健康影响最为严重，燃煤发电（褐煤）归一化指标达到了 49.71，燃煤发电（硬煤）和燃油发电分别为 24.31 和 24.23。但天然气发电归一化指标仅为燃煤发电（褐煤）的 1/10 左右，甚至低于可再生能源发电系统。在可再生能源发电系统中，光伏发电原材料及设备制造排放严重，生物质发电燃料化学元素危害程度大，这两种发电方式对人类健康影响归一化指标值都偏大，核能归一化指标由于其放射性物质污染排放而高于水电和风电，唯有水电和风电是对人类健康影响最小的发电方式。

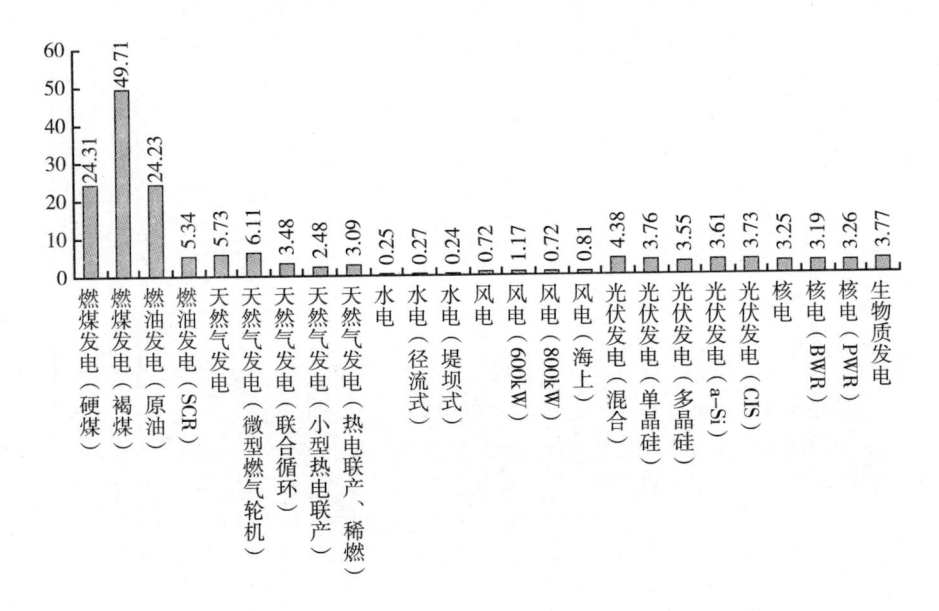

图 3　不同能源发电系统全生命周期对人类健康的影响

资料来源：作者自行运算绘制。

从全球气候变暖的温室气体排放来看，如表 2 清单分析所示，GHG 主要来自燃煤、燃油、天然气发电系统的贡献。火力发电的 CO_2 排放量为其他发电方式的几十倍甚至上百倍。其中，燃煤发电的 CO_2 排放量超过了 1000kg – CO_2/MW·h，对全球气候变化的贡献最大。燃油发电和燃气发电相对较少，分别为 885.12kg – CO_2/MW·h 和 642.38kg – CO_2/MW·h。值得关注的是，采用了 SCR 脱硝技术的燃油发电 CO_2 排放水平降至普通燃油发电的一半以下，而采用了联合循环、热电联产、稀燃技术的燃气发电 CO_2 排放水平也比普通燃气发电有大幅减少。由此可见，技术的进步可以提高火力发电的热效率，从而减少 CO_2 排放量。据日本电力中央研究所的报告，火力发电 CO_2 排放结构主要还是以发电燃料燃烧过程的直接排放为主，在开采、运输和生产建设阶段的间接排放约占 5% ~ 20%。燃煤火电可以通过提高热效率减少排放，如提高涡轮机入口温度不仅提高了发电效率，直接排放量比传统燃煤火电减少了 13%，间接排放量也减少了 15%。超超临界燃煤机组（USC）的广泛应用，更是极大地提高了热效率，发电直接排放量比传统的燃煤发电降低了 8%。此外，LNG 火力发电 1300℃级的汽轮机比传统的低温汽轮机发电排放量减少了 10%，1500℃级的汽轮机更进一步提升了热效率，排放量减少了 16%。[1] 值得注意的是，据 WEC 研究报告，采用 CO_2 捕捉与封存 CCS 技术后，燃煤发电 CO_2 排放量降至 187kg – CO_2/MW·h，天然气发电 CO_2 排放降至 245kg – CO_2/MW·h，甚至重油发电 CO_2 排放也降至 657kg – CO_2/MW·h。[2] 这意味着传统火力发电经过清洁能源技术改造完全可以转化为低碳的清洁能源。

可再生能源的发电系统 CO_2 排放均来自发电设备生产和建设阶段，其中发电设备生产制造排放就占了近八成。因此，可再生能源系统因发电技术、原材料使用和装机容量的不同决定了 CO_2 排放量的大小。在现阶段的技术条件下，光伏发电、生物质发电比其余可再生能源发电方式 CO_2 排放量高。光伏发电排放多的主要原因还是太阳能发电设备制造阶段污染较大所致，而水力发电和风力发电是最清洁的可再生能源发电方式。核能发电 CO_2 排放只有 7.79kg – CO_2/MW·h，大致与风力发电和水力发电持平。据日本核能发电研究报告，从排放结构

---

[1] 今村栄一 長野浩司「日本の発電技術のライフサイクルCO_2 排出量評価 – 2009 年に得られたデータを用いた再推計」電力中央研究所研究報告書 Y09027。
[2] Comparison of Energy Systems Using Life Cycle Assessment, WEC, 2004.

来看，核燃料浓缩产生的排放量占了整个排放的2/3左右，沸水堆和压水堆的排放相差不大，采用扩散法浓缩铀的排放量稍大一些，而废燃料作为MOX燃料循环利用的情形下，排放量并无增减。[①] 如果从排放温室气体这个环境要素单项评价指标来看，核电无疑是低碳的清洁能源。

氟氯碳化物排放对臭氧层有很大的破坏作用，它是衡量清洁能源的一项重要指标。从表2可以看出，天然气发电与燃油发电对臭氧层破坏最为严重，所排放的氟氯碳化物达到了$0.1g-CFC_{11}/MW \cdot h$。其次，核能发电、光伏发电也对臭氧层破坏有显著影响，排放在$0.01g-CFC_{11}/MW \cdot h$至$0.02g-CFC_{11}/MW \cdot h$不等。风电、水电、燃煤发电（褐煤）对臭氧层的破坏较小。值得注意的是，使用了SCR技术的燃油发电方式，氟氯碳化物排放量降至原来的一半左右；采用了联合循环、热电联产、稀燃技术的燃气发电的氟氯碳化物排放量也有大幅减少；CIS和a-Si光伏发电比普通光伏发电所排放的氟氯碳化物减少了2/3。由此可见，清洁发电技术的使用和新型原材料的开发对减少氟氯碳化物排放有至关重要的影响。

近年来，PM2.5对人类呼吸道健康的影响成为公众焦虑的热门话题。燃煤发电和燃油发电会产生大量的无机细颗粒物，达到了$1kg-PM2.5/MW \cdot h$左右，是所有发电方式中对PM2.5贡献最大的。其次，生物质发电也会产生大量的粉尘和颗粒物，排放量为$0.114kg-PM2.5/MW \cdot h$。天然气发电因其发电过程排放主要是大量水和二氧化碳，不会产生大量无机颗粒物，因此是火力发电中最为清洁的。核电、风电、水电、光伏发电PM2.5排放量不足$0.1kg-PM2.5/MW \cdot h$，其中光伏发电稍高，水电和风电依旧是最为清洁的能源。同样可以看到，清洁发电技术的使用和新型原材料的开发对减少PM2.5排放也有很大的作用。可吸入有机物排放主要源自生物质发电，达到了$24.02kg-C_2H_4/MW \cdot h$。这是由于生物燃料含有大量的有机物，会在发电过程中释放。而其余发电方式有机物排放不足$1kg-C_2H_4/MW \cdot h$，几乎对环境没有影响。在不同能源发电系统的致癌物质排放中，燃煤发电（褐煤）是最严重的，达

[①] 本藤祐樹「ライフサイクルCO_2排出量による原子力発電技術の評価」電力中央研究所研究報告書 Y01006。

到了 4.35kg – Benzen/MW·h。其次是燃煤发电（硬煤）、燃油发电、核电和光伏发电。核电所排放的致癌物质主要来自放射性物质，光伏发电则主要来自光伏电池板原材料的制造过程。风电、水电、天然气发电、生物质发电对致癌物质的排放都在较低水平，比较清洁。

放射性物质污染主要源于核能发电。核电全生命周期所产生的放射性活度高达 126896.46Bq – C_{14}/MW·h，为火力发电的 100 倍左右，是水力发电的 1000 倍左右。可见，核辐射是核能发电系统最重要的污染源。要减少核辐射污染，核电站从选址、设计、建造到调试、运行以及高放废料处置和退役的各个阶段都要有严密的质量和安全保障。核放射泄漏事故一旦发生就是重大的灾难性事故，核辐射不仅会引发肿瘤症等致命性的疾病，还会造成人类基因和生物物种变异，生态系统也难以在短期内修复。从安全性来讲，我们现在尚难以全面评估核污染所造成的潜在环境负荷。因此，按目前的核电技术水平很难将核电划为完全的清洁能源，我们只能寄希望于新一代核电能彻底消除安全隐患，真正成为清洁能源。对于其他发电方式，火力发电和光伏发电的辐射量较大，达到了 1000~2000Bq – C_{14}/MW·h 左右。火力发电辐射量大的原因是其发电原料主要为化石燃料等自然资源，自然资源本身存在放射性物质。光伏发电辐射量大的原因是太阳能电池板所用的晶体硅会释放出较强放射性物质。风电、水电等其余发电方式的辐射量可以忽略不计。

（三）生态系统质量环境负荷的影响评价

图 4 是不同能源发电系统全生命周期对生态系统质量影响的归一化指标，包括环境的酸化与富营养化、生态毒性等类型指标。总体而言，燃煤发电和燃油发电对生态系统质量的影响最大，归一化指标最高达到了 5.11，为其余发电方式的 10 倍多。在火力发电中，对人类健康影响较小的发电方式依然是天然气发电，归一化指标为 0.51，基本与可再生能源发电的影响水平持平。在可再生能源发电中，水电是对生态质量影响最小的发电方式，其余发电方式都有不同程度的影响，但都大幅低于燃煤发电和燃油发电。核能发电对生态系统质量也是比较清洁友好的。

环境酸化是全球性的环境污染问题之一，它是大气遭受人为污染形成的酸性降水落到地表后所造成的土壤和水体酸化及环境功能衰退的现象。长期以来

清洁能源蓝皮书

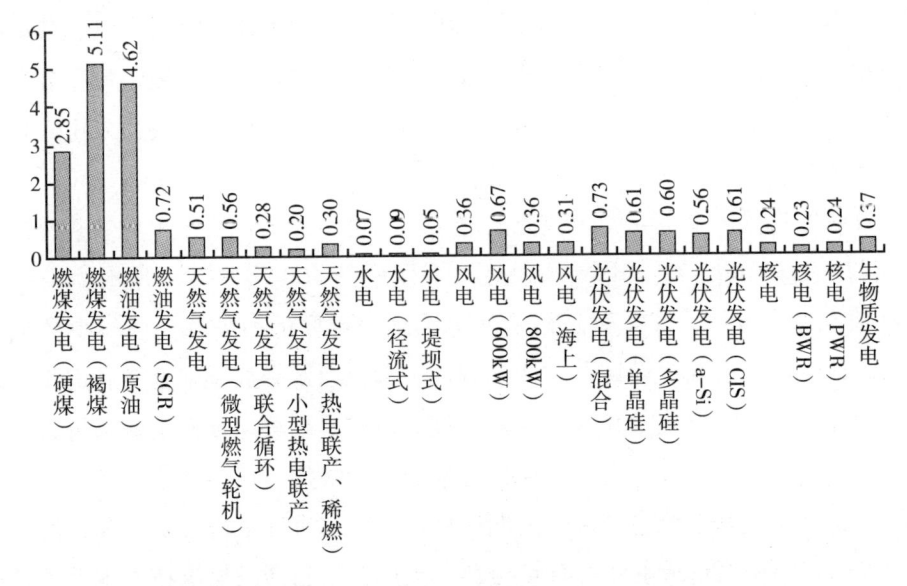

图4 不同能源发电系统全生命周期对生态系统质量的影响

燃煤发电（硬煤）	2.85
燃煤发电（褐煤）	5.11
燃油发电（原油）	4.62
燃油发电（SCR）	0.72
天然气发电	0.51
天然气发电（微型燃气轮机）	0.56
天然气发电（联合循环）	0.28
天然气发电（小型热电联产）	0.20
天然气发电（热电联产、稀燃）	0.30
水电	0.07
水电（堤坝式）	0.09
水电（径流式）	0.05
风电	0.36
风电（600kW）	0.67
风电（800kW）	0.36
风电（海上）	0.31
光伏发电（混合）	0.73
光伏发电（单晶硅）	0.61
光伏发电（多晶硅）	0.60
光伏发电（a-Si）	0.56
光伏发电（CIS）	0.61
核电	0.24
核电（BWR）	0.23
核电（PWR）	0.24
生物质发电	0.37

资料来源：作者自行运算绘制。

以火力发电主的能源系统排放大量的二氧化硫和氮氧化物，成为酸雨形成的主要因素。由表2得知，燃煤和燃油发电系统排放的酸性物质是最高的，其中燃油发电排放量超过了9kg – SO_2/MW·h。尽管现在大多火电厂都采用了除尘、脱硫和脱硝技术，可大幅降低酸性物质排放量，但火力发电排放SO_2的总量仍然较多，远远高于其他能源的发电系统。天然气发电的SO_2排放量明显低于燃油和燃煤发电，甚至接近可再生能源发电的SO_2排放量，排放量为0.623kg – SO_2/MW·h。原因是天然气燃烧发电过程排放的是大量的水和CO_2，硫氧化物或氮氧化物排放较少，对环境酸化的影响很小，这也是人们将天然气视为清洁能源的原因之一。可再生能源发电与核能发电在对环境酸化贡献中保持较低水平。其中，光伏发电排放SO_2较多，达到了0.3kg – SO_2/MW·h，原因还是在于光伏电池板生产制造过程中较重的污染。而风电、水电、核电的SO_2排放在0.01kg – SO_2/MW·h以下，影响甚微。值得一提的是，生物质发电对SO_2排放大幅高于其他可再生能源发电，甚至高于天然气发电，其原因是生物体中元素种类多，无论是焚烧发电还是沼气发电都会产生复杂的化学反应，释放出硫氧化物和氮氧化物。所以，发电前应对生物质进行分类处理，争取降低酸化物质的排放。

在不同发电系统生态毒性的类型指标中，燃煤发电尤其是褐煤发电生态毒性最大，达到了 9134kg－2,4－DB/MW·h，为其余发电方式的几十倍甚至上百倍。其次是光伏发电、燃油发电和核能发电，其余发电方式对生态毒性的贡献较小。

（四）资源消耗环境负荷的影响评价

图 5 是不同能源发电系统全生命周期对资源消耗影响的归一化指标，包括化石能源的消耗、矿产资源的消耗以及对土地资源的利用三项影响类型指标。总体而言，火力发电资源消耗最大，其中燃油发电和天然气发电的归一化指标值均超过了 35，为燃煤发电的 7 倍，是其余发电方式的数十倍，其原因主要是火力发电大量开采使用枯竭性的化石燃料所致。但火力发电采用新型发电技术后，大大提高了化石燃料利用的效率，无论是燃油发电还是天然气发电，资源消耗都减少一半。可再生能源发电系统的光伏发电对资源消耗较大，主要原因在于光伏电池板制造消耗的原材料量较大。水电、风电、核电等其他发电方式的资源消耗较小，相对来说还比较节能环保。

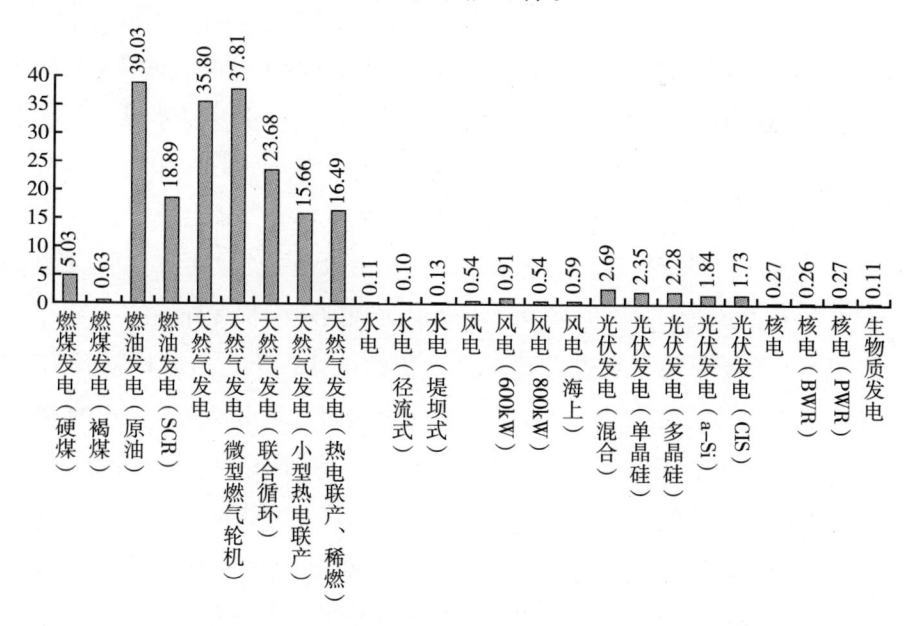

图 5　不同能源发电系统全生命周期对资源消耗的影响

资料来源：作者自行运算绘制。

化石燃料是不可再生资源，过度使用会导致资源枯竭，阻碍人类的可持续发展。在不同能源发电系统中，火力发电尤其是燃油和天然气发电对化石燃料的消耗很大，燃油发电达到了 1638.45MJ/MW·h，天然气发电达到了 1503.68MJ/MW·h。但采用 SCR 脱硝技术的燃油发电，化石燃料消耗降至原来的一半以下，仅为 791.81MJ/MW·h。采用了热电联产、联合循环、稀燃技术的天然气发电也可减少化石燃料消耗近一半。可见，新技术对提高化石燃料使用效率、减少发电系统对化石燃料消耗有至关重要的作用。光伏发电是可再生能源发电中使用化石燃料最多的发电系统，达到了 93.15MJ/MW·h，但仍远低于火力发电系统。风电、水电、核电、生物质发电对化石燃料的消耗较低，依旧是最清洁的能源发电方式。

不同技术、不同材料、不同功率的发电设备对矿产资源的使用不尽相同。从表2可以看出，可再生资源发电系统中的光伏发电、风力发电矿产资源使用较多，而且不同原材料的光伏发电消耗也不尽相同，600kW 风电及 a-Si 光伏发电矿产资源消耗超过了 20MJ/MW·h，800kW 风力发电比 600kW 风力发电消耗的矿产资源减少了近一半，大约为 10MJ/MW·h。由此可见，选用消耗较低的新型材料，以及对发电系统最佳功率的优化，都会有助于可再生能源发电系统减少矿产资源的使用，从而改善发电系统的环境负荷。火力发电、水电、核电对矿产资源的消耗较小，均不足 4MJ/MW·h。生物质发电几乎不使用矿产资源。

不同能源发电系统都会占用土地，尽管土地实际上并不会耗尽，但由于一定面积的土地只能用于有限的用途，因此土地稀缺是一个实际存在的问题。而且，发电系统会造成农业耕地减少、土地退化和破坏生物多样性的后果。土地利用面积的计算不仅包括发电设备占地面积的统计，还包括原材料开采和运输、发电站建设以及发电运行过程所占用的土地面积。土地资源占用的数值一般采用 PDF×m^2×a，表示一年内占用一平方米土地面积导致生物消失的潜在风险率，但这一指标包含了土地酸化、富营养化以及生物毒性释放对生态系统质量影响的各项因素。为避免重复计算，本文采用发电 1MW·h 年占用有机耕地面积（organic arable land×a/MW·h）的指标。从表2可以看出，对耕地影响最大的是燃煤发电（硬煤），达到了 4.14 m^2×a/MW·h，其次是燃油发电，为 0.89 m^2×a/MW·h，主要是来自原料开采阶段煤矿和油田所占土地面积的贡献。使用 SCR 技术、热电联产、稀燃等技术可有效减少占用有机耕地面积，SCR 燃油发电为 0.49 m^2×a/MW·h，减少了近一半。天然气发电方式依旧是火力发电系统中占用有机耕地面积最小的，为 0.13 m^2×a/MW·h。在可再生能源发电系统中，风电占用有机耕地面积最大，其中 600kW 的风电系统超过了燃油发电系统，为 1.25 m^2×a/MW·h。光伏发电系统平均也达到了 0.5 m^2×a/MW·h。核电、海上风电以及水电占用有机耕地面积最小，不足 0.1 m^2×a/MW·h。

三 结果解释

能源利用在经济上可以有量化的标准，但对环境负荷的量化还没有一个比较准确的公认的归一化标准方法。瑞典国家科学院提出了环境负荷指数的概念因受人为主观因素的不确定性影响而并未得到公认。中国有的学者尝试从能源利用技术的清洁度概念，为环境评价和研究提供一个区分清洁与不清洁的指标。[1] 但是，由于能源系统的复杂性，很难建立统一的指标体系来评价所有的能源系统。不同的能源系统有不同的科学属性，即使同一能源系统技术发展的不同阶段所具有的特点也不同，需要由不同的指标来监测。不同系统、同一系统不同的时间段上要求使用的指标也不一样，这就使得一致性的指标体系更加难以确定。

本文分析框架尝试将人类健康、生态质量和资源消耗三个指标分别定义为清洁能源的三个基本属性。①低排放。清洁能源是不排放或少排放对人类健康有害物质的能源。②低污染。清洁能源是不污染或少污染生态系统质量的能源。③低消耗。清洁能源是以最少的资源、能源投入获得最大的能效产出，从而减少环境负荷的能源。在此三项指标基础上，本文根据 Eco-indicator 99 模型评价方法，加权综合计算出归一化的环境负荷率指标。计算结果表明，石油原油发电是环境负荷率最高的发电系统，因此，环境负荷率以石油原油发电系统的环境负荷为 100，相应求出各类能源发电系统的环境负荷率如图 6 所示。

---

[1] 朱洪波等：《清洁度在风力机生命周期环境评价中的作用》，《广东电力》2004 年第 2 期。

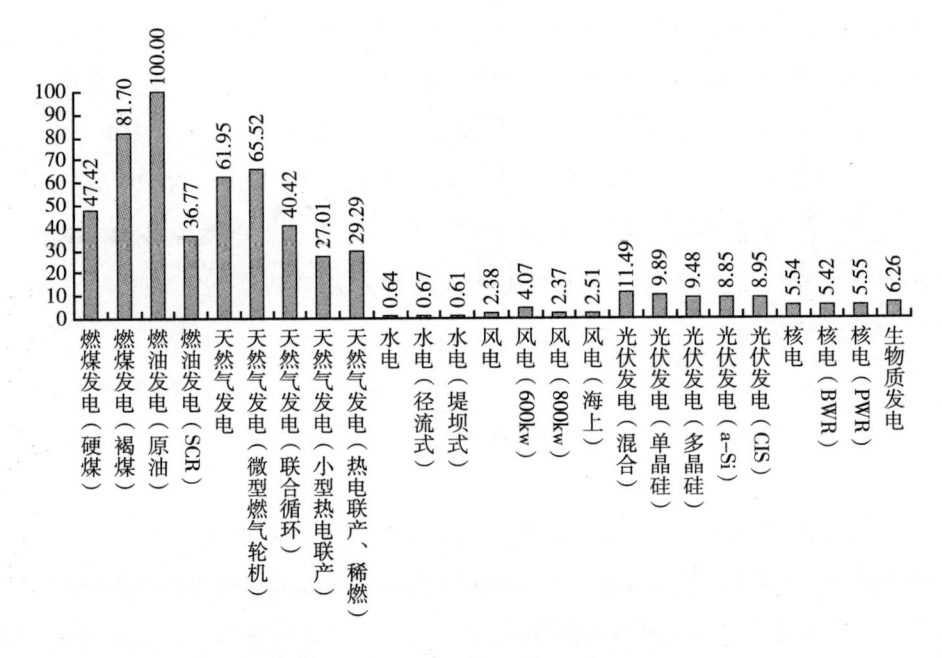

图6 不同能源发电系统全生命周期环境负荷的综合指标

资料来源：作者自行运算绘制。

从不同发电系统的环境负荷率来看，我们至少可以得出以下几点初步的结论。①火电系统的发电方式基本上均为非清洁能源，但是采用 SCR、CHP、CCS 等清洁技术的发电方式尽管污染和排放总量仍高于可再生能源发电系统，但环境负荷率明显大幅降低，已接近不同能源系统的均值 25.34①，亦纳入相对的清洁能源范畴考虑。因此，未来火力发电系统发展清洁能源的关键就是进一步开发和利用清洁发电技术。②从全生命周期考察，可再生能源发电系统作为清洁能源已不容质疑，但从环境负荷率来看，太阳能和风能发电的环境负荷率仍偏高，这些负荷均来自设备制造和建设安装环节。因此，今后可再生能源作为清洁能源的发展方向就是要与能效技术、智能技术有机结合，重点减少设备制造和原料本身的排放和污染。③核电从环境负荷率来看无疑是清洁的，问题是人们对核电的安全性仍有疑虑和保留，因此，我们不妨将核电定义为不完全的清

---

① 根据燃煤发电，燃油发电、天然气发电、核电、光伏发电、风电、水电、生物质能发电的环境负荷率均值求出。

洁能源。今后核电的重点方向是进一步客观审慎地评估和加强核电的安全性，并积极开发和利用安全性更高的新一代核电技术。

综上所述，清洁能源的能源形式既可以包括可再生能源，也可以包括不可再生能源和核能，其核心是清洁技术及其安全技术的开发和利用。有的学者为此将清洁能源定义为对能源清洁、高效、系统化应用的技术体系。[①] 因此，清洁能源的概念不能仅局限于能源的形式，可以泛指一切节能减排和提高能效的清洁技术，一些技术应用会比它的同类传统技术"更少排放、更少污染、更少消耗"的能源系统就应当属于清洁能源技术体系。于是，我们得到一个相对宽泛的清洁能源的定义：清洁能源是以低排放、低污染、低消耗的能源形式为载体，以清洁、节能、高效的能源技术为核心，以实现能源生产、储运、应用与再生的全生命周期智能优化配置制度为生产和生活方式的能源利用体系。这样，清洁能源的概念就不再局限于能源形式，而是能源形式、能源技术和能源制度的结合。

总之，清洁能源是一个开放性的集合概念，清洁能源更多是一种政策目标，更多是倡导一种节能减排和低碳环保的生活方式，以区别于旧式的传统能源利用思维模式。在这一点上，清洁能源与所谓的新能源、绿色能源、低碳能源以及可持续能源的精神实质是相通或共同的，并无本质上的区别。我们有理由相信清洁能源体系和由清洁技术支撑的能源利用方式，以及新的清洁能源利用理念，最终会替代传统的能源利用机制。与此同时，清洁能源也是一个发展的概念。清洁能源的概念是随着社会、经济与科技的发展变化而不断发展变化的。我们会密切关注不同技术在其生命周期的不同阶段对环境的影响，同时致力于清洁能源技术创新，以实现资源节约型、生态友好型、低碳环保型的能源可持续发展，这也是澳门国际清洁能源论坛创设的宗旨和目标。

参考文献

[1] World Energy Council (WEC), *Comparison of Energy Systems Using Life Cycle*

---

① 陈凯、史红亮：《清洁能源发展研究》，上海财经大学出版社，2009，第33页。

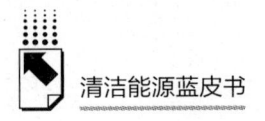

Assessment, 2004.

[2] Comparison of Energy Systems Using Life Cycle Assessment, WEC, 2004.

[3] Stefan Hirschberg, Roberto Dones, Thomas Heck, Peter Burgherr, Warren Schenler and Christian Bauer, *Comprehensive Assessment of Energy Systems (GaBE)*, *Sustainability of Electricity Supply Technologies under German Conditions: A Comparative Evaluation*, PSI Bericht Nr. 04 – 15, ISSN 1019 – 0643, 2004.

[4] Hirschberg S., Spiekerman G. and Dones R., *Severe Accident in the Energy Sector*, ENERGIE – SPIEGEL, PSI, No. 13, May 2005.

[5] ExternE – Pol REPORT, *Externalities of Energy: Extension of Accounting Framework and Policy Applications*, Version 2, August 2005.

[6] Organization for Economic Co-operation and Development (OECD), *Risks and Benefits of Nuclear Energy*, OECD Publishing, 2007.

[7] European Environment Agency, *Energy and Environment Report*, 2008.

[8] John Konrad, *Deadliest Natural Resource-Oil, Coal or Nuclear? Comparing Deaths/TWh for All Energy Sources*, 2011.

[9] 今村栄一 長野浩司「日本の発電技術のライフサイクルCO_2 排出量評価 – 2009 年に得られたデータを用いた再推計」電力中央研究所研究報告書 Y09027。

[10] 本藤祐樹「ライフサイクルCO_2 排出量による原子力発電技術の評価」電力中央研究所研究報告書 Y01006。

[11] 本藤祐樹 内山洋司 森泉由恵「ライフサイクルCO_2 排出量による発電技術の評価 – 最新データによる再推計と前提条件の違いによる影響」電力中央研究所研究報告書 Y99009。

[12] みずほ情報総研株式会社「太陽光発電システムのライフサイクル評価に関する調査研究」、平成 19～20 年度新エネルギー・産業技術総合開発機構委託業務成果報告書（2009）。

[13] 内山洋司「発電システムのライフサイクル分析」電力中央研究所研究報告書 Y94009。

Life Cycle Assessment of the Environmental Impacts of Power Generation from Different Energy Sources

Zhou Jie   Zhou Xiqiao

Abstract: The Life Cycle Assessment (LCA) is an international standard technique to assess the environmental aspects and potential impacts associated with products and services, using quantitative and systematic approaches. It has become an important supporting tool for environmental management and product design on an international level, being included in the series of ISO14000 standards for environmental management. This paper, using the LCA technique, conducts data-based research in the environmental load caused by energy power generation in various ways. It demonstrates comparative analysis with selecting three indexes of emission, pollution and energy consumption from thermal power, renewable energy and nuclear power generation in various ways, and to define the range of the clean energy power generation using normalized environmental load ratio.

Key Words: Life Cycle Assessment; Clean Energy; Power Generation; Energy Saving and Emission Reduction; Environment Load

B.3
中国清洁能源发展现状与政策建议

袁国林 杨名舟*

摘 要：

近年来，世界能源需求持续增加，全球油价波诡云谲，天然气价格不断攀升，化石燃料使用带来的环境问题日益突出。各国政府纷纷投入大量资金用于新能源的开发，缓解能源矛盾和环境问题。中国清洁能源产业发展迅速，截至2012年年底，仅风电、太阳能光伏发电和各种生物质能发电累计核准13055万千瓦，并网电量达到7409万千瓦，占各类电源比例的6.5%。水电总装机2.49万千瓦，全部上网发电，年发电量8609亿千瓦·时，占全国发电量的17%，其总装机和发电量均为世界第一。核电总装机达到1150万千瓦，在建规模世界第一。2012年以后，国民经济进入结构调整期，新兴产业屡屡受到欧美"双反"的影响，诸如太阳能光伏电池受到重大冲击和挑战，今后清洁能源产业需先调整战略，再图稳步发展。

关键词：

清洁能源 发展情况 困难瓶颈 对策分析

一 中国清洁能源发展现状

（一）风能

自2006年以来，中国风电装机容量连年翻番，成为世界上风电发展速度

---

* 袁国林，国际清洁能源论坛（澳门）常务副理事长，第九届全国政协委员，中国长江三峡集团公司高级咨询，原副总经理，曾任淮河水利委员会主任，水利部总工程师；杨名舟，教授级高工，原电监会信息中心统计分析处处长，近期主编《中国新能源》（中国水利出版社，2013）一书。

最快、年度新增风电装机容量最多的国家，与美国、欧洲并列为世界三大风电市场。截至 2012 年底，中国并网风电装机容量达到 6083 万千瓦，同比增长 31.6%，风电发电量为 1004 亿千瓦·时，同比增长 35.5%。能源局公布的"十二五"第三批风电核准计划，新核准项目规模达 2800 万千瓦，到时中国的风电总装机将近 1 亿千瓦，提前完成"十二五"规划目标，稳居世界第一。预计"十二五"期间这种趋势仍将持续，如果风电限电形势好转，风电发电量增长速度可能略高于风电装机增长速度。

（二）太阳能

太阳能利用包括光伏发电与光热发电。近年来，随着光伏发电技术逐步成熟、成本逐步降低、上网电价初步明确以及国家改善能源结构的需要，中国大型并网光伏发电迅猛发展，逐步成为战略新兴产业的重要领域。截至 2012 年年底，中国并网太阳能装机容量达到 328 万千瓦，同比增长 47.8%，太阳能发电量达到 35 亿千瓦·时，同比增长 414.4%。"十二五"国家规划太阳能光伏电站装机 2100 万千瓦（其中分布式 1000 万千瓦），任务还很艰巨。中国光热发电技术研究起步较早，但由于技术、成本和政策等多方面原因，光热发电在中国的发展明显滞后，且呈现多种技术类型共同发展的格局。2010 年，中国首个光热发电特许权项目内蒙古鄂尔多斯 50 兆瓦项目启动，标志着光热发电技术在中国开始进入商业化工程示范阶段。另外，中国太阳能热利用居世界第一，主要用于居民生活用热水。

（三）生物质及其他新能源

近几年，在国家有关政策的支持下，中国生物质发电进入快速发展时期，生物质能源利用在资源自给利用和环境保护方面发挥了重要作用。2006～2011 年，生物质发电并网总装机规模由 2006 年的 140 万千瓦增加到 2012 年的 583 万千瓦，年均增长率超过 37%，包括农林剩余物直燃发电 319 万千瓦，垃圾发电 243 万千瓦，沼气发电 21 万千瓦。

（四）地热能的利用

中国地热能发电进展缓慢，世界排名退居第 18 位。深层地热开发多用于

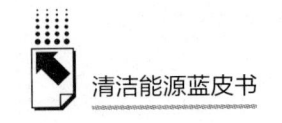

生活取暖和休闲养生业，发电技术与国际水平差距很大。浅层地热能建筑供热制冷面积2015年可达5亿平方米。

（五）海洋能的利用

中国潮汐发电起步较早，发展较慢，已建发电站8座，装机容量6000千瓦，年发电量1000万千瓦·时。最近启动了"广东万山波浪示范基地"和"舟山潮流能示范基地"，通过试验取得了关键技术突破。

（六）生物质燃料开发利用

由于石油资源危机和环境的压力，全世界都大力发展生物燃料，联合国粮农组织预测未来十年，可燃酒精（乙醇）产量将翻番，总量将达到1680亿升。国外生产可燃乙醇40%取自玉米，其次是甘蔗、薯类等。生物燃料（柴油）发展也很速度，预计2022年可达410亿升，年增速4.5%。

中国生物质能源受人多、耕地少及粮食安全等重大问题约束。由于制定了"不与民争粮""不与粮争地"的刚性政策，粮油作生物燃料已不可能，但在其他可替代生物如甜高粱、蔗渣、木薯及其他纤维质作可燃乙醇方面取得了技术突破；另外，在林业能源方面也取得初步进展，藻类生物燃料处在起步阶段，"地沟油"的利用已进入应用阶段。总之，生物质燃料在中国还有很大发展空间。2012年乙醇产量达90亿升，由于其生产积极性受石油市场影响很大，展望未来十年增长率将在2%左右。

中国城市化进程中，生活垃圾资源化是敏感的问题，在"十二五"规划中，拟建200个垃圾焚烧发电厂，总投资达千亿元，但必须首先解决资源分类和公共参与的双重困难。

（七）天然气的开发

天然气作为相对清洁的能源受到了中国国家层面的重视。在中国陆地天然气地质信号量潜力不断增加的同时，海上油气资源远景看好。国际采购也取得了重大进展，中俄、中哈、中土输气管道连通之后，中缅油气管道也已达到通气条件，四条管道年总输气能力超过1000亿立方米，此外，中巴输气管道也在酝酿之中。目前,中石油运营管道达到6万多公里,初步形成贯通中国东南西北,连接陆地、海上和国际市场的油气大通道。据有关专家预测,中国内地天然气2020年需求量将达到4000亿立方米,占国内一次能源的10%以上,这将大大改善中国的能源结构。

(八)非常规天然气的开发

最近,以页岩气开发为代表的非常规天然气开发热闹非凡。在未来15~20年,美国可能依靠页岩气和页岩油实现能源自给并转为出口国,这将大大改变世界能源和政治格局。学界不少人对此持谨慎乐观态度,中国的页岩气信号量虽未超过美国,但由于地层结构复杂,埋藏较深,开采压裂技术和环保问题还没有实质性突破,开采成本远高于美国,急于复制"美国页岩气革命"不适合于中国。尽管如此,中国还是制订了雄心勃勃的页岩气"三步走"开发计划。

目前,煤层气和砂岩致密层气的开发已取得初步进展,进入商业化运行。可燃冰的开发在中国西部和南海地区开发前景看好,但对环保要求更加严格。

(九)水电开发大中小并举

截至2012年,中国水电发展迅速,总装机达到2.49亿千瓦,为世界第一,按技术可开发量(5.42亿千瓦)已达到46%,按经济可开发量(4.02亿千瓦)已达到60%。按中国的国家规划,到2020年全国水电装机将达到3.6亿千瓦,分别占技术和经济可开发量的66.4%和89.6%,接近发达国家水平。之后,水电开发难度将增加,速度可能放慢。

中小水电对中国区域经济发展作用不可忽视,特别是改善农村能源消费结构和乡镇生态文明建设意义重大,只要按规划有序开发,将是优质的清洁能源。"十二五"计划将在江西、贵州、湖北、浙江、广西五省建成5个300万千瓦中小水电站,在湖南、福建、云南、广东、四川建成5个500万千瓦小水电,而西藏南部由于地理条件,十分有利于建设中小水电站,可以先行。

(十)新能源汽车的开发和应用

中国的交通运输是石油消费大户,中国的石油进口依赖率已超过55%,

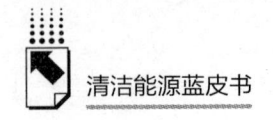

达到2亿多吨,而且60%以上是来自政治动荡的中东地区,风险很大。开发清洁能源燃料、减少汽车耗油量不仅是保护环境的需要,更是维护国家安全的重要举措。

中国的电动汽车起步并不晚,但由于政策的摇摆和发展路线的不确定,造成纯电动车市场不景气,形成"叫好不叫座"的局面。

清洁燃料汽车的开发和推广应用不能延续风电和太阳能光伏电站一哄而起的扩张方式。应从多方面配套进行,科研先行,典型示范,个性发展,完善服务体系和社会承受能力。为此,中国已在25个试点城市推行新能源汽车试点,率先在公交、出租、公务、环卫、邮政等公共服务领域推广。2012年6月国务院公布节能和新能源汽车发展规划,到2015年纯电动和混合动力车力争达到500万辆。在技术瓶颈没有突破的情况下,各项节油减排的措施更为现实有效。

二 国外发展清洁能源的主要经验

(一)重视改进机制,顺应清洁能源发展要求

经过近20年的实践,欧美发达国家基本建立了包括强制性、激励性、研究开发和市场开拓等在内的新能源政策法规框架。随着技术进步和规模扩大,新能源发电成本持续下降,世界各国纷纷调整本国新能源发电政策,以适应不断发展变化的新能源发展形势。政府在解决并网问题上发挥了重要作用,如成立电力交易系统、建立智能调度中心、推行上网电价法等,通过有效机制协调供需双方在利益上的冲突。特别是在接入问题上,充分利用市场化机制寻求解决办法,如采用绿色证书交易来平抑不同供电商的电源差异问题等。此外,由政府出面组织发电和供电企业、风机制造商、相关研究机构等利益相关方,共同研究可行的并网标准规范,以作为发展的基础。清洁能源产业中的企业垄断行为并不利于顺利上网和清洁能源规模的增加。解决办法是引入竞争,打破垄断,吸引多元投资者;降低市场垄断和减少滥用垄断地位的行为,实施有效竞争政策,实施分布式电网,实现输电/配电、发电和售电活动的完全分离。

（二）攻关核心技术，破除清洁能源发展瓶颈

技术研发是各国最为重视的环节。2011年5月，德国经济技术部，环境、自然保护与核安全部以及教研部三部门联合推出了推进储能技术研究开发的计划，旨在加速德国新能源的扩张，并优化拥有大量清洁能源的能源系统。2011~2014年计划拨款34亿欧元，资助能源效率、能源储存系统、电网技术以及新能源等领域。2011年7月，英国能源技术研究所（ETI）宣布投资2500万英镑开发世界一流的开放式利用风力发电机动力传动系统测试平台，促进英国海上风电产业的进一步发展和扩张。该平台有能力测试最高为15兆瓦的完整动力传动系统和机舱，同时可以创建风轮机在海上环境的动态条件。

（三）注重能源总体战略，恰当定位新能源角色

世界各国在发展新能源产业时，均以能源规划作为产业发展的重要指导，以有效规划新能源产业发展，利于相关政策的出台和执行，促进新能源产业规模增加。欧洲颁布了新能源发展白皮书，制定了2050年清洁能源在能源构成中达到50%的目标。德国也确定了将清洁电能的使用率由2004年的12%提高到2020年的25%~30%的目标。2011年5月，日本政府宣布将调整能源政策，计划在21世纪20年代前期将太阳能、风能等清洁能源电力占比升至20%以上。

三 现阶段中国清洁能源发展的瓶颈

（一）技术路线的制约

有关专家认为新能源发展技术路线上应贯彻尊重现实、循序渐进的原则。在"十一五"初期，有关部门领导不顾风电、太阳能年平均利用不足2000小时，在中国尚不掌握核心技术的情况下，提出八大风电基地建设，推动一轮又一轮的"跑马圈地"运动，不顾消纳，盲目发展，已经付出了沉重的代价。几乎在同一时间，德国在弃核的同时，重点发展太阳能和分布式电网消纳方

式；美国在稳步发展新能源的同时，重点发展页岩气，成就了"美国独立能源战略"；日本计划大力开采可燃冰，企图实现日本能源史上的一次大革命。总之，在近 20~30 年内，世界能源发展趋势将发生翻天覆地的变化。中国超速度地发展新能源，在投入产出以及效率上也是失衡的。以 2011 年为例，中国风电装机的累计总投资约为 3528 亿元，装机约为 4600 千瓦，上网发电量约 1000 亿千瓦·时；若投资水电可形成 5135 万千瓦，发电量 1550 亿千瓦·时（按 2010 年水电平均小时测算）；若投资核电可装机 2660 万千瓦，发电量 2064 亿千瓦·时。由于爆发式的发展和出口环境的恶化，当前中国出现的光伏和风能产能严重过剩，如果政府不及时进行政策调整，政府的巨额新能源补偿效果、节能减排目标也将落空。

（二）技术瓶颈

核心技术是新能源产业长远发展的基础。缺乏核心技术，自主研发能力薄弱是制约中国新能源产业发展的根本原因。一方面，缺乏核心技术在风机制造、光伏发电等领域主要表现为存在关键技术缺失、关键零部件依赖国外的情形。根据有关报告，清洁能源专利授权总量，美国占 49%，日本占 27%，中国所占比例在两国之后。以风电设备为例，从市场空间来看，中国国产风机市场份额已达到 85% 以上，从设备构成来看，单机零部件中有 90% 以上由国内生产，但关键核心部件，如变流器和控制系统等仍需依赖国外技术。在太阳能硅原料的制造环节，发达国家提纯 1 千克多晶硅所需的费用约为 20 美元，中国企业的平均成本是 50~60 美元。而且，因为缺少先进的提纯技术，对环境还造成二次污染。另一方面，技术瓶颈表现在缺乏自主创新能力。目前，中国部分厂家已通过购买等方式拥有了相关型号风机设备的知识产权，这种方式并没有解决企业自主创新能力不足的问题。不掌握核心技术，不能自主创新，就意味着企业无法依此技术进行更为深入的研发，无法开发基于此技术的更先进的产品。

（三）体制制约

1. 政府在风电等新能源发展和电网规划管理中的角色缺位

厂网分开后，国家对电力规划的管理工作重视程度有所减弱，国家经济发展综合主管部门，重视的是电力项目核准，对电力和电网系统规划明显滞后，对电力规划的管理基本上处于缺位状态，特别是电源（包括风电）规划，往往是规划跟着项目走，电源规划的科学性、权威性和可操作性面临重大挑战。

从电源项目看，目前，电源项目由国家和省级负责核准，各发电公司实施。中国政府规定装机容量5万千瓦以下风电场可以由省（区）发改委直接核准，5万千瓦以上必须由国家发改委核准。为了规避国家核准审批门槛，全国不同程度地出现了同一区域连续核准多个4.95万千瓦风电项目的情况，导致风电开发总规模不断增加，难以控制，引发超过70%大型风电项目拆成4.95万千瓦的现象。按风场建设容量（5万千瓦）划分中央与地方核准权限存在明显制度漏洞。

从电网规划看，330千伏及以上输变电工程项目由国家发改委负责核准，两大电网公司（国家电网公司和南方电网公司）负责实施；220千伏输变电工程由各省发改委负责核准，省电网公司负责实施。原则上，只有纳入规划的项目才可能被核准。然而，在实际实施上，遇到责、权、利不对等的矛盾，规划的执行力不够，直接影响规划的权威性和社会效果。国家电力公司政企分开后，以前由电力主管部门承担的职能，有的移交给了政府有关部门，有的授予了行业协会，但由于多种原因，也有一部分职能继续留在国家电网公司（主要是技术方面和供电用电方面）。厂网分开后，厂与网成为两个独立利益主体的情况下，上述职能错位的弊端明显，影响市场交易的公平性。此外，规定220千伏以下的电网规划项目由省级发改委负责审批或核准，很多本应由政府承担的职能都交由电网企业自身承担，政府与企业职能界定不清、管理关系不顺。

2. 政府在风电发展和电网规划技术、信息和服务方面责任的缺失

一是中国风电发展与电网规划方面由于缺乏信息技术和服务的国家公共平台，也导致风电企业和电网公司产生分歧和矛盾，甚至导致风机脱网事件，影响了电网安全和风电产业的可持续发展。二是风电产业公共支撑服务体系建设滞后，缺乏风能资源评价体系和风电产品研发测试国家公共平台。2003年年底启动的第三次全国风能资源评估精度一般在30~100公里格距，误差很大，不具备实际使用价值，难以据此对风能资源进行科学的规划和管理。因此，短期内迅速、大规模发展风电项目，可能带来实际风电发电小时数与项目预期严重不一致等风险。三是风电并网标准不统一。中国缺乏类似德国等风电大国所执行的严格的风电检测认证制度和并网标准，现有的建设和投运模式对中国风电项目检测、科学运营过程产生了较大障碍，给电力系统的安全运行带来隐患。四是风电并网技术及检测平台滞后，中国原有的风电并网技术规定为GB/Z19963—2005《风电场接入电力系统技术规定》，属指导性技术标准，且已过有效期。2009年，国家电网公司修订完成了风电接入电网技术规定，但仅为企业标准。

3. 缺乏合理、有效的统一电力监管体系

在市场条件下，实施电力监管最核心的监管职权是市场准入和价格监管。在目前的电力监管体系中，国家发改委负责对电力行业的价格、准入、项目的审批及标准制定等，国资委与财政部行使对包括电力企业在内的国有资产的管理职能，所以国家电监会在监管过程中对监管对象缺少有效的制约手段。由此，导致目前中国电力监管体系难以摆脱"多头管理、职能分散"的尴尬境地。《可再生能源法》已经明确规定，电网企业必须为新能源发电提供上网服务。在相关配套政策中明确规定，新能源并网发电项目的接入系统由电网企业建设和管理。但在实际执行中，一是电网企业未执行相关法规，二是监督部门职能缺失。

4. 重政治效益而轻经济和社会效益

发展新能源既是解决化石能源枯竭问题的途径之一，也是保护环境、缓解生态环境压力的重要方式。然而，在具体的操作中，由于体制性问题的存在，各大国有企业和地方政府纷纷将开发新能源作为追求政绩、套取财政补贴的途径。一大批国有企业瓜分了风电等新能源发电市场，不利于社会资本进入新能源发电领域。电网端则以国家电网公司独家垄断为特点，其行为决定着各类电力的并网电量，而电网企业对新能源电力的限电措施也是造成后者并网难的主要原因。在这种经济体制下，各主体的行为以政治利益为主要目标，不顾成本、抢占资源、盲目开发，更不注重对周边环境的保护，而盲目、过度的发展既不能并网发电造成浪费，也意味着发电设备及所耗资源、能源的浪费。

（四）并网瓶颈

并网瓶颈是中国新能源发展的一大障碍。当前，并网难集中体现在风电产业上。风电因其发电具有间歇性、波动性的特征，可能对电网安全产生影响，电网企业收购风电的积极性不高。光伏发电也存在这样的问题。光伏发电的发电高峰出现在日间，而风电发电高峰多出现在夜间。随着局部地区太阳能光伏发电大规模并网，光伏发电的并网和消纳问题也将日益突出。风电并网困难原因主要有以下几方面。

一是系统调峰能力不足。电力安全要求在开发风电时配以相应的调峰电源，与风电的瞬发瞬息相比，其他电源（如火电、水电等）的调峰能力仍然有限，且机会成本很高。而且，即便调峰电源充足也难以满足风电全额上网的要求，风电规模越大，对电网安全的挑战越大，意味着浪费的可能也就越大。二是以传统能源为主的调度管理体制难以适应风电等波动较大的电力特性。传统电力对调峰要求并不高，但风电等新能源电力需要在区域电网内甚至全网内实现调峰，才能保证电网的安全。相比之下，现有调度管理制度仍无法满足风电大规模发展的要求。三是风电送出受限。由于风电基地输电规划不落实，跨省、跨区电网建设滞后，以及风电场和送出工程建设周期不匹配等原因，部分风电项目出现送出受阻情况。新能源规划与电网规划不协调，没有形成完整和统一的新能源发展规划，相应配套输变电工程不能及时纳入电网规划中，难以保证接入系统工程的及时建设，阻碍了新能源发展。

（五）政策缺陷

1. 管理体制不顺，缺乏系统、协调的政策支持体系

从新能源管理体制来看，虽然国家能源局主管新能源发展，负责制定发展规划、出台重大政策、项目审批权等，但财政部、科技部、工信部、国土资源部等部门也对新能源产业具有政策制定和管理权。政策出口没有统一，政策间缺乏协调，往往出现利益冲突、相互推诿的局面，与经济和政治利益相关的领域政出多门，与投入、环保等相关的领域却出现缺位现象。

2. 政策支持的具体措施仍不健全

目前，国内仍没有形成涵盖新能源产业发展全周期的、全面的政策体系，对具体的法规条文仍缺乏权威、细致的解释，还缺乏如风机并网、检测标准等国家级标准体系，太阳能发展的技术路线仍没有完全确定。

此外，从政策措施的可操作性来看，虽然2009年修订的《可再生能源法》对新能源电力并网涉及的各方义务进行了规定，但"全额保障性收购"的义务如何界定和如何实施还没有出台明细规章。同时，国外实施较多的新能源配额制在国内也没有得到实施，电网企业还没有被强制要求收购新能源电力，电力用户还没有树立使用清洁能源的意识。

3. 政策执行不力，监督缺位

由于管理体制不顺，管理缺位、越位，政策体系不完备，电力监管缺位等因素的存在，国内新能源政策的执行不力。政策执行成了多方利益主体博弈的结果，如对电力全额收购的要求，电网企业并没有无条件执行，而是采取限电政策。地方政府出于自身利益考虑，大力支持新能源发展。发电商由大型国企构成，形成寡头垄断，造成与电网相抗衡之势。在这种利益纠葛严重的背景下，政策制定得再完善，也无法得到切实的执行。

4. 资金支持不足，成本转嫁加大居民负担

中国新能源建设项目还没有规范地纳入各级财政预算和计划，成为阻碍其发展的重要因素。由于前期研发投入过少，缺乏足够的开发能力，不少关键性设备不得不进口，导致国产化发展缓慢，产业化、商品化程度低。

当前国家财政对新能源电力的直接补贴数额较小，无法满足清洁电力发展的需要。从国际经验来看，发展新能源是政府提升社会效益、环境效益的重要抓手，其成本理应由政府或国有企业来承担。然而，在国内的新能源发展中，电网企业因输电补贴过低而不愿承担电场到电网段的输电线路建设成本，构成了收购新能源积极性不高的原因之一；发电企业则需为电力送出投入大量的成本，也力求政策优惠将成本转嫁。国有企业结成了呼吁政策的集团，借助政策优惠将自身成本转嫁到电价中去，而最终承担新能源发展成本的将是广大居民用户，不利于社会对清洁能源的支持。

四 中国新能源发展的战略思考

中国是富煤、缺油、少气的国家，长期以来形成了以煤为主的能源消费结构。在当前工业化、城市化加速推进的背景下，能源需求快速增长，在相当长的时间里，还要依靠煤炭等化石能源来支撑经济的平稳快速增长。但化石能源枯竭和环境恶化的压力迫使世界各国纷纷调整能源战略，发展新能源是缓解能源压力的重要途径之一。发展新能源，必须慎之又慎，采取循序渐进的发展方式，不能一蹴而成。

一是要明确发展战略。中国和西方国家不同，风力和太阳能资源主要集中在西部地区，用电负荷集中在东部地区，这就涉及输电问题。但大规模、长距离、高等级电压输电成本相当高，无法承受，对电网安全运行也是一大考验。同时，国外经验，特别是西班牙、德国等国的经验表明，小规模、分布式、就地消化的发展模式效果不错。究竟采取何种模式，或者二者配合运用，在国家层面还缺少统一战略。

二是要制定科学、全面、统一的新能源发展规划。发展新能源，规划必须先行。当前，新能源发展规划滞后且缺乏约束性，导致无序发展、资源浪费的问题十分突出。在战略路线尚未确定的前提下，所谓的规划只不过是数字的简单设定和验收，不利于新能源发展。为此，必须从战略全局出发，编制统一、长远、科学的能源和新能源发展规划，强化规划的严肃性和约束力。要解决电源与电网同步配套问题，处理好新能源发展与传统能源清洁高效利用的关系，鼓励发展分布式、就地消纳的新能源，要因地、因网制宜，注重新能源资源的有效利用，对不宜远距离输送也无法就地消纳的，应暂缓发展。

三是要考虑经济性问题。从经济效益上看，发展新能源经济性不高。新能源发电设备造价高，每千瓦风电、光伏发电的成本均远高于传统能源，同时间接能耗、污染等成本不低；从技术可行性上看，新能源电力利用小时低，在2000小时左右，且具有间歇性，瞬发瞬失，对电网稳定性危害很大。若要远距离输送，需要配备传统火、水调峰电源，还涉及复杂的调度管理，综合成本庞大。当前，有关方面提出以智能电网方式解决新能源电力上网问题，这与国

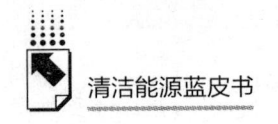

外配电侧智能管理有重大区别，主要是投资巨大，效益尚不明显，仍需科学、严密的论证。

四要集中攻关关键、核心技术，不断实现技术创新，掌握新能源发展主动权。目前，风电、太阳能的核心技术我们尚不掌握，太阳能是以光伏为主还是以光热为主的技术路线争议还很大，对智能电网的认识也不统一，国外在需求方面采取互动化和信息化的控制方式，与国内提出的长距离、高等级电压的智能电网完全是两个概念。在不掌握核心技术的情况下盲目扩张规模，只不过是担当了发达国家技术试验场的角色，同时还承担着巨大的设备闲置、资源浪费和专有性投资损失等机会成本。为此，政府要着力推进技术攻关，组织国家级研发团队，努力促进民间力量，共同推动基础科研和核心技术攻关。创新是经济社会发展的最大驱动力，要完善新能源领域的科技创新体制，加大科研投入和政策扶持力度，建立和完善新能源技术标准体系，加强检测、认证等技术服务。要遵循市场机制，吸引社会各类资金参与技术研发，加大对企业自主研发投入的税收优惠，发挥风险投资基金等的作用，加快科研成果的转化。

五是着力推进电力体制改革。近10年来，中国电力体制改革基本处于停滞状态，电网企业仍是"独买独卖"的垄断体制，电力输配成本难以确定，同网同质同价的电价形成机制无法建立，电网企业缺乏收购新能源和投资新能源接入工程的积极性，直接形成了新能源发展的体制制约。同时，由于缺少市场机制调节，配电网建设滞后。因此，必须大力推进改革，加强监管，以真实成本加合理利润的方式，确定独立的输、配电价，实现厂网分开，输配分开、调度独立。在输配电环节要实行多元投资，打破独家购、售电的垄断局面，逐步建立灵活、公平、透明的电力交易市场机制。

六是完善新能源发展支持政策。开发新能源热潮与当前实施的价外补贴方式有直接关系。新能源电价里包括财政支持的电价附加部分，由全电网分摊，这种方式鼓励了中下游进行规模扩张、容量扩张，没有从研发源头激励产业发展。要改变政策补贴方式，从设立能源税、排污费、新能源发展基金等方式入手，为产业发展提供可持续的资金来源，有效提升自主创新能力。新能源发展需要配套的政策支持，简单的电价补贴政策是没有前途的。

根据国际经验，笔者认为：发展清洁能源在现阶段不能超越一定的物理界限，要有一个能源总体发展曲线，不能操之过急，政府的关注点要重在研发领域而不是生产环节。一方面要注意传统能源的升级改造，另一方面要集中力量扶持一批技术、资本和管理相对健全的地方和企业，而不能搞成百家争抢、千家动员的局面。进入 2012 年以后，中国经济发展进入结构调整期，这是调整清洁能源发展路线的最好时机，有关部门应该总结前一段清洁能源快速发展的经验教训，使中国的清洁发展持续、稳步、健康发展。

参考文献

[1] 秦海岩：《现阶段我国风电行业面临的主要问题综述》，《风能》2012 年第 12 期。
[2] 赵靓：《风电市场：聚焦突出矛盾》，《坚定发展信心》，《风能》2012 年第 12 期。
[3] 乔艾勒·斯托宁顿：《欧洲风电的"春天"要过去了吗》，白晶编译，《中国能源报》2013 年 2 月。
[4] 钟银燕：《光伏"双反"你来我往激战犹酣》，《中国能源报》2013 年 2 月 25 日。
[5] 陆宇：《风电机组整机制造的是与非》，《中国能源报》2013 年 2 月 25 日。
[6] 国网能源研究院：《中国新能源发电分析报告 2012》，2013。
[7] 中国新能源学会风能专业委员会：《2011 年风电限电情况初步统计》，《风电行业信息统计》2012。
[8] 中国国家电监会信息中心：《2012 年全国电力工业统计快报一览表》，2013。
[9] 国网能源研究院：《世界能源与电力发展状况分析报告 2012》，2013。

The Status Analysis and Policy Recommendation for China's Clean Energy Development

Yuan Guolin   Yang Mingzhou

Abstract: Over the past several years, the world's need for energy is continuously growing; as a result, global oil prices are changing bewilderly, gas prices are rising, and the ecological issues brought by the usage of fossil fuels are becoming more and more critical. The governments of several nations are pouring large quantities of capital into new energy development, in order to decrease energy conflicts and environmental issues. The China clean energy industry is experiencing fast growth—by the end of 2012, wind, solar photovoltaic, and biomass power alone have generated 130.55 million KW of energy, covering 6.5% of total power generation. The total installed hydropower has reached 24900 KW and its annual output is 860.9 billion kW·h, accounting for 17% of national output. Both the hydropower installed capacity and generation are ranked as No.1 in the world. The nuclear power generation has reached to 11.5 million kilowatts and its capacity under construction is the largest in the world. Since 2012, Chinese national economy has entered a period of structure adjustment. The emerging industries are often affected by the policy of European and American anti-dumping and anti-subsidy, such as solar photovoltaic cells are affected seriously. Therefore, we have to adjust the clean energy development strategy first before we try to develop this industry steadily.

Key Words: Clean Energy; Development Status; Difficulties and Bottlenecks; Policy Recommendation

B.4 世界可再生能源市场及投资的发展现状与展望

黄珺[*]

摘　要：

　　世界可再生能源市场在经历了十年的迅猛发展之后，由于产能过度的扩张、经济危机下消费市场需求的减缓，导致全球可再生能源市场发展趋缓，2012 年全球投资总量出现了首次同比减少。另一方面，可再生能源市场在不同地区和国家呈现出不同的发展态势，其中新兴市场已经成为可再生能源增长的主要引擎。太阳能、风能和生物燃料日益成为可再生能源发展最快的三大产业。各国可再生能源发展目标和政策也呈现"减弱激励力度"和"增加刺激强度"两种不同的走向。尽管从新技术的研发和应用、生产与消费的全球贸易以及投融资方式的发展与创新等方面来看，离实现可持续能源目标仍有很大的距离。但从全球可再生能源发展前景来看，我们仍然可以乐观地看到整个市场巨大的增长潜力和投资机会。

关键词：

　　可再生能源　投资　太阳能　风能　生物质能

　　可再生能源是清洁能源的重要组成部分。2012 年是联合国倡议的"人人享有可持续性能源"国际年，联合国提出 2030 年前要实现可再生能源翻番的发展目标。预计到 2030 年，可再生能源在世界能源结构中所占的比重将达到 30%～35%。世界范围内正在掀起可再生能源发展浪潮，各能源消费大国都将

---

[*] 黄珺，国际清洁能源论坛（澳门）副监事长，注册会计师，中国社会科学院研究生院金融学硕士，美国约翰霍普金斯大学工商管理硕士。

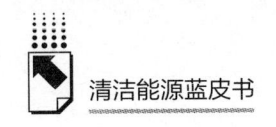

发展可再生能源作为拉动经济增长、带动就业、保障能源安全和降低温室气体排放的重要途径。本文在对行业、地区和典型国家可再生能源发展现状进行统计分析的基础上[①]，对今后世界可再生能源发展趋势和方向进行了市场、投资和技术领域的展望。

一 全球可再生能源行业发展现状

全球可再生能源在新增投资中占比日益增大。尽管自 2008 年金融危机爆发以来，世界经济并不景气，2012 年全球可再生能源市场充满了不确定性，可再生能源行业处于相对低迷态势，但是可再生能源技术发展的基础市场推动力依然保持强劲势头，行业发展特别是太阳能光伏、陆上风能、生物质能和水能领域的市场扩张和投资增量成为世界经济增长的重要驱动力，个别领域也出现了产能过剩、竞争恶化的现象。

（一）2012 年可再生能源市场情况

根据 2013 年 6 月英国 BP 公司发布的《世界能源统计报告》，2012 年可再生能源占全球能源消费总量的 2.4%，而 2002 年这一比例仅为 0.8%。尽管 2012 年可再生能源电力产量增长幅度有所减缓，但同比增长幅度仍超过了历史平均水平，达到 15.2%（见表 1）。截至 2012 年年底，全球可再生能源发电量新增 88 吉瓦[②]，总装机量达到 647.5 吉瓦，其中风能 280 吉瓦，小水电 186 吉瓦，太阳能光伏发电 104 吉瓦，生物质能和废弃物能 66 吉瓦，地热能 11 吉瓦，海洋能 0.5 吉瓦。可再生能源发电量已占全球总发电量的 4.7%，达到历史最高水平。太阳能光伏发电、风能及生物燃料 2012 年的全球营收总额同比增长 1%，从 2011 年的 2461 亿美元增至 2012 年的 2487 亿美元。从 2000 年以来，太阳能市场规模增长了 31 倍，风能市场规模增长了 17.5 倍。

---

① 本文可再生能源市场和投资数据主要包括太阳能、风能、生物质能、废弃物再生能源、地热能、潮汐能、生物燃料以及 1 兆瓦至 50 兆瓦之间的小水电项目。

② 1 吉瓦 = 1×10^9 瓦。

表1 2012年世界各国可再生能源消费量统计（水力除外）

地区/国家	消费量（百万吨当量）	比上年增长（%）	所占份额（%）
美国	50.7	12.3	21.4
加拿大	4.3	10.5	1.8
墨西哥	2.0	-1.7	0.8
北美合计	57.0	11.6	24.0
阿根廷	0.6	13.4	0.3
巴西	11.2	24.5	4.7
智利	0.9	1.5	0.4
哥伦比亚	0.2	0.7	0.1
厄瓜多尔	0.1	5.9	
秘鲁	0.2	6.6	0.1
其他中南美洲国家	2.4	14.1	1.0
中南美洲合计	15.6	20.1	6.6
奥地利	1.6	8.9	0.7
白俄罗斯	0.1		
比利时	2.6	16.4	1.1
保加利亚	0.3	42.2	0.1
捷克	1.3	12.4	0.6
丹麦	3.4	4.2	1.4
芬兰	2.6	0.1	1.1
法国	5.4	22.8	2.3
德国	26.0	8.2	10.9
希腊	1.1	21.3	0.5
匈牙利	0.6	5.1	0.2
爱尔兰	1.0	-4.1	0.4
意大利	10.9	29.5	4.6
立陶宛	0.2	11.9	0.1
荷兰	2.7	-1.3	1.2
挪威	0.5	14.3	0.2
波兰	3.1	28.0	1.3
葡萄牙	3.1	10.1	1.3
罗马尼亚	0.6	102.3	0.3
俄罗斯	0.1	5.9	0.04
斯洛伐克	0.3	24.1	0.1
西班牙	14.9	18.3	6.3
瑞典	4.2	6.0	1.8

续表

地区/国家	消费量(百万吨当量)	比上年增长(%)	所占份额(%)
瑞士	0.4	10.1	0.2
土耳其	1.6	21.6	0.7
乌克兰	0.1	386.9	0.1
英国	8.4	28.2	3.5
其他欧洲/欧亚大陆	1.7	15.4	0.7
欧洲/欧亚大陆合计	99.1	15.1	41.7
以色列	0.1	46.3	
其他中东国家	<0.05		<0.05
中东合计	0.1	27.5	0.04
阿尔及利亚	0.1	86.6	
埃及	0.3	1.1	0.1
南非	0.1		
其他非洲国家	0.9	4.0	0.4
非洲国家合计	1.4	4.8	0.6
澳大利亚	2.8	23.3	1.2
中国	31.9	25.1	13.4
中国香港		22.0	
印度	10.9	18.4	4.6
印度尼西亚	2.2	2.0	0.9
日本	8.2	8.5	3.4
马来西亚	0.3	-3.3	0.1
新西兰	2.0	1.8	0.8
菲律宾	2.3	1.9	1.0
新加坡	0.3	-3.1	0.1
韩国	0.8	13.7	0.3
中国台湾	1.1	-1.8	0.5
泰国	1.2	23.3	0.5
其他亚太地区国家	0.1	0.2	0.04
亚太地区合计	64.1	17.7	27.0
世界总计	237.4	15.2	100.0
其中：经合组织	169.2	13.2	71.3
非经合组织	68.2	20.5	28.7
欧盟	95.0	14.9	40.0
苏联	0.6	33.5	0.3

资料来源：Bp Global, "BP Statistical Review of World Energy June 2013," 2013。

（二）2012年可再生能源投资情况

国际能源署（IEA）在《2013年可再生能源进展报告》中指出，过去10年可再生能源发电投资增长了2倍以上。从2001年至2012年，全球可再生能源发电的新增投资[①]增长了2300亿美元，年增长率超过34%。彭博新能源财经于2013年6月发布的《2013年全球可再生能源投资趋势报告》显示，2012年全球可再生能源电力和燃料项目（包括小水电）总投资2440亿美元，比2011年创纪录的2790亿美元减少了12%（见图1）。尽管投资有所减缓，但是仍保持高位，仅次于2011年，比2010年增长了8%，是2004年总投资的6倍多。在2012年总计2440亿美元的总投资中，太阳能投资1400亿美元，占总投资的57%；风能投资800亿美元，占总投资的33%；其他投资240亿美元，占总投资的10%（见图2）。

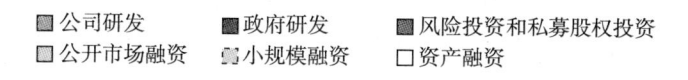

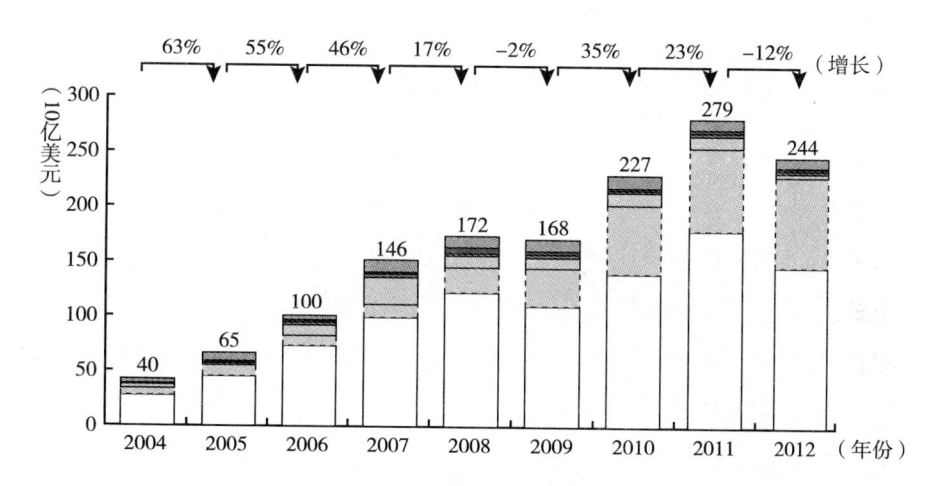

图1 2004~2012年全球可再生能源按资产类别的新增投资

资料来源：彭博新能源财经：《2013年全球可再生能源投资趋势报告》，2013，http://about.bnef.com。

---

① 不包括大水电的投资。

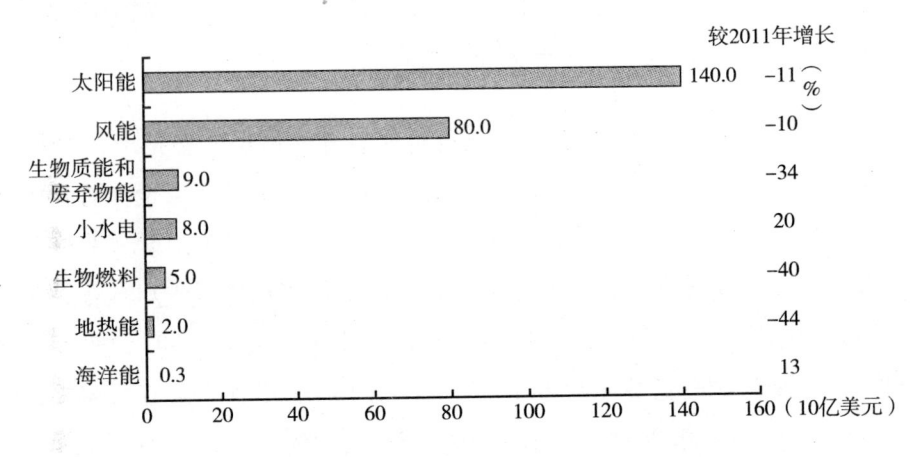

行业	投资额(10亿美元)	较2011年增长(%)
太阳能	140.0	-11
风能	80.0	-10
生物质能和废弃物能	9.0	-34
小水电	8.0	20
生物燃料	5.0	-40
地热能	2.0	-44
海洋能	0.3	13

图2 2012年全球可再生能源按行业类别的新增投资

资料来源：彭博新能源财经：《2013年全球可再生能源投资趋势报告》，2013，http://about.bnef.com。

近年来，可再生能源投资增长迅速的一个主要原因是以太阳能和风能为代表的可再生能源技术的革新和成本的持续下降。例如，太阳能光伏多晶硅及组件价格急速下滑，多晶硅现货价格从2011年年初的80美元/公斤下滑至20美元/公斤。

（三）三种主要可再生能源的发展状况

近年来，太阳能、风能以及生物燃料日益成为可再生能源的重要组成部分。自2000年以来，三种主要可再生能源产品的销售额情况见表2。其中，2012年全球风能发电量同比增长18.1%，占可再生能源电力增长的一半以上。

全球太阳能行业的增长更为迅速。在2012年创纪录地新增31吉瓦装机量，累计装机量达到104吉瓦，是2009年的4倍多。太阳能在2011年、2012年连续两年取代风能成为最大的投资领域。仅5年前，安装光伏发电系统的成本还约为7美元/峰瓦[①]，现在全球范围内安装光伏发电系统只需2.5美元/峰瓦。2012年历史上首次出现了光伏发电市场的紧缩，太阳能光伏发电（包括模块、系统组件和安装）从2011年创纪录的916亿美元销售额下降到2012年的797亿美元，整个太阳能光伏发电市场的收入下降了13%。

[①] 峰瓦表示在标准测试条件下太阳能电池组件或方阵的额定最大输出功率。

世界可再生能源市场及投资的发展现状与展望

表2 全球三种主要可再生能源的销售额（2000~2012年）

年份	太阳能光伏全球销售额（亿美元）	风能全球销售额（亿美元）	生物燃料全球销售额（亿美元）	合计（亿美元）
2000	25	40	—	—
2001	30	46	—	—
2002	35	55	—	—
2003	47	75	—	—
2004	72	80	—	—
2005	112	118	157	387
2006	156	179	205	540
2007	203	301	254	758
2008	296	514	348	1158
2009	361	635	449	1445
2010	712	605	564	1881
2011	916	715	830	2461
2012	797	738	952	2487

资料来源：美国 Clean Edge 咨询公司，《2013年清洁能源发展趋势报告》，http：//www.cleanedge.com，2013。

虽然2012全球生物燃料产量停滞不前，包括生物乙醇和生物柴油，但生物燃料从2005年有统计数据以来增长了5倍多。2011~2012年，全球生物燃料包括乙醇和生物柴油的生产总量从1.056亿立方米增长到1.19亿立方米。生物燃料行业的总体收入从2011年的830亿美元增长到2012年的952亿美元，但生物燃料新增投资额较上年下降了40%。2012年全球生物燃料的产量从2000年以来首次出现减少，同比减少0.4%，主要是由于美国的产量下降造成的。

自20世纪石油危机以来，各国均在不同程度上发展生物燃料，然而生物燃料的投资和产量一直受到石油价格的严重影响。在生物燃料与石油的长期博弈中，消费者更多的倾向是追求廉价，而非追求环保。

二 主要地区可再生能源的发展现状

从不同地区的市场来看，欧洲与欧亚大陆市场贡献最大，占全球可再生能源消费量的41.7%，其次是亚太市场和北美市场，分别占消费总量的27%和24%。从发达国家和发展中国家市场来看，经济合作与发展组织（OECD）国家可再生能源消费占全球总量的71.3%，同比增长13.2%，仍是可再生能源电力的最主要来源。非OECD国家可再生能源消费占全球总量的28.7%，同比增长20.5%，增长速度超过OECD国家（见表1）。

（一）新兴市场国家成为可再生能源投资重要增长来源

可再生能源投资从发达国家向新兴经济体的转移成为2012年的一个亮点。发达国家的总投资是1320亿美元，同比下降了29%，而发展中国家的总投资为1120亿美元，同比增长19%，创下历史新高（见图3）。

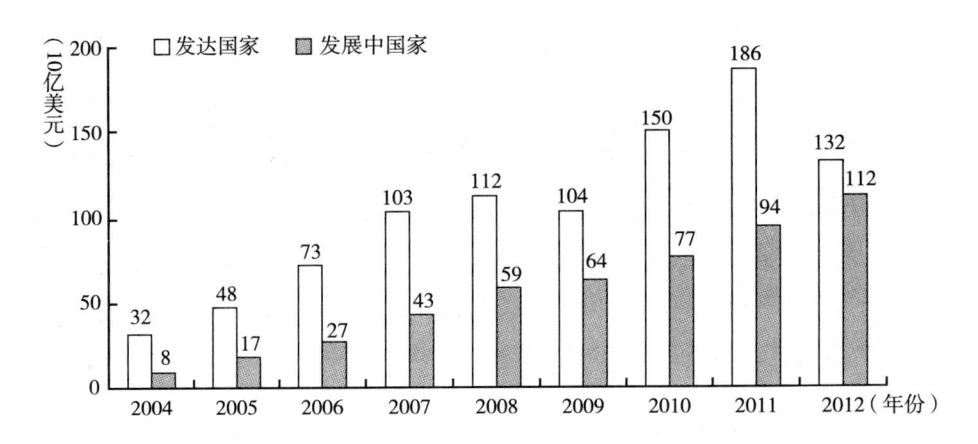

图3 2004~2012年发达国家和发展中国家可再生能源投资状况

资料来源：彭博新能源财经：《2013年全球可再生能源投资趋势报告》，2013，http：//about.bnef.com。

另外，非G20国家在可再生能源方面的投资在2012年增长了52%，超过200亿美元，这种增长趋势还将继续（见图4）。而G20国家的私人投资下降了16%，为2180亿美元（不包括研发投资）。

最近6年来全球可再生能源分地区投资状况见图5。2012年欧洲、中东地区可再生能源投资同比减少22%，美洲地区投资同比减少31%（主要是由于美国的投资锐减造成的），而亚洲和大洋洲地区的投资却同比增长16%。亚洲首次成为可再生能源投资的领先地区，达到1010亿美元，占全球可再生能源

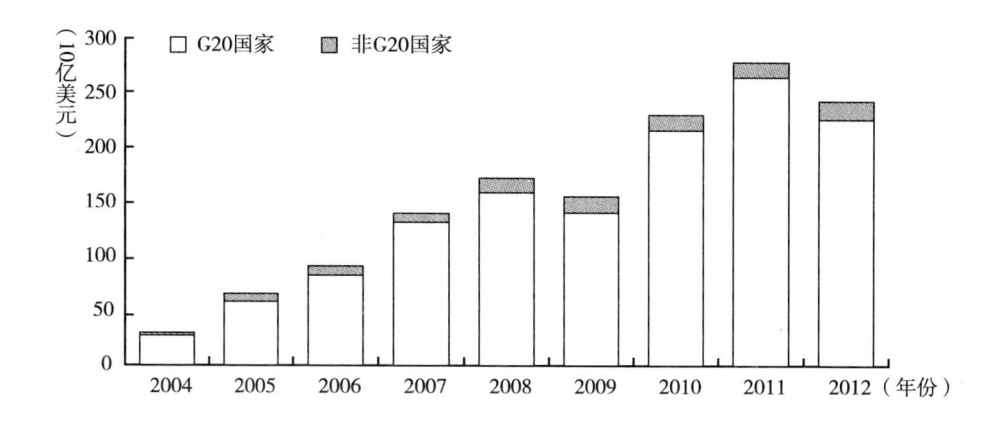

世界可再生能源市场及投资的发展现状与展望

图4 2004~2012年G20和非G20国家全球可再生能源投资进展状况

资料来源：彭博新能源财经：《2013年全球可再生能源投资趋势报告》，2013，http：//about.bnef.com。

总投资的42%。主要是中国市场的增长带动了这一地区的发展。投资在新兴市场国家增长较快，包括巴西、其他拉美国家和亚洲国家。可再生能源投资增长也已扩展到更为新兴的市场，如中东和非洲国家。其他新兴经济体如南非、摩洛哥、墨西哥、智利和肯尼亚的可再生能源投资都有快速增长，其中南非和墨西哥是2012年增长最快的国家。这些新兴市场国家较高的项目经济性和日益增长的电力需求推动了投资的增长。

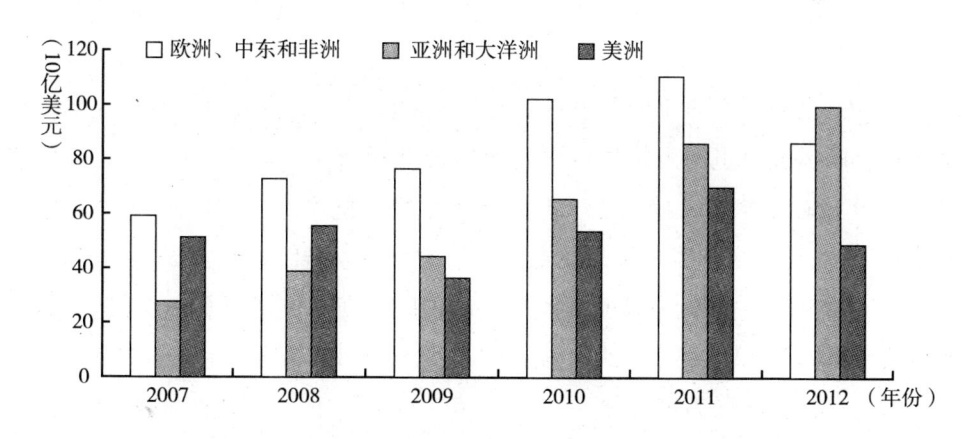

图5 2007~2012年全球可再生能源分地区投资状况

资料来源：彭博新能源财经：《2013年全球可再生能源投资趋势报告》，2013，http：//about.bnef.com。

2012年可再生能源投资前5位的国家分别为中国、美国、德国、日本和意大利,投资额为1545亿美元,占全球总投资的63%(见图6)。因为经济发展的不景气,可再生能源的发展在最初的几个发展较快的国家出现迟缓。由于发达国家政策的不确定性,相关鼓励政策退出或减弱,导致可再生能源投资趋缓甚至减少,特别是美国、德国、意大利、英国和西班牙等原来领先国家可再生能源投资均出现不同程度的下降。美国2012年的投资同比减少37%,仅为355.8亿美元;意大利和西班牙的投资则分别减少51%和68%。

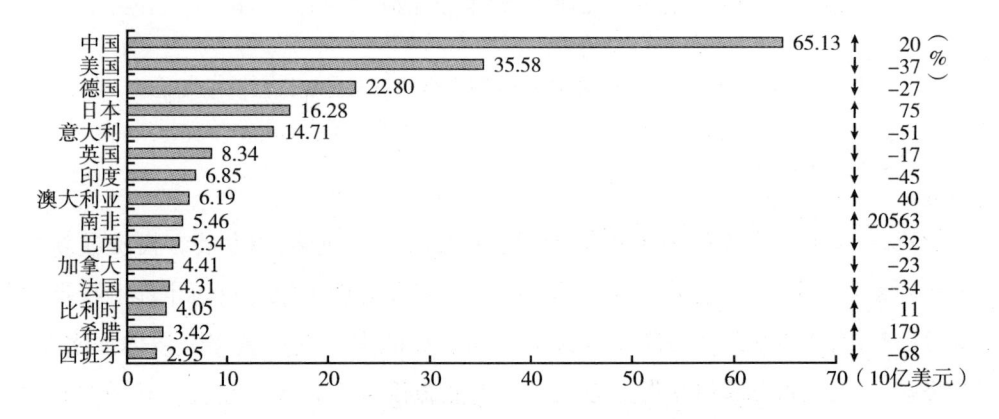

国家	投资额(10亿美元)	增长率(%)
中国	65.13	↑20
美国	35.58	↓-37
德国	22.80	↓-27
日本	16.28	↑75
意大利	14.71	↓-51
英国	8.34	↓-17
印度	6.85	↓-45
澳大利亚	6.19	↑40
南非	5.46	↑20563
巴西	5.34	↓-32
加拿大	4.41	↓-23
法国	4.31	↓-34
比利时	4.05	↑11
希腊	3.42	↑179
西班牙	2.95	↓-68

图6 2012年全球可再生能源投资额前15位国家的投资以及较2011年增长情况

资料来源:彭博新能源财经:《2013年全球可再生能源投资趋势报告》,2013,http://about.bnef.com。

中国是世界上可再生能源投资数额最大的国家,累计装机容量和5年增长率第一。中国拥有世界上最大的可再生能源装机容量(152吉瓦),其中风能74吉瓦。包括小水电、地热能、海洋能和生物质能在内,2012年中国新增风能装机16吉瓦,太阳能装机3.2吉瓦,新增可再生能源装机共23.1吉瓦,同比增长34.6%。中国成为风能发电最大增长国,新增装机容量16吉瓦。美国新增装机容量为13.6吉瓦,居世界第二。欧洲以12.4千兆瓦紧随其后。中国风能和太阳能投资均为世界第一。2012年,中国由于在太阳能领域投资加大,可再生能源投资总额为650亿美元,比2011年增长20%,占G20可再生能源总投资的30%以上。其中,太阳能投资为312亿美元,占全球太阳能市场的25%;

风能投资为272亿美元，占全球风能市场的37%；其他可再生能源投资为66亿美元，占全球其他可再生能源市场的47%。2013年，中国的可再生能源发展目标是新增太阳能装机容量10吉瓦，风能装机容量18吉瓦。根据2013年7月15日发布的《国务院关于促进光伏产业健康发展的若干意见》，2015年中国光伏发电装机目标在20吉瓦基础上再上调75%，今后3年将新增装机容量30吉瓦。

南非是G20国家中可再生能源发展最为迅速的国家。南非在2012年前一直未启动可再生能源实施计划，2011年的投资仅为3000万美元。2012年投资共55亿美元，其中80%的投资（44亿美元）用于太阳能领域，20%的投资（11亿美元）用于风能领域。所有投资均为资产融资、大型商业和公用工程项目，其中多数项目由国际金融公司（IFC）提供优惠贷款。南非可再生能源投资在G20国家中列第9位。

（二）发达国家与新兴市场国家对可再生能源政策的调整

过去10年，发达国家在政府支持方面（包括发电和配置目标）、经济刺激政策（如上网定价政策、可交易绿色证书、公开招标、税收优惠和信贷等）和相关促进各类可再生能源系统整合的措施均有力地支持了可再生能源的整体发展。根据安永会计师事务所（Ernst & Young）近两年发布的可再生能源国家吸引力指数显示，虽然发达国家依然着重于应对需求放缓和成本消减，但受全球金融危机和行业竞争加剧的影响，西欧和美国等成熟可再生能源市场受到一系列因素的冲击，很多国家的政府纷纷调整传统的可再生能源政策，如减弱激励力度以削减成本、限制融资以应对需求放缓。德国、意大利和西班牙等国家正在减小鼓励政策的力度。

与此同时，新兴经济体正努力发展可再生能源。可再生能源市场在OECD国家之外得到广泛发展，新兴国家对于可再生能源的扶持力度日益加大，并希望抓住这一机遇以实现从化石燃料向可再生能源的飞跃，同时减弱以美元计价的国际大宗商品波动对本国经济的冲击。因此新兴市场对于能源的强烈需求已成为促进可再生能源投资的一股令人惊异的推动力量。全球能源的需求平衡发生明显转移。东欧、中东和北非、东南亚以及拉丁美洲现已成为可再生能源近期发展的中坚力量。

另外，一些重要国家可再生能源的政策也存在一些不确定因素。可再生能

源发电技术成本比传统发电成本高，经济刺激政策仍将起到关键的促进作用，刺激政策退出也导致投资放缓。例如，德国削减了光伏上网电价激励政策，意大利在可再生能源的投资和太阳能领域的部署锐减了50%以上。

日本的可再生能源投资增长迅速，其能源政策调整与其他发达国家不同，与新兴经济体的调整方向是一致的。这主要基于两方面的原因。一方面日本曾经在太阳能生产和配置上领先世界，但过去10年渐渐落后于欧洲国家。二是在2011年福岛核事故灾难后，日本政府亟须寻找核能的替代能源，因此调整了能源长期发展政策。2012年日本颁布了新的上网电价刺激政策以鼓励太阳能的发展，当年可再生能源投资为163亿美元，同比增长75%，其中97%的投资流向太阳能领域，新增太阳能装机容量2吉瓦。

另一方面，世界研发和示范项目（RD&D）投资在增加，特别是在太阳能聚热发电（CSP）、海洋能和地热能等方面。过去10年OECD国家在可再生能源发电技术方面的公共研发和示范项目费用从2000年的9亿美元增长到2011年的39亿美元。尽管增长迅速，但是仍然比在传统化石能源方面的研发和示范项目花费小很多。2011年，公共研发和示范项目在传统化石能源和核能方面的投资是可再生能源投资的两倍。

（三）可再生能源领域的融资现状以及金融创新

根据对可再生能源投资项目的追踪调查，从研发、风险投资对技术和公司的早期投资，到公开市场融资和资产融资的企业不同成长阶段，各国主要融资类型有以下几种。

1. 资产融资在可再生能源投资中占主导地位

资产融资主要包括公司资产负债表融资、债务融资和股权融资，但不包括再融资和短期建筑贷款。资产融资是可再生能源投资的主要来源，2012年占G20国家可再生能源总投资的63%，达到1365亿美元。2012年资产融资比上年减少20%，其中风能领域吸收了720亿美元，太阳能领域吸收了506亿美元，这两个领域共吸收了全球80%以上的资产融资（见图7）。中国吸收了588亿美元的资产融资，居G20国家首位；美国吸收了227亿美元的资产融资，居G20国家第二位。

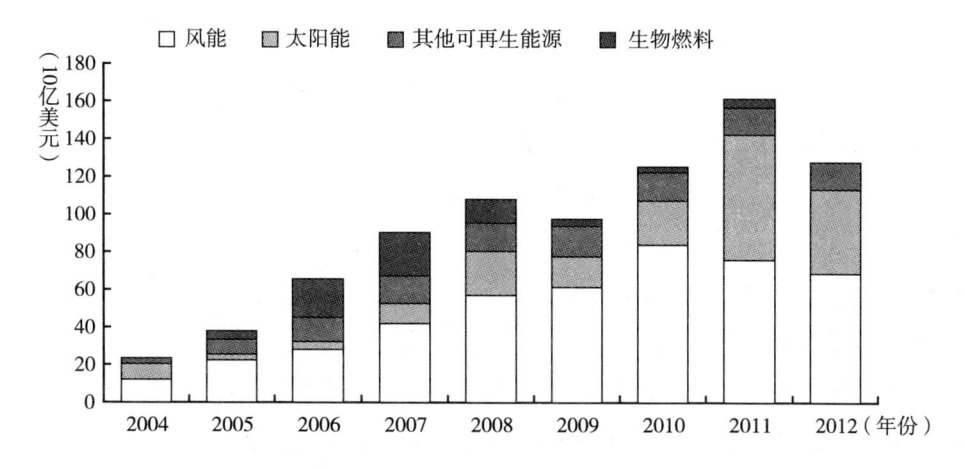

图 7　2004~2012 年 G20 国家不同行业使用资产融资情况图

资料来源：彭博新能源财经：《2013 年全球可再生能源投资趋势报告》，2013，http://about.bnef.com。

2. 小规模融资是近几年增长较快的融资方式

2012 年小规模融资仍旧是全球投资的重点，同比减少仅为 1.6%，是降幅最少的融资方式，总融资达 728 亿美元，占 G20 国家可再生能源投资总额的 33%。德国和意大利在小规模融资上领先世界，分别吸收了 151 亿美元和 138 亿美元。日本和美国在这一融资方式上增长较快。金融创新使小规模投资在一些主要市场继续增长。低于 1 兆瓦的居民小规模太阳能项目吸收了较多的小规模融资。特别是在美国，通过第三方融资机制的发展，小规模融资占居民和商用屋顶太阳能安装市场的 50%。住宅太阳能项目的发展带动了小规模融资。这种方式不需要消费者预先支付很多费用，由第三方负责安装，消费者采用按月付款的方式偿还。小规模融资在美国继续强劲，这得益于太阳能光伏价格的持续下降，比 2011 年平均价格降低了 1/3，如多晶硅从每公斤上百美元跌到 20 美元，这使得小规模光伏住宅项目的价格更具竞争性。

3. 公开市场融资量持续下滑

公开市场融资主要是公司在公开股票市场进行融资以扩大市场和保持增长，用于发展可再生能源技术和生产。可再生能源产生于 20 世纪中期，许多公司选择在股票市场融资。2007 年这一现象达到顶峰，公开市场的融资达到了 253 亿美元。但从 2009 年开始，公开市场融资持续下降。2012 年仅吸收 46

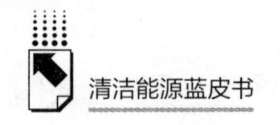

亿美元，是2005年以来的最低额，比2011年下降了55%。由于价格下跌，持续的产能过剩和低利润率大大降低了可再生能源股票指数，从而严重影响了投行市场的发展。2012年，中国和美国在公开市场的可再生能源融资量分别为23亿美元和16亿美元，占G20国家公开市场融资总量的85%。2012年公开市场融资方面，太阳能领域吸收了17亿美元，风能吸收了13亿美元，能源效率和低碳技术分享了11亿美元的份额。

4. 美国继续主导风险投资和私募股权投资市场

风险投资和私募股权融资是与技术的创新和发展紧密联系在一起的。风险投资主要投资在公司的初期，以其潜在的创新和服务来赢得资金。尽管占可再生能源总投资不到3%的份额，风险投资在新技术的创新和发展中却起着重要的作用。2012年全球风险投资和私募投资为56亿美元，同比减少34%。美国在可再生能源领域的投资为43亿美元，占G20国家风险投资和私募投资总额的78%，继续主导这一投资市场。其次是英国，吸收了6亿美元的风险投资。可再生能源领域中，能效和低碳技术连续四年成为最大的受益部门，其次是太阳能，分别吸收了风险投资和私募投资22亿美元和16亿美元。在可再生能源领域，美国在公私研发、风险投资和私募股权投资方面一直遥遥领先于世界各国，虽然其可再生能源总投资近两年有所下降，但是美国依旧在可再生能源创新技术上保持世界领先地位。

美国在生物质能、废弃物能以及地热能装机容量三个领域居世界第一位，太阳能投资也是一个亮点。2012年由于金融方式的创新，私人第三方融资使得小规模住宅太阳能项目的安装增长了42%（新增装机容量为3.2吉瓦）。第三方融资机制占美国太阳能屋顶安装市场的一半以上。美国的风能装机容量在2012年也是创纪录地新增13.6吉瓦，累计达59吉瓦。在能效、低碳技术和生物燃料等领域，美国继续在G20国家领先，投资分别为25亿美元和15亿美元。由于能源政策制定缺乏一致性和不确定性，2012年美国可再生能源投资减缓，总投资为356亿美元，较上年减少37%。其中，太阳能投资为165亿美元，占总投资的46%；风能投资为139亿美元，占总投资的39%。

根据美国Cleantech集团发布的数据显示，2012年总部位于美国的可再生能源技术公司的风险投资总额为50亿美元，相比2011年的66亿美元降幅高达24%。然而，可再生能源技术投资的下滑与风险投资整体的下行趋势是一致的，如今，可再生能源技术投资仍然约占美国所有风险投资的1/5。但是，实力雄厚的传统能源和科技公司的增资正反映了市场从早期资本转向实地布阵的趋势。2013年年初，沃伦·巴菲特旗下的MidAmerican能源控股公司为扩展其太阳能资产组合，以高达20亿美元的价格收购了南加州的羚羊谷太阳能项目。近日，互联网巨头谷歌以2亿美元股权投资位于得克萨斯州的一家风电场，这一举动标志着谷歌旗下太阳能及风能项目的总装机容量已达到2吉瓦。

三　可再生能源未来发展趋势展望

目前，世界各国在低碳发展的大背景下纷纷通过法律和政策促进本国的可再生能源产业的开发与利用，但这些举措会造成某些国际贸易纷争，一旦被滥用就有可能违反世界贸易总协定的公平竞争和反补贴原则，与此同时，也有可能成为一些国家实行变相贸易保护主义的借口。另一方面，很多可再生能源经济性不佳是造成可再生能源市场和投资发展缓慢的一个重要原因，各国政府还需加大公共和私人技术研发投入，通过技术的不断创新和进步，促使其综合社会成本低于化石能源的成本，才能使可再生能源的开发变得更为现实和有利可图。生物燃料、风能和太阳能等可再生能源的绝对生产成本的不断降低，成为可再生能源发展的动力。总之，尽管2012年全球可再生能源市场和投资出现了发展暂缓的态势，但是从各国和地区的发展目标以及近几年的总体发展情况来看，未来可再生能源的发展趋势依然向好。

（一）不同应用领域的发展趋势

从可再生能源产业规划来看，各国政府和地方城市主要集中在能源需求的三个重点部门。首先是电力行业，一般来说，电力行业的规划是最容易实现的，很多国家的产业规划设定年平均增长率为0.2%~1.5%。其次是交通运输行业，交通运输行业规划的不确定性较大。最后是热力和制冷行业，该行业的规划应该说是最难实现的。

目前，至少有48个国家设定了2020~2050年可再生能源发电产业目标，到2020年为止设定提高可再生能源发电比重的国家有：埃及（20%）、爱尔

兰（40%）、菲律宾（40%）、泰国（14%）、科威特（15%）、南非（42%）。其中有三国设立了2050年的目标值：丹麦（100%）、德国（80%）、马来西亚（24%）。

日本政府在福岛核事故后，提出"去核化"政策，在2030年前实现可再生能源发电占比30%~35%。有些国家则制定了可再生能源发电年度总量，作为电力行业的产业目标，如阿尔及利亚（41太瓦·时①）、澳大利亚（45太瓦·时）、韩国（40太瓦·时）。有些地方政府和城市也提出了本地利用可再生能源发电的目标。如苏格兰要求2020年前实现100%可再生能源能源发电。业内多数专家认为，到2030年为止可再生能源发电量占总发电量40%~50%的目标是切实可行的。迄今为止可再生能源发电量已超过30%以上的国家有：阿根廷（31%）、澳大利亚（68%）、巴西（85%）、哥伦比亚（70%）、哥斯达黎加（94%）、丹麦（32%）、芬兰（30%）、冰岛（100%）、新西兰（73%）、挪威（96%）、马达加斯加（57%）、巴拿马（59%）、瑞士（58%）、乌干达（54%）、罗马尼亚（34%）、西班牙（34%）、瑞典（55%）、苏丹（81%）等。

联合国在2012年启动"人人享有可持续能源"的计划，其中包括力争在2030年前实现可再生能源的全球普及。该计划力争在2030年前实现三大目标：确保可再生能源的全球普及，将提高能源利用率的速度增加一倍，将全球使用能源中的可再生能源比例提高一倍。要实现这一目标，根据国际能源署的测算，可再生能源需占全球能源消费总量的30%~36%。世界自然基金会预测，到2050年，全球将实现100%的可再生能源供应（见图8）。

国际可再生能源机构（IRENA）也在其2012年的初步调研报告中指出，需加速世界可再生能源发电的投资，可再生能源在电力行业的份额需提高一倍才能实现上述目标，这也需要改进现有的电网系统。由于建筑和工业行业供热需求几乎占全球能源消费的1/3，所以需要加速这两个终端能源消费部门可再生供热系统的运用。

21世纪可再生能源政策网络（REN21）对世界可再生能源在2030年不同政策情景下的产能预测见表3。

---

① 1太瓦·时 = 1×10^{12} 瓦·时。

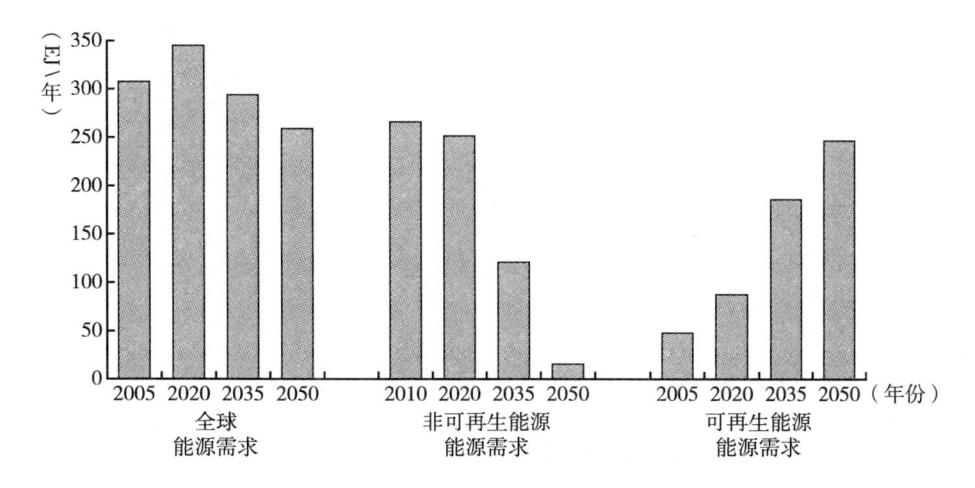

图 8　世界可再生能源和化石燃料使用情况预测*

注：*1EJ = 1 × 10^{18} 焦耳。

资料来源：世界自然基金会：《能源报告：2050 年，100% 可再生能源》，http://www.wwf.org，2011。

表 3　2030 年世界可再生能源不同情景下的产能预测

单位：吉瓦

	水电	风能	太阳能光伏发电	太阳能聚热发电	生物质能	地热能	海洋能
2006 年实际产能	—	74	8	0.4	45	9.5	0.3
2011 年实际产能	970	238	70	1.8	72	11	0.5
IEA 2012 世界能源展望"新政策情景"	1580	920	490	40	210	40	10
IEA 2012 世界能源展望"450 情景"	1740	1340	720	110	260	50	10
IEA 2012 能源技术预测"2 度情景"	1640	1400	700	140	340	50	20
彭博新能源财经 2011 世界可再生能源市场展望	—	1350	1200		260	30	—
IEA 2010 可再生能源技术部署"ACES 碳排放总量限额情景"	1300	2700	1000	120	340	—	—
绿色和平组织（2012）	1350	2900	1750	700	60	170	180

资料来源：《2013 年可再生能源全球趋势报告》，21 世纪可再生能源政策网络（REN21），http://www.ren21.net。

国际能源署预计2015年可再生能源将成为全球第二大电力来源（相当于煤炭发电量的一半）。到2020年，全球总发电量为27165太瓦·时，可再生能源发电量将达到7500太瓦·时，占全球发电量的28%。其中，水电贡献达17%，风能贡献达6%，生物质能和垃圾发电贡献达3%，太阳能贡献达2%。到2035年，可再生能源发电量将约占电力产量的1/3，接近煤炭发电量。到2050年，可再生能源发电量将约占电力产量的57%。国际能源署分别按2005年、2011年和2017年列举了不包括水电的可再生能源的市场集中度（见图9），其中陆上风能、生物能和太阳能的增长将是最快的。

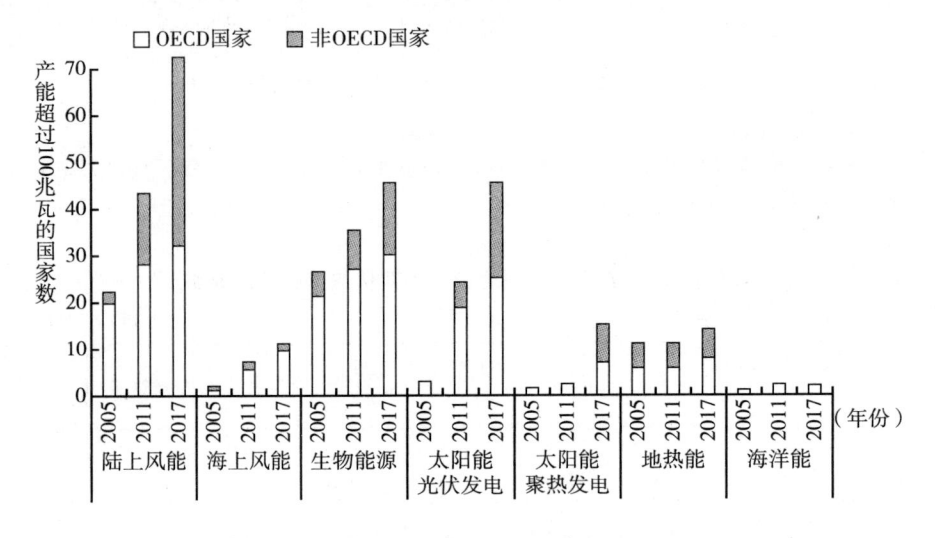

图9　非水电可再生能源的市场集中度分析和预测
（2005年、2011年和2017年）

资料来源：国际能源署：《2013年可再生能源进展报告》，http：//www.iea.org，2013。

（二）细分行业的发展趋势

由于太阳能增长快于其他任何可再生能源技术，可再生能源的地位将进一步强化。水电的稳步增长和风电以及太阳能发电的迅速扩张已将可再生能源强化为全球能源结构中不可分割的部分；生物质能（用于发电）与生物燃料消费将增长4倍，国际贸易量将不断增长。全球生物能源资源足以满足我们对生物燃料和生物质能的需求。目前生物质能几乎占可再生能源的80%，今后生物质能在交通、建筑和工业中的运用还有可能持续加大。国际能源署预计，2030年各种可再生能源将分别以不同比例增长：水电增长1.63倍，风能增长3.86倍，太阳能光伏发电增长7倍，太阳能聚热发电增长22倍，生物燃料增长2.92倍，地热能增长3.64倍，海洋能增长20倍。

未来10年，生物燃料、风能和太阳能光伏发电三个领域的项目营收总额将翻一番，从2012年的2487亿美元增长到4255亿美元（见图10）。同时，清洁技术的商品和服务的价格将持续走低，促使太阳能和风能在公用事业规模市场和分布式市场上达到价格平价水平，从而在价值定位上更有吸引力。即使在经济低迷的2012年，可再生能源仍然成为经济增长的主要驱动力之一。可再生能源迅速增长的部分原因在于技术成本下降、化石燃料价格和碳价格上升，但是主要原因还在于政府的补贴。2011年全球的补贴为880亿美元，2035年将增至近2400亿美元。但是，可再生能源项目的新补贴措施需随产能上升、可再生能源技术成本下降而调整，避免政府和消费者的过多负担。

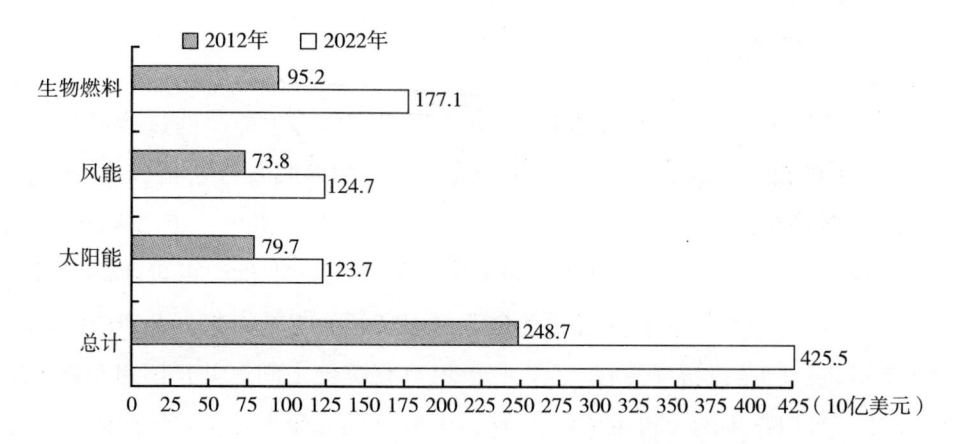

图10　全球生物燃料、风能和太阳能光伏发电未来10年预计增长情况

资料来源：美国Clean Edge咨询公司：《2013年清洁能源发展趋势报告》，http://www.cleanedge.com，2013。

（三）不同地区的发展趋势

全球可再生能源发电产量中，中国占24%，OECD欧洲国家占19%，美国占11%，巴西占7%，印度占5%。丹麦、德国、西班牙的可再生能源之路

走得更快些。丹麦的目标是：到2020年，50%的发电和40%的供暖使用可再生能源；到2050年，两个行业使用可再生能源达到100%。德国的目标：到2020年，35%电力使用可再生能源；到2050年，80%的电力使用可再生能源。发展中国家的可再生能源市场发展较快，除了金砖五国[①]外，到2020年，其他发展中国家，如阿根廷、智利、哥伦比亚、埃及、加纳、印尼、约旦、肯尼亚、墨西哥、尼日利亚、菲律宾、南非和泰国等的可再生能源市场也将发展较快。在2020年以后，可再生能源市场将在更广泛的地区发展，发展中国家将引领这个市场的发展。

欧洲市场的供热和交通运输业以及可再生能源发电在2020年前将快速发展。在美国，尽管国家层面的政策具有不确定性，各州的政策将继续鼓励可再生能源发展。中国的风力发电市场全球领先，这个趋势还将延续；另外，太阳能热水器和太阳能光伏市场发展也将快速增长。印度有发展太阳能的雄心计划，另外在风能和农村用生物质能方面也有宏伟计划。

（四）投资发展趋势

在投资规模上，国际能源署认为2020年前往可再生能源的过渡需要增加5万亿美元的投资。到2022年，太阳能光伏发电的营收预计增长到1236亿美元。皮尤慈善基金在2013年发布的可再生能源报告中指出，2012~2018年，预计全球可再生能源营收总额将达到1.9万亿美元。21世纪可再生能源政策网络认为，从2011年的全球可再生能源投资2600亿美元起，到2020年前，每年的可再生能源投资在4000亿美元至5000亿美元之间，并且预测在接下来的10年，平均每年的可再生能源投资在3000亿美元至1万亿美元之间。

在投资方向上，大数据、分布式太阳能融资和仿生学原理在可再生能源技术领域的运用成为投资的重点领域。大数据正成为可再生能源生态系统的核心内容。一些公司运用传感器技术，创造了巨大的数据流系统，系统显示了消费者的消费行为、建筑的运营情况和各类能源项目输送能源的清晰数据等。美国Clean Edge咨询公司认为，数据管理将是"2013年可再生能源技术最热的一

---

① 金砖五国包括中国、巴西、俄罗斯、印度和南非。

件事"。分布式太阳能融资已成为改变太阳能市场的一个重要因素。华尔街的金融大亨纷纷介入住宅太阳能服务市场,使得美国太阳能市场更多地向分布式项目发展。仿生学的运用也是未来的一个趋势。工程师们不断从自然界寻找灵感,提高 LED 灯泡、房屋建筑、风力涡轮机刀片等能源技术的发展。

此外,可再生能源项目风险-收益的均衡性、投融资方式的创新、商业发展模式、项目投资周期、社会和环境等因素越来越成为影响可再生能源发展的重要因素。

参考文献

[1] Bloomberg New Energy Finance, "Global Trends in Renewable Energy Investment 2013," 2013.
[2] BP Global, "BP Statistical Review of World Energy June 2013," 2013.
[3] International Energy Agency, "Tracking Clean Energy Progress 2013," 2013.
[4] The Pew Charitable Trusts, "Who's Winning the Clean Energy Race? 2012 Edition," 2013.
[5] Renewable Energy Policy Network for the 21st Century, "Renewables Global Futures Report 2013," 2013.
[6] Clean Edge, Inc., "Clean Energy Trends 2013," 2013.
[7] International Renewable Energy Agency, "Doubling the Global Share of Renewable Energy A Roadmap to 2030," 2013.
[8] WWF, "The Energy Report: 100% Renewable Energy by 2050," 2011.
[9] Ernst & Young, "Renewable Energy Country Attractiveness Indices," 2013.

The Development Status and Outlook of the World Renewable Energy Market and Investment

Huang Jun

Abstract: After undergoing a decade of rapid development, the world renewable energy market has, for the first time, experienced a decrease in total investment in 2012, as compared to a year earlier. The renewable energy market is facing temporary sluggish development, due to the excessive expansion of production capacity and the slowing-down of the consumer market growth under the economic crisis. However, renewable energy markets in different regions and countries present different development trends, in which the emerging market has become the main force of renewable energy growth. Solar energy, wind energy and biofuels are growing rapidly to become the three fastest growing industries in the fields of renewable energy. There appears to be two opposite trends in the renewable energy development objectives and policies of different nations- "less incentive power" and "increased stimulus intensity". From the perspective of RD&D of new technologies, global trading of production and consumption, and the development and in novation on investment & financing, there is still a long to go before we can achieve sustainable energy goal. However, from the global renewable energy development perspective, we can definitely see the huge market potential and investment opportunities.

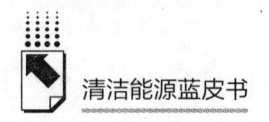

Key Words: Renewable Energy; Investment; Solar Energy; Wind Energy; Biomass Energy

产业报告

Industry Reports

B.5 中国非常规天然气发展前景与开发利用战略

中国工程院"中国非常规天然气开发利用战略研究"项目组*

摘　要：

　　中国非常规天然气资源丰富，页岩气、致密气和煤层气可采资源量 $31\times10^{12}m^3$，是常规天然气的1.5倍，加快非常规天然气利用具有重要战略意义。研究认为，技术进步和政策扶持是实现非常规天然气大规模利用的关键。开发利用非常规气可"三步走"：致密气和煤层气现实性最好，先行一步，加快发展；页岩气需要准备期，中远期看可担当加快非常规气发展的生力军；天然气水合物需要更长的准备期，长远看也有较好的利用前景。预计2020年前后，中国非常规气产量将与常规气平分秋色，2030年前后非常规气产量有望达到 $3100\times10^8m^3$ 左右，约占中国天然气总产量的2/3，将成为保障天然气工业稳定、健康发展的主

---

* 项目顾问：徐匡迪、周济、潘云鹤院士；项目负责人：谢克昌院士；项目课题组组长：邱中建、袁亮、金庆焕院士；本文执笔：谢克昌、赵文智、李建忠。

101

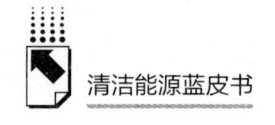

体资源。

关键词：

非常规天然气　开发利用　三步走　发展战略

非常规天然气主要包括页岩气、致密气、煤层气和天然气水合物等，是科技进步和政策扶持驱动下出现的新型化石能源，与常规天然气具有一致的产品属性。但资源丰度偏低，技术要求更高，开发难度更具挑战性。美国已成功实现了非常规天然气资源的大规模开发利用，2011年非常规天然气产量达到$3940 \times 10^8 m^3$，占美国天然气总产量的60%以上，其中页岩气产量$1760 \times 10^8 m^3$，占美国天然气总产量的27%。非常规天然气的大规模开发利用，已经改变了美国能源供应格局，有效推动了美国能源独立战略的实施，导致其全球能源战略布局的重大调整，影响深远。中国油气对外依存度持续攀升，国家油气安全的压力越来越大，加快非常规天然气资源开发利用，对改善能源结构和保证国家能源安全都具有重大战略意义。

一　中国非常规天然气资源潜力与分布

中国地质条件有利于非常规天然气资源的形成和储存。根据本次研究和评价，中国页岩气、致密气、煤层气和天然气水合物资源都比较丰富，其中页岩气、致密气和煤层气技术可采资源量约$31 \times 10^{12} m^3$，是中国常规天然气可采资源总量的1.5倍左右（见表1）。初步估算，中国天然气水合物远景地质资源量超过$100 \times 10^{12} m^3$，主要分布在南海海域和青藏高原冻土区。

中国发育海相、海陆过渡相和陆相三类页岩气资源，本次研究重点评价了与美国相似的海相页岩气的技术可采资源量，结果是$8.8 \times 10^{12} m^3$，与国土资源部（2012年4月）公布的海相页岩气资源量数据十分接近，主要分布在川渝、湘鄂、云贵和苏皖等地区。海陆过渡相和陆相页岩气也具有较大资源潜力，但因现阶段资料有限，并缺乏国外可类比对象，本次评价暂未给出具体资源量结果。

表1　中国常规与非常规天然气技术可采资源量对比

资源类型		技术可采资源量（$10^{12}\,m^3$）
常规天然气		20
非常规天然气	致密气	11.3
	煤层气	10.9
	页岩气（海相）	8.8
	天然气水合物	115.8（远景地质资源量）

资料来源：中国工程院非常规天然气发展战略研究组（2012）。

中国致密气技术可采资源量约 $11 \times 10^{12}\,m^3$，主要分布在鄂尔多斯、四川、准噶尔、塔里木、松辽、渤海湾和东海等主要含油气盆地，主要赋存在石炭系~二叠系、三叠系~侏罗系和白垩系~第三系等含煤岩层系。

中国煤层气技术可采资源量约 $11 \times 10^{12}\,m^3$，主要分布在鄂尔多斯、沁水、准噶尔、滇东—黔西、二连等盆地，其中以华北地区石炭~二叠系、华南地区上二叠统、西北地区中~下侏罗统和东北（含内蒙古东部）地区上侏罗统~下白垩统较为集中。

二　中国非常规天然气开发利用面临的主要挑战

1. 中国非常规天然气资源条件具有特殊性，工程技术面临诸多挑战

中国海相页岩气地质条件与美国有较大差别，不能完全照搬美国的开发模式，需要结合中国的具体条件，探索发展有中国特色的技术路线和发展之路。美国海相富有机质页岩主要分布在中陆平原地区。重点层系发育在上古生界，主体埋藏深度1500~3500m，热演化程度适中（Ro介于1.1%~2.5%）。中国海相富有机质页岩主要分布在中上扬子地区，地形多山地和丘陵。主要层段以下古生界为主，时代偏老、热演化程度偏高（Ro介于2.0%~3.5%）、埋深偏大（2500~4500m），经历多期构造运动，地形高差起伏较大，地应力复杂。

这种资源条件决定了中国页岩气开发难以完全照搬国外技术，需要开展先导试验，通过优先加强基础研究、工程技术攻关和体制机制探索，创造性地发展适合中国地面地下条件和资源赋存环境特点的工程配套技术，才能实现页岩

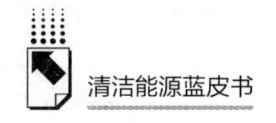

气的规模发展。致密气在鄂尔多斯、四川等盆地已实现规模开发利用,其他盆地尚处于勘探开发早期阶段,地质条件与资源特点都有较大变化,需要进一步开展资源调查,发展完善压裂改造工艺技术,走低成本发展之路。中国煤层气成藏条件比较复杂,气藏类型多样,具有储层条件多样、含气饱和度低、深部资源比例偏高等特点,决定了中国煤层气开发也难以照搬国外技术模式,迫切需要发展提高单井产量的配套技术。

2. 中国非常规天然气资源经济敏感性较强,经济有效开发需要强有力的政策扶持

目前,国家已对煤层气和页岩气出台了一些优惠扶持政策,对致密气尚未制定扶持政策。页岩气先导试验区钻探结果表明,中国页岩气资源利用受地面和地下条件的影响较大,现有成熟技术有很大的不适应性。在当前经济和技术条件下,页岩气开发成本是国外成本的3~5倍,扶持政策到位后,经济效益仍然较差。中国致密气开发利用主要是"贫中找富",大量品位更低的致密气资源因经济性较差尚未投入开发,亟须国家出台扶持政策。

此外,管理机制方面也有不适应性,特别是需要制定落实"先采气后采煤"的实施细则,加强对大型水力压裂、矿井煤层气放空等对环境影响的监测与监管等。中国天然气管网还不完善,南方多丘陵、山地,规模开发页岩气的工程建设投资偏大。中国北方及西部地区水资源严重短缺。这些因素都将制约中国非常规天然气资源,特别是页岩气资源利用的快速发展。

总体看,中国非常规天然气开发利用起步较晚,发展不均衡,现阶段经济性总体偏差,技术创新和国家政策扶持是实现非常规天然气资源大规模开发利用的关键。

三 中国非常规天然气开发利用趋势与规模预测

1. 页岩气处于先导试验阶段,经过10年左右技术准备,有望进入快速发展阶段

中国页岩气勘探开发先导试验刚刚起步,目前在先导试验区已有多口井获产量不等的页岩气流,但尚无历史性生产数据。根据美国页岩气发展经验,参考中国致密气发展的历程，中国页岩气实现大规模开发利用至少还需要10年左右的技术准备期。当然，中国页岩气发展具有后发优势，如果关键技术能够获得突破，发展比较顺利，技术准备期也可能缩短。本次研究选用典型产气区类比、理论模型计算、发展历史类比、情景分析法等多种方法，综合预测了中国页岩气开发利用的未来发展趋势，判断未来5~10年是中国页岩气技术准备与实现工业起步的关键期，2015年前后有望形成页岩气工业产量；随着页岩气资源核心开发区进一步落实，技术逐步完善配套，未来10年内中国页岩气产量有可能进入快速增长阶段，预测2020年和2030年中国页岩气产量有望达到$200 \times 10^8 m^3$和$1000 \times 10^8 m^3$左右。

2. 致密气已进入规模发展期，经过10年左右快速发展，将进入产量高峰阶段

致密气已在鄂尔多斯、四川盆地实现工业开发利用，开发利用现实性最好。2011年，中国致密气产量已达256亿m^3，大约占中国天然气总产量的25%。在分析致密气储量、产量增长历史基础上，采用模型法与情景分析法，结合重点探区发展规划，综合预测中国致密气未来产量发展趋势。结果表明，未来相当长一段时间中国致密气产量都将保持快速增长，2020年、2030年致密气产量有望分别达到$800 \times 10^8 m^3$、$1200 \times 10^8 m^3$左右。

3. 煤层气已实现工业生产，经过10年左右产业化布局，将进入大规模发展阶段

经过近20年的技术攻关与开采试验，中国煤层气初步实现了地面工业化生产，初步建成了沁水南部和鄂尔多斯东缘两大生产基地，2011年地面煤层气产量已达$23 \times 10^8 m^3$。加上矿井抽采量，2011年中国煤层气产量已达$115 \times 10^8 m^3$。采用情景分析法，对地面井、矿井煤层气产量规模及发展趋势进行预测，综合判断全国煤层气产量规模及发展趋势，预计煤层气产量将进入快速增长期，之后将进入稳定发展阶段，2020年、2030年中国煤层气产量将分别达到$500 \times 10^8 m^3$、$900 \times 10^8 m^3$。

4. 天然气水合物处于勘查阶段，经过10~20年左右的基础研究、资源调查和先导试验，可望实现工业化开发的起步

中国天然气水合物资源调查和试采工作比国外晚10~20年。目前已在南海海域、青藏高原冻土带钻探获得了天然气水合物样品，证实中国天然气水合物资源不仅存在,而且比较丰富。根据中国天然气水合物调查研究与技术储备现状,综合分析国外对天然气水合物试开采进展,判断中国青藏高原永久冻土区分布的天然气水合物资源,如果资源的品位较好,规模较大,有望用不太长的时间就可以实现商业开发。南海深水区分布的水合物资源的开发利用则有较大不确定性。预测2025～2030年前后中国有望实现深海天然气水合物工业开发技术与装备的突破,2035～2040年前后有可能实现深海天然气水合物的商业开发。

综合上述预测结果,预计2020年前后中国非常规天然气产量有望达到 $1500 \times 10^8 m^3$ 左右,与常规天然气产量大致相当;2030年前后有望达到 $3100 \times 10^8 m^3$ 左右,约占中国天然气总产量的2/3(见图1)。

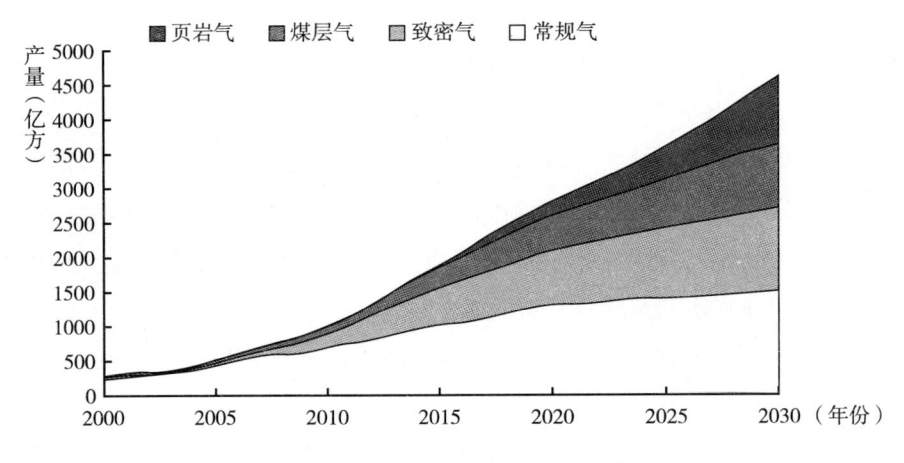

图1 全国天然气产量增长趋势预测图

资料来源:中国工程院非常规天然气发展战略研究组(2012)。

四 中国非常规天然气开发利用前景与对策建议

1. 总体发展战略

非常规天然气资源开发利用在加快中国天然气工业发展中占有极其重要的战略地位。要坚持能源领域国际化和市场化战略,统筹组织中国非常规天然气资源的开发利用,通过机制引导和政策扶持,积极推动非常规天然气领域科技创新,加快先导开发示范区建设,在保持常规天然气快速发展的同时,加快非常规天然气资源开发利用,力争 2020 年前后非常规天然气产量达到 $1500 \times 10^8 m^3$ 左右,与常规天然气产量大致相当,2030 年前后达到 $3100 \times 10^8 m^3$ 左右,约占天然气总产量的 2/3,使天然气成为支撑中国天然气工业快速、健康发展的主体资源,为改善能源结构、保障能源安全和保护环境作出重大贡献。

2. 发展路线图

从资源可靠性、经济性和技术成熟性看,应针对不同类型的非常规天然气,采取不同的发展策略和路线图。

(1) 页岩气发展前景令人鼓舞,通过加强科技攻关和加快先导开发示范区建设,可以使其成为加快非常规天然气发展的生力军。未来页岩气开发利用可以采取"三步走"的路线:第一步,"十二五"期间或更长一点儿时间,选择海相、海陆过渡相和陆相页岩气有利富集区,做好先导开发示范区建设,实现页岩气工业开发的顺利起步;第二步,"十三五"期间或更长一点儿时间,以南方海相页岩气规模开发为重点,同时突破海陆过渡相和陆相页岩气工业性开发,页岩气实现规模开发利用,2020 年产量力争达到 $200 \times 10^8 m^3$ 左右;第三步,2020 年以后或更长一点儿时间,形成适合中国地质与地表特点的便捷、高效、低成本、环境友好的页岩气勘探开发配套技术和行之有效的管理体制机制,页岩气产量力争实现快速增长,2030 年左右可望达到 $1000 \times 10^8 m^3$ 左右。

(2) 致密气发展的现实性最好,通过积极推动,可以先行一步,担当加快非常规天然气发展的主力军。未来致密气发展也可采取"三步走"的路线:第一步,"十二五"期间加快鄂尔多斯、四川两大基地上产步伐,加强塔里木、准噶尔、松辽和渤海湾等盆地致密气勘探,发展完善勘探开发配套技术,实现致密气快速发展,2015 年产量达到 $500 \times 10^8 m^3$ 左右;第二步,"十三五"期间形成系统配套、高效和低成本技术体系,主要盆地致密气实现大规模开发利用,产量大规模增长,2020 年产量达到 $800 \times 10^8 m^3$ 左右;第三步,2020 年以后致密气实现稳定发展,2030 年产量达到 $1200 \times 10^8 m^3$ 左右。

(3) 煤层气已有较好发展基础,通过积极推动,可以担当加快发展的重任。未来煤层气开发利用按照"能源、安全、环境"三重效益的原则,坚持地面与井下"两条腿走路",采取"三步走"的路线,积极推动,加快发展。第一步,"十二五"期间依托沁水、鄂尔多斯东部两大基地奠定产业规模,突破低阶煤、多层薄煤和巨厚煤层的煤层气地面开发技术，产业化基地扩大到 3~4 个盆地，2015 年产量达到 $300\times10^8\mathrm{m}^3$ 左右；第二步，"十三五"期间实现煤层气产量规模扩张，突破深部煤层气地面开发技术及矿井与地面煤层气联合抽采技术，产业化基地扩展到 4~6 个盆地，2020 年产量达到 $500\times10^8\mathrm{m}^3$；第三步，2020 年以后基本完成煤层气产业的战略布局，突破构造煤地区煤层气地面开发技术，产业化基地覆盖全国主要含煤盆地，2030 年产量达到 $900\times10^8\mathrm{m}^3$ 左右。

（4）天然气水合物资源前景广阔，通过加快勘查、适时开展试采，尽早实现商业开发利用。未来水合物开发利用按照不落后于世界先进水平的战略目标，充分发挥产业部门优势，采取"三步走"的路线，加快准备。第一步，"十二五"至"十三五"期间初步查明中国天然气水合物资源潜力和分布状况，提高南海北部水合物资源评价精度，加强具有自主知识产权的水合物勘探开发技术创新与储备，着手开展先导性开发利用研究；第二步，"十四五"至"十五五"期间在南海北部陆坡区选择可靠、有规模的富集区，探索试采的可能性；第三步，2035~2040 年期间力争率先在南海实现天然气水合物的商业开发。

3. 措施建议

（1）提升非常规天然气资源开发利用的战略地位。把非常规天然气作为支撑中国天然气工业长期稳定发展的主体资源，统筹兼顾国家、地方和企业利益，调动多方积极性，积极组织，加快推进非常规天然气资源的开发利用。

（2）分类加大非常规天然气先导开发示范区建设，形成有中国特色的技术体系、管理体制机制和低成本有效发展之路。优先在川渝、湘鄂、云贵和苏皖等地区，加快页岩气先导开发示范区建设，尽快形成规模产量，替代高危瓦斯区煤炭的生产；选择有规模、难动用的致密气储量区以及多类型煤层气富集区，加快先导开发示范区建设。

（3）给予非常规天然气财税优惠政策。对 2020 年以前企业在非常规天然气领域投入的勘探、关键设备、技术引进、开发与创新费用给予免税政策；在气价改革方案基础上，进一步加大对非常规天然气开发利用的价格补贴。

（4）搭建国家级研发平台，加强基础理论研究、重大关键技术攻关、相关标准的制定等，客观落实中国非常规天然气资源与核心区分布。尽快设立页岩气科技重大专项，适时增加水合物科技重大专项，建立页岩气、致密气、煤层气和水合物国家重点实验室，集中优势力量，加强协同攻关。

（5）战略谋划天然气与能源安全、气候变化、生态环境、地缘政治、法律法规及经济发展相关的策略体系。对非常规天然气的开发要尤其关注对地质、生态、环境和水资源的影响，创新开发技术，建立强有力的监管制度，最大限度地减少负面影响。

五　结语

中国非常规天然气资源丰富，目前开发利用程度很低，具备加快发展的有利条件和与常规天然气并重发展的后发优势。非常规天然气资源丰度总体偏低，开发难度大，技术要求高，现阶段经济性偏差，技术进步和政策扶持是实现中国非常规天然气资源大规模开发利用的关键。国家通过机制引导和政策扶持，积极组织，通过 10～20 年加快发展，非常规天然气将成为支撑中国天然气工业快速、健康发展的主体资源，为改善能源结构、保障能源安全和保护生态环境作出重大贡献。

参考文献

［1］邱中建、邓松涛：《中国非常规天然气的战略地位》，《天然气工业》2012 年第 1 期。

［2］邱中建、赵文智、邓松涛：《我国致密砂岩气和页岩气的发展前景和战略意义》，《中国工程科学》2012 年第 6 期。

［3］袁亮：《我国煤层气开发利用的科学思考与对策》，《科技导报》2011 年第 22 期。

［4］赵文智、董大忠、李建忠、张国生：《中国页岩气资源潜力及其在天然气未来发展中的地位》，《中国工程科学》2012 年第 7 期。

［5］邹才能、董大忠、王社教等：《中国页岩气形成机理、地质特征及资源潜力》，《石油勘探与开发》2010 年第 6 期。

［6］李建忠、李登华、董大忠、王社教：《中美页岩气成藏条件、分布特征差异研究与启示》，《中国工程科学》2012 年第 6 期。

［7］EIA：《年度能源展望（2011）》，2012。

The Future Development Prospect and Utilization Strategy for China's Unconventional Natural Gas Resources

Research Group on the Development and Utilization
Strategy Study of China's Unconventional
Natural Gas Resources, CAE

Abstract: The unconventional natural gas resources are estimated to be rich in China. And the total technical recoverable resources of shale gas, tight gas and coal bed methane (CBM) are predicted to be around 31 TCM, which is approximately 1.5 times of China's conventional natural gas total. To speed up the development and utilization of the unconventional natural gas resources is of great importance for the long-term healthy development of China's natural gas industry. Study shows that the engineering technology innovation and state policy support play a key role in realizing the utilization with large scale of unconventional natural gas resources in China, and the road map of developing the unconventional resources in China may take three steps: the tight gas and CBM have a number of good realistic conditions to utilize in a large volume and should take the priority to speed up development as quickly as possible; shale gas needs a period of preparation and will become a active contributor from the point of mid-term view to make the utilization of unconventional gas resource come into truth. Gas hydrate needs much longer period of preparation and has a bright future of utilization in a long run. It is predicted that the annual production of unconventional gas in China will be as big as conventional gas production in around 2020, and the total unconventional gas production (gas hydrate not included) in China may possibly reach $310 \times 10^9 m^3$ in the year around 2030, which make up 2/3 of the nation's total gas production and will provide the major resource base to maintain the stable and healthy development of China's natural gas industry.

Key Words: Unconventional Natural Gas; Utilization; Road Map; Strategy

B.6 中国大型水电站开发和坝工建设现状与政策建议

张超然 朱红兵*

摘 要：

中国水电资源理论蕴藏量年发电量6.08万亿千瓦·时，理论蕴藏量装机6.94亿千瓦；技术可开发装机5.72亿千瓦，年发电量为2.61万亿千瓦·时，位居世界第一。近20年来，随着中国经济的快速发展，在国内各大流域的大江大河上相继修建了许多大型水电站，这些工程在抗洪、水资源综合利用、电能供应等多方面为促进中国经济可持续发展发挥了重要作用。截至2012年年底，中国已建、在建大坝的数量和水电装机总量已经位居世界首位，各类型高坝的设计、建造水平进入世界前列，并引领了该领域的发展方向。未来10～20年是中国水力资源开发利用的关键时间，很多高坝大库将陆续建设完成，为确保这些水电站高效安全运行，必须加大投资力度和研究力度，以科学技术为支撑，改进开发模式，调整开发思路，攻克技术难题，并科学合理解决制约水电开发的相关问题，才能使之更好地适应国民经济可持续发展的需要。

关键词：

水能资源 水电开发 坝工建设

一 前言

国家统计局数据显示，截至2012年12月，中国发电机组整体装机容量已

---

* 张超然，中国工程院院士，中国长江三峡集团公司总工程师，主要从事大型水利水电工程设计、建设等技术研究与管理；朱红兵，高级工程师，主要从事大型水电工程施工技术研究、科技管理。

经达到11.44亿千瓦,其中火电8.19亿千瓦,占比72%;水电2.49亿千瓦,占比22%;核电1257万千瓦,占比1%;风电6237万千瓦,占比5%。中国的能源资源结构决定了火电所占比重远高于世界平均水平,过度使用化石燃料引起的气候变化威胁着世界环境,造成了中国应对环境和气候问题的巨大国际压力。水电这种可再生能源符合经济、社会和环境可持续发展的标准,因此,进一步开发利用水能,增加它在供电总量中的比例,是调整能源结构的一个最有效途径[1]。

二 中国的水能资源开发状况

目前世界水能资源开发的重点地区在亚洲,而亚洲的重点在中国。统计数据显示,2011年世界上各大洲在建水电工程的总装机容量,南美洲占13.0%,非洲占3.4%,欧美发达国家约占5.3%,而亚洲则占78.3%。而在亚洲诸国中,中国的水能开发高居首位,国家发改委2005年发布的全国水力资源复查成果表明,中国水电资源理论蕴藏量装机6.94亿千瓦,理论蕴藏量年发电量6.08万亿千瓦·时(按平均功率计);技术可开发装机5.42亿千瓦,技术可开发年发电量2.47万亿千瓦·时,经济可开发装机4.02亿千瓦,经济可开发年电量1.75万亿千瓦·时。2011年,通过国家能源局进一步普查,将全国技术可开发量修正为5.72亿千瓦,年发电量相应调整为2.61万亿千瓦·时,居世界第一[2]。

中国水电装机容量和年发电量于2004年和2005年分别超过美国和加拿大,居世界第一(表1)。2003~2012年,中国水电投产量的增幅每年超过1000万千瓦。新中国成立60多年来,中国水电累计发电量72990亿千瓦·时,相当于替代了27亿吨标准煤,减少二氧化碳排放约70亿吨。到2012年12月,中国水电装机容量已经达到2.49亿千瓦,年发电量达到8641亿千瓦·时;按照装机计算中国的水电开发程度约40%,而按照发电量计算,中国的水电开发程度仅为25%,这些数据远低于发达国家60%~80%的水平。

表1 世界水库大坝统计表（截至2011年年底）

序号	坝名	所在国家	坝类型	装机容量（兆瓦）	坝高（米）	总库容（亿方）
1	三峡	中国	PG	22500	181	393
2	伊泰普	巴西/巴拉圭	PG	140000	196	290
3	溪洛渡	中国	VA	138600	285.5	129.14
4	古里	委内瑞拉	PG	10000	162	1350
5	I图库鲁伊	巴西	ER	8370	95	455.36
6	萨扬—舒申斯克	俄罗斯	VA	6400	242	313
7	向家坝	中国	VA	6400	162	51.85
8	克拉斯诺亚尔斯克	俄罗斯	PG	6000	124	733
9	龙滩（广西）	中国	RCCPG	5400	216.5	272.7
10	布拉茨克水电站	俄罗斯	PG	4500	125	1690
11	小湾（云南）	中国	VA	4200	294.5	151.32
12	拉西瓦	中国	VA	4200	250	10.79
13	尤斯特—伊利姆	俄罗斯	PG	3840	102	593
14	索尔泰拉岛水电站	巴西	PG/TE	3444	74	211.66
15	二滩	中国	VA	3300	240	58
16	亚西雷塔水电站	阿根廷/巴拉圭	TE/PG	3100	43	210
17	辛戈	巴西	ER	3000	150	38
18	马卡瓜II水电站	委内瑞拉	ER/PG	2940	69	3.63
19	葛洲坝	中国	PG	2715	54	0.71
20	南相木村	日本	ER	2700	136	0.18

资料来源：《中国三峡建设》编辑部：《中国水能资源富甲天下——全国水力资源复查工作综述》，《中国三峡建设》2005年第6期。

根据2011年水力发电资源复查结果和水电规划总院及中国工程院水能研究组研究报告统计，中国已建、在建和待建百万千瓦及以上大型水电站共计100余座，绝大部分集中在15个水电基地，总装机容量超过3.4亿千瓦。其中已建成有20座，在建和待建90余座。单站装机容量在300万千瓦以上的电站有30座，总装机容量1.9867亿千瓦，这些电站在中国水电开发中具有十分重要的地位。这30座大型电站中，总装机容量超过500万千瓦的电站有11座，超过1000万千瓦的电站有7座，超过2000万千瓦的特大电站有2~3座[2]。未来十五年是中国能源需求快速增长的时期。综合国务院发展研究中心、国家发改委和国家电网公司等机构的预测，2020年中国的电力需求将达到4.6万亿千瓦·时，装机容量将达到19.3亿千瓦，其中水电将占据很大比重。结合《中国的能源政策》白皮书综合分析，预计"十二五"期间，中国将新增水电装机容量8000万千瓦，到2015年,中国水电装机容量将达2.9亿千瓦;2020年,实现非化石能源消费比重达到15%的目标,其中一半以上需要依靠水电完成。届时,中国水电装机容量将达4.2亿千瓦,西藏地区的水电资源将是下一步的重点开发对象。

三 中国蓄能水电站的作用及发展前景

国际抽水蓄能水电站从发展至今已有130多年的历史,20世纪50年代欧美及日本等经济发达国家开始了规模开发,20世纪90年代以后,除日本外,欧美各国的开发速度减缓。

中国抽水蓄能电站建设起步较晚,始于20世纪60年代末。1968年建成了装机容量为11兆瓦的河北岗南小型混合式抽水蓄能电站,1973年建成了装机容量为22兆瓦的北京密云小型混合式抽水蓄能电站。此后,抽水蓄能电站的建设在刚刚起步之后进入了一个停滞期。

20世纪80年代后期,中国的经济得到快速发展,相应电网的规模也得到较大发展,电力负荷也随着工业的快速发展而迅速增大。中国的广东、华北和华东等地区在改革开放后经济发展较快,相继兴建了一大批火电厂,初步解决了电量缺乏的问题,但由于水力资源有限,导致这些地区电网缺少经济的调峰手段。根据国际惯例,以抽水蓄能电站调节火电为主电网的调峰已经提上国家议事日程。随着各大区域电网经济运行和电源结构调整的要求,如华中电网、四川电网等一些以水电为主的电网也有了抽水蓄能电站的需求,为此国家组织相关水电设计院开展了较大范围的抽水蓄能电站资源普查和规划选点,在此基础上制定了全国抽水蓄能电站的发展规划。1984年,河北潘家口混合式抽水蓄能电站开工建设,装机270兆瓦,1991年投产发电,这标志着抽水蓄能电站建设第一次高潮的开始。20世纪90年代,中国抽水蓄能电站建设进入快速发展期,先后兴建了以广州一期、十三陵、天荒坪、广州二期为代表的抽水蓄能电站。截至2000年年底,抽水蓄能电站总装机容量已达5590兆瓦。

2005年至今,中国抽水蓄能电站建设进入第二波高潮期,相继投入运行了宜兴、宝泉、张河湾、西龙池、白莲河等一批大型抽水蓄能电站。截至

2011年年底中国已建成抽水蓄能电站24座，装机容量1814.5万千瓦[2][3]（详见表2）；中国在建抽水蓄能电站10个，装机容量1144万千瓦[2][3]（详见表3）。

表2 中国已建成的抽水蓄能电站（截至2011年年底）

序号	电站名称	所在省份	电站类型	单机容量(万千瓦)	机组台数	总装机容量(万千瓦)
1	岗南	河北	混合式	1.1	1	1.1
2	密云	北京	混合式	1.1	2	2.2
3	潘家口	河北	混合式	9	3	27
4	寸塘口	四川	纯抽水蓄能	0.1	2	0.2
5	广州一期、二期	广东	纯抽水蓄能	30	8	240
6	十三陵	北京	纯抽水蓄能	20	4	80
7	羊卓雍湖	西藏	纯抽水蓄能	2.25	4	9
8	溪口	浙江	纯抽水蓄能	4	2	8
9	天荒坪	浙江	纯抽水蓄能	30	6	180
10	响洪甸	安徽	混合式	4	2	8
11	天堂	湖北	纯抽水蓄能	3.5	2	7
12	沙河	江苏	纯抽水蓄能	5	2	10
13	回龙	河南	纯抽水蓄能	6	2	12
14	白山	吉林	混合式	15	2	30
15	桐柏	浙江	纯抽水蓄能	30	4	120
16	泰安	山东	纯抽水蓄能	25	4	100
17	琅琊山	安徽	纯抽水蓄能	15	4	60
18	宜兴	江苏宜兴	纯抽水蓄能	25	4	100
19	西龙池	山西五台	纯抽水蓄能	30	4	120
20	张河湾	河北井陉	纯抽水蓄能	25	4	100
21	惠州	广东惠州	纯抽水蓄能	30	8	240
22	宝泉	河南辉县	纯抽水蓄能	30	4	120
23	黑麋峰	湖南望城	纯抽水蓄能	30	4	120
24	白莲河	湖北罗田	纯抽水蓄能	30	4	120

资料来源：《中国三峡建设》编辑部：《中国水能资源富甲天下——全国水力资源复查工作综述》，《中国三峡建设》2005年第6期。晏志勇、翟国寿：《我国抽水蓄能电站发展历程及前景展望》，《水力发电》2004年第12期。

表3 中国在建的抽水蓄能电站（截至 2011 年年底）

序号	电站名称	所在省份	单机容量(万千瓦)	机组台数	总装机容量(万千瓦)
1	呼和浩特	内蒙古	40	3	120
2	仙游	福建	30	4	120
3	响水涧	安徽	25	4	100
4	溧阳	江苏	25	6	150
5	仙居	浙江	37.5	4	150
6	佛磨	安徽	8	2	16
7	洪屏	江西	30	4	120
8	蒲石河	辽宁	30	4	120
9	清远	广东	32	4	128
10	深圳	深圳	30	4	120

资料来源：《中国三峡建设》编辑部：《中国水能资源富甲天下——全国水力资源复查工作综述》，《中国三峡建设》2005 年第 6 期。晏志勇、翟国寿：《我国抽水蓄能电站发展历程及前景展望》，《水力发电》2004 年第 12 期。

预计 2020 年，中国抽水蓄能电站的合理规模应达到 8000 万千瓦。根据规划"十二五"时期抽水蓄能电站建设的重点地区是：河北、内蒙古、辽宁、吉林、黑龙江、江苏、浙江、安徽、福建、江西、山东、河南、广东、海南、重庆、陕西、甘肃、宁夏、新疆。投产项目包括：内蒙古呼和浩特，辽宁蒲石河，江苏溧阳，浙江仙居，安徽响水涧、佛子岭，福建仙游，江西洪屏，河南宝泉，广东惠州、清远等；总装机规模约为 1384 万千瓦。拟开工项目包括：河北丰宁一期、丰宁二期，内蒙古锡林浩特，辽宁桓仁，吉林敦化，黑龙江荒沟，江苏马山、句容，浙江宁海、天荒坪二期，安徽绩溪，福建厦门，山东文登，河南天池、五岳，广东深圳、阳江、梅州，海南琼中，重庆蟠龙，陕西镇安，甘肃肃南，宁夏中宁，新疆阜康等；总装机规模约为 3235 万千瓦。

新形势下，抽水蓄能电站可以配合火电机组运行，实现电力系统节能减排，并提高供电质量，保证电力系统安全稳定运行；配合风电等可再生能源大规模发展，可以提高电力系统对风电等可再生能源的消纳能力；配合核电大规模发展，可以减少系统调峰调频压力。同时抽水蓄能也是特高压输电的安全保障，是智能电网的有机组成部分。中国正在不断完善抽水蓄能政策，使之能够享受国家新修订的可再生能源补贴和税收减免等政策，以进一步促进抽水蓄能电站的可持续发展，逐步增加其在电力系统中所占比重，使之达到电力总装机5%以上的合理规模。预计2030年，中国抽水蓄能电站的规模可达到1.2亿~1.4亿千瓦以上[3]。

四 中国坝工建设技术进步情况

随着经济高速发展，中国修建了一大批大坝与水库。这些工程在抵御洪水灾害、调蓄利用水资源、提供清洁电能等促进经济社会可持续发展方面发挥着重要作用。中国正在建设和将要建设一大批规模和功能宏大的世界级大坝水库，已建、在建大坝数量及水电装机数量位居世界第一，大坝设计、建造水平位居世界前列。从在建、拟建的各种坝型的坝高[4]（见表4）可以看出，中国大坝工程技术已经处于世界前列，并引领该领域的发展方向[4]。

表4 各种坝型最高大坝名称列表

序号	坝型	其他国家		中国（已建或在建）	
		坝名（国别）	坝高（米）	坝名	坝高（米）
1	混凝土重力坝	大狄克逊坝（瑞士）	285	三峡工程	181
2	碾压混凝土坝	MIEL坝（哥伦比亚）	188	龙滩	216.5
3	混凝土拱坝	英古里双曲拱坝（格鲁吉亚）	271.5	锦屏一级	305
4	土石坝	罗贡心墙坝（塔吉克斯坦）	305	糯扎渡心墙坝	265
5	面板坝	阿瓜密尔巴坝（墨西哥）	187	水布垭	233
6	沥青混凝土坝	芬斯特斗（奥地利）	96/150	冶勒心墙坝	124.5

资料来源：陆佑楣：《我国水电开发与可持续发展》，《水力发电》2005年第2期。

改革开放后，中国大坝建设突飞猛进，大力创新，从100米级、200米级高坝的建设，发展到目前300米级高坝工程。三峡、二滩、龙滩、水布垭、小浪底等工程的成功建设和运行，经受汶川特大地震考验的紫坪铺高面板坝和沙牌高碾压混凝土拱坝的安然无恙，都标志着中国在大坝建设和管理上已取得了举世瞩目的成就。中国正在规划、设计和建设的水电工程大坝中，多项工程技术指标已超过了世界水平，必将遇到前所未有的技术难题。经过多年的科技攻关，中国在大坝结构仿真分析、混凝土大坝温控防裂、高坝抗震、高速水流与消能及复杂坝基处理等研究领域均取得了令人瞩目的进展。

（一）混凝土重力坝技术

混凝土重力坝是大坝建设的主要坝型之一。已建的三峡水电工程大坝坝高181米，是混凝土实体重力坝，坝身泄洪孔、排沙孔、电站引水孔诸多，泄洪流量达到11万立方米/秒之巨。20世纪80年代以后，随着有限元分析法、可靠度设计理论等新方法的广泛应用，中国在重力坝设计理论上有了重大突破。随着温控技术、混凝土快速浇筑技术、新形式消能工等的不断研究深化，重力坝在施工技术上也有了很大的进步。

（二）碾压混凝土坝（RCC坝）技术

近年来，中国的RCC筑坝技术得到全面提升，主要体现在：1996年建成了世界上第一座薄拱坝福建溪柄溪RCC拱坝（高63米），厚高比仅0.19；2001年建成了四川沙牌RCC重力拱坝（高132米）及甘肃龙首RCC双曲拱坝（高80米）；随后建成的贵州光照RCC坝高200.5米，龙滩RCC重力坝高216.5米（当今世界最高的RCC大坝）。这些大坝的成功建设标志着中国RCC筑坝技术已达到200米级的世界最高水平。

碾压混凝土技术是干硬性混凝土利用土石坝振动碾压施工工艺形成的，它与传统的混凝土大坝柱状浇筑法不同，采用平铺和大面积碾压施工方式，具有机械化程度高、施工程序简单、施工快、投资节省等特点。中国的碾压混凝土筑坝技术，根据自己的实际情况在理论、工艺、材料等方面不断创新，并突破了在高温多雨的夏季和高海拔严寒低温的冬季筑坝的禁区，形成了具有自主知识产权的不同类型、不同坝型的特色技术和国际先进的筑坝工法。概括来说，中国特色碾压混凝土筑坝技术的特点是使用中胶凝材料、高掺粉煤灰的配合比，变态混凝土和二级配碾压混凝土组合防渗方式，低VC值、薄层、短间歇、全断面薄层碾压快速施工。

（三）高混凝土拱坝技术

混凝土高拱坝已成为大型水利枢纽的主要坝型之一，中国已经建成的高度超过30米的拱坝有300多座，是世界上拱坝最多的国家之一[2]。1998年240

米高的二滩拱坝投入运行后，为特高拱坝的建设积累了经验，截至2005年，中国60米以上的高拱坝有172座。截至2011年，在建的代表性工程有305米高的锦屏一级拱坝、294.5米高的小湾拱坝、285.5米高的溪洛渡拱坝等一批工程。围绕这些高拱坝的温控防裂、抗震技术、枢纽设计和高效安全快速施工等问题，国家组织开展了关键技术研究并取得了丰富成果。

近几十年来，中国致力于300米级特高混凝土拱坝专门技术和在高地震烈度区高拱坝的合理体型的研究。在高拱坝应力控制标准、高拱坝建设全过程仿真技术、高拱坝设计判据理论依据、高拱坝坝身泄洪和坝下消能防冲、高拱坝孔口配筋理论及高拱坝设计方法等方面的研究已经取得了突破性进展，为中国兴建300米高混凝土拱坝打下了基础，提供了科学的理论依据。2010年建成的小湾水电站坝型为混凝土双曲薄拱坝，坝高294.5米，装机容量4200兆瓦，泄洪总功率46000兆瓦（比二滩水电站多7000兆瓦），坝体受总水推力170毫牛，地震基本烈度为8度。将于2013年建成的溪洛渡水电站坝型为混凝土双曲薄拱坝，坝高285.5米，装机容量13860兆瓦，泄洪总功率为100000兆瓦，比小湾水电站高出1倍，比世界最高水平高出2~3倍，地震基本烈度为8度。该坝建设全面实施了数字化仿真施工技术，在混凝土温控防裂技术上有了新的突破，并向智能化大坝设计、施工和运行迈出了可喜的一步。

（四）高土石坝技术

土石坝工程的建设历史久远，并经久不衰。随着科学技术的进步，今天的土石坝工程涵盖了土料防渗、混凝土面板防渗、沥青混凝土防渗、土工膜防渗等类型。中国的大坝总的仍然是土石坝具有数量的绝对优势，高30米以上的土石坝占总坝数的59%，这与其他国家类似。中国土石坝的代表工程是糯扎渡心墙坝，坝高达到261.5米，并在土石坝填筑施工数字化控制技术上有了新的突破。

（五）混凝土面板堆石坝技术

目前中国的混凝土面板堆石坝的数量、规模、技术难度和施工速度都已居于世界前列。最早开工建设的是1990年建成的西北口水库，坝高95米。基于在施工技术、抗震安全、软岩筑坝、硬岩筑坝、高陡边坡筑坝、深厚覆盖层筑坝、高寒高海拔地区筑坝的研究和实践，面板坝在中国得到了快速的发展。截至2011年年底，中国已建在建的面板坝有169座，代表性工程有坝高178米的天生桥一级、坝高233米的水布垭、坝高219米的江坪河、坝高186米的三板溪、坝高179.5米的洪家渡、坝高162米的滩坑、坝高158米的紫坪铺等。

中国混凝土面板堆石坝技术在发展中不断创新，除面板堆石坝和面板砂砾石坝坝型外，还有土心墙与混凝土面板坝结合的堆石坝、喷混凝土堆石坝、溢流面板堆石坝和趾板建在深厚覆盖层上的面板堆石坝等新坝型。

（六）水工沥青混凝土技术

目前，沥青混凝土心墙坝正在中国普及，施工技术日渐成熟，并将向更高的坝高发展。20世纪90年代以来，中国相继建成了一批大中型沥青混凝土面板坝和心墙坝，如1998年建成最大坝高72米的天荒坪抽水蓄能电站上库，2005年建成坝高104米的三峡茅坪溪沥青混凝土心墙坝等。在引进国外技术及总结国内经验的基础上，中国的沥青混凝土防渗堆石坝技术取得了较大进步，这一技术对河床基础覆盖层较厚而当地又缺乏合适防渗土料的地区建坝有很大的实用价值。2005年建成的四川冶勒工程，心墙堆石坝最大坝高124.5米，覆盖层厚达420米；正在施工的内蒙古呼和浩特抽水蓄能电站上库开发研制了冻断温度达零下45℃特种沥青混凝土；计划修建的新疆下半地水电站，基础覆盖层厚达140米，这些工程的建设将进一步推动中国沥青混凝土心墙防渗技术的发展和完善。

五　制约建设水电站的因素和建议

在河流上兴建水电站可抬高水位而形成水库，具备防洪、调节径流的不稳定性、保障供水、灌溉、发电、改善航运和节能减排等综合功能，具有显著的经济、社会和环境效益。近年来，关于大坝与生态环境的争议颇多，然而有些争议缺乏严谨的科学态度，属舆论误导，夸大了大坝及水利工程对生态环境的负面影响。我们需要理性认识建设水电站对生态环境等的影响，充分肯定修建水电站对生态环境和造福移民等的正面作用[5]。诚然，建设水电站的一些负面影响是确实存在的，这也成为制约水电站建设的因素。这些制约因素以及应对的建议集中体现在以下三个方面。

（1）生态环境问题。生态系统的结构与功能在一定程度上取决于其所承受的外界扰动程度，修建水电站改变了原来区域生态系统的物质和能量的分配，影响了原来生态系统的稳定性。

通常大型水电站的建设对环境有利的影响主要体现在：可有效控制江河上游洪水，提高下游防洪能力，有效地减免洪涝灾害带来的生态与环境的破坏；通过水库的调蓄作用为下游提供生活供水和生态补水；增加下游枯水期流量，有利于改善枯水期水质和增加上下游航道水深，降低航运成本与能耗；利用水能资源发电，可减少二氧化碳排放，具有巨大的节能减排效益。不利影响主要体现在：水流集聚成库，有可能改变局地小气候；水库阻断河道，由于水库水面改变了库周陆面形态及过程，导致河流上游水流流速减缓，引发坝址上下游的水文、泥沙特征发生改变等；建库后淹没耕地、移民和城镇迁建，会加剧库区人多地少的矛盾，并由此可能加剧植破坏和水土流失；建库后，水体停滞于水库中，库区水体流速减缓，复氧和扩散稀释能力下降，水体的自净能力减弱，加重了局部水域污染；改变库区及水生生态系统的结构和功能，使原生于这些河流的一些珍稀、濒危物种的生存条件发生变化；水库运行后，下游河道出现冲淤变化，上游和河段部分泥沙淤积。

因此，在不同的河道不同的地区修建水电站，带来的生态问题是不同的，我们需要慎重地应对生态问题，做好生态环境影响评估；充分考虑工程对原区域生态环境的影响，应优化工程设计，保护表层土壤，恢复植被，把工程建设对生态环境的影响降到最低。

近年来，中国按照保护生态环境的前提下，积极、有序开发水电的建设理念，在生态环保方面取得了长足的进展，涌现了一批环境友好水电工程。2006年二滩水电站获国家环境友好工程奖，就是其中的一个实例。目前中国大型水库的电站进水口一般设置了分层取水结构，以解决低温水下泄对"四大家鱼"产卵的影响。中国三峡集团公司中华鲟研究所成功培养了世界上第一尾人工子二代中华鲟鱼苗，并在葛洲坝枢纽下游河道成功建设了天然中华鲟产卵场地，再结合人工繁殖流放，使中华鲟这种洄游鱼类得以保护和繁殖。

（2）移民问题。水电站建设会淹没一些土地，非常集中，往往需要移民。水库移民属于非自愿移民，涉及成千上万乃至更多人的生产生活，影响当地经济发展和社会稳定，移民难度很大。迁移的群体面对人际关系解体的问题，常承受较大的心理矛盾和社会压力，大量移民妥善安置难度越来越大。中国历来重视移民工作，国家能源局出台了一系列扶持政策，采取各种补偿措施来解决移民带来的问题，并提出"先移民、后工程"的建设思路。中国各大型电力建设集团对移民问题也一直给予高度重视，中国三峡集团公司率先提出"建好一座电站、带动一方经济、改善一片环境、造福一批移民"和"长期合作、融入当地、平衡兼顾、互利共赢"的水电开发理念，为妥善解决移民问题提出了新途径和新理念。

但仍然有各种各样的问题不能忽视，一些移民至今生产发展和生活问题都没能得到很好的解决，仍然处于贫困的境地。当前中国的水电建设，尤其是绝大部分大、中型水电站均处于西部高山峡谷地区，当地百姓非常贫困，移民到条件相对好的地区能给当地百姓带来摆脱贫困的机会，因此移民工作得到大部分库区百姓的支持。总的来说，水库移民是水电建设领域内最需要重视并须妥善处理的问题，水库淹没损失大小常是水电站建设规模的制约因素。中国的移民处置方式已经从早期较为简单的移民安置发展到现阶段的开发性移民安置，通过改变简单的货币一次性补偿为积极扶持创业，变生活救济为扶助发展生产，使水电移民拥有了自主生产的能力，取得了较好效果。

同时，移民安置要与社会主义新农村建设有机结合，以推进新农村建设步伐。在应对移民问题时，应从前期规划阶段就开始考虑，尽量少淹没土地，少迁移人口。在中国特色社会主义制度下，处理移民问题有着非常大的优越性，可采取更为全面、更为合理的移民政策，关注移民群体的生产生活，使移民问题得到妥善处置，逐渐致富。

（3）政策问题。建设水电站造成的生态环境等问题是不容忽视的，但是，更不容忽视的是中国特殊的水政管理体系。中国目前设有长江、黄河、淮河、海河、珠江、松花江、辽河7大流域水利委员会，其他主要支流和小流域还设有流域管理局，这些机构都隶属于水利部，其主要职能是水政管理，由于职能相对单一还不足以协调和监督管理整个流域的水资源。因此，在充分考虑中国国情的基础上再借鉴如美国田纳西河流域管理等一些国际先进经验,设立具有综合协调管理职能的流域综合管理机构,构建有利于流域开发的综合管理体制;制定和完善有利于流域水电站库群安全高效运行的法规和政策体系;制定有效的梯级水电站收益补偿政策;实现中国对国际社会减排温室气体的承诺,实现对可再生的水能的有计划开发,实现2020年中国水电总装机容量达4.2亿千瓦的发展目标。

六 结语

水电工程是国民经济基础设施的重要组成部分,它在防洪抗旱、水资源和水能资源高效合理利用、生态环境保护、促进中国低碳经济的发展等方面具有不可替代的重要作用。进入21世纪,中国开始步入以科学发展观为指导的全面发展和实现第三步发展战略目标的关键时期,中国水电建设面临一系列重大历史转变,同时国家和社会的发展对水电行业发展也提出了更新、更高的要求,要在保护生态环境和改善移民生活的前提下,积极、有序大力发展水电。未来10~20年是中国水力资源开发利用的关键时期,也是高速发展期,很多高坝大库将陆续建设完成,为确保这些水电站高效安全运行,必须加大投资力度和研究力度,以科学技术为支撑,改进开发模式、调整开发思路,以适应国民经济可持续发展的需要。

参考文献

[1] "Hydropower Sustainability Assessment Protocol," International Hydropower Association, Vol. 1, 2006.

[2]《中国三峡建设》编辑部:《中国水能资源富甲天下——全国水力资源复查工作综述》,《中国三峡建设》2005年第6期。

[3] 晏志勇、翟国寿:《我国抽水蓄能电站发展历程及前景展望》,《水力发电》2004年第12期。

[4] 陆佑楣:《我国水电开发与可持续发展》,《水力发电》2005年第2期。

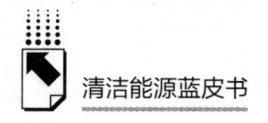

［5］徐长义、张超然：《关于我国水电可持续发展战略的思考》，《水利水电技术》2004 年第 9 期。

Survey of and Policy Proposal for China's Large Hydropower Station Development and Dam Construction

Zhang Chaoran   Zhu Hongbing

Abstract: China hydroelectric resource has the world largest theoretical annual energy output which is 6.08 trillion kW · h. China has the world largest theoretical installed capacity which is 6.94 hundred million kW. China has the world largest technical capacity can be developed which is 5.72 hundred million kW. China has the world largest annual output which is 2.61 trillion kW · h. With the rapid development of economic of recent 20 years in China, we built lots of large hydropower projects in the big river which played a large role in the flood control, comprehensive utilization water resource, provision of clean energy and help the sustainable development of economic society. Until the end of 2012, China has the world maximum number of dam been built and under construction. China has the world largest hydropower installed capacity. With the world highest level of different dams design and construction, China is leading the trend of dam design and dam construction. With the construction of many high dams and big reservoirs, the coming 20 year will be the key period of the development and exploit of China water resource. In order to ensure the efficient and safe operation of these hydropower projects, we need to increase the investment and strengthen the research. With the support of science and technology, improved development mode, adjusted development idea, we can resolve the technological problem and other problems that restrict the hydropower development to meet the need of sustainable development of national economy.

Key Words: Hydropower Resources; Hydropower Resources Exploitation; Dam Construction

B.7 中国小水电发展状况及其主要经验

刘恒 胡晓波*

摘 要：

中国是水能资源十分丰富的国家，水能资源总蕴藏量位居世界第一，其中5万千瓦以下的小水电技术开发潜力为1.28亿千瓦，主要分布在中西部的老少边穷地区，目前实际开发量已达到6200万千瓦以上。新中国成立后，历届中央政府非常重视小水电开发在能源利用、环境保护、贫困减缓和经济发展方面的作用，并为此出台了一系列的扶持和优惠政策，促进了农村经济社会的发展。现阶段，作为清洁和可再生能源的小水电更加得到重视，在国家应对气候变化、节能减排、改善能源结构等方面正在发挥更加重要的作用。中国小水电开发的成功经验为世界小水电发展，特别是面临能源和电力短缺的发展中国家起到了积极的借鉴和示范作用。

关键词：

小水电 状况 经验

一 什么是小水电

小水电是水电的组成部分，因为装机规模小而被称为小水电。目前世界上小水电定义尚没有统一标准，不同国家因为小水电的资源禀赋、国家制度、经济状况和开发政策的差异，在小水电的定义上有较大差异，从500千瓦以下到5万千瓦以下不等，不过，大多数是指1万千瓦以上到3万千瓦以下的水电

---

* 刘恒，博士，国际小水电中心主任，水利部交通运输部国家能源局南京水利科学研究院副院长，教授，博士生导师，主要研究方向为水文水资源、水电与可持续发展；胡晓波，国际小水电中心处长，主要研究方向为水电与气候变化。

站。中国的小水电也是随着不同历史时期的开发程度、政策扶持和经济体制而逐步提高的,新中国成立时的小水电为1万千瓦以下的水电站,目前则是指5万千瓦及以下的水电站及其配套电网。

中国幅员辽阔,河流纵横密布,小水电资源极其丰富,主要分布在中西部地区和少数民族地区等的1700多个县(市),也是经济发展相对落后、农村人口相对较多的地区。中国的小水电资源和开发程度均位居世界第一位。据最新的全国农村水能资源调查评价显示,中国内地单站装机容量5万千瓦及以下的小水电技术可开发量为1.28亿千瓦,约占全国水电技术可开发量的1/4。截至2011年年底,已经开发的小水电为6200万千瓦。

小水电的特点是规模小,开发技术成熟,总投资和移民安置少,在生态环境方面易于控制,建成后的运营和维护相对简单;特别是随着自动控制技术的提高和完善,无人值班、少人值守的水电站比例不断增加。随着经济社会的快速发展,对电力和能源的需求日益提高,而受全球气候变化影响,减少二氧化碳排放和对化石能源的依赖,大力发展水电、风电、生物质和太阳能发电等可再生能源已经成为国际社会的共识。许多国家为此制定了促进可再生能源发展的法规和支持政策,提出了包括小水电在内的可再生能源发展的战略目标。由于小水电既能作为独立电网运行,也易于接入国家或区域骨干网,适合边远农村地区分散开发而受到国际社会的格外青睐,被许多国家和地区作为解决地区生产生活用电、减少穷困、促进经济社会发展的优先手段。

在全球水资源丰富的地区,也是小水电发展潜力相对较大的地区,小水电得到不同程度的开发。为了统计和比较的需要,以装机容量小于1万千瓦为标准,据联合国工业发展组织和国际小水电中心正在编写的《世界小水电发展报告》的不完全统计,全世界小水电技术可开发量约为1.2亿~1.44亿千瓦,如果全部得到开发,每年可发电3600亿~4320亿千瓦·时,相当于节约标准煤1.08亿~1.29亿吨,减排2.81亿~3.3.35亿吨二氧化碳,在节能减排方面占有重要的一席之地。联合国工业发展组织、世界银行、亚洲发展银行、全球环境基金等国际组织正在世界范围内大力推广小水电,通过捐赠、无息贷款等方式,支持发展中国家大力发展小水电。

二 中国小水电的发展历程

1910年建成的云南昆明石龙坝电站是中国内地首座水电站，也是一座小水电站，初始装机为480千瓦。历经百年和多次改造仍在运行，成为中国水电最早发展的见证。

1949年新中国成立以后，中国小水电经历了初步发展、快速发展和全面提升的三个阶段。

（一）从1949年到1979年的小水电初步发展阶段

新中国成立以后到改革开放之前，中国实行的是计划经济体制，包括电力工业在内的经济发展相对迟缓。小水电开发主要依靠国家和集体的投入，重点解决部分农村和边远地区生活和生产用电缺乏的突出问题。在此期间，小水电的作用得到重视，技术和设备不断得到改进，但受制于资金和体制等因素，虽然经过30年的持续努力，小水电发展总体上速度慢、规模小，主要是分散独立的电网供电，供电模式单一，小水电总装机容量仅为633万千瓦，年均投产装机仅为21万千瓦。

小水电的初步发展，让全国亿万无电人口用上了电，初步告别了无电历史，开始憧憬并部分实现了"电灯电话、楼上楼下"的现代人生活梦想。尽管如此，国家电力紧缺，输变电设施落后，小水电开发程度低，数亿农村人口处于无电状态的现象并未根本改变。

（二）从1980年到2000年的小水电快速发展阶段

从20世纪70年代末，中国实行改革开放的基本国策，步入有中国特色社会主义市场经济道路，经济和社会发展的步伐明显加快，对能源和电力的需求急剧增长。为适应农村经济发展的需要，从中央到地方积极推进小水电建设和管理改革，私营资本逐步进入小水电开发市场，国家鼓励、地方支持、群众参与，小水电呈现快速发展的态势，农村人口和村庄的通电率大幅度提升，也因此形成了具有中国特色的农村电气化发展道路。

经过20年的努力，截至1999年年底，与1979年底相比新增小水电装机容量1715万千瓦，总装机容量达到2348万千瓦，年均投产装机达85万千瓦。小水电成为点亮中国农村、解决农村和偏远地区用电问题的重要力量。

（三）从2000年到目前的小水电持续和健康发展阶段

进入21世纪，小水电延续了20世纪末的快速发展趋势，私营资本逐步成为小水电的建设主体。一方面小水电建设速度保持高位增长，新增装机持续攀升，2011年的数据显示，全国已建成小水电站45151座，总装机容量达到6212万千瓦，年发电量1757亿千瓦·时，约占全国水电装机和年发电量的27%，装机容量超过两个三峡水电站的容量；另一方面在小水电大规模快速发展过程中，由于监管不到位，一些地区小水电开发对环境和生态的影响引起社会关注，并一度对小水电是否是清洁能源产生争议。如何在开发小水电的同时保护环境、减少贫困、促进经济社会共同发展，实现健康和可持续的小水电开发成为决策者和所有利益相关方共同关注的议题。有关部门为此开展了大量的研究，并出台了农村水能资源开发等方面的政策文件。

在此期间，国家通过建设水电农村电气化县、实施小水电代燃料工程、增效扩容改造工程，将小水电作为重要的民生工程、生态工程积极推进，既基本解决了山区农村用电的问题，提高了供电质量，也极大地促进了农村经济社会的发展。

中国小水电发展是中国经济发展的一个缩影，当经济发展处于起步阶段，鉴于资金、技术和能源需求方面的原因，小水电发展缓慢；当经济开始腾飞，对能源和电力需求旺盛时，包括小水电在内的能源和电力发展同样进入快车道；而当经济发展到了一定阶段，呈现需求多样化、环境生态问题显现、各方利益博弈等问题时，适度的调整，维持可持续和健康发展逐渐成为主流。中国小水电发展对许多正面临能源和电力短缺的国家具有启示和示范性作用，因为作为世界第二大经济体，中国是从20世纪70年代的能源和电力严重短缺中走过来的，经济和电力的发展相互促进，进入良性循环并不断提升发展的品质，是发展中国家走向转型和发达国家的必然阶段，从中汲取经验教训、避免错误，有利于发展中国家在自身的发展中更加稳健和可持续。而小水电自身所具有的易于开发、技术成熟、投资规模相对较小等特点，对解决边远和短期内无法接入国家骨干网又具有丰富水能资源的农村地区用电，无疑是最好的选择。

三　中国小水电的开发利用

新中国成立以来，特别是改革开放以来，在国家政策的支持和引导下，多元化投资促进了小水电的快速发展，使3亿多农村人口通过小水电和相应的配套电网用上了电。农村地区用电水平大幅提升，供电质量和可靠性大大提高，户通电率从1980年的不足40%提高到目前的99%以上，为农村脱贫和经济发展作出了突出贡献。在小水电开发利用中，具有代表性的政策和计划发挥了关键性作用。

（一）小水电电源开发促进政策

国家鼓励将小水电作为农村经济发展的战略措施进行开发，让拥有农村水能资源的地区，通过自主办电，解决经济发展中电力短缺的瓶颈问题。最直接和最重要的支持政策就是实行小水电"自建、自管、自用"，从而激发了当地政府和群众通过自筹资金、引进私人资本等多种途径，大规模开发小水电就近供电的热情。对于远离国家骨干电网的偏远地区，小水电成为"点亮农村"的主要能源。

（二）农村水电电气化建设计划

改变农村面貌的根本出路是通过农村电气化，从而实现城镇化和工业化，并逐步实现现代化。为此，中央政府把农村电气化建设作为国家战略加以推进，并出台《水电农村电气化县建设管理办法》，投入专项资金开展电气化县项目建设。从"七五"开始，到"八五""九五"共成功建设三批农村水电初级电气化县。到2000年年底，全国共建成653个农村水电初级电气化县。在"十五"和"十一五"期间，进一步提高电气化建设标准和水平，分别建成409个和432个水电农村电气化县。为配合水电新农村建设，计划在"十二

五"期间新建300个水电新农村电气化县,基本解决规划区内农村无电、缺电人口用电问题,同时进一步提高农村地区供电质量。

(三)小水电代燃料工程建设计划

农村地区,特别是山区农民的生活用燃料长期以来主要是依靠薪柴,为此砍伐森林、开垦林地等造成大量的水土流失,严重破坏生态环境。为了有效地保护生态环境,为农民寻找到更好的生活燃料和农村能源,国家2003年开展了小水电代燃料试点计划,涉及5个省(区),2006年进一步扩大到21个省(区),计划到2020年解决2830万户、1.04亿农村居民生活燃料问题,新增小水电代燃料装机2404万千瓦。这项工程直接惠及农村千家万户,有利于应对气候变化,有利于减少对生态的破坏,有利于农村能源的持续供应,具有显著的生态效益、经济效益和社会效益。

(四)小水电送电到乡工程建设计划

到2000年年底,中国的无电人口主要分布在西部的贫困地区,包括新疆、西藏、青海、陕西等省区。"送电到乡"作为中央财政直接支持的项目,是解决贫困且无电地区能源和环境保护的综合性计划,通过包括小水电在内的小型可再生能源项目,实行独立电网供电模式,在为农村地区送去光明的同时,推动农村地区的山、水、田、林、路综合治理,促进贫困地区经济社会的发展。"送电到乡"工程共涉及1065个乡,其中采用小水电的乡有377个,总装机容量26.4万千瓦。虽然装机总量不大,但在减少无电人口数量方面效果非常明显。通过"送电到乡"工程建成的小水电站,除西藏、新疆等地区的少数乡外,基本实现了全国乡级电力的全覆盖。

中国小水电开发利用的规模化是改革开放以后才真正开始的,而具有中国特色的小水电开发模式也是在一系列政策和计划的实施过程中逐步形成的。从早期的全部由政府投资到投资主体的多元化,从解决电力供应到逐步成为农村地区环境保护、减少贫困、促进地方经济社会发展的综合性工程,小水电不仅成为电力供应、改善能源结构的重要组成部分,而且在促进地方经济发展、改善农村生产生活条件、保护生态环境、减少温室气体排放、电力应急保障等方面也作出了重要贡献。现在中国小水电一年的发电量相当于标准煤6900多万吨，减少二氧化碳排放1.75亿吨、二氧化硫排放80多万吨。

四 中国小水电发展的成功经验

在拥有13亿人口的发展中大国，从根本上解决包括边远山区农村在内的全民用电问题，小水电是其中的一支重要力量。在发展小水电的过程中，带动了规划设计、开发技术、运行管理和设备制造方面的发展，促进小水电发展的扶持政策更是具有鲜明的中国特色。中国通过小水电实现农村电气化、消除贫困、改善民生和保护生态等的做法受到了联合国等国际组织的高度评价和世界各国的关注，树立了"中国小水电"的品牌形象，同时还促成了新中国第一个总部在中国的国际组织——国际小水电中心的建立，并通过该中心，正在将中国开发小水电的经验和技术向发展中国家推广。

（一）国家政策和初期的资金支持是基础

小水电大都位于偏远也是相对贫困的地区，经济基础落后，依靠当地的资金有一定的困难。因此，在小水电开发初期，国家给予一定的资金支持，建设示范性的工程，可以带动生产生活的改变，从而为大规模的开发奠定基础。国家先后提出的小水电"自建、自管、自用"方针，贯彻"以电养电""小水电要有自己的供电区"和小水电"优先调度""全额上网、同网同价"等一系列政策，以及鼓励私人投资和当地群众自主开发小水电，从而为小水电作为偏远地区供电的主要手段得到广泛接受和快速发展。

（二）服务农村的全面发展需求是出发点

农业、农村、农民问题是中国作为农业大国的首要问题。促进农村发展，电力是最基础的资源。减少贫困、发展经济、保护环境是国家战略，也是改善民生、实现和谐和可持续发展的基本要求。中国政府颁布和实施的小水电扶持

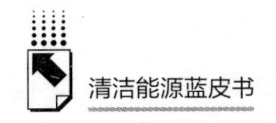

政策、分阶段开展的小水电促进计划，都与国家发展和农村的现实状况密切相关。中国政府始终把发展小水电作为改善农业生产能力，加强农村基础工作，提高农民生活水平的重要举措，使小水电在农业增产、农村繁荣和农民致富中发挥了巨大的作用。

（三）以保护生态环境为目标促进小水电开发

无论是通过小水电代替薪柴作为农村的基本能源，减少对森林和草场的依赖，还是替代化石能源以减少对气候的不利影响，小水电在保护生态环境方面都具有积极的作用。在开发的过程中，虽然发生过监管不到位、规划不充分而产生对河道和周边环境不利影响的案例，但整体上小水电对生态是有利的。最典型的案例是通过政府扶持开发小水电，就近低价供给农民，解决农民的生活燃料问题，使农民不再上山砍柴，保护了山区植被。小水电代燃料工程的直接目标就是保护生态环境。

（四）在小水电开发中构建完善的技术支撑体系

需求促进发展。在小水电开发的过程中，逐渐形成了完整的技术支撑和服务体系。之所以能够进行大规模的快速发展，1000多家设计和施工单位、500多家小水电设备企业提供了产品和技术保障，并逐步建立了小水电规划、设计、施工、安装、试验、运行、设备制造等完整的技术标准体系。而小水电开发与河流综合利用、区域电源电网建设及农村经济社会发展相协调，成为流域综合规划的重要组成部分。

五 中国小水电未来发展任重道远

中国小水电开发在取得巨大成就的同时，也存在一些问题和教训，需要在今后的发展中不断加以改进，主要表现在下面四个方面。

一是资源管理职责不清，无序开发时有发生。特别是民营资本迅速进入农村水电开发领域后，有些地方和流域出现了跑马圈河、滥占资源的不良现象，导致国有资源性资产流失。此外，与开发使用权有关的用水矛盾及利益纠纷日益增加。

二是局部缺乏科学规划，生态环境受到影响。水能资源规划缺失导致综合利用考虑不周，片面强调资源开发问题，一些地方出现过无序开发、破坏生态环境的不良现象，生态环境影响问题已成为目前农村水能资源开发利用的制约性因素，备受社会关注。

三是缺乏有效公众参与，农民利益保障不足。一些地方政府为了招商引资，往往更多地倾向保护开发商利益，农村水电征用土地补偿年限短，补偿标准偏低，开发商通常采取一次性货币补偿，没把失地农民纳入城乡社会保障体系，缺乏对失地农民的长期有效安置。

四是农村水电上网困难，电价偏低影响发展。电网对农村水电上网采取丰水期限发、力率考核等限制措施，长期以来农村水电发电上网问题未能很好解决。农村水电上网电价总体水平偏低，调整缓慢，大部分省农村水电上网电价低于本省平均上网电价。

按照中国政府的《可再生能源中长期发展规划》，在水能资源丰富地区，将继续开展水电农村电气化县建设和实施小水电代燃料工程，进一步加快开发小水电资源，提高小水电的供电质量和水平，到2020年全国小水电装机容量将达到7500万千瓦。目前小水电实际开发程度约为技术可开发量的一半，小水电尚有很大的开发潜力，未来仍然是可再生能源发展的重要组成部分。

经过新中国成立后60多年，特别改革开放后30多年小水电的快速发展，技术上易于开发、经济上具有明显优势的电源点越来越少，环境和生态对小水电开发的制约越来越大，地方政府和当地群众对小水电的开发诉求越来越多，骨干电网对小水电上网的门槛也越来越高。因此，一方面加快小水电开发仍将是国家战略的重要组成部分，另一方面如何实现小水电的健康和可持续发展将成为重要挑战。为此，需要进一步从应对全球气候变化、节能减排、保障安全、发展经济、保护环境、改善民生等战略方面考虑，让中国小水电能够更加健康、绿色和可持续发展。有关的建议如下。

第一，健全资源管理体制和机制。建立以水行政主管部门管理为核心，部门之间密切协作的管理体系，不断强化社会监督。建立"政府引导，市场运作，公众参与"的农村水能资源开发运行机制。健全水能资源开发许可制度，

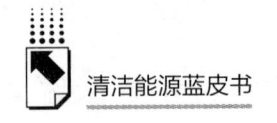

建立水能资源开发使用权管理制度。

第二，加强资源调查评价和规划。加强农村水能资源调查评价，健全农村水能资源调查评价制度，完善农村水能资源信息管理系统。加快开展全国性的农村水能资源开发利用规划。明确规划组织部门，在规划中高度重视规划环评工作和生态保护措施，实现有序、有限、有偿开发。

第三，加大政策扶持和投入力度。加大政策扶持力度，鼓励多样化的投资形式，出台专项补贴政策，加强信贷扶持，落实税收优惠政策。扩大小水电代燃料建设规模和实施范围，增加中央财政投入，在政府管理层面、技术层面和资金支持层面，加大对农村增效扩容改造的投入。

第四，更加重视保护生态和环境。加强政策落实，强化环境保护意识，严格执行小水电建设项目环境影响评价制度和水土保持方案审批制度。建立政府主导、行业自律、舆论监督、社会参与的监管体制。建立生态补偿机制和环境恢复治理责任制，全面推进"绿色水电"评价。

第五，切实保障农村和农民利益。建立水能资源股权制度，国家以资源开发使用权入股，股权收益用于增加贫困农民收入和资源维护保养与生态修复建设，建立国家资源股收益补助农民的机制。完善土地征收补偿制度，扩大补偿范围，丰富补偿方式，提高补偿标准。

第六，完善农村水电上网及电价政策。调整制定农村水电上网及电价政策，解决农村水电长期存在的上网和电价问题。制定农村水电上网及电价政策应遵循的激励原则、公平原则和约束原则。实行同省同价，加强电价监管力度，推行可再生能源配额制。

参考文献

[1] 国家能源局：《中国水电100年（1910～2010）》，中国电力出版社，2010。

[2] 水利部水电局：《中国小水电60年》，中国水利水电出版社，2009。

[3] 田中兴：《中国小水电》，"发展中国家水资源及小水电部级研讨班"报告，2011年11月。

[4] 童建栋：《中国小水电》，中国水利水电出版社，2004。

The Status and Experience of Small Hydropower Development in China

Liu Heng   Hu Xiaobo

Abstract: China is endowed with rich hydropower resources and the total hydropower reserve ranks first in the world. The technical potential for small hydropower (up to 50MW) is 1.28GW, which is mainly distributed in the relatively underdeveloped region and minority region in China, and over 62000MW has already been developed so far. Since the establishment of P. R. C. in 1949, the government has attached great importance to the small hydropower development and its role in energy utilization, environmental protection, poverty alleviation and economic development. Accordingly a series of favorable policies and subsidies to support small hydropower development have been launched with an aim to promote the rural economic and social development. Currently greater importance has been attached to small hydropower as a clean and renewable energy sources Small hydropower will play a greater role in the effort to address climate changes, energy saving and emission reductions as well as energy mix improvement. The success of China's small hydropower development could be learned by rest of the world, especially those developing countries suffering from energy and electricity shortage.

Key Words: Small Hydropower; Status; Experience

B.8
风力发电的发展现状及展望

施鹏飞*

摘　要：

　　风力发电是可再生能源发电中除水电以外，技术最成熟、环境影响最小、度电成本较低的清洁能源发电方式。本文简要介绍风电技术原理、国际和中国风电产业发展现状与相关激励政策，以及前景展望。

关键词：

　　风力发电　风能资源　风电机组　海上风电　激励政策

一　风力发电技术

（一）风力发电的基本原理和特点

1. 风力发电的基本原理

空气流动现象称为风，风力发电机组（简称风电机组）的风轮将风的动能转换成机械能，再驱动发电机输出电能。风电机组的输出功率与空气密度、风轮旋转平面的面积和风速的立方成正比，可用下式表示：

$$P = 0.5\eta\rho A V^3$$

式中 P 为风电机组的输出功率（千瓦），η 为风电机组的总效率，ρ 为空

---

* 施鹏飞，教授级高级工程师，国际清洁能源论坛（澳门）理事，现任中国可再生能源学会风能专业委员会（中国风能协会）副理事长，曾任电力部水电规划设计总院新能源处处长、副总工程师，中国水电工程顾问集团公司专家委员会委员，主要从事风电场项目的规划、组织编制风电前期工作的规程规范等。

气密度（千克/立方米），A 为风轮旋转平面的面积（平方米），V 为风速（米/秒）。

风电机组运行时在达到额定功率之前，功率和风速的立方成正比，即风速增加 1 倍，输出功率增加 8 倍，因此风速是风能资源和影响风力发电成本的关键因素。

2. 风力发电的特点

（1）风力发电的环境效益好。生产电能的过程不排放任何有害气体和废弃物，也不消耗水资源。多风的地方往往是山地、荒滩或草原，风电机组基础和道路实际使用的面积很小，在草原上不影响牧业生产。

（2）风电场可以分散建设。与常规的火电厂和水电站比较，风电由于单机容量小，可以分散建设，基建周期短。风能资源分布的地域辽阔，有些地方资源比较丰富而且具有电力负荷，分散安装风电机组可以就地消纳电量，减少长距离输电的损失。

（3）风的能量密度低和转换设备价格高，使风力发电相对于燃煤火电发电成本还比较高，但两者差距将逐步减小。风电技术的进步、机组可靠性的提高、生产批量的增大已经使占项目总投资 70% 的风电机组成本下降，而火电使用的不可再生的化石燃料价格将持续上升。

（4）风电机组运行条件恶劣。风电机组设备的机体庞大，风轮直径和塔架高度都达到 70~160 米，常年在野外运行，除了承受风向、风速频繁变化引起的复杂剧烈的交变载荷，还要耐受各种恶劣气候环境，例如台风、沙尘暴、雷暴、湿热、低温、覆冰和盐雾等。风电机组的设计寿命是 20 年，对机组可靠性和运行维护的要求很高。

（5）风电是一种波动和间歇性电源。由于风速随时在变化，风电机组输出的电能也在改变，因此离网风电系统需要蓄电池储存电能，在无风或小风期间用电时由蓄电池供电。并网风电输出的电能由大电网输送和消纳，当风电在电网中所占比例相当大的情况下，需要对风电的输出功率进行预报，供电网调度部门参考。电力系统内设置抽水蓄能电站等调峰电源，可以减少风电波动性的影响。

（二）风力发电的运行模式

风力发电有多种运行模式，主要分为离网风电和并网风电两大类。

1. 离网风电

离网风电是在没有公共电网的地方，风电机组配置蓄电池，组成离网风电系统，或与太阳能光伏电池、柴油发电机等多种能源联合组成独立供电系统，满足没有电网地区用电的迫切需求。

2. 并网风电

并网风电是在电网通达区域风电机组并网运行，又可分为三种方式。

（1）分布式风电。用电户安装风电机组，所发电力首先供给自己的电器使用，多余电力送入电网，不足电力由电网供给。

（2）分散式风电。风电机组所发全部电力送入当地配电网，在覆盖范围内就地消纳。

（3）集中式风电。由多台风电机组组成风电场，所发电力通过场内升压变电站并入高电压等级（110千伏及以上）大电网，远距离输送到电力负荷中心。

（三）风力发电的主要技术简介

1. 风能资源评估技术

风能资源是在某个区域能否发展风力发电的基本依据。风能资源的丰富或欠缺的程度用风功率密度等级来描述，开发潜力用风能资源技术开发量来表示。

（1）风特性。描述大气边界层中距离地面约100米的近地层空气运动性质。风特性包括风速、风向、脉动风速和极端风速等。

风速，单位时间内空气移动的水平距离（单位：m/s）。风速可以用瞬时风速、平均风速、最大风速、极大风速和风速频率分布等表示。

风向，风的来向。一般用风向玫瑰图来描述风向的方位变化特征。最大数值表示该风向所在区域的盛行风向或主导风向。

（2）风的测量系统。主要针对风电场的风速和风向的测量，用测风塔来测量。系统由传感器、数据采集器、通信传输和电源等组成。按照测风区域的地形特征，选择估计能够代表当地平均风能资源状况的地点设立测风塔。塔上至少在三层高度安装测风仪,以便观测风速随高度的变化。其中最低层在 10 米高度,因为公共气象站对风的常规观测设置在 10 米高度处,现场测风结果便于与附近气象站的测风数据进行比较,找出相关性的规律;最高层在风电机组的风轮中心高度处,作为推算机组输出功率的依据。

(3) 风能资源数值模拟。通过求解大气动力和热力方程组,对评估区域内的长年代风速时空分布进行数值模拟,得到风能资源参数。

(4) 风能资源参数统计方法。利用测风塔或气象观测站的实际风速观测资料对风电场所在位置的风能参数进行统计计算。评估风能资源大小的参数有风功率密度、风能资源等级和风能密度等。影响风能资源的大气环境参数有空气密度、风速垂直切变指数、湍流强度、风速频率分布及 50 年一遇最大 10 分钟平均风速等。

风功率密度。与风向垂直的单位面积内风所具有的功率,取决于空气密度、风速的大小和风速频率分布。

风能资源等级。风能资源等级用风功率密度的大小来表示,也称为风功率密度等级。距离地面各高度层的风功率密度等级划分见表 1。

表 1 风功率密度等级

风功率密度等级	10 米高度		30 米高度		50 米高度		应用于并网风力发电
	风功率密度（瓦/平方米）	年平均风速参考值（米/秒）	风功率密度（瓦/平方米）	年平均风速参考值（米/秒）	风功率密度（瓦/平方米）	年平均风速参考值（米/秒）	
1	<100	4.4	<160	5.1	<200	5.6	
2	100~150	5.1	160~240	5.9	200~300	6.4	
3	150~200	5.6	240~320	6.5	300~400	7.0	较好
4	200~250	6.0	320~400	7.0	400~500	7.5	好
5	250~300	6.4	400~480	7.4	500~600	8.0	很好
6	300~400	7.0	480~640	8.2	600~800	8.8	很好
7	400~1000	9.4	640~1600	11.0	800~2000	11.9	很好

注:1. 不同高度的年平均风速参考值是按风切变指数为 1/7 推算的。
2. 与风功率密度上限值对应的年平均风速参考值,按海平面标准大气压及风速频率符合瑞利分布的情况推算。

资料来源:《中华人民共和国国家标准 风电场风能资源评估方法 GB/T 18710 - 2002》,中国标准出版社,2002,第 5 页。

风能密度。垂直穿过单位面积流动的空气所具有的动能。风能密度的方向频率分布可以确定风能主导风向，是风电机组排布方式的依据。

空气密度。单位体积空气所具有的质量。空气密度随海拔高度增加而递减。

风速垂直切变指数。它是指水平风速在垂直方向上变化的程度，通常风速随高度升高而增大。

湍流强度。它表示瞬时风速偏离平均风速的程度，是评价气流稳定程度的重要指标。影响风电机组的疲劳强度。

50年一遇最大风速。它是风电机组承受极限载荷的依据。

（5）风能资源技术开发量计算。在地面单位面积上装机容量假定条件下，根据可利用的风能资源覆盖面积，计算出的总装机容量即为风能资源储量。风能资源储量的大小与距地面（或海面、水面）的高度和选取的风能资源等级有关。

风能资源技术开发量。在风能资源覆盖区域内，考虑自然地理和国家基本政策对国土用途规定的制约因素后，按每平方千米风电装机5兆瓦的假设条件，在所有风电开发可利用的土地面积上风能资源量的总和。

（6）风能资源评估。对某一区域内风能资源的特性和开发潜力进行评价，按评估区域的大小分为区域风能资源评估和风电场风能资源评估两类。评估风能资源的参数主要有平均风速、风功率密度、风能密度等，这些参数均基于"风速"计算而来。"风速"一般可通过两种方法获得，一种是"测风塔或气象观测站的实际观测数据"，另一种是采用风能资源数值模拟风速数据。

区域风能资源评估是为满足国家和地方政府制定风电发展规划的需求，对其管辖范围内风能资源的开发潜力和特性进行评估。评估范围大到全国，小到一个县；水平分辨率从几百米到几千米；评估时间尺度15~30年。

风电场风能资源评估是为满足风电场选址和风电机组布设的需求，在区域风能资源评估结果基础上选定具有风能开发潜力的区域，从风能资源的角度论证建设风电场的可行性。评估范围约几百平方千米，水平分辨率从几十米到一百米，评估时间尺度15~30年。

2. 风电机组技术

风电机组是风力发电最重要的设备，整机的运行方式在20世纪主要是"恒速恒频"，即风轮和发电机转速几乎不随风的大小改变，优点是风轮结构和机组控制器都简单,缺点是能量转换效率低,叶片和整机承受的载荷大。进入 21 世纪后,伺服机构和控制器件的可靠性提高,整机的运行方式都改为"变速恒频",即风轮和发电机转速随风的大小改变,而所发电力输出频率通过电力电子设备(变流器)保持与电网频率同步,在能够保证运行可靠性的前提下,虽然风轮结构和机组控制器都更加复杂,但是能量转换效率提高,叶片和整机承受的载荷减小。另外,根据风电场的特殊环境要求,还开发出低温型、湿热型、抗台风型和高海拔型等风电机组。

风电机组由风轮、机舱、传动系统、电气系统、偏航系统、控制系统和塔架等部分组成。

(1) 风轮。将风能转换为机械能的部件,由叶片和轮毂组成,为了比较平衡地旋转,一般有 3 个叶片。定桨距风轮的叶片与轮毂固定连接,结构简单,用于"恒速恒频"运行方式。变桨距风轮的叶片通过轴承与轮毂连接,由变桨距驱动装置根据风速改变桨距角,获得最大转换效率和较小的载荷,并且控制最大功率输出。

(2) 机舱。容纳传动设备、电气设备等部件的舱体结构以及舱体内所有机械和电气设备的总称,位于大型水平轴风力发电机组塔架顶部。发电机和主要机械部件等安装于机舱底座(主机架)上,外部加装机舱罩。机舱通过机舱底座上安装的偏航轴承与塔架连接。

(3) 传动系统。将风轮的机械能传递到发电机,一般发电机同步转速是 1500 转/分,而风轮转速约 10~20 转/分,需要通过齿轮箱增速。另有专为风电机组设计的低速发电机可以由风轮直接驱动,不需要齿轮箱,没有了高速运转的齿轮和轴承,可降低故障率,称为直驱型风电机组。正在研究开发的液力变速恒频传动装置,将变化的风轮转速转换为与电网频率同步的恒定转速传递到发电机,可以不用变流器,使风电机组输出频率与电网保持一致。

(4) 电气系统。发电机将机械能转换成电能。早期多采用异步发电机,由电网频率保持固定转速,用于"恒速恒频"运行方式。现在已广泛应用双馈异步发电机,其转子部分输出的电力通过变流器并网,实现变速恒频运行。直驱型风电机组的永磁同步发电机通过全功率变流器并网,用于"变速恒频"运行方式。

（5）偏航系统。自动识别风向的变化，驱动机舱和风轮绕塔架中心线水平旋转的机电系统。功能是在风电机组运行中，保证风轮扫风面始终与风向保持最佳迎风角度，获得最大功率输出。

（6）控制系统。保证风力发电机组正常安全运行。通过实时采集和处理风电机组各类运行信息、环境信息，自动调整风电机组运行状态，使机组按照设计的控制策略安全高效运行；在电网故障等特殊情况下能够使风电机组自动停机，起到对机组及电网的安全保护作用。也可人为操作命令风电机组启动、调整运行状态或停机。控制系统的基本目标分为保证风电机组安全可靠运行、输出最大能量和提供高电能质量三个层次。

（7）塔架。风电机组机舱以下到地面基础之间的支撑结构，是风电机组的主要承载部件，承受机组的重量和各种动载荷，并将这些载荷传递到基础。

（四）风力发电技术发展趋势

现代风电技术从20世纪70年代发展起来，在保证和提高风电机组运行可靠性的前提下，随着材料、控制和电力电子等技术的进步，经历了从结构简单到结构复杂、主流机组的单机容量从几十千瓦增加到几千千瓦，从对电网几乎没有影响的电源成长为与电网有很大相互作用的电源，风电场址从陆地扩展到海洋等变化。

1. 风电机组单机容量大型化

由于单机容量增大，在同一风电场址可捕获更高层丰富的资源，获得更好的效益，单机容量大型化的趋势仍在持续。根据风电装机最多的7个国家统计，2012年当年安装的机组平均单机容量约1847千瓦，而2000年时只有799千瓦（见表2）。

表2　2000~2012年风电装机最多的7个国家安装的风电机组平均单机容量

单位：千瓦

年份	2000	2002	2004	2006	2008	2010	2012
平均单机容量	799	1092	1246	1420	1560	1644	1847

资料来源：作者根据BTM Consult统计资料制作。

在近海风电场的建设中，基础和支撑结构的成本非常高，安装单机容量更大的机组可以减少基础数量，比较经济。2004年安装的最大样机是德国REpower公司的5兆瓦机组，风轮直径为126米，现在这样的机型已经投入商业化运行。单机容量8兆瓦、风轮直径164米的海上风电机组将于2014年吊装。

2. 风能资源评估和机位微观选址技术精细化

主要是准确的现场风能资源评估和机位微观选址技术，目前有多种电脑软件进行模拟，预测发电量和风电场建成后的景观。对于复杂地形条件要提高预测精度更加困难，正在进行深入研究。

3. 风电并网调度技术优化

主要是研究风电与电网相互影响、风电优化调度模式和风电输出功率预测。

4. 风电技术适应海洋环境要求

海上风能资源比陆上大，不但风速高，而且很少有静风期，能更有效地利用风电机组的发电容量。海上风电分为近海（offshore）风电和深海（deep sea）风电。近海风电是指离海岸比较近而且风电机组的基础与海底连接的风电场；深海风电的机组采用漂浮式基础，目前尚处于研究阶段。近海风电除了与陆上不同的气候环境外，增加了水下基础结构、海浪和海流的载荷、海水生态环境影响以及适合波动性电源的直流输电等技术课题。目前技术改进的重点是风电机组高可靠性、海上风电机组的基础型式或支撑结构、海上及潮间带风电设备运输吊装技术和专用装备，以及降低运行维护成本等。

二　国际风电产业发展现状和展望

（一）发展综述

1. 世界风能资源

风能资源具有蕴量巨大、可以再生、分布广泛，没有污染等特点，同时它也具有密度低、不稳定和分布不均匀等特点。风能资源丰富或贫乏用风能资源等级来描述，风能资源开发潜力用风能资源技术开发量来表示。

联合国政府间气候变化专门委员会（Intergovernmental Panel on Climate Change，IPCC），2012年在《可再生能源与减缓气候变化》特别报告中表明，风能资源技术开发量的大小与风能资源评估技术和风能资源开发技术水平有关，全球风能资源储量能够满足人类对风电发展的需求，但地球上风能资源的分布是十分不均匀的。随着风能资源评估技术的不断发展，对风能资源技术开发量的评估越来越准确；随着风能开发技术的不断进步，越来越多的风能资源可以得到开发利用。对于全球风能资源技术开发量的评估，由于方法不同所得到的结果也不尽相同。总体来说，风能资源的评估方法分两种，一种是基于地面气象站测风数据进行内插，另一种是通过求解描述大气运动的数学物理方程组的数值模拟方法，近年来的风能资源评估结果大多是这两种方法的结合。全球的风能资源技术开发量的评估结果有很多，大致范围在19.4万亿千瓦·时/年（陆上）到125万亿千瓦·时/年（包括沿海及近海区域）之间，最大值约相当于2011年全球发电量（21万亿千瓦·时）的6倍。

2. 世界风电发展简史

1891年丹麦建造了用于发电的试验风车。20世纪初期，丹麦、美国和澳大利亚等国也有许多农场和牧场使用小型风电机组作为独立运行的自备电源。后来欧美一些国家虽然进行了容量在几百千瓦的风电机组研制，但是由于廉价化石能源发电的普及，使风力发电难以得到大规模商业化发展。

1973年石油危机出现以后，能源可持续发展以及化石燃料发电引起的环境污染问题，使风力发电又重新受到重视。丹麦、美国和德国等国政府投入大量人力及资金，采用现代最新的技术对风力发电进行研究，并出台了对风电机组用户进行补贴等激励政策，培育风电市场，促进了风电机组制造的产业化。在丹麦和德国等国家，居民生活区域风能资源较好，主要是农民购买风电机组，分散安装在自己的农场里接入当地配电网向电力公司售电获得收益。美国风能资源好的区域多是辽阔的草原或荒漠，离电力用户较远，主要由风电开发商集中大量安装风电机组，形成所谓"风力农场"（wind farm），称为风电场，接入当地电网再输送到电力负荷中心。大规模的风电场建设起源于20世纪80年代美国的加利福尼亚州，1985年全世界并网风电的装机容量达到100万千瓦。

分散和集中并网成为风力发电的主要模式，运行中的主流风电机组平均单机容量从 50 千瓦增加到 2 兆瓦。印度和中国等发展中国家从 20 世纪 90 年代起大力发展风电，2010 年全世界安装并网风电机组的有 80 多个国家，风电占总电力装机容量的比例逐年增长，在丹麦约占 29%，在德国也达到 18%。风电输出功率的随机变化对电网运行的影响日益明显，促进了风电功率预测、电网调峰和风电电量消纳技术的发展。

由于陆上风电装机的土地面积有限，海上风能资源比较丰富而且稳定，丹麦在 20 世纪 90 年代开始建设近海风电场示范项目，以后英国、荷兰和德国陆续发展大规模近海风电场。

另外，美国和英国等国家也鼓励以自发自用为主的分布式风力发电，采用的并网风电机组单机容量从几个千瓦到数百千瓦。

3. 世界风电发展现状

从 1995 年起丹麦的一家咨询公司 BTM Consult 每年出版国际风电产业年度发展报告，发表详尽的统计数据。在 1995～2012 年间全世界风电装机容量从 450 万千瓦增长到约 2.8 亿千瓦，平均年增长率为 28%，其中近海风电装机容量达到 510 万千瓦，每年新增和累计装机容量见表 3。世界风电装机前十位的国家占世界风电装机容量的 85% 以上，中国风电装机容量从世界的第九位上升到第一位（见表 4）。

表3 1995～2012 年全世界风电装机容量

年度	1995	1996	1997	1998	1999	2000	2001	2002	2003
新增（兆瓦）	1290	1292	1568	2597	3922	4495	6824	7227	8344
累计（兆瓦）	4778	6070	7636	10153	13932	18449	24927	32037	40301
累计容量增长率（%）	—	27	26	33	37	32	35	29	26

年度	2004	2005	2006	2007	2008	2009	2010	2011	2012
新增（兆瓦）	8154	11542	15016	19791	28190	38103	39404	41712	44951
累计（兆瓦）	47912	59399	74306	94005	122158	160084	199520	241029	285761
累计容量增长率（%）	19	24	25	27	30	31	25	21	19

注：1 兆瓦 = 1000 千瓦。
资料来源：作者根据 BTM Consult 的统计资料制作。

根据丹麦 BTM Consult 于 2013 年 3 月出版的世界风电统计报告，2012 年世界风电装机容量新增约 4495 万千瓦，累计约 2.86 亿千瓦。风电比其他常规电源增长率高的趋势仍继续，2007～2012 年的平均增长率约为 25%。2012 年累计风电装机最多的 10 个国家占世界风电装机的 85%，与 2011 年相比，中国、美国和德国保持了前三名。

表4 1995～2012 年世界风电装机容量前十位国家的变化

单位：兆瓦

年度	1995		2005		2010		2012	
	国家	容量	国家	容量	国家	容量	国家	容量
1	美 国	1591	德 国	18445	中 国	44781	中 国	75372
2	德 国	1132	西班牙	10027	美 国	40274	美 国	60208
3	丹 麦	637	美 国	9181	德 国	27364	德 国	31467
4	印 度	576	印 度	4253	西班牙	20300	西班牙	22462
5	荷 兰	249	丹 麦	3087	印 度	12966	印 度	18602
6	英 国	200	意大利	1713	法 国	5961	英 国	9113
7	西班牙	133	英 国	1336	英 国	5862	意大利	7998
8	瑞 典	69	中 国	1264	意大利	5793	法 国	7593
9	中 国	44	荷 兰	1221	加拿大	4011	加拿大	6214
10	意大利	33	日 本	1159	葡萄牙	3837	葡萄牙	4363

资料来源：作者根据 BTM Consult 的统计资料制作。

2012 年世界近海风电达到 510 万千瓦，约占风电总装机容量的 2%。共 10 个国家有近海风电装机，其中英国 286 万千瓦，保持第一名，丹麦和比利时位居第二和第三名。

风电的电量占全世界总发电量的比例从 1996 年的 0.09% 增加到 2012 年的 2.6%，预计 2022 年可能占到 7.4%（见表5）。

表5 风电的电量占全世界总发电量的比例

年份	风电电量 （10亿千瓦·时）	总发电量(含风电) （10亿千瓦·时）	风电的比例 （%）
1996	12.2	13600	0.09
2002	64.8	16200	0.40
2003	82.2	16700	0.49

续表

年份	风电电量 (10亿千瓦·时)	总发电量(含风电) (10亿千瓦·时)	风电的比例 (%)
2004	96.5	17400	0.55
2005	120.7	18000	0.87
2006	152.4	18600	0.82
2007	194.2	19200	1.01
2008	254.1	20200	1.26
2009	332.0	20800	1.60
2010	401.0	21300	1.88
2011	473.9	21000	2.26
2012	586.8	22360	2.62
2022(估计)	2056.4	27792	7.40

资料来源：作者根据BTM Consult的统计资料制作。

在风电设备方面，欧美厂商的产品累计仍然占大多数，但是发展中国家的产业迅速发展，2012年世界新增容量中印度Suzlon公司排到第5名，市场份额占7.4%，中国的新疆金风科技公司排到第7名，市场份额达到6%，联合动力公司排到第8名，市场份额达到4.7%，另外两家中国制造商华锐风电公司和明阳公司进入前十名（见表6）。

表6　2012年世界10大风电机组制造商的市场份额

单位：100万千瓦，%

	制造商 (国家)	2011年累计生产量 (100万千瓦)	2012年新增生产量 (100万千瓦)	2012年新增市场份额 (%)	2012年累计生产量 (100万千瓦)	2012年累计市场份额 (%)
1	GE WIND(美国)	26.87	6.70	15.5	33.57	13.6
2	VESTAS(丹麦)	45.55	6.02	14.0	51.57	20.9
3	SIEMENS(德国)	13.54	4.11	9.5	17.65	7.2
4	ENERCON(德国)	22.64	3.54	8.2	26.18	10.6
5	SUZLON(印度)	14.57	3.18	7.4	17.74	7.2
6	GAMESA(西班牙)	21.81	2.63	6.1	24.44	9.9
7	金风(中国)	9.06	2.61	6.0	11.67	4.7
8	联合动力(中国)	2.44	2.03	4.7	4.46	1.8
9	华锐(中国)	10.04	1.38	3.2	11.42	4.6
10	明阳(中国)	1.80	1.18	2.7	2.98	1.2

资料来源：BTM Consult, "A BTM Wind Report: World Market Update 2012," *Navigant Research*, 2013。

如果风电机组的价格按每千瓦 800 美元估算，2012 年全世界新增风电设备的产值约 360 亿美元，风电场建设的投资总额约 514 亿美元。

（二）主要激励政策

由于风电成本比常规能源发电成本高，为了风电项目能够获得收益，鼓励投资，世界各国出台了多种激励政策，包括资金补贴、税收抵免、全额收购风电电量、固定上网电价和可再生能源配额制等，培育稳定成长的风电市场。

1. 设备采购补贴

20 世纪 80 年代初，丹麦政府对购买风电机组的用户补贴设备费用的 50%，扶持了设备制造业，随着产量增加和技术改进，设备成本下降，补贴额的百分比逐渐减少，直到取消。经过 30 多年的发展，丹麦风电设备制造业仍然处于世界领先地位。

2. 税收抵免

1980～1985 年，美国实行的是投资税收抵免政策，在加利福尼亚州开发风电场的投资者可抵免 25% 的联邦税收和 25% 的加州税收，促进大规模风电场的兴起。但是投资税收抵免政策的效果不佳，虽然增加了装机容量，但是设备质量和风电场选址较差，风电的实际发电量较少。后来美国的政策改为生产税收抵免（Production Tax Credit，PTC），相当于电力公司收购的风能发出电量，在当地电力市场电价基础上每千瓦·时补贴 1.5 美分，并且随通货膨胀率调整，到 2011 年已超过 2 美分。

3. 电网企业全额收购风电电量

许多国家从法律上作出规定，保证风能发出电量要由电网企业全额收购。

4. 固定上网电价

德国和西班牙等国实行的是由国家规定的固定上网电价，随着风电成本的下降，逐年调低。这种政策有利于投资者准确评估风电项目的收益，效果较好。

5. 可再生能源配额制

为保证可再生能源的发展,美国有些州政府规定了风电必须达到在本州电力消费中的份额,作为电力企业承担的义务。

(三) 展望

根据丹麦BTM咨询公司的预测,世界风电2013年预计新增装机4035万千瓦,累计达到3.26亿千瓦;2017年当年将新增5769万千瓦,累计达到5.27亿千瓦。在这些新增装机中,欧洲约占1/3,因为欧洲将风电的发展作为实现减排二氧化碳等温室气体承诺的措施,开发风电的动力主要来自改善环境的压力。2003年欧洲风能协会提出2020年的目标是1.8亿千瓦,占欧洲电力装机容量的21%。预测2020年全世界风电装机将达到7.5亿千瓦。

大规模发展风电减少二氧化碳等温室气体排放,成为应对气候变化的重要措施。欧盟提出2020年可再生能源要占到30%,美国能源部规划2030年时美国要有20%的电力来自风能。许多国家还鼓励推广分布式风力发电。

将来随着化石燃料资源减少,火电成本必然增加,风电将具备市场竞争能力,会发展得更快。风电以其良好的社会和环境效益、日渐成熟的技术、逐步降低的发电成本,必将成为21世纪重要的电源。

三 中国风电产业发展现状和展望

(一) 发展综述

1. 中国风能资源

据中国气象局2012年发布的中国风能资源储量评估结果,陆地(不包括青藏高原海拔高度超过3500米以上的区域)距地面70米高度,年平均风功率密度大于等于每平方米300瓦的条件下,风能资源的技术开发量为26亿千瓦,其他高度的资源参见表7。其中内蒙古达到15亿千瓦,远远超过其他省份,其次是新疆和甘肃,分别为4亿千瓦和2.4亿千瓦。黑龙江、吉林、辽宁、河北北部以及河北、山东、江苏和福建等地沿海区域风能资源也比较丰富。总体上中国陆上风能资源丰富的区域在北方,而且有辽阔的非农业土地适合安装风电机组,但是当地电力负荷较小,需要将风电远距离输送到中国东南部电力负荷中心。

表7 中国陆地风能资源储量

高度(米)	技术开发量(亿千瓦)	技术开发面积(万平方公里)
50	20.48	56.64
70	25.67	70.51
100	33.65	94.75

资料来源:作者根据中国气象局风能太阳能资源评估中心资料制作。

另外中国具有较长的海岸线,近海水深5~50米区域100米高度上风能资源技术开发量约5.12亿千瓦。

2. 中小型风电的发展

中小型风电包括离网型和用户自发自用为主的分布式并网风电,一般单机容量100瓦到200千瓦。中国于20世纪50年代后期开始进行风力发电的研究和应用试点工作,研制过10千瓦以下的风电机组样机。20世纪70年代中期以后,在牧区、山区和海岛等电网未通达的地方,政府将风力发电作为农村电气化的重要组成部分,建立研究和推广机构,出台补贴政策,使户用离网型风电机组迅速得到广泛应用,数十万牧民家庭用上了风电。进入21世纪,离网风电的应用从家用电源扩展到为移动通信基站等工业设施供电。

农机工业协会风能设备分会根据主机生产企业提供的数据,2012年中国内地中小型风力发电机组主要生产企业31家,其中有产品出口的17家。2012年的总产量约12.3万台(机组容量9.7万千瓦),销售10.7万台(机组容量8.5万千瓦),其中出口3万台(机组容量3.6万千瓦),出口机组容量占总销售容量的42%。

从1983年到2012年年底,中国各生产厂家累计生产各种中小型风电机组约107.9万台,分年度产量见表8。年产量、总产量、生产能力、出口量均列世界之首。

表8 中小型风电机组历年产量汇总表（1983~2012年）

单位：台

1983年前	1984年	1985年	1986年	1987年	1988年	1989年	1990年	1991年	1992年
3632	13470	12989	19151	20847	25575	16649	7458	4988	5537
1993年	1994年	1995年	1996年	1997年	1998年	1999年	2000年	2001年	2002年
6100	6481	8190	7500	6123	13884	7096	12170	20879	29758
2003年	2004年	2005年	2006年	2007年	2008年	2009年	2010年	2011年	2012年
19920	24756	33253	50052	54843	78411	113259	145418	187574	123000

资料来源：作者根据中国农机工业协会风能设备分会李德孚的各年度中小型风力发电行业发展报告资料制作。

3. 大型并网风电的发展

（1）发展简史

中国最早的风电场建于1986年，山东荣成的马兰风电场从丹麦引进三台55千瓦机组成功并网运行。1989年新疆达坂城风电场通过国际合作项目安装了13台丹麦生产的150千瓦机组，建成当时亚洲最大的风电场。1993年原电力部决定将风力发电作为新的清洁电源，改善电力工业结构，制定政策鼓励发展。但是当时依赖价格昂贵的进口设备，风电成本过高，进展缓慢，2000年年底累计装机只有35万千瓦。2003年起，原国家计委采用风电特许权项目招标的方式，规定项目规模至少10万千瓦，采用的设备国产化率要达到70%，通过竞争选择投资商，降低上网电价。2006年《中华人民共和国可再生能源法》开始实施，风电进入高速发展阶段，依托庞大的国内市场，风电设备制造商通过引进国外制造技术、联合设计或自主研发等方式，迅速建立了大批量生产的能力，单机容量以1.5兆瓦为主，2.5兆瓦和3兆瓦机组的比例在增长，6兆瓦机组已经下线。风电机组的整机技术仍以齿轮箱增速驱动双馈发电机的机型市场份额最大，风轮直接驱动永磁同步发电机的机型也在快速增长。在2006~2012年，发电企业积极建设风电场，运营容量从127万千瓦增长到6000万千瓦，风电电量从15亿千瓦·时增长到1000亿千瓦·时，占全国发电量的比例增长到2%。为了取得海上风电场建设的经验，中国于2007年在渤海油田安装了第一台示范海上风电机组。2010年并网发电的上海东海大桥风电场是中国第一个近海风电场，安装了34台国产的3兆瓦机组，总容量10.2万千瓦。世界第一个潮间带风电场是江苏如东潮间带风电场，装机容量18.2万千瓦，2012年建成。1986~2012年风电装机吊装容量见表9。

表9 1986~2012年风电装机容量和上网电量

年度	1986	1989	1991	1992	1993	1994	1995	1996
新增（兆瓦）	1.12	2.84	0.855	3.95	5.73	11.7	11.3	23.3
累计（兆瓦）	1.12	3.96	4.82	8.77	14.5	26.2	37.5	60.8
上网电量（亿千瓦·时）	—	0.022	0.079	0.096	0.175	0.29	0.52	0.75
年度	1997	1998	1999	2000	2001	2002	2003	2004
新增（兆瓦）	84.9	78.6	42.8	83.9	56	66.9	98.3	197
累计（兆瓦）	146	224	267	351	402	468	567	764
上网电量（亿千瓦·时）	1.22	2.92	4.48	5.34	7.02	8.04	9.36	11.34
年度	2005	2006	2007	2008	2009	2010	2011	2012
新增（兆瓦）	503	1340	3300	6250	13800	18928	17630	12960
累计（兆瓦）	1270	2600	5910	12150	25800	44733	62360	75324
上网电量（亿千瓦·时）	15.28	25.4	52	118	276	494	732	1004

注：1. 装机容量按吊装完成的机组台数统计，不一定在当年并网发电。
2. 累计装机容量中已除去退役的机组。
3. 2008年及以前的上网电量为计算值。2009年及以后的上网电量按中国电力企业联合会（中电联）发布的电力工业数据。
资料来源：作者根据中国可再生能源学会风能专业委员会的各年度中国风电装机容量统计资料制作。

（2）发展现状

根据中国可再生能源学会风能专业委员会（CWEA）的统计，2012年当年新增安装风电机组7872台，风电装机容量1296万千瓦，累计安装风电机组53764台，风电装机容量7532万千瓦，产业进入平稳增长阶段。累计风电装机容量超过500万千瓦的省区有内蒙古、河北、甘肃和辽宁，2012年分省风电装机容量见表10。

表10 2012年分省风电装机容量

序号	省(市、自治区等)	2011年累计(兆瓦)	2012年新增(兆瓦)	2012年累计(兆瓦)	2012年累计比例(%)
1	内蒙古	17504.4	1119.4	18623.8	24.72
2	河北	7070.0	908.8	7978.8	10.59
3	甘肃	5409.2	1069.8	6479.0	8.60
4	辽宁	5249.3	869.0	6118.3	8.12
5	山东	4562.3	1128.7	5691.0	7.56
6	黑龙江	3445.8	818.6	4264.4	5.66
7	吉林	3564.4	433.0	3997.4	5.31
8	宁夏	2875.7	690.0	3565.7	4.73
9	新疆	2316.1	990.0	3306.1	4.39
10	山西	1881.1	1026.0	2907.1	3.86
11	江苏	1967.6	404.5	2372.1	3.15
12	云南	932.3	1031.8	1964.1	2.61
13	广东	1302.4	388.9	1691.3	2.25
14	福建	1025.7	265.0	1290.7	1.71
15	陕西	497.5	212.0	709.5	0.94
16	贵州	195.1	312.0	507.1	0.67
17	安徽	297.0	197.0	494.0	0.66
18	河南	300.0	192.6	492.6	0.65
19	浙江	367.2	114.5	481.7	0.64
20	上海	318.0	34.0	352.0	0.47
21	海南	256.7	48.0	304.7	0.40
22	江西	133.5	154.0	287.5	0.38
23	天津	243.5	34.5	278.0	0.37
24	湖南	185.3	64.0	249.3	0.33
25	广西	79.0	124.5	203.5	0.27
26	湖北	100.4	93.5	193.9	0.26
27	青海	66.5	115.0	181.5	0.24
28	北京	155.0	0.0	155.0	0.21
29	重庆	46.8	57.6	104.4	0.14
30	四川	16.0	63.5	79.5	0.11
31	香港	0.8	0.0	0.8	0.00
	总计	62365	12960	75325	100.0

资料来源：中国可再生能源学会风能专业委员会（CWEA）：《2012年中国风电装机容量统计》，《风能》2013年第3期。

由于电网建设的滞后，风电机组从吊装完成到并网调试和投产运营的时间比以前延长很多，造成年底统计的吊装容量和运营容量之间的差别达到上千万千瓦，应当注意各机构发布的数据含义有所不同（主要统计机构和数据见表11）。

表11 2012年风电装机容量统计的不同机构和数据

单位：兆瓦

	安装容量		建设容量		运营容量	
	新增	累计	新增	累计	新增	累计
风能协会	12960	75324				
水电总院			12724	65247		
中电联					12850	60830

资料来源：作者根据中国可再生能源学会风能专业委员会、水电水利规划设计总院、中国电力企业联合会的统计资料制作。

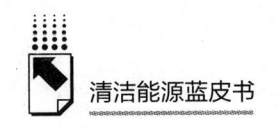

中国可再生能源学会风能专业委员会（风能协会）的数据来源是风电机组制造商和风电场开发商，安装容量为现场实际完成的，不论是否并网。

水电水利规划设计总院（水电总院）的数据来源是经省级能源主管部门复核后，各省风电信息员上报到国家风电信息管理中心的数据。建设容量是指"风电场配套送出工程已建成的风电机组吊装容量，含已并网发电的风电机组容量"。

中国电力企业联合会（中电联）对新增运营容量，称为"全年基建新增风电设备并网容量"；对累计运营容量，称为"风电并网总容量"。

按照中电联2013年1月发布的中国电力工业2012年统计快报，2012年新增运营风电容量1285万千瓦，累计运营风电容量6083万千瓦，占全国电力总装机容量11.45亿千瓦的5.3%；风电上网电量1004亿千瓦·时，占全国总电量4.98万亿千瓦·时的2.0%，超过了当年核电的上网电量（982亿千瓦·时）。表11的数据显示，风电运营容量与安装容量约相差1500万千瓦，需要加快风电场联网工程建设和缩短风电机组并网后的调试周期。

2012年，中国海上风电新增装机46台，容量达到12.7万千瓦，其中潮间带装机量为11.3万千瓦，占海上风电新增装机总量的89%。截至2012年年底，中国已建成的海上风电项目共计约39万千瓦，是除英国、丹麦以外海上风电装机最多的国家。其中近海风电装机容量为12.8万千瓦,规模最大的近海风电项目为上海东海大桥海上风电场项目(10.2万千瓦),其余主要是各风电机组制造商安装的样机。作为中国海上风电发展的一个重要组成部分,潮间带风电的开发进程较快,截至2012年年底,中国潮间带风电装机容量达到26.2万千瓦。

从2007年中国制造商开始出口风电机组产品,2010年加快了海外市场的拓展步伐(见表12),风电机组出口国家从1个扩大到19个,其中以美国为主。截至2012年年底,中国向美国出口的风电机组容量已达到32.8万千瓦,占出口总量的46.8%。

表12　2007~2012年中国风电机组出口情况

单位:兆瓦

年度	2007	2008	2009	2010	2011	2012
当年	2.34	14.50	28.75	11.05	213.06	430.45
累计	2.34	16.84	45.59	56.64	269.70	700.15

资料来源:作者根据中国可再生能源学会风能专业委员会的各年度中国风电装机容量统计资料制作。

(3)中国的风电开发商

主要的风电场投资和开发商是中央和地方国有发电企业、能源投资企业,民营和国外企业较少,有参股到国有控股的项目公司。2012年部分风电开发商新增和累计装机容量的份额见表13,央企五大发电集团的项目达到4315万千瓦,约占57%。其中国电集团一家的新增和累计份额都超过20%。

表13　2012年中国部分开发商的风电装机容量份额

		新增容量(兆瓦)	新增份额(%)	累计容量(兆瓦)	累计份额(%)
电力央企	国电集团	2895.00	22.3	15757.30	20.9
	大唐集团	1546.55	11.9	9556.60	12.7
	华能集团	818.90	6.3	9356.88	12.4
	华电集团	1040.50	8.0	4919.90	6.5
	中电投	751.50	5.8	3556.12	4.7

续表

		新增容量(兆瓦)	新增份额(%)	累计容量(兆瓦)	累计份额(%)
能源央企	国华	611.25	4.7	4144.05	5.5
	中广核	572.55	4.4	3464.00	4.6
	三峡	226.5	1.7	1302	1.7
其他企业	华润集团	704.00	5.4	2524.85	3.4
	京能	103.5	2.1%	1789.75	2.4
	天润	483	3.7	1728.5	2.3
	新天绿色能源	171.5	1.9%	1450.10	1.9

注：国电集团的统计为国电（不包括龙源）和龙源的数据之和。
华能集团的统计为华能新能源和北方龙源的数据之和。
华电集团的统计为华电国际、华电新能源和华富的数据之和。
华润集团的统计为华润电力和华润新能源的数据之和。
天润的统计为天润和天源的数据之和。
三峡的统计为三峡和长江新能源的数据之和。
资料来源：中国可再生能源学会风能专业委员会（CWEA）：《2012年中国风电装机容量统计》，《风能》2013年第3期。

中国风能资源分布特点，造成了中国风电场集中分布于远离中心城市的偏远地区，并形成"大规模，高集中"的风电开发模式。在当前大型风电基地并网及风电电量消纳问题日益突出的情况下，2011年在稳步推进大型风电基地建设的同时，积极研究推进分散式风电接入技术和分散式风电项目开发规划。分散式开发因地制宜，距离电力负荷中心较近，原则是不增加当地现有变电站容量。风电机组并入配电网，所发电量就地消纳，成为风电开发新的热点。虽然内陆这些地区的风能资源比较差，但设备制造商针对不同项目环境特点，纷纷推出"低风速"或"高海拔"机型，使得这些项目具有开发价值。分散式开发将促使中国风电项目覆盖更多的区域，有利于中国风电发展目标的顺利完成。

另外，中国的风电开发商开始进军国际市场，如龙源电力收购了加拿大的风电项目、三峡新能源公司收购了葡萄牙的风电开发商等。

（4）中国的并网风电设备制造商

2012年当年新增装机超过200万千瓦的制造商有金风科技和联合动力公司。2012年各制造商的新增和累计容量及所占市场份额见表14和表15。当年新增装机的市场份额前三名占到44.5%，前十名占到81.2%；累计装机的市场份额前三名占到48.8%，前十名占到83.2%。虽然新增和累计装机前三名和前十名所占比例均比上一年略有下降，但是份额集中度的态势仍然保持。

表14　2012年新增风电装机容量前20名制造商

序号	制造商	新增台数	新增容量（兆瓦）	占当年新增装机比例(%)
1	金风	1600	2521.5	19.5
2	联合动力	1302	2029.0	15.7
3	华锐	699	1203.0	9.3
4	明阳	739	1133.5	8.7
5	湘电风能	445	893.0	6.9
6	上海电气	430	822.0	6.3
7	远景能源	328	544.0	4.2
8	Gamesa	265	493.2	3.8
9	东汽	311	466.5	3.6
10	Vestas	244	414.4	3.2
11	重庆海装	214	399.5	3.1
12	南车风电	252	385.8	3.0
13	运达	263	364.5	2.8
14	三一电气	166	275.0	2.1
15	华创	174	263.1	2.0
16	许继风电	86	172.0	1.3
17	华仪	76	114.0	0.9
18	中科天道	52	78.0	0.6
19	GE	40	60.0	0.5
20	银河风电	23	57.5	0.4
	其他	163	270.5	2.1
	总　计	7872	12960	100

资料来源：中国可再生能源学会风能专业委员会（CWEA）：《2012年中国风电装机容量统计》，《风能》2013年第3期。

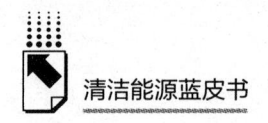

表15 2012年累计风电装机容量前20名制造商

序号	制造商	累计台数	累计容量（兆瓦）	占累计装机比例（%）
1	金风	12227	15200.4	20.2
2	华锐	9178	14180.0	18.8
3	东汽	4901	7364.5	9.8
4	联合动力	4801	7311.0	9.7
5	明阳	2802	4256.5	5.7
6	Vestas	3175	3979.9	5.3
7	Gamesa	3220	3279.1	4.4
8	湘电风能	1345	2694.5	3.6
9	上海电气	1582	2603.5	3.5
10	GE	1082	1635.5	2.2
11	华创	1045	1571.1	2.1
12	运达	1429	1462.5	1.9
13	南车风电	823	1302.3	1.7
14	远景能源	827	1292.5	1.7
15	重庆海装	689	1274.8	1.7
16	Suzlon	649	901.3	1.2
17	三一电气	379	598.0	0.8
18	Nordex	471	574.2	0.8
19	华仪	450	560.1	0.7
20	银星能源	496	505.0	0.7
	其他	2193	2777.5	3.5
	总计	53764	75324.2	100

资料来源：中国可再生能源学会风能专业委员会（CWEA）：《2012年中国风电装机容量统计》，《风能》2013年第3期。

中国风电整机制造商继续开拓国际市场，2012年有7家制造商出口发运到国外市场，机组容量约43万千瓦；2012年累计有15家制造商出口发运到国外市场，机组容量约70万千瓦，以金风和华锐的出口数量最多，容量分别达到 26.9 万千瓦和 20.4 万千瓦,占出口总量的 38.4% 和 29.1%。

(5) 风电消纳成为主要制约因素

电网的接入、传输和消纳仍然是风电发展的主要瓶颈,由于风电开发高度集中于"三北"(东北、华北和西北)地区,风电和电网建设不同步,当地负荷水平低,灵活调节电源少、跨省跨区电力输送通道不足等原因,有风不能发电的"弃风"现象严重。根据国家电监会 2012 年 7 月发布的《重点区域风电消纳监管报告》,2011 年全国弃风电量达 123 亿千瓦·时,弃风率约 16%,弃风电量对应电费损失约 66 亿元。特别是在吉林、内蒙古和甘肃已运行的风电场中,因受用电负荷所限,很多开发商的风电场被限制电量上网。水电总院 2012 年 3 月发布的《2011 年度中国风电建设统计评价报告》中增加了"弃风率"数据,蒙东、吉林、蒙西和甘肃分别为 23%、20%、18% 和 17%。2012 年全国弃风电量仍在增加,超过了 200 亿千瓦·时。

"弃风"是风电大规模快速发展中出现的问题,倒逼电力系统加强整体规划,将风电和太阳能发电等大规模发展后,要在全国范围的传输、蓄能和负荷侧消纳统筹考虑。风电大规模发展要求风电切实融入电力系统中,制定和实施风电分级和跨省区消纳方案,协调风电、其他电源和电网建设和运行,建立实施风电并网和全局消纳的详细规则,制定和落实可再生能源发电配额及电网保障性收购制度,风电场建设要和电网建设及负荷消纳协调发展,实施风电场风功率预测预报管理办法,从电网调度方面尽量减少"弃风"的电量损失。

针对"弃风"的问题,国家能源局采取措施努力解决,要求各省区能源主管部门加强检查,评估效果,完善措施;风电开发企业提高风电功率预报预测数据的准确度;电网企业总结风电调度经验,保证风电优先调度,落实风电全额保障性收购措施。在华北的张家口已经作为风电发展的重要示范基地,电网公司加快配套电网工程建设,积极规划张家口地区电力送出线路,制订实施方案。在西北的新疆,风电与火电打捆外送的哈密南—郑州 ±800 千伏特高压直流输电工程于 2012 年开工,输送能力为 800 万千瓦,预示中国风电跨区输电通道建设提速。

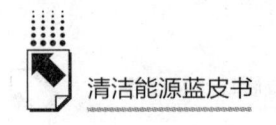

（二）主要激励政策

1995年，当时的电力部确定将风电作为电力工业新的电源，出台了电力部门必须收购风电上网电量，在省电力局系统按照成本加合理利润的原则制定风电上网电价，风电高于火电标杆电价部分在省内分摊等政策。但是由于风电机组设备完全依赖进口，风电成本过高并在省内分摊，省级电力部门没有积极性，原来电力部设定2000年时风电装机达到100万千瓦的目标，实际只完成了35万千瓦。从2003年到2007年，国家发改委实施了五期风电特许权招标项目，通过规模化发展培育风电市场，拉动本国风电设备制造产业，风电开发商竞争投标上网电价，促使风电成本下降。2006年，中华人民共和国可再生能源法开始实施，中国风电进入高速发展时期。

1. 风电特许权招标项目

风电特许权招标项目的主要内容是省级政府（省发改委）作为招标人，将规模超过10万千瓦的风电场作为特许权项目，通过招标竞争上网电价选择投资者。要求采用的风电机组设备国产化率高于50%（第3期起改为70%），省级电网企业与中标人签订购售电协议，保证按中标电价全额收购特许权项目所发电量，中标电价高于火电标杆电价部分在省内分摊等。

2. 可再生能源法

可再生能源法以法律条文规定了强制上网、分类电价和费用分摊等制度。主要内容有电网企业保障性全额收购其电网覆盖范围内可再生能源并网发电项目的上网电量，并为可再生能源发电提供上网服务。可再生能源发电项目的上网电价，由国务院价格主管部门根据不同类型可再生能源发电的特点和不同地区的情况，按照有利于促进可再生能源开发利用和经济合理的原则确定。电网企业收购可再生能源电量所发生的费用，高于按照常规能源发电平均上网电价计算所发生的费用之间的差额，附加在全国的销售电价中分摊。

3. 风电标杆电价

风电标杆电价于2009年开始实施。根据五期风电特许权投标电价，以及大量风电场建设投资和发电量的实际情况，按照风能资源状况，国家发改委制定了按资源状况分地区的风电标杆电价。风能资源最好的地区是0.51元/千瓦·时，其次是 0.54 元/千瓦·时和 0.58 元/千瓦·时，其余地区均为 0.61 元/千瓦·时。

（三）展望

中小型风电应用范围不断扩大，除了边远无电地区农牧民照明、电视、洗衣机等生活用电和通信基站供电外，风电和风光互补发电系统应用范围扩展到别墅独立供电系统、公共建筑房屋用户供电、市政交通的路灯、道路监控、航标灯、加油站和收费站供电，商业的户外广告牌照明，农林水利的森林防火监控供电系统、湿地保护监测站和水文观测设备供电，海洋上渔船生活用电、船用通信、小型海水淡化设备和近海养殖供电，国防领域的边防监控、雷达导航站和边防哨所供电等。随着国外分布式风电的发展，中小型风电机组出口量继续增加。

并网风电经过 2006~2010 年新增装机连续 100% 增长后，中国风电装机容量已经居于世界首位，成为风电大国。2011 年是个重大转折，增长速度降下来，但是当年新增容量占到世界同期的 40%，总量仍然很大，要在电力发展总体规划指导下协调发展，按照集中与分散开发并重的原则，继续推进风电的规模化发展，建立适应风电发展的电力调度和运行机制，增强风电装备制造产业的创新能力和国际竞争力，完善风电标准及产业服务体系，使风电获得越来越大的发展空间，突破可再生能源发电大规模接入的关键技术，积极发展储能技术，解决大规模间歇性电源接入电网的技术和经济可行性问题，建成风电大型基地配套外输通道，解决风电远距离输送问题，在负荷侧充分消纳风电的电量。提高风电设备制造、风电场建设和运营，以及电力系统中对可再生能源发电优化调度的技术和管理水平，由风电大国向风电强国转变。

近期风电的成本还高于常规能源发电的成本，发展的规模是按照中国政府对 2020 年非化石能源要占一次能源消费的 15% 的承诺来规划的，规划在 2015 年风电装机达到 1 亿千瓦，其中大基地 7000 万千瓦，分散式 3000 万千瓦，包括海上 500 万千瓦，并确立全国电网消纳 1 亿千瓦风电装机所发 1900 亿千瓦·时电量的实施方案。2020 年风电装机要达到 2 亿千瓦，发电量 3800 亿千瓦·时。由于水电受到生态和移民条件的制约，核电受到日本福岛核事故的影响，而且这两种清洁电源项目建设周期长，如果未能按时完成预定发展计划，风电的规划目标还可能向上调整。

2011年10月国家发改委能源研究所发布了《中国风电发展路线图2050》，提出风电已经开始并将继续成为实现低碳能源战略的主力能源技术之一。设定的中国风电的发展目标是：到2020年、2030年和2050年，风电装机容量将分别达到2亿千瓦、4亿千瓦和10亿千瓦，到2050年满足17%的电力需求。要实现上述目标在资源、产业、电力系统支撑等方面不存在不可逾越的障碍。未来风电布局的重点是：2020年前，以陆上风电为主，开展海上风电示范；2021~2030年，陆上、近海风电并重发展，并开展远海风电示范；2031~2050年，实现东中西部陆上风电和近远海风电的全面发展。从2011年到2050年，风电开发带来的累计投资将达到12万亿元。随着风电技术进步和开发规模扩大，以及煤电成本增加，未来风电的竞争力将进一步加强，预计在2020年前后中国陆地风电成本将与煤电持平，2050年当年风电贡献的二氧化碳减排量将达到15亿吨，风电带来的就业岗位将达到72万个，实现上述目标，将取得巨大的环境和社会效益。

参考文献

[1] 严陆光、顾国彪、贺德馨等主编《中国电气工程大典第7卷可再生能源发电工程》，中国电力工业出版社，2010。

[2] 姚兴佳、宋俊：《风力发电机组原理与应用》，机械工业出版社，2011。

[3] BTM consult, *A BTM Wind Report World Market Update 2012*, Navigant Research, 2013.

[4] 中国气象局风能太阳能资源评估中心：《中国风能资源评估（2009）》，气象出版社，2010。

[5] 李德孚：《2012年中国中小型风力发电行业发展报告》，《风能》2013年第5期。

[6] 中国可再生能源学会风能专业委员会（CWEA）：《2012年中国风电装机容量统计》，《风能》2013年第3期。

[7] 水电水利规划设计总院、国家风电信息管理中心：《2012年度中国风电建设统计评价报告（B版）》，2013。

[8] 中国电力企业联合会：《全国电力工业统计快报（2012）》，2013年1月。

[9] 国家发展和改革委员会能源研究所、国际能源署：《中国风电发展路线图 2050》，2011 年 10 月。

Status and Prospects for Wind Power Generation

Shi Pengfei

Abstract: In addition to hydropower, wind power is a kind of clean energy power generation, with the most mature technology, minimal environmental impact and lower cost of electricity, among other renewable energies. This paper briefly introduces the principle of wind power technology, international and Chinese wind power industry development status, related incentive policies; as well as outlook.

Key Words: Wind Power; Wind Energy Resources; Wind Turbine Generator; Offshore Wind Power; Incentive Policy

B.9
生物质能利用技术现状及展望

李炳志 元英进*

摘 要：

生物质是一种广泛存在、容易获得的能源，人类社会的发展史可以看作对生物质资源利用的历史。人类利用生物质能的历史可以追溯到野蛮社会的钻木取火。随着人类社会的发展，我们对生物质能的利用提出了更高的要求，如环保、利用程度、经济性等方面。本文主要从生物质的固化成型、生物质发电、生物质产液体燃料以及生物质产气体燃料等几种生物质能利用的现代技术的发展情况的角度概述了当前生物质能利用的现状，并根据生物质能的特点提出了生物质能开发的未来发展方向和策略。

关键词：

生物质能 纤维素乙醇 生物柴油 生物质发电 沼气

一 生物质能概述

生物质是指利用大气、水、土地等通过光合作用而产生的各种有机体，即一切有生命的、可以生长的有机物质通称为生物质。它包括植物、动物和微生物。广义的生物质包括所有的植物、微生物以及以植物、微生物为食物的动物及其生产的废弃物。有代表性的生物质如农作物、农作物废弃物、木材、木材废弃物和动物粪便。狭义的生物质主要是指农林业生产过程中除粮食、果实以

---

* 李炳志，国际清洁能源论坛（澳门）理事，天津大学化工学院系统生物工程教育部重点实验室讲师，研究方向为纤维素生物转化；元英进，国际清洁能源论坛（澳门）理事，天津大学系统生物工程教育部重点实验室主任，研究方向为合成生物学和系统生物学。

外的秸秆、树木等木质纤维素,农产品加工业下脚料,农林废弃物及畜牧业生产过程中的禽畜粪便和废弃物等物质。本文讨论的生物质主要针对三类,即农林废弃物、工业及生活垃圾、能源作物。生物质的特点主要包括可再生、低污染、分布广泛。

当前全球每年产生的生物质达 1800 亿吨,相当于 3×10^{22} 焦耳的能量,为全球实际能源消费的 10 倍。在理想状态下,地球上的生物质潜力可达到实际能源消费的 180~200 倍。中国的生物质资源相当丰富,理论生物质能资源大约有 50 亿吨标准煤,达到了中国目前总能耗的 4 倍左右。

从一次性能源消耗比例看,生物质能已上升为仅次于化石能源(煤、石油和天然气)之后的第 4 位能源,占世界一次性能源消耗的 14%。主要利用的生物质能来自农林产业,可分为薪柴、秸秆、粪便、城市生活垃圾、海洋生物及污水和污油等。其中,薪柴、秸秆因其热值高、产量大等优点,占到生物质资源利用的 94%,成为主要的可再生能源之一。

木质纤维素是生物质最主要的组成部分,包括各类植物的根、茎、叶等。木质纤维素一般包括三种主要成分,即纤维素、半纤维素和木质素,除此之外,还有少量果胶、树胶、藻胶和琼脂等,各个部分的组成比例随生物质不同来源和类型而不同。

二 生物质利用策略及其进展

生物质能利用过程中,根据生产工艺的不同,可生产不同类型的终端能源燃料产品,用于提供电能、热能和交通能源等能量。目前,综合效益较高且技术成熟的利用方式主要包括:厌氧发酵产沼气、燃料乙醇、生物质气化发电以及秸秆固化成型等。此外,除进行发电、供气及生产能源燃料的生物质资源化利用以外,具有多功能性的生物质原料如秸秆,还可作为饲料、肥料和工业原料等进行综合开发利用[1]。下面介绍几种常见的生物质利用策略。

---

[1] Sebnem Yılmaz, Hasan Selim, "A review on the methods for biomass to energy conversion systems design," *Renewable and Sustainable Energy Reviews*, Vol. 25, 2013, pp. 420–430.

（一）固化成型技术

固化成型技术是规模化利用生物质能源的一种有效途径。固化成型技术是指以无定型的生物质（如木材屑末下脚料、植物庄稼秸秆、各种糠渣谷壳等）为原料，经干燥、粉碎到一定粒度，在一定的温度、湿度和压力条件下，使生物质原料颗粒位置重新排列并发生机械变形和塑性变形，成为形状规则、密度较大、燃烧值较高的固体燃料。固化成型技术可以使固体体积压缩到原始生物质体积的1/15～1/8，成型燃料的热值在13～25焦耳/千克，即约1.4吨固化成型燃料相当于1吨标煤的热值。固化成型的生物质燃料具有密度高、热值高、易于运输、使用方便、燃烧过程CO_2"零排放"等显著优势。该类技术即可用于城乡居民生活炊事用能，又可用于农业生产燃料，进一步脱烟碳化后可制成清洁炭，达到高效、清洁的效果，是一种简单可行的生物质能源生产技术。生物质固化成型技术从20世纪30年代发展至今，已经开发了许多种成型工艺和成型机械，但作为生产燃料，主要是干燥物料的常温成型与热成型。生物质固化成型需要进行一定的预处理过程，并且在原料的种类、粒度、含水率及成型温度都有一定要求。在固化成型后，为了进一步提高生物质成型燃料的使用价值，可进行碳化，形成木炭。生物质固化成型的工艺流程为：原料→粉碎、干燥→成型→碳化→木炭。

自20世纪90年代以来，欧美、亚洲等一些国家开始将生物质固化成型燃料大量应用在生活领域。欧洲的固化成型技术应用较为成熟，瑞典是应用生物质成型燃料最好的国家之一。瑞典主要利用林业废弃物如树皮、树枝、木屑以及能源作物等生产固体成型燃料，形成了从原料种植、收集到颗粒（或切片）生产再到配套应用和服务体系的一个完整的产业链条。早在2006年，瑞典约有900万人使用生物质成型燃料，年消费量已达12000万吨，应用生物质能源的总量已达到总能耗的25%。

生物质固化成型技术容易操作和推广，但有一些关键技术问题仍需进一步研究，如物料压缩时螺杆的使用寿命、成型燃料的密度及碳化技术等。除生物质固化成型自身的技术问题外，还需要同时发展生物质直燃利用和集中式燃气制备等成型燃料终端利用技术，只有生物质固化成型的生产和利用良好衔接，协同发展，才能有效促进生物质固化成型技术的广泛应用。

（二）生物质发电技术

生物质发电是利用生物质所具有的生物质能进行发电，是可再生能源发电的一种。目前，利用生物质发电主要有 3 种形式：生物质直接燃烧发电、沼气发电和生物质气化发电。本部分主要介绍生物质直燃发电。

生物质直燃发电技术包括几个部分：生物质的处理和燃烧、锅炉系统、涡轮机系统、环境保护系统和副产物回收系统。与燃煤火力发电厂相比，生物质直燃发电能实现净 CO_2 零排放，而且生物质燃烧后的灰分副产物以锅炉飞灰和灰渣炉底灰的形式被收集，这种灰分含有丰富的营养成分如钾、镁、磷和钙，可用作高效农业肥料。

生物质直燃发电最早起源于欧洲，在 20 世纪 70 年代瑞典开始利用生物质直燃发电方式利用生物质。丹麦、荷兰、瑞典、芬兰等欧洲国家，利用植物秸秆作为燃料的发电机组已有 300 多台，社会效益和经济效益都很好。尤其是北欧等发达国家已拥有较为成熟的生物质能发电技术，生物质能发电量在发达国家的电力总量中所占比重逐年上升，其中瑞典的生物质能源利用已占其能源消费总量的 24% 左右。丹麦 BWE 公司是享誉世界的发电厂设备研发、制造企业之一，长期以来在热电、生物发电厂锅炉领域处于全球领先地位。丹麦 BWE 公司率先研发的秸秆生物燃烧发电技术，迄今在这一领域仍是世界最高水平。在这家欧洲著名能源研发企业的技术支撑下，1988 年丹麦诞生了世界上第一座秸秆生物燃烧发电厂。BWE 最大的生物质发电厂是英国的 Elyan 发电厂，装机容量为 38 兆瓦。

早在 2005 年德国就已经拥有 140 个多区域热电联产的生物质电厂。据世界自然基金会报告称，到 2020 年工业发达国家 15% 的电力将来自生物质能发电。据估算，到 2013 年，全球生物质能发电装机容量将达到 6.0×10^7 千瓦。为促进生物质能发电技术的发展，中国于 2006 年颁布了《可再生能源法》，并实施了生物质能发电优惠上网电价等有关配套政策，使生物质能发电得到了迅速发展。根据《可再生能源"十一五"规划》的要求，到 2020 年，生物质发电总装机容量将达到 3.0×10^7 千瓦，可替代化石能源将超过 6 万吨标准煤。2011 年 1 月，《发改委关于生物质发电项目建设管理的通知》规定：每个县或 100 千米半径范围内不得重复布置生物质发电厂；一般安装 2 台机组，装机容量不超过 3 万千瓦。通知内容也对生物质发电的原料来源进行了保障。截至 2010 年年底，中国生物质能发电装机量已达 330 万千瓦。到 2015 年生物质发电整体装机规模将达到 1300 万千瓦，其中农林生物质发电 800 万千瓦、沼气发电 200 万千瓦、垃圾焚烧发电 300 万千瓦，分别为 2010 年装机量的 4 倍、2.5 倍和 6 倍。在不久的将来，生物质发电在整个发电产业中将扮演越来越重要的角色。

据推测，一台装机容量在 3 万千瓦的农业废弃物生物质发电厂，一年发电量约为 225 亿千瓦·时，产值约 1.7 亿，可产生税收 1500 万元，消耗农业残余物 23 万吨，农业残余物的收集运输等约需 300 人，原料价格约 300 元/吨，总体增收达到 6900 万元。

（三）生物质生产交通运输燃料

2012 年 5 月 23 日，国际能源署（IEA）在北京举行了《交通用生物燃料技术路线图》中文版发布会。可再生能源处高级能源分析员亚当·布朗博士（Dr. Adam Brown）指出，预计到 2050 年，生物燃料可占到交通运输燃料总量的 27%，持续生产后每年可避免 21 亿吨二氧化碳排放。路线图认为，到 2050 年生物燃料可以替代 5500 万吨到 7500 万吨石油，同时不会对环境及粮食安全带来重大负面影响，也就是说生物燃料在运输燃料中的比例可以由目前的 2% 上升到 2050 年的 27%。2010 年，中国生物燃料乙醇（主要为粮食燃料乙醇）利用量 200 万吨，生物柴油 50 万吨；2015 年生物质液体燃料规划将达到 500 万吨/年。交通运输燃料主要包括纤维素乙醇、生物柴油、航空生物燃料等。

1. 纤维素乙醇

可利用生物质的主要组成为木质纤维素，如农业废弃物、林业废弃物、速生高产能源作物等。纤维素乙醇技术，是一种高端的清洁能源技术，因为它可以用来替代传统的粮食乙醇技术，利用地球上广泛存在的木质纤维素质生物原料生产清洁的纤维素乙醇，被寄予了很高的期望。纤维素乙醇也被称为第二代燃料乙醇，它与以玉米等淀粉为原料的第一代燃料乙醇相比，解除了能源生产和粮食供给的竞争关系，为可再生能源生产提供了一条新的途径。

纤维素乙醇生产技术包括几个步骤：原料前处理、预处理、纤维素糖化、微生物发酵等。纤维素乙醇生产技术的工艺流程根据整合策略的不同主要有四种类型，分步糖化发酵（SHF）、同步糖化发酵（SSF）、同步糖化共发酵（SSCF）和统合生物加工（CBP）。①分步糖化发酵是指在对木质纤维素原料预处理后先进行糖化获得可发酵的五碳糖和六碳糖，然后再分别将五碳糖和六碳糖发酵转化为乙醇。②同步糖化发酵技术是将木质纤维素降解为可发酵糖的糖化过程和六碳糖的发酵过程整合，可以实现在纤维素酶解过程中快速转化六碳糖，有效消除六碳糖对纤维素酶的强烈产物抑制现象。③同步糖化共发酵是在同步糖化发酵的基础上，进一步将五碳糖的发酵转化整合入纤维素酶解过程和六碳糖发酵过程，这一工艺对发酵微生物有较大的依赖性，需要微生物同时具有高效转化六碳糖和五碳糖的能力，天然菌株无法满足这一要求，需要通过代谢工程或合成生物学技术设计构建工程化微生物来满足需求。④统合生物加工技术是在同步发酵的基础上，进一步将纤维素酶的生产整合到糖化和发酵过程，实现由木质纤维素一步实现终产物乙醇的生产。后两种工艺对微生物的功能要求较高，单一微生物能达到要求的较少，多菌联合共同作用也被应用到这些工艺技术中。

第一套纤维素乙醇的发酵装置在1898年产生于德国，以废木头为原料，经过稀酸水解后进行微生物发酵，1吨木头可以生产190升乙醇。经过100余年的技术革新和工艺改进，纤维素乙醇的生产效率有了明显提升，但工业化规模的纤维素乙醇生产线仍然很少，主要原因在于纤维素乙醇的生产成本还高于粮食燃料乙醇和化石燃料。尤其是近几年，虽然纤维素乙醇项目的研究进展较多，但商业化的纤维素乙醇进展很慢。美国在2010年宣布可再生能源标准时，计划2011年纤维素乙醇产量为2.5亿加仑，但2011年美国纤维素乙醇的实际产量约为660万加仑，仅完成了计划的26%。丹麦Novozyme公司是纤维素乙醇技术领域的领军企业之一，以纤维素酶的生产而著名，在2012年推出了最新一代的纤维素酶，显著降低了纤维素乙醇的生产成本。2012年，Novozyme公司与美国和意大利的公司合作，分别在美国和意大利建立了纤维素乙醇商业化工厂。另外，美国的Enerkem公司在加拿大和美国建设了3个纤维素乙醇的商业化工厂。由于纤维素乙醇的广阔前景和市场潜力，许多著名公司建立了纤维素乙醇的中试装置。加拿大Iogen公司于2004年在渥太华建立世界上第一座纤维素乙醇示范装置，产能为1600吨/年，使用的工艺是分步糖化发酵。使用相似工艺技术的美国Verenium公司建立了年产4200吨纤维素乙醇的中试装置。同步糖化共发酵工艺主要是与碱法预处理相结合，美国密歇根生物技术研究所和密歇根州立大学合作建立了中试装置。在统合生物加工技术方面，美国Mascoma公司处于领先水平，采用酵母和细菌共同进行纤维素酶生产和乙醇发酵技术，并在其60000吨/年的商业运行装置上使用该技术。2012年年底，杜邦公司在美国内华达州建立了当前最大的纤维素乙醇生产装置，每年将生产8万吨纤维素生物燃料产品，该生产线以玉米秸秆为原料，需要近500家农场的原料供应，每年玉米秸秆的使用量将超过37.5万吨。至2012年年底，国际上纤维素乙醇商业化项目的部分情况见表1。

表1 国际纤维素乙醇项目情况

公司名	国家	乙醇产能	进度	投产时间
英士利	美国	2.4万吨/年	试车	2013年
杜邦	美国	9万吨/年	建设	2014年
帝斯曼	美国	6万吨/年	建设	2013年
康泰斯	美国	6万吨/年	前期工作	2014年
马斯科马	美国	6万吨/年	建设	2013年
康泰斯	意大利	6万吨/年	试车	2013年
GraalBio	巴西	6.6万吨/年	前期工作	2013年

资料来源：亚化咨询，http://blog.sina.com.cn/s/blog_40b525ff01018eke.html。

中国也积极推动纤维素乙醇生产工艺的研究和实施。2012年中粮集团依托中粮生化能源（肇东）有限公司在黑龙江建设了500吨/年纤维素乙醇试验装置，设计原料为玉米秸秆，年消耗量约3500吨。2012年山东龙力公司建成了3000吨/年玉米芯纤维素乙醇的中试装置和万吨级示范装置，5万吨/年纤维燃料乙醇项目已经获得了国家发改委核准。中国纤维素乙醇产业化的总体情况见表2。

表2 中国纤维素乙醇产业化情况

公司	省份	乙醇产能	进度	投产时间
丰原集团	安徽	0.5万吨/年	投产	2010年
国能生物发电	河南	3万吨/年	计划	—
天冠集团	河南	0.5万吨/年	投产	2008年
中粮/中石化	黑龙江	5万吨/年	前期	2013年
圣泉集团	山东	2万吨/年	在建	2013年
泽生生物科技	山东	0.3万吨/年	投产	2006年
龙力生物科技	山东	5万吨/年	在建	2013年

资料来源：亚化咨询，http://blog.sina.com.cn/s/blog_40b525ff01018eke.html。

2. 生物柴油

生物柴油是生物质能的一种，生物柴油的概念在20世纪80年代由美国科学家提出。经过近30年的发展，生物柴油的概念已经发展到了第三代。第一代生物柴油是指以油料作物的植物油脂以及动物油脂、餐饮垃圾油等为原料油通过酯交换工艺制成的可代替石化柴油的再生性柴油燃料，典型代表产品是脂肪酸甲酯。由于第一代生物柴油存在一些缺点，如含氧量高、生产过程废弃物多等，第二代生物柴油应运而生。第二代生物柴油是在第一代生物柴油的基础上进行加氢脱氧、异构化等反应得到的类似石化柴油组分的烷烃组分，提高了生物柴油的多项性能，如黏度、十六烷值等。第三代生物柴油主要是将第二代生物柴油的油料来源进行了扩展，从棕榈油、豆油、菜籽油等高含油底物扩展到了一般性的生物质，生产技术主要包括微生物油脂转化技术、纤维素生物质的气化再合成技术。

生物柴油与石化柴油相比，具有显著的优点。①环保。生物柴油含硫量低，二氧化硫和硫化物的排放量可降低约30%；同时，生物柴油不含有芳香族化合物，燃烧尾气的毒害小。②低温启动。生物柴油具有良好的发动机低温启动性能，冷滤点达到-20℃。③安全性高。生物柴油的闪点高于石化柴油，它不属于危险燃料，在运输、储存、使用等方面的优点明显。④燃烧性能好。

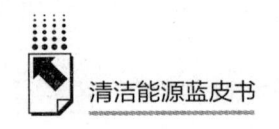

生物柴油的十六烷值比柴油高，在使用时具有更好的燃烧抗爆性能，因此可以采用更高压缩比的发动机以提高热效率。除此之外，生物柴油还具有可再生、可与石化柴油混配等优点。

近年来，生物质柴油作为新兴产业在欧美发达国家（美国、德国、丹麦）高速发展。当前商业化生物柴油主要是第二代和第三代生物柴油。生物柴油产量自2006~2011年以平均年增幅300万吨增长，至2011年达到2200万吨，2012年增速显著放缓，仅增加90万吨，达到2290万吨。欧盟是生物质柴油的生产和消费中心，主要以菜籽油为原料。德国是生物柴油发展最成功的国家之一，占整个欧盟15国总生产能力的50%以上，是世界上最大的生物柴油生产国和消费国。但欧盟2011年调整了政策，限制以食品为主要原料的生物柴油生产量在消费量的5%以内，直接对欧盟地区生物柴油行业产生致命影响，使以菜籽油为原料的生物柴油生产基本停止。美国主要以大豆油为原料生产生物柴油，借助国内过剩的大豆产量，美国的生物柴油产量发展迅猛，对欧盟的生物柴油生产造成了有力冲击。但美国生物柴油的生产量受到大豆生产和供给影响，美国2012年的生物柴油产量为348万吨，仅比2011年增产19万吨。

目前，中国已可以利用菜籽油、大豆油、米糠下脚料等为原料生产生物柴油。清华大学、中国农业科学院、江苏石油学院、天津大学、四川大学、华中科技大学等研究机构和大学纷纷启动生物柴油技术工艺的研究开发，目前已取得了一系列重要阶段性成果。但限于中国国情，中国的生物柴油只能主要以餐饮垃圾、不可食用植物油料作为原料。2010年中国生物柴油的产能在250万吨左右，但限于原料来源等因素，2010年的全国实际产量仅50万吨。

（四）沼气生产技术

沼气生产技术是利用生物质厌氧发酵过程生产气态燃料的技术，主要以动物粪便、秸秆、有机废水等为原料，通过厌氧细菌的分解合成作用产生甲烷和二氧化碳等混合可燃气体（沼气）。沼气是多种气体的混合物，一般含甲烷50%~70%，其余为二氧化碳和少量的氮、氢和硫化氢等，有臭味，其特性与天然气相似。沼气用途广泛，可直接用于炊事、供暖、照明和发电等，此外，还可作汽车燃料以及作为化工原料生产甲醇、甲醛、四氯化碳等产品。经沼气发酵后的料液和残渣有较丰富的营养物质,可进一步开发作为肥料和饲料①。

沼气发酵过程一般可分为三个阶段,即液化阶段、产酸阶段和产甲烷阶段。每个阶段主要由不同的微生物对生物质进行作用。液化阶段主要是在细菌微生物分泌的胞外酶及其自身代谢的作用下,将难溶的生物质降解为糖、有机酸和醇类等可溶性物质。产酸阶段主要是微生物将液化阶段的产物进一步转化为乙酸和氢气。产甲烷阶段则主要是利用不同的甲烷产生菌将乙酸和氢气转化为甲烷。沼气发酵流程一般包括原料收集、预处理、沼气发酵、沼气净化和收集、残渣收集等。其中预处理是为了破坏生物质结构,加快生物质的液化。沼气发酵是一个依赖微生物的过程,根据微生物对温度的适应范围不同,沼气发酵分为常温发酵、中温发酵和高温发酵。沼气发酵有单级发酵和多级发酵之分,单级发酵是产酸阶段和产甲烷阶段在一个发酵池中进行,多级发酵是将第一发酵池中完成产酸阶段的生物质转移至下一发酵池,继续处理获得更好的环境效益和生物肥料。多级发酵可以较好地处理产气和产肥的矛盾。

世界上第一个沼气发生装置是在1860年由法国人设计成功。沼气发酵技术发展迅速。当前的生物质厌氧发酵技术已经相对比较成熟,可以初步实现商业化,已经开始面向规模化应用发展。20世纪80年代以前,中国农村地区普遍以农业秸秆和畜禽粪便进行厌氧发酵,产生沼气用作炊事燃料。80年代后期,中国开始进行大型的沼气工程,农户型以沼气技术为纽带的畜禽、沼气、果蔬三位一体的生态园模式也成为生态农业的发展重点,产业化力度大大加强②。截至2011年年底,全国户用沼气达到3996万户,占乡村总户数的23%,受益人口达1.5亿多人;中央支持建成了2.4万处小型沼气工程和3690多处大中型沼气工程,多元化发展的新格局初步形成;全国乡村服务网点达到9万个、县级服务站800多个,服务沼气用户3000万户左右,覆盖率达到75%。

---

① 陈小华、朱洪光:《农作物秸秆产沼气研究进展与展望》,《农业工程学报》2007年第3期,第279~283页。
② 陈小华、朱洪光:《农作物秸秆产沼气研究进展与展望》,《农业工程学报》2007年第3期,第279~283页。

三 展望

生物质是可再生能源，可替代化石能源转化成液态和气态燃料以及其他化工原料或者产品的碳资源，充分开发和利用生物质能源对整个人类社会的可持续健康发展具有重要意义。当前生物质能源的利用受到了社会的广泛关注和各国政府的大力支持，为了更好地发挥生物质能源对人类社会的贡献，还需要从多个方面进行考虑，多产物联产和区域化管理经营将会有效促进生物质能产业化的发展。

（一）多产物联产

将生物质转化为可直接利用的能源，其终产品附加值很低，如乙醇、柴油和甲烷等。因此，为了能在经济效益上与其他产业相提并论，需要在利用生物质能的同时生产部分附加值较高的产品，如木糖醇、糠醛等化学品。

（二）有效收集和区域化管理

生物质的特点是能量密度低和单位价值低，同时，生物质的分布非常分散，尤其是存量很大的农业残余物。如何有效地收集和运输生物质将是生物质产业的一个关键瓶颈问题。鉴于生物质低能量密度的特点，直接对生物质进行长距离运输在经济上是不可行的。比较有效的策略是建立不同的收集区域，短距离直接运输后进行小范围液化，然后再进一步通过管道集中进行后续的转化。

参考文献

[1] 国家发展和改革委员会：《可再生能源发展"十二五"规划》，2012年8月。

[2] 国家能源局：《生物质能发展"十二五"规划》，2012年12月。

[3] 陈小华、朱洪光：《农作物秸秆产沼气研究进展与展望》，《农业工程学报》2007年第3期。

[4] 程序、朱万斌、崔宗均：《欧盟沼气产业的新资源——能源作物》，《可再生能源》

2011 年第 59 期。

[5] J. A. Ruiza, M. C. Juárezb, M. P. Moralesb, P. Muñozb, M. A. Mendívilb, "Biomass Gasification for Electricity Generation: Review of Current Technology Barriers," *Renewable and Sustainable Energy Reviews*, 2013, Vol. 18, pp. 174 – 183.

[6] 景元琢、董玉平、盖超、郭飞强、董磊:《生物质固化成型技术研究进展与展望》,《中国工程科学》2011 年第 2 期。

[7] 刘志雄、何晓岚:《低碳经济背景下我国生物质能发展分析及比较》,《生态经济》2012 年第 1 期。

[8] 马广鹏、张颖:《中国生物质能源发展现状及问题探讨》,《农业科技管理》2013 年,第 1 期。

[9] 马君、马兴元、刘琪:《生物质能源的利用与研究进展》,《安徽农业科学》2012 年第 4 期。

[10] Sebnem Yılmaz, Hasan Selim, "A Review on the Methods for Biomass to Energy Conversion Systems Design," *Renewable and Sustainable Energy Reviews*, 2013, Vol. 25, pp. 420 – 430.

[11] 魏伟、张绪坤、祝树森、马怡光:《生物质能开发利用的概况及展望》,《农机化研究》2013 年第 3 期。

[12] 杨娟、滕虎、刘海军、徐友海、吕继萍、王继艳:《纤维素乙醇的原料预处理方法及工艺流程研究进展》,《化工进展》2013 年第 1 期。

[13] 杨来、曾少军、曾凯超:《中美新能源战略比较研究》,《中国能源》2013 年第 3 期。

[14] 张景强、林鹿、孙勇、Mitchell G、刘世界:《纤维素结构与解结晶的研究进展》,《林产化学与工业》2008 年第 6 期。

[15] 赵檀、张全国、孙生波:《生物柴油的最新研究进展》,《化工技术与开发》2011 年第 4 期。

Status and Prospect of Biomass Utilization Technologies

Li Bingzhi   Yuan Yingjin

Abstract: Biomass is a widespread, easy access to energy, the history of human society can be regarded as a biomass resource utilization history. The history of use of biomass can be traced back to Zuanmuquhuo barbaric society. With the development of human society, we have higher requirements for utilization of biomass energy, such as environmental protection, utilization, economic and other aspects. The status about biomass utilization is reviewed on the aspect of solidification technology of biomass, electricity generation from biomass, liquid fuels production from biomass. And according to the characteristics of biomass energy, some strategy and direction are proposed for the future development of biomass energy.

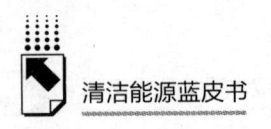

Key Words: Biomass Energy; Cellulosic Ethanol; Biodiesel; Electricity Generation from Biomass; Biogas

B.10 农业森林残渣生物质能对减排温室气体的贡献分析

Andrea Salimbeni Valeria Magnolfi*

摘　要：

　　农业、森林残渣等副产物代表了一类潜在廉价可再生替代物，通过它们产生的能量对人和自然都是友好的。新的技术可以通过回收、再利用残渣来达到保护环境和可持续发展的目的。这篇文章概述了多种生物质残渣经济化方法，尤其是一些碳友好的方法。通过生物质残渣生产生物燃料、电、生物化学品和生物塑料，代表了一类有价值的、部分替代化石燃料并降低全球温室气体排放的解决方法。

关键词：

　　残渣生物质　温室气体减排　生物质处理技术　纤维素生物燃料

一　引言

生物能源可以通过多种的原料和途径得到。这些方法和它们的组合决定了不同种类的生物能源有不同的温室气体排放强度。另外，我们可以计算生物能源的温室气体排放，然后用诸如生命周期分析的方法来比较，而且很多研究已经展开。这些问题代表了一个真正的科学矛盾，并导致了现在科学界里的持续争论。

如果我们不看这些矛盾，不考虑种植，而仅关注从残渣里生产生物能源，我们会发现这种能源获取方式具有更高的减排潜力。

---

* Andrea Salimbeni，Valeria Magnolfi：欧洲生物质工业协会生物质处理研究专家。

二 生物质残渣

(一) 来自残渣的能源概述

多种生物质原料可以根据它们对温室气体减排的效果来排序。根据相关来源,排名前三的是:纯废物(例如下水道污泥、牲畜粪便、泥浆和城市废物)、农业残渣、森林残渣。

城市固体废物、下水道污泥和牲畜粪便的有机成分可以用作无氧分解系统的原料。有机质的无氧分解在技术上比较成熟,减少废物体积的同时还可以利用分解后的营养物和产生的沼气。得到的沼气可以用来小规模地烹饪和供热,同时大型热电联产(CHP)可以用沼气供能。不管什么情况,气体利用可以减少化石燃料的利用,直接或间接减少了温室气体排放。

其他来自森林和农业活动中的固体生物质的经济化方法正在开发。

森林覆盖了31%的地球表面,大约40亿公顷,同时农田也占了14.7亿~15.3亿公顷的土地。所有的这些面积都可以被看成生物质残渣原料的来源,这些残渣可以被经济化利用生产能源和其他生物产品。全世界每年产生的大数量作物残渣——玉米秸秆、稻草和米加工厂产生的糠以及甘蔗残渣和坚果壳等,可以被转换为高价值的能源。

根据最近一篇重要的文献综述,从一些土地上移除任何生物残渣会降低土壤质量、导致侵蚀并使土壤碳流失,并造成作物产量和收益的降低。在其他土壤上,一定程度的移除是可持续甚至有益的。

例如,收割后废弃在土地里的油棕榈残渣会在分解过程中导致大量的甲烷释放,而这些废物可以被用来生产有用的造纸纤维和化学品。另外,棕榈油工厂的流出液可以被转化为沼气,并用来为工厂供能或卖电。

(二) 森林残渣

森林和木材加工残渣在生物能源生产上具有很大的潜力,它们来自伐木残渣、锯木渣、胶合板和刨花板的生产。

在家具行业，对于木材预处理的各种工序大概占到了全球木头残渣重量的45%，而锯木厂也产生了52%的残渣。这些废物主要由锯末、下脚料和刨花组成。

开发采木道路和林木间伐（小树林间伐、老树林砍伐来获得木头和纸浆）同样产生有用木头残渣。通常25%~50%体积的森林残渣可以收集。另外，被昆虫、疾病毁坏的林木也是生物质的很好来源。

不过，树林残渣的低密度和低燃料值以及运输成本，是它们充分利用的主要障碍。

（三）残渣降解产生的温室气体排放

森林业产生的残渣通常当场烧掉或让它们腐烂。

木材腐烂通常是由微生物酶活动产生的木头变质。储存多年的大堆伐木残渣，当体积和湿度都足够产生无氧发酵时，会导致甲烷释放。散落的木质生物质残渣降解的情况不同，因为它们降解不会产生任何甲烷和氮氧化物释放。无论如何，对于死木腐烂速率的准确估计对于定量理解森林碳动力学是关键。从死树中释放到大气中的碳可以用死亡时间和木头密度来简单估计。

估计的森林里降解碳的排放可以和生物燃料厂里处理、运输和利用的排放相比较。

（四）农业残渣

上文提到，全球可耕种土地大约为14.7亿~15.3亿公顷。能源和油类作物，以及谷物和其他作物的种植会产生大量的残渣。在很多情况下，植物只有很小一部分被利用并用来获得主要的市场价值。例如，甜高粱、玉米和油菜籽主要是利用它们的谷粒。谷粒也是向日葵、大豆的主要产品，它们用来生产油用于能源和饮食行业。用这些植物种子来生产能源会给全球食品生产造成负面影响。事实上，土地利用问题是关于生物能源环境可持续性的最有争议的问题。通常，整个植物的剩余部分被储存起来，作为多种用途的木质纤维素残渣。当然，这些残渣的一部分用做肥料，并返回一部分在植物生长过程中吸收的氮。尽管如此，每公顷土地仍有大量的残渣可以用来作为绿色能源的原料。残渣的处理是生物能源生产中最可持续的一个环节。植物生长过程中吸收的碳很多，收割和储存是必需的，它们可以看作传统农业活动的一部分。

许多不同的精炼过程适用于农业残渣。最好的解决方法可以通过评估可用残渣的量、具体的生物质化学组成和特性等几个方面来决定。

三　生物质残渣经济化策略和不同的处理技术

固体残渣的经济化可以带来可观的温室气体减排，降低和替代在生物燃料、电力、生物化学品和生物塑料生产方面的化石燃料利用。然而，一个有效的供应链依靠以下几个方面：①收割和收集的效率；②新鲜生物质的水分和是否需要干燥；③运输和储存时的降解情况；④体积密度，低体积密度降低运输效率。

另外，各种不同的残渣显示了它们不同的特性。这些特性在不同温度和处理下可以改变残渣的表现。下面这段将概述生物质精炼技术、生物精炼过程和生物产品。

全局生物质供应链的物流策略是需解决的第一问题。种植园里的油棕、稻谷和其他短周期矮林的残渣代表了一类用来精炼的固体生物质的有价值的来源。同时，考虑到未来绿色能源和绿色产品市场的发展，我们必须也考虑所有的森林残渣。

（一）高效生物质供应链的物流策略

生物质收集系统策略的确定必须考虑到不同的种植和森林情况。来自不发达地区农村新鲜生物质残渣通常被留在了土地上，或直接烧掉。在这种情况下，收集活动在管理良好的土地和干净的地方更容易。相反的是，森林通常不是管理良好和容易进入的。管理过的林地更适合有效的收集。这样的话，最大的木材残渣被收走了，但是小的树枝等小残渣就被留在土里了。在更差的情况下，在森林里的木材残渣全被留在地里。收割后，残渣里含有40%～50%的水分，因此变质很快。除了变质问题，生物质原料中的水分会影响原料的体积密度和能量密度，因此使得运输和储存在经济上不划算。为了提高供应链效率，现在采用了几种不同的技术。

（1）削片。削片是破碎机产生的颗粒。削片的能量密度大约是 0.122 TOE/m³。削片可以提高体积密度但不能降低含水量。

（2）造粒。削片技术在把生物质精炼到更高级的程度（造粒）之前用作第一步运输的解决方案。农业林业残渣的造粒产生紧致的小颗粒，湿度为10%，还有很高的能量密度（0.285 TOE/m³）。农业林业小颗粒可以直接用于和20%煤共燃烧的发电厂。跟削片相比较，造粒在可降解性降低的同时，使生物质的能量密度变成了原来的2倍以上。小颗粒贸易可以使政府确定从森林到利用单元的国内和国际生物质物流策略。

（3）干燥。在250℃~300℃下干燥极大地提升了小颗粒的品质，使它们成为真正的生物质商品。湿度变为3%，能量密度进一步（20%）提升。干燥后的小颗粒易于吸水，不含氯，焦油量很低，这在热化学处理中造成了一些问题。

现在已经开发出了移动削片单元，构成了在各种状况下生物质原料的高效收集和运输系统。另外，可以在收集削片处设置集中造粒单元。这种技术降低了湿生物质的降解并极大提升了能量密度（20%）。造粒后，长距离运输服务可以将物料送到不同的生物质处理设备。从这里我们可以考到生物质供应链的一个蓝图（见图1）。

（二）生物质处理技术

生物质的燃烧是一个成熟的技术，而且全世界都在采用。当前，它是全球最常用的生物能源生产技术。生物质和化石燃料共燃烧的技术正在大幅增长以生产电力和热能。然而，本文只关注促使生物电力和生物燃料市场增长的新处理技术。

因为现有科技的革新和木质纤维素产品的价格降低，许多运用新技术的项目正在增长。截止到现在，有两种方法来处理生物质残渣。①生化处理：用酶和其他微生物来进行水解和分离。生物质可分离为三个主要成分：木质素、纤

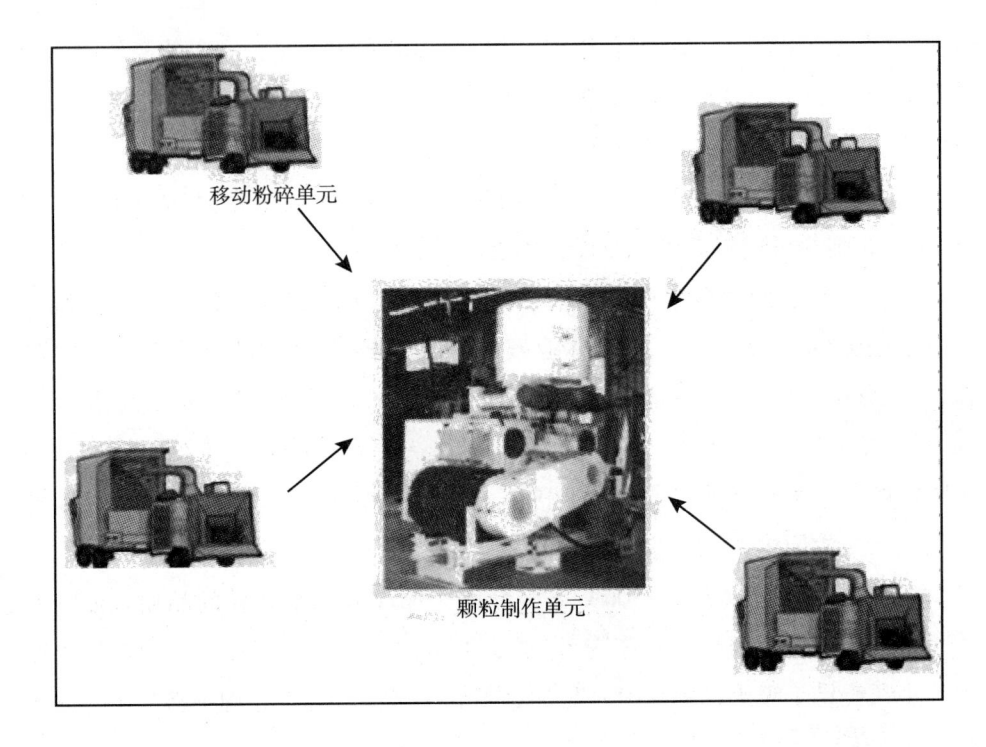

图 1　生物质残渣供应链策略简化示意

维素和半纤维素。分离后，纤维素和半纤维素用来生产生物燃料和化学品。纤维素和半纤维素酸解或酶解产生可发酵的糖，然后生产乙醇、碳基聚合物和其他生物产品。木质素用于生产烃类等化学品。②热化学处理：热解/气化技术可以生产合成气，从而生产各种长碳链生物燃料，例如合成柴油（Fisher Tropsch）或航空燃料。

（1）固体生物质的生化处理是基于分离技术得到三种不同的成分：木质素、纤维素和半纤维素。木质纤维素是一类含有这三种成分的生物质。它还含有水和少量蛋白质和其他化合物，这些组成在结构上作用很小。在木质纤维素结构中，纤维素保持晶体纤维结构，是整个结构的核心。半纤维素位于纤维素微纤丝和大纤丝之间。木质素作为整个结构的支撑。

要把木质纤维素生物质转换为生物能源，预处理是关键的一步。它改变了纤维素生物质的结构，使得纤维素更容易被酶靠近，从而把糖聚合物降解为可发酵的糖。预处理被认为是整个糖降解过程中最昂贵的一步。人们研究了很多种方法（酸、有机溶剂、蒸汽爆炸、氨爆、碱水解等），然而，这些预处理方法还是很贵的，而且木质纤维素燃料市场跟第一代生物燃料和生物柴油还不能相比。然而，生物化学品、生物塑料市场是这个新兴技术的发展目标。

（2）在无氧条件下的生物质热化学降解生产出不同的生物产品：焦炭、液体（生物油）和气体。热解时不同的生物质加热速度会产生不同比例的固、液、气比例：中速、高速和闪热（2秒，600℃）。闪热解可以使生物油生产达到70%~80%。然而，这个技术还没有大范围应用，因为产生的生物油不稳定（在储存时分离）。热化学技术中，气化是应用最广泛的。传统燃料（煤）的气化已经在世界范围内达到920亿MWth的产量，而且还可以在2016年增长到1310亿MWth。这是因为得到的产品——合成气——不仅可以作为产热产电的燃料，还可以作为石油产品的原料。生物质的气化也可得到同样的效果，所以可以生产很多现在用化石原料生产的产品。①绿色能源（蒸汽涡轮的燃料）；②生物化学品（催化裂化，生产乙烷、乙烯等）；③生物燃料（运输）；④合成气（重整）；⑤氢气（石油化工、能源）。

生物质气化困难的主要问题是焦油和灰。生物质灰的熔点比煤要低，气化过程中熔化的灰会造成堵塞、腐蚀等问题，进而损坏气化器。同时，焦油（芳香烃）在精炼时（400℃~500℃）会冷凝，造成结焦。然而，液化/流化床汽化器技术可以降低灰熔效应，改善灰移除。这些气化器可以在1200℃~2000℃下操作，需要生物质是非常细小的颗粒。烘焙过的农业林业残渣可以直接研磨，然后放入这些气化器。现在，企业正在开发这个技术，把它作为替代化石燃料成为能源和化学品的新选择。生化和Fisher Tropsch生物柴油仍然比市场上其他化石产品贵，也是因为生物质残渣物流系统和供应链还没有建立好，同时气化技术仍需要大规模发展。

四 木质纤维素生物质主要产品和市场预期

（一）木质纤维素生物燃料生产和市场预期

木质纤维素生物燃料现在是非常有前途的生物产品，但它现在和第一代生物燃料相比还是太贵。只利用玉米和糖作为生物能源来源有两个挑战：玉米和糖无法替代 5.4×10^{20} J 的全球燃料消耗，而且从食物作物大量生产生物燃料不可避免地影响食物和燃料价格。然而，能利用固体残渣生产生物燃料的话，一方面可以降低原材料价格，另一方面生物质全球产量可以支持非常大的能源产业。纤维素和半纤维素可以被酶解产生糖，进而发酵产生乙醇。根据木质纤维素的来源，1吨原材料可以生产大约110～300升乙醇。另外，作物价格正急剧上涨，土地利用问题也开始越来越重要。木质纤维素生物燃料的价格仍然太贵，使其无法进入全球市场。现在预期认为木质纤维素燃料能在3年内成为真正意义上的商品。图2显示了木质纤维素燃料市场在未来几十年里会增长迅速。这个估计非常乐观，来自残渣的木质纤维素乙醇可以占到全球运输燃料需求的27%，而现在只有2%。

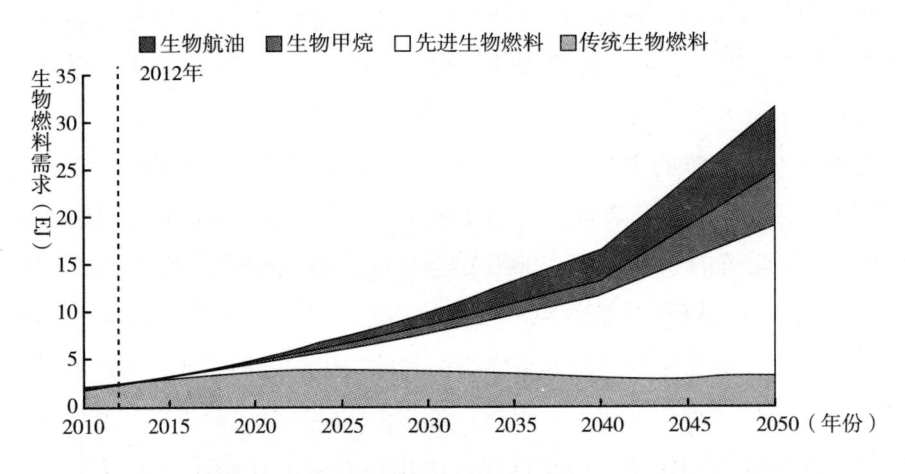

图 2　全球生物燃料需求预测（2010～2015年）

注：至2050年，生物燃料在运输燃料中的比例将由现在的3%提高至27%。
资料来源：Technology Roadmap – Biofuel for Transport, OECD, 2011。

（二）生物化学品生产和市场预期

在化学品工业，精炼碳燃料一般有三种方法，这三种不同方法的使用与不同的大宗化学品直接相关。①通过天然气的蒸汽重整合成气体（H_2、CO等）：氨气、甲醇、氢气；②通过乙烷或石脑油的蒸汽裂化生产更低烯烃产品：乙烯、丙烯、丁二烯；③通过乙烷或石脑油蒸汽裂化生产芳香类化合物：苯、甲苯、二甲苯；④利用石油精炼得到的烯烃生产乙烯、丙烯。

最近完成的一个报告发现生物基化学品和材料工业已经达到了一个临界点，市场份额有望在2016年翻一番达到197亿美元，届时全球制造业总产值也将增加140个百分点。根据这篇名为《全球生物质化学品产值按比例增长》的报告，全球17个主要生物质材料的产值2013年将翻倍，增长到380万美元。在今后的五年，这一产值有望达到920万美元。此外SBI Energy预计生物基化学品市场在2021年将增长到122亿美元，生物基化学品的产量在2019年可达到115.2亿千克。

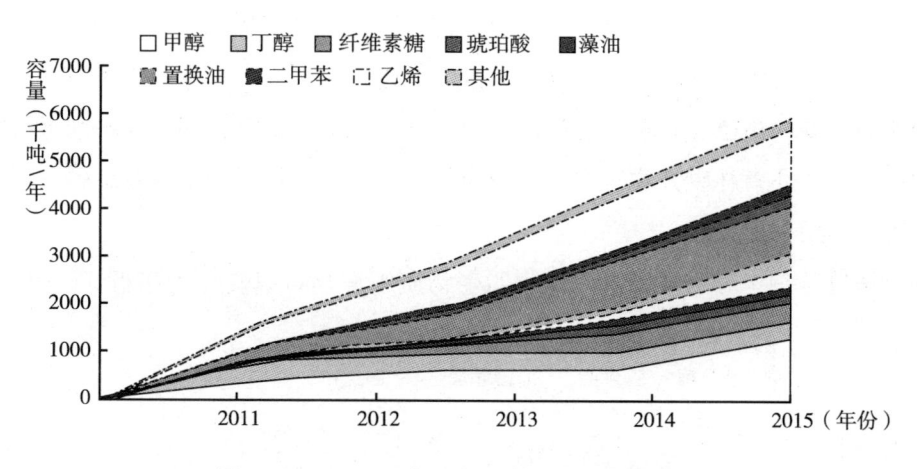

图3　2011~2015年生物化学品市场容量预测

注：如果第一代和第二代的材料都能得到应用，那么生物基化学品在英国化学品市场上能到17%的份额。

资料来源：1. Adapted from ICS/Nexant 2012, Bio - based Chemicals on the Last Track to Commercia - lization; 2. BERR, 2009。

关于生物塑料，在2011年甘油和乳酸占有超过2/3的生物基化学品市场。然而，到2021年这个市场份额可能会收缩到原来的53%，同时生物质聚乙烯（PE）和表氯醇（ECH）的份额在2011~2021年内可以增长10倍。从2006年到2011年，生物塑料产量增长1500%，达到总计470000吨的产量，同时生物质材料达到了10.9%的市场占有率。一个来自University of Utrecht的研究表明,生物塑料的市场会很快增长,将从2010年的36万计量吨增长到2020年的294万计量吨。最后,"Ireland Research and Markets"的报告表明,全球生物塑料市场有望在2016年达到77亿美元,其全球复合年增长率(CAGR)为24.3%。根据其他报告,地区分析表明预测亚太地区在2011~2016年可以达到25.7%的增长率。

五 温室气体排放和能源节约

上文提到的生物基产品在化石燃料主导的市场中仍然只占相对很小的比重。这主要是由于这些生物生产过程的成本太高,还无法与传统石油化工行业相比。然而,不可否认,以生物质废弃物为原料的生物燃料和生物化学品的生产具有显著的碳节约以及温室气体减排的效应,生物基产品生产正在全球经济中扮演重要的角色。新技术通过回收和再利用废弃物,支持环境保护和可持续发展。农业和森林废弃物等的副产物回收利用,则体现了成本高效、碳友好的一种生物质利用策略。

全世界每年可以被可持续回收的生物质废弃物可以转化为接近 5×10^{19} 焦

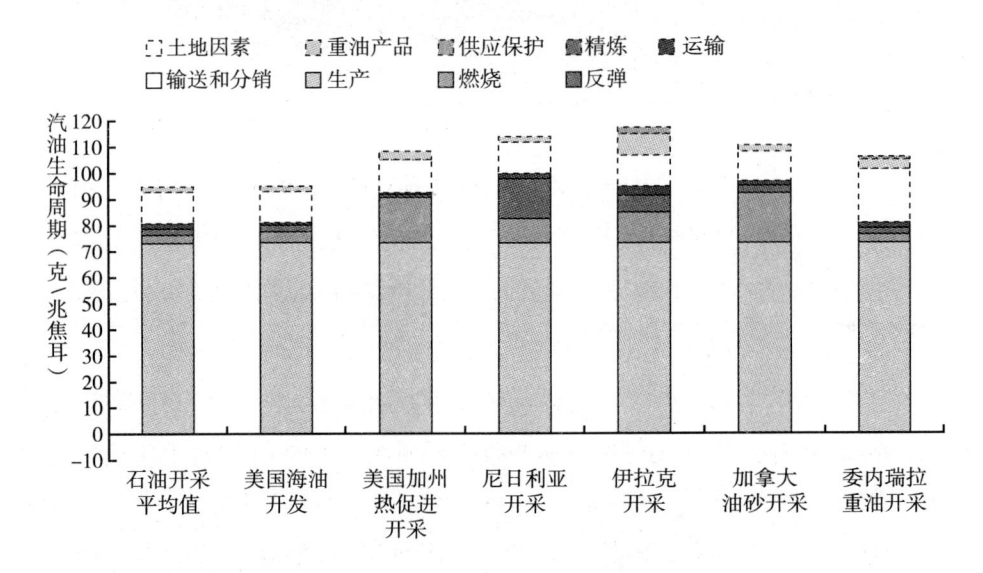

图4 不同原油生产方案的温室气体排放汇总

耳的能量，而且，根据未来的作物产量以及可持续回收的废弃物量估计，到 21 世纪中叶和 21 世纪末，这一数据可以达到将近 $8\sim 9.55\times 10^{19}$ 焦耳。环境政策、废弃物收集和运输的经济性也会影响这一评价。

来自生物质废弃物的生物燃料、生物电、生物化学品以及生物塑料确实为更健康的能源市场指出了有价值的解决方案。这里给出一些关于化石原料和绿色产品相关的碳排放量数据，用于比较。

石油的温室气体影响估计值为 $90\sim 120\text{g }CO_2\text{e}/MJ$（每百万焦耳汽油消耗产生的 CO_2 克数），这个数值由石油的来源和非直接排放影响的程度决定。最大值反映的是非传统原料和重油，这两类供应占目前全球供应量的 10%。

图 5 是一个简短的关于秸秆木质纤维素生物乙醇产业链的温室气体排放的概述。图中给出了 4 个不同的分类和生产工艺：DA，稀酸转化工艺；DAp，耦合五碳糖发酵的稀酸转化工艺；EH，酶转化工艺；EHp，耦合五碳糖发酵的酶转化工艺。

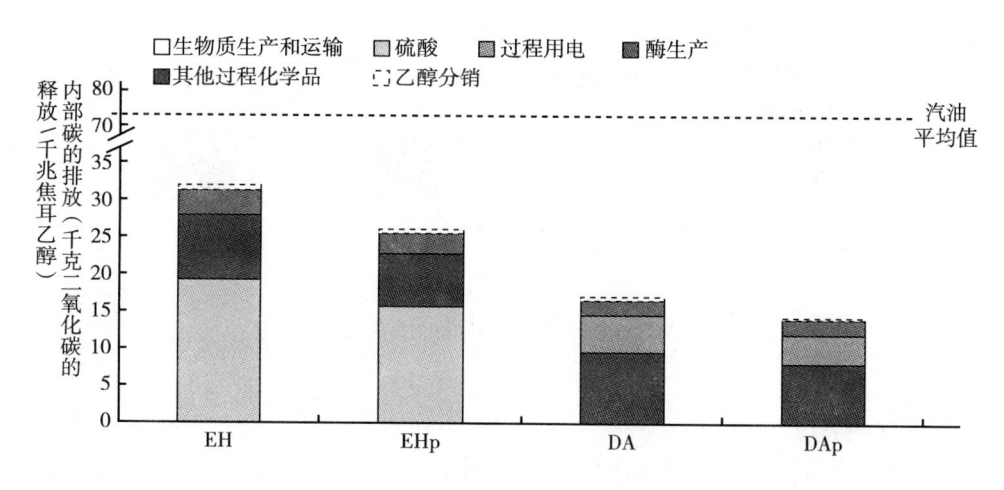

图 5　秸秆纤维素乙醇的温室气体排放

资料来源：Imperical College, The Greenhouse Gas Emissions Performance of Cellulosic Ethanol Supply Chains in Europe, 2009。

然而，生物质利用对碳排放影响的稳定经验估计是需要让公民和政策制定者知晓的。从粮食生产数据出发，可以分析出农业废弃物和森林废弃物总量，还要考虑到部分原料需要残留在地里保持水土和土壤养分。

与汽油相比，生物质利用全部基础工艺大幅减少了碳排放（56%~82%）。对于酶解工艺，酶的生产导致最多的排放（50%~60%），仅次于此的是转化过程中的电消耗（22%~28%）。对于酸水解工艺，最大的排放来自电消耗（40%~55%）。对于软木工艺，生物质的排放贡献大约为16%~30%，然而对于基础秸秆工艺这一排放是可以忽略的。在所有的例子中，其他过程的化学品的排放很小（4%~8%），而且与运输和分配相关的排放是可忽略的（0.5%~1.5%）。使用五碳糖发酵的工艺都比没有五碳糖发酵的工艺的排放更低，表面渐进式改进在提高乙醇得率方面有优势。

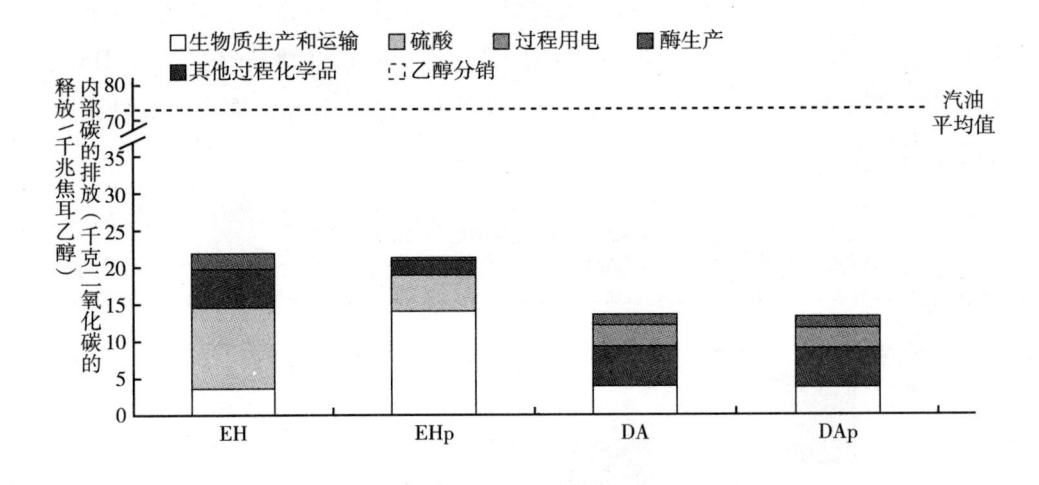

图6 木质纤维素、乙醇的温室气体

生物质利用开发的潜能主要在发展中国家，例如中国、拉丁美洲、东南亚以及印度。中国、美国以及印度等目前的能源净进口国是拥有生物质废弃物量最大的国家。在许多应用中，农业和森林废弃物都是绿色能源代替化石燃料的一个不可忽视的来源。支持生物质作为有前途的能源有三个主要原因。第一，石油和天然气成本在接下来若干年即将增加，然而生物质加工工艺正在朝降低成本和提高效率的方向发展。第二，不管是维持100年还是200年，化石燃料储备终将枯竭。第三，自几百年前开始的化石燃料利用造成了全球变暖、酸雨和海洋污染等不良后果。碳减排和温室气体减排已经迫在眉睫，一个新的全球性的基于生物质的市场将实质性地推动这一变革。

（李炳志　编译）

参考文献

[1] C. Bowyer et al., The GHG Emissions Intensity Of Bioenergy IEEP 2012.

[2] The Global Forest Resources Assessment 2010 (FRA 2010).

[3] P. S. Thenkabail et al., A Holistic View of Global Croplands and Their Water Use for Ensuring Global Food Security in the 21st Century through Advanced Remote Sensing and Non-remote Sensing, Approaches, Remote Sens, 2010, 2.

[4] S. Corsi et al., "Soil Organic Carbon Accumulation and Greenhouse Gas Emission Reductions from Conservation Agriculture: A literature Review," *Integrated Crop Management*, Vol. 16, 2012.

[5] W. W. Wilhelm et al., "Crop and Soil Productivity Response to Corn Residue Removal: A Literature. Review," *Agronomy Journal*, Vol. 96, No. 1, January-February 2004.

[6] D. L Kin Mun et al., Be Sustainable, 2012.

[7] Jay. S. Gregg et al., Global and Regional Potential for Bioenergy from Agricultural and Forestry Residue biomass, Mitig Adapt Strateg Glob Change (2010) 15: 241-262.

[8] O. Vecchi, Biofuel Production in Central Italy, 2008.

[9] Geert Potters et al., Promising Biofuel Resources: Lignocellulose and Algae, 2010 Nature Education.

[10] R. Slade et al., Imperial College, The Greenhouse Gas Emissions Performance of Cellulosic Ethanol Supply Chains in Europe, 2009.

[11] Phil Webster et al., A Market Overview on Bio-based Fuels and Chemicals, 2012.

[12] Lux Research, 5 dec 2011.

[13] Assessment of Direct and Indirect GHG Emissions Associated with Petroleum Fuels, 2009.

[14] P. F. H. Harmsen, W. J. J. Huijgen, L. M. Bermúdez López, R. R. C. Bakker, Literature Review of Physical and Chemical Pretreatment Processes for Lignocellulosic Biomass, Wageningen UR, Food & Biobased Research, 2010.

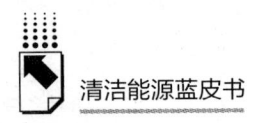

Analysis of Contribution to Reducing Greenhouse Gas Emissions by the Biomass Energy from Forestry and Agricultural Residues

Andrea Salimbeni   Valeria Magnolfi

Abstract: Co-products such as agricultural and forestry residues represent a potential cost-effective, renewable alternative: the energy generated through them is friendly to both human and environment health. The new technologies highly favor environmental protection and sustainable development by recovering and re-utilizing residues. This article aims at providing an overview of the various biomass residues valorization paths, focusing on the most carbon friendly ones. The production of biofuels, electricity, biochemicals and bio-plastic from biomass residues surely represent a valuable solution to partially replace fossil fuels and decrease global GHG emissions.

Key Words: Biomass Residues; GHG Emission; Processing Technology for Biomass; Lignocellulosic Biofuels

B.11 与清洁能源协同发展的智能电网

蔚芳 张粒子 王昀昀 章超*

摘 要:

智能电网的发展将有效地助力电力系统清洁、高效发展,同时极大地促进可再生能源和新能源产业以及通信、互联网产业的发展,带动相关技术及产业创新,拉动经济增长,引发新一代智能生活模式,推动社会发展。因此,中国应将智能电网规划和建设作为能源发展战略的主要组成部分。

由于各国能源资源状况、电网发展历程和电力体制及国情均不相同,智能电网规划的目标和建设方案也必然各具特色。智能电网的建设依托于智能电网技术的发展。智能电网技术涵盖信息支撑和决策技术、新型的输电技术和系统安全稳定控制技术、智能配电技术、高级测量技术、云数据处理技术等。其中新型输电技术和大规模可再生能源接入与控制技术以及智能配电技术是发展、建设、实现智能电网的重要环节,欧美各国和中国非常重视这些技术的开发。

智能电网的发展必将深刻地影响未来电力市场的发展模式,进而推动经济社会与能源产业和环境的和谐发展。

关键词:

智能电网 智能输电技术 智能配电技术 需求侧响应 电力市场

---

* 蔚芳,博士,华北电力大学博士后,研究方向为风力发电技术、电力系统自动化;张粒子,博士,国际清洁能源论坛(澳门)理事,华北电力大学教授、博士生导师,电力系统经济运行领域学术带头人,现任中国电机工程学会电力系统专委会委员和电工数学专委会委员,北京电机工程学会理事;王昀昀,硕士研究生,华北电力大学电力市场研究所,研究方向为电力市场;章超,硕士研究生,华北电力大学电力市场研究所,研究方向为电力市场。

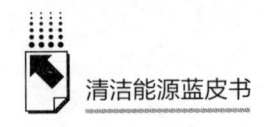

一 智能电网概念产生的背景

（一）电网面临的挑战与智能电网概念的提出

世界电力工业发展130年来，电网的主要功能是将公用电厂生产的电能安全、可靠地输送到终端电力用户，而这些公用电厂是由一个电力调度机构统一进行发电调度和控制的。进入21世纪后，随着经济社会发展对电力供应的依赖程度与日俱增[1]，化石能源资源紧缺和化石能源消耗引起的气候变化和生态环境破坏日益严重，分布式电源和可再生能源发电技术及其应用发展迅速。与此同时，风电等可再生能源和分布式能源的大量接入，给电网的安全稳定运行带来了前所未有的冲击和变革的生机——具有波动性、间歇性、不确定性和逆调峰特性的风电接入电网，使得原来依靠传统电源实现电力平衡的单向控制方式变得"力不从心"，还要充分利用分布式电源、可中断负荷、电储能系统等需求侧电力资源，使电源和负荷协同、互动来保障电力系统的实时平衡和电网安全。面对电力工业运营模式正在发生的根本性变化，电力工业界开展未来电网愿景规划研究，提出了智能电网（Smart Grid）的概念。

（二）智能电网的发展及其意义

2005年美国明尼苏达大学（University of Minnesota）的两位教授马苏德·阿明（Massoud Amin, S.）和沃伦伯格（Wollenberg, B. F.）在学术论文"Toward a Smart Grid"（发表于 *IEEE Power and Energy Magazine*）中提出了"Smart Grid"即"智能电网"的概念，并指出智能电网需将基于计算机、控制和通信先进技术的实用方法、工具和技术应用于电网及其他基础设施以实现局部自我调节，同时文章还提到了智能处理器、即插即用技术、自我诊断的监视系统、电网自适应和自愈以及电力系统计算机网络化等在智能电网中的应用。

生态环境问题、化石能源资源短缺、经济危机、清洁能源发电接入以及电网自身不断发展需要等多方面因素，构成了世界各国大力研究和建设智能电网的主要驱动力。然而由于社会经济、资源禀赋和电网发展现状的不同，各国对自身智能电网的发展规划也各有侧重。

美国电科院（EPRI）于2001年在美国未来电网规划的研究中就提出了"Intelligrid"概念（后来也统称为"Smart Grid"）。2002年5月，美国能源部（DOE）公开发布了题为《全国输电网研究》（National Transmission Grid Study）的报告[2]，提出了实现美国现代电网建设51条建议。2003年6月，美国能源部发布题为《2030年的电网——下一个百年电力蓝图》（"Grid 2030"—A National Vision For Electricity's Second 100 Years）的报告，提出了美国智能电网长远发展的蓝图。2008年美国爆发次贷危机，社会面临近30年来最为严重的经济大萧条。美国政府频频出台各种强力干预措施，力图将危机范围限制在金融领域，但收效甚微。为了促进可再生能源、新能源、信息和通信等领域科技创新，进而拉动需求、创造就业机会，实现经济复苏，奥巴马政府显著提升了智能电网的战略地位，强调发展成熟度较高、商业化前景明朗的技术，提升电网基础设施建设对于清洁能源发展及经济、就业的带动作用；将布什时期以高温超导、可再生能源和分布式系统并网、储能与电力电子技术、可视化与控制以及输变电设备升级换代等为主导的输电网智能化发展的技术路线，调整为以清洁能源、信息与通信技术为先导并更侧重于配电网智能化发展的技术路线，同时强调通过广域测量系统（WAMS）等先进技术提高电网整体的可靠性。目前，美国在推动智能电网建设的组织机构、激励政策、标准体系、关键技术研发、宣传和人力资源保障等方面已经取得了重要进展。

欧洲新一代电网规划起步同样较早，在1998~2002年实施的欧盟第五框架计划中就开设了"欧洲电网中的可再生能源和分布式发电整合"专题。2005年，"智能电网欧洲技术论坛"正式成立，2006年欧盟推出了研究报告《欧洲智能电网技术框架》。欧盟规划的超级智能电网（Super Smart Grid）实质上是将高压直流输电网络与智能电网结合起来的广域智能电网。欧盟计划建设覆盖欧盟甚至中东北非的超级智能电网，以充分利用潜力巨大的北非沙漠的太阳能和风能；同时，开发智能电表、分布式发电自动接入平台和电动汽车充放电平台等以用户为中心的技术，实现电网各类用户（包括发电商和消费者等）的智能接入，达到高效、可持续、经济和安全输送电力的目的，提升电网客户满意度。欧盟认为智能电网涉及技术、市场、商业、环境、标准化、监管框架、信息通信技术、社会需求和政府政策等内容。

中国清华大学卢强教授早在1999年就提出"数字电力系统"的概念。中国国家电网公司于2005年开始进行数字化电网和数字化变电站的框架研究和示范工程建设，并于2009年提出建设以特高压为骨干网架的坚强智能电网。2011年3月，智能电网建设被列入国家"十二五"发展规划。中国智能电网建设侧重于全面提高大电网运行控制智能化水平，以提升电网大范围优化配置电力资源的能力、促进可再生能源大规模开发利用的能力、提高电网抵御重大故障和自然灾害的能力以及提升供电可靠性与服务水平；同时，推动智能电网整体产业链的发展，在实现电网跨越式发展的基础上带动整体经济的发展。目前中国的智能电网建设已在标准规范制定，特高压输电示范工程建设，智能变压器、智能的 GIS、光纤复合低压电缆、电动汽车充换电设备及其控制系统技术研发等诸多方面取得了重大的突破。

美国著名趋势学家杰里米·里夫金在最新出版的《第三次工业革命》中指出[3]："今天全世界23%的人得不到供电，25%的人只能得到部分供电。这说明目前的能源分配模式不能满足需要。新的工业革命中，每座大楼都将变成能源生产的来源，因此需要一个通信网络来分配这些能源。在接下来的半个世纪里，第一次和第二次工业革命传统的集中经营活动将被第三次工业革命的分散经营方式取代，标志着合作、社会网络和行业专家、技术劳动力为特征的新时代开始。"由此预言，一种建立在互联网和新能源相结合（智能电网）基础上的新经济即将到来。

在智能电网催发下，预期2005～2030年全球在输配电方面的投资如图1所示。从图1中可以看出，中国、美国、欧洲、亚洲其他地区的输配电投资是相当高的，智能电网将带动全球经济快速发展。

在发展智能电网过程中，可以带动的相关技术发展的产业如图2所示。从图2中可以看出，智能电网发展涉及的产业之多，覆盖社会资源之广，对全社会都将产生重要变革。

因此，智能电网将引发新的时代模式，给社会各界带来一系列新鲜血液，将加快全社会自动化和新兴产业发展进程，引发新的经济增长模式，促进经济繁荣。

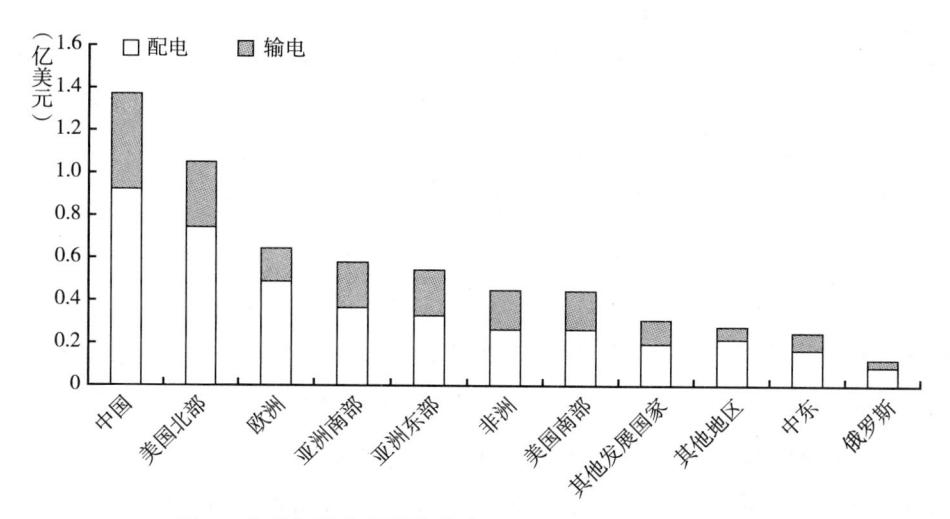

图 1　全球各国在发展智能电网中输配电项目的预期投资

资料来源：IBM 公司：《智能电网展望》，2011。

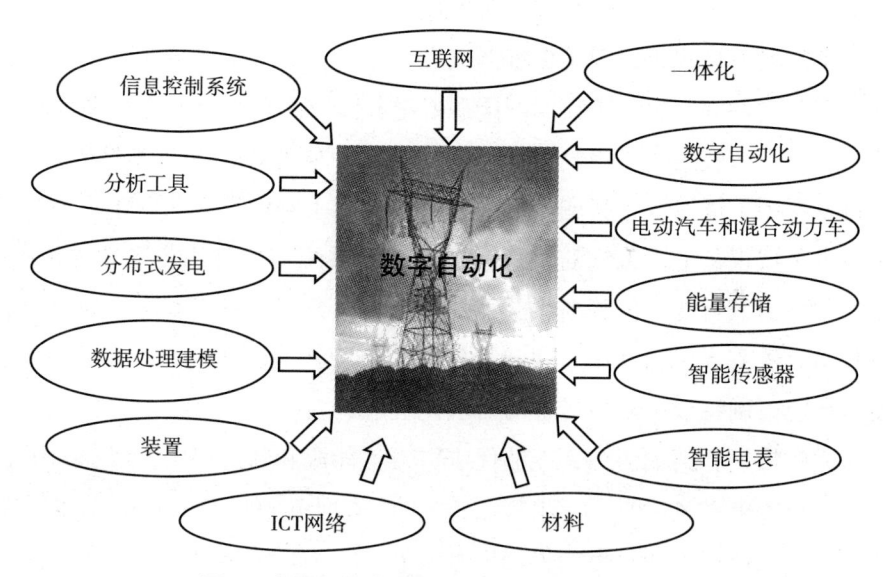

图 2　发展智能电网需要的相关技术研发产业

资料来源：IBM 公司：《智能电网展望》，2011。

二　智能电网的定义及功能特点

目前，国际上普遍认同未来电网应该更加"聪明"，更加有"智慧"，在

电力系统的发、输、配、用各个环节上全方位地实现智能化，并将更安全、更可靠、更高效、更经济、更为环境友好，因而被统称为智能电网。但因为各国国情不同，不同国家或地区的智能电网在内涵和发展的侧重点上都有明显的差别，所以，目前对智能电网还没有标准的定义。

美国、欧盟和中国所规划的智能电网，特色鲜明，颇具代表性。表1中列出了美国、欧盟和中国的智能电网定义、目标取向和特点[4~7]。综合各国智能电网的理念和共性，本文给出智能电网的定义为：智能电网是一个具有多元能源、多方位接纳能力、广泛分布的电能输送网络，可以智能化地配置连接到它的所有参与者的资源，其参与者除输电、配电方外，还包含发电、用户和其他兼而有之者，并以互联网为信息介质，汇集监测分析所有参与者的所有电信息，提供实时信息并且能够在设备层级上保证瞬时的供需平衡，从而高效地提供可持续的、安全的、优质的和经济的电力供应。

未来的发电模式不再限于传统的火电、水电或者核电等方式，风电和光伏发电正在蓬勃发展，更多更新的新能源发电技术和发电形式将会不断涌现。这些新兴的发电模式无论是规模大的发电厂还是分布式发电、微网或者发电量较小的自发自用个体发电，智能电网都将提供有利于它们接入的方式。未来的电力用户也不仅仅是电力系统的负荷，还可以为系统提供备用容量和平衡电量；智能电网将引入智能电表等高级测量技术，为电力用户提供双向、分时的电能计量和结算等服务，并利用互联网实现中小电力用户对电力市场的实时响应。总之，智能电网将极大地促进电力需求侧响应，对新型发电技术及其上网电量具有广泛的接纳和消纳能力，能够促进可再生能源和新能源的发展和利用。综合来看，智能电网具有以下突出特征：（1）输配电网自身的智能化体现在两方面——一是使得电网自愈能力、抵御人为破坏和自然灾害能力更强，输、配电可靠性更高；二是使得电网能够更加灵活、开放，便于各种能源发电系统，特别是具有随机性、间歇性的可再生能源及分布式发电系统的接入。（2）计量系统智能化——具有双向、分时计量上网电量和下网电力的功能。（3）用电智能化——与互联网融为一体，使中小电力用户也能根据分时电价信息自主地参与电力平衡，从而使得电网能够接纳更多的低碳发电资源，更经济、环保。（4）成为新的经济增长点，引导新一代生活模式。

表1　各国智能电网的理念对比

	美国	欧盟	中国(国网)
定义	智能电网是一个自动化的、广泛分布的电能输送网络，它具有电能与信息双向流动的特征，并且能够检测从发电厂到用户用电特性或单个电器的一切情况，它将分布式计算与通信的优点整合到电网中，提供实时的信息并且能够在设备层级上保证瞬时的供需平衡	智能电网可以智能化地整合连接到它的所有使用者的行为，包括发电方、用户和其他两者兼而有之的成员，从而有效地提供可持续的、经济的、安全的电力供应	坚强智能电网是以特高压电网为骨干网架、各级电网协调发展的坚强网架为基础，以通信信息平台为支撑，具有信息化、自动化、互动化特征，包含电力系统的发电、输电、变电、配电、用电和调度各个环节，覆盖所有电压等级，实现"电力流、信息流、业务流"的高度一体化融合的现代电网[7]
目标取向	①更可靠；②防御性更强；③更经济；④更高效；⑤更为环境友好；⑥更安全	①更方便地连接和操作各种规模和技术的发电机；②让用户参与优化系统的运行；③提供用户更多的信息和选项来选择电力供应；④显著减少整个电力供应系统对环境的影响；⑤保持甚至提高现有的高水平系统的可靠性，质量和供应的安全性；⑥有效地保持和提高现有的服务水平；⑦促进欧洲一体化市场的市场融合	①更坚强；②更可靠；③更高效；④更环保；⑤更透明；⑥更友好；⑦更开放
特征	①能够使消费者积极参与其中；②能够接纳所有发电和电能存储方式；③能够带来新的产品、服务和市场；④能够提供满足数字化经济的电能；⑤能够预测和应对系统干扰；⑥能够弹性运行以应对攻击和自然灾害；⑦能够优化资产利用率并能高效运行，操作上，智能电网将提高负荷因素，降低系统损耗并大幅提高故障管理性能	①满足不同用户需要；②保证所有用户的连接便捷、通畅，尤其对于清洁能源和低CO_2排放的本地发电；③保障和提高供电的安全性、可靠性及电能质量；④通过改革和竞争的模式实现最有效、最经济的能源管理	①信息化；②自动化；③互动化

资料来源：作者独立制作。

三 新型输电技术和可再生能源发电接入技术

智能电网技术涵盖信息支撑和决策技术、新型的输电技术和系统安全稳定控制技术、智能配电技术、高级测量技术、云数据处理技术等。智能电网的示意如图3所示。

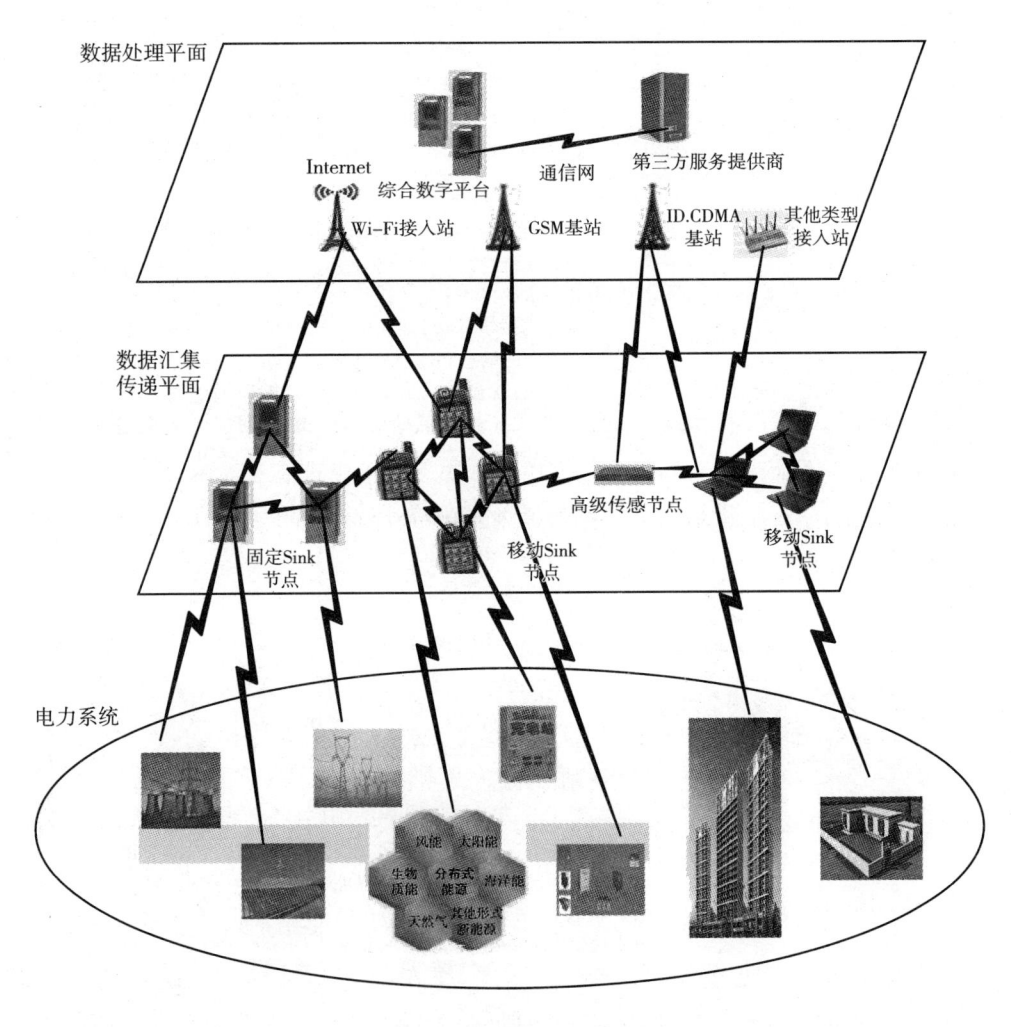

图3 智能电网示意

资料来源：作者独立制作。

智能输电网将接入大规模风电及光伏发电。由于固有的随机性、波动性和间歇性等特点，大规模风电及光伏发电都难以全部在本地电网消纳，需要进行跨区域的电力资源优化配置。为此，欧美和中国都开展了新型输电技术研发，同时，还开展了大规模可再生能源接入与控制技术研究，本文重点介绍智能电网技术中的这两部分技术的发展情况。

（一）大规模可再生能源接入与控制技术

欧洲计划大规模发展海上风电。2012年上半年，欧洲安装并网的海上风电机组共有132台，装机容量共计523.2MW。另外，还有13个风电场仍在建设之中，项目全部完工后，风电场总装机容量将达到3762MW。

作为欧洲超级电网计划中的一项重要工程，欧洲的海上风电并网采用高压交流或柔性直流输电（基于电压源换流器的高压直流输电，简称VSC–HVDC）。高压交流输电的优势在于技术成熟、价格低廉，但受充电功率限制，输送距离不宜超过50km，一般只适用于近海风电并网。英国、丹麦、荷兰等现有海上风电场离岸较近、规模较小，均采用基于高压交流输电的分散并网模式。柔性直流输电的优势在于占地小、结构紧凑、模块化结构、易于建设施工、环境影响小、控制灵活、不受输送距离制约等，在离岸风电并网方面优势明显。因此，德国、英国等已将该项技术作为离岸较远的海上风电并网的主要技术[8]。

1. 风电并网技术

目前风电并网及其控制技术研究主要在于风电场动态等值、电压控制和电压穿越技术、海上风电场电能传输等方面。

（1）风电场动态等值技术。风电场中风机数目众多，如果对每台机组分别进行详细建模，则等值模型的微分方程个数将会大大增加，仿真时间将会过长，同时有可能超出仿真程序的处理能力。因此，在进行风电并网动态分析之前，有必要对风机进行动态等值，在保证必要精度的前提下减少仿真时间[9]，目前此项技术仍在研究之中。

（2）电压控制和电压穿越技术。风电场自动电压控制（AVC）系统是指风电场通过协调控制本地多种无功源，实时在线、平滑快速地实现电网对风电场公共连接点（PCC）电压、无功功率的调节，或者使其满足并网标准的闭环

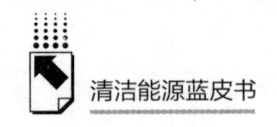

软/硬件系统。AVC 是风电场加强自身在薄弱网架下的运行安全性、参与电网优化运行、改善局部电网电压水平的关键技术。目前，国内外学者对于如何利用风电场丰富的无功功率储备实现 AVC 的理论研究已经较为充分。

低电压穿越（Low Voltage Ride Through，LVRT）是指当风机并网点电压跌落到一定程度，在一定时间内，风机能够保持并网，甚至向电网提供一定的无功功率，直到电网恢复正常，从而"穿越"这个低电压时间（区域）[10]。不同国家和地区所提出的 LVRT 要求不尽相同。

欧洲等国家根据自身网架和风场情况，对风电场的低电压穿越能力、有功功率控制、无功功率控制等提出标准。目前，中国已对风力发电低电压穿越要求做出详细的规范和要求。2011 年，中国对原有的低电压穿越规范进行了修改，修改后的低电压穿越规范于 2012 年 6 月正式启用[11]。

高电压穿越（High Voltage Ride Through，HVRT）是指在实际风电场系统中，当发生电网电压跌落时，风电场无功补偿装置电容器的投切造成系统无功过剩，在电网电压恢复时刻常引起电网电压骤升，对风电机组造成二次危害。高电压穿越意味着风力发电机在电网电压突升的情况下仍能保持并网运行。

澳大利亚率先制定了并网风力发电机的高电压穿越准则：当高压侧电网电压骤升至额定电压的 130% 时，风电机组应维持 60ms 不脱网，并提供足够大的故障恢复电流。

2012 年 12 月 29 日，中国冀北电力有限公司成功完成国家新能源风光储输示范工程——2.5MW 直驱式风电机组的高电压穿越性能测试。这是中国首次开展风电机组高电压穿越性能测试，但尚未提出具体的高电压穿越规范[12]。目前，国内外学者针对电压穿越技术展开了大量研究，但技术仍尚未成熟。

（3）海上风电场电能传输。相对于陆上风电场，海上风电场凸显出更多的优势，如土地资源零占用，风力持续、强劲且速度较快。但是，海上风电场建设和运行的技术难度也较大。海上风电场接入电网主要有交流输送和直流输送两种基本方式。当海上风电场的规模相对较小且风电场离海岸线距离相对较近时，一般采用交流电缆的输电方式接入电网。海上风电直流输送方式分为两类：①基于传统的晶闸管相控换流器 PCC（Phase Control Converter）的直流输电技术；②近年来兴起的基于电压源变频器 VSC（Voltage Source Converter）的轻型直流输电技术。

采用基于 PCC 的常规 HVDC 输电具有传输频率可以大幅变化、传输距离不受限制、故障时隔离及恢复简单、线路损耗低、传输容量大的特点。基于 VSC 技术的 HVDC 输电适用于风电场与交流电网的接入[13]，具有灵活、便于扩展、能够独立地控制发电机的无功功率和输出的有功功率的优点。这种技术在发电和负荷骤变的情况下，可以有效地提高交流电网的稳定裕度；能够消除湍流风引起的电压闪变；在保持机端母线电压频率恒定下实现风能的最大追踪，提高风力发电机的运行效率。目前国外采用 VSC 型 HVDC 技术进行海上风电传输的代表性工程有丹麦的 Tjaereborg 风场、瑞典的 Gotland 风场，直流电压、传输功率及传输距离分别为 ±9kV、8MW、4km 和 ±80kV、65MW、70km。

2. 光伏发电并网技术

光伏并网系统的关键技术主要包括最大功率点跟踪（Maximum Power Point Tracking，MPPT）、逆变器的并网控制和孤岛检测技术等。

（1）最大功率点跟踪。光伏阵列的输出功率受光照强度、温度、负荷等因素的影响，具有很强的随机性与不确定性，因此，光伏发电系统需要采用有效的控制策略以保证光伏并网在复杂多变的环境中始终输出最大功率。另外，光伏电池阵列产生的直流电能若供给负载或并入电网需要 DC/AC 部分通过逆变器并网控制技术转变成适合负载或电网要求的交流电能。

（2）逆变器的并网控制。逆变器输出控制模式可分为电压型控制和电流型控制两种。电压型控制是一种对电网电流的间接控制并网方式，它对电网电压参数变化比较敏感，动态响应速度较慢，很难满足光伏并网的标准。电流型控制方式具有控制简单、动态响应较快的优点。因此，通常采用电流型控制实现并网，目前应用较多的电流控制方式包括：滞环电流控制、SPWM 控制、SVPWM 控制、模糊控制、滑模变结构控制等[14]。

（3）孤岛检测技术。"孤岛"是指公共电网停止供电后，由于分布式发电的存在（与电网相连并输送电能），使电网停电区的部分线路仍维持带电状态，形成自给电力供应的孤岛。在孤岛状态下电力公司失去对线路电压、频率的控制，会带来一系列的安全隐患及事故纠纷，危害人身安全，造成设备损害。因而，电力公司要求并网的分布式发电系统需要反孤岛检测技术及时检测出孤岛并将分布式发电装置与公共电网断离[15]。

中国于2005年11月发布光伏系统并网技术标准，从2006年1月1日起实施。标准中对孤岛检测的规定为：当主电网发生失压时，防孤岛效应保护必须在2秒内将光伏系统与主电网解列断开。

目前中国光伏发电并网研究的问题主要是围绕最大功率跟踪、逆变器拓扑结构及控制方式、滤波、无功补偿、孤岛检测等方面及其相互之间的协调配合，侧重于以逆变器为核心的并网光伏发电系统设备设计与应用研究，对其并网后对大电网的影响以及并网运行时与大电网的协调控制研究较少。

（二）新型输电技术

1. 超导输电

超导电缆通过绝热将超导体封闭在液氮中以持续获得临界温度。与传统铜导线相比，超导输电具有输电损耗更小、电压等级要求更低、输电容量可达普通线路的数十倍、节约占地面积和空间、对环境影响很小等优点。超导的发展经历了直流低温超导电缆、交流低温超导电缆、交流高温超导电缆（HTS）等几个阶段，目前高温超导电缆已成为发展超导电缆的主流[16]。

高温超导电缆已从实验室测试阶段进入了试点性质的并网运行阶段。世界上第一组并网运行的高温超导电缆是由美国南线公司研制的3相30m/12.5kV/1.25kA的高温超导电缆，已于1999年正式投入运行。世界上第一条投入商业运行的超导电缆是2001年美国底特律市的 Frisbie 变电站铺设的3相/130m/24kV/2.4kA 的超导电缆。丹麦、日本、韩国等国家也先后研制出长度10~100m/0.8~3kA/12.5~138kV 的超导电缆。

中国从20世纪90年代开始研制高温超导电缆。2004年4月，中国第一组实用高温超导电缆在云南普吉并网运行，为33.5m/35kV/2kA 户外分相、室温绝缘、铋系高温超导电缆；同年，75m/10.5kV/1.5kA 3 相室温绝缘、铋系室温高温超导电缆在甘肃投入运行。

目前，HTS 电缆技术仍处于研发示范阶段，尚未实现商业化，其技术、工程应用及其经济性亟须进一步探索。目前，超导技术有待于在以下三个方面获得突破[17]：（1）HTS 电缆长度的限制。由于受 HTS 线材产业化生产能力限制，要将 HTS 电缆应用于长距离、大容量输电，必须解决 HTS 电缆单元之间的连接技术问题，即实现 HTS 电缆接头处的低电阻、大载流和高绝缘强度。（2）绝缘材料自身和液氮低温（77K）条件下绝缘技术的限制。目前，HTS 电缆的电压等级最大为 138kV，最大输送功率 57.4 万千瓦。如何提高绝缘等级和传输容量是研究热点和难题之一。（3）额定电流的限制。在额定传输电流的选择上，虽然低电压等级、高功率传输是超导电缆的技术优势，但交流传输时会产生磁滞损耗，铋系超导电缆传输 3kA 电流时其损耗与系统漏热相当（约 1.5W/m），若进一步增大容量需提高制冷系统的性能。要研制出实用化的大容量超导电缆，需研发损耗更低的超导线材。

目前，HTS 材料价格近乎常规材料的 10 倍，加上与之配套的低温运行装置等高额的费用，HTS 电缆的制造和运行费用太高，经济性成为其研发和应用的障碍。

高温超导电缆在未来智能电网中的应用主要有远距离、大容量输电，为大城市和特殊场合供电，应用于变电站内的大电流传输母线、替换海底电缆、离岸风电站接入、可再生能源后备、电网之间能量交换等。

2. 多端直流输电

多端直流输电（Multi-terminal HVDC，MTDC）是指包括两个以上换流器的直流输电网络。这种输电结构在可达到的输电路径中，使得多个需要并网的系统均能参与其中，充分利用了直流输电线路。MTDC 与多个点对点的两端输电相比，在以下应用场合更能体现其经济性和运行灵活性：一是从能源基地输送大量电力到远方几个负荷中心；二是直流线路中途分支接入电源和负荷；三是几个孤立的交流系统用直流线路实现非同期联网[18]。

与交流输电网相比，多端直流输电运行较灵活。任意两个交流系统都可以通过多端直流系统进行功率交换；一端从直流网络中断开运行时，不影响其他端及整个输电网的正常运行。

世界上投入运行的多端直流输电工程有：意大利—科西嘉—撒丁岛 3 端直

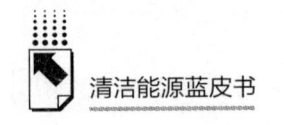

流系统，日本的新信浓背靠背3端直流系统，加拿大纳尔逊河4端直流系统，美国太平洋联络线4端直流系统，加拿大魁北克—新英格兰5端（实际按3端运行）直流系统。

在欧洲，采用多端直流输电技术连接众多大型海上风电场与负荷中心是欧盟超级智能电网计划的关键部分。

截至2012年年底，中国的多端直流输电技术尚处在理论研究阶段，示范工程建设正处于规划之中。

多端直流输电的关键在于高压直流断路器技术、多换流站间协调控制技术和多端直流系统仿真技术的开发。

（1）高压直流断路器技术。用以切断故障电流并使故障设备退出运行，从而大幅缩短故障后的恢复时间，且不需停运整个多端直流系统。由于直流电流无自然过零点，需强迫过零，同时要综合考虑燃弧时间和系统过电压，因此，开断直流电流相比开断交流电流要困难得多，高压直流断路器成为多端直流输电技术发展和应用的瓶颈[19]。

（2）协调控制。由于多端直流控制中需协调、集中控制多个换流站，主控制层以上的高层控制将比两端直流控制更加复杂：对于并联接线式的多端直流输电系统，需保持各换流站直流电流的协调配合；对于串联接线式的多端直流输电系统，则需保持各换流站直流电压的平衡。因此，多端并联系统的协调控制问题更加突出[19]。

（3）多端直流系统仿真技术。多端直流系统中存在多个整流器和逆变器，在导致拓扑结构非常复杂的同时，整流器、逆变器的协调控制也更加复杂。因此，多端直流系统仿真分析中直流模型的准确性，特别是直流换相特性和控制保护系统的准确模拟是一个关键问题。近年来，数模混合仿真是精确模拟大规模交/直流输电系统仿真研究的新兴方案，即采用全数字模型仿真大部分交流系统和一部分直流输电系统。用物理模型仿真需要深入研究物理响应特性的交/直流输电系统，具有全数字实时仿真规模大、效率高的特点，又具有准确真实地模拟大功率电力电子器件的电磁暂态过程的能力。因此，数/模混合仿真在未来有更加广阔的发展空间[19]。

尽管VSC－MTDC、混合多端直流输电技术已有了长足的发展，但在运行方式、控制策略、潮流计算、故障保护及降低开关损耗等方面仍需开展细致、深入的研究工作。FACTS 与 MTDC 输电技术相互融合是一个新兴领域，亟待开发。

3. 特高压输电

特高压输电技术是指在 500kV、750kV 交流和 ±500kV 直流之上采用更高一级电压等级的输电技术，包括交流特高压输电技术和直流特高压输电技术。特高压输电具有输电能力强、输送容量大、节约土地资源、输电损耗低、工程造价低的优点。能够实现大功率的中、远距离输电，远距离的电力系统互联，形成联合电力系统。

（1）特高压交流输电技术

特高压直流输电是指 1000kV 及以上电压等级的交流输电工程及其相关技术。特高压交流电网的典型优势在于：单回 1000kV 输电线路的输电能力可达同等导线 500kV 输电线路的 4 倍以上[20]，大量节省线路走廊和变电站占地面积，降低输电线路的功率损耗；通过特高压交流输电线构成的互联电网，具有网络结构简单、系统运行安全稳定程度高的特点。

（2）特高压直流输电技术

中国，特高压直流指的是 ±800kV 和 ±1000kV 直流系统。国际上，高压直流通常指 ±600kV 及以下的直流系统，±600kV 以上的直流系统称为特高压直流。

特高压直流输电可用于电力系统非同步并网。由于不存在交流输电的系统稳定问题，可以按照送、受两端运行方式变化而改变潮流，更适合于大型水电、火电基地向远方负荷中心送电。

从 20 世纪 60 年代开始，苏联、美国、日本和意大利等国，先后进行特高压输电基础性研究、实用技术和设备研制，并已取得突破性的研究成果，制造出成套的特高压输电设备。苏联已建成额定电压 1150kV（最高运行电压 1200kV）的交流输电线路 1900 多千米并有 900 千米已经按设计电压运行。日本已建成额定电压 1000kV（最高运行电压 1100kV）的同杆双回线路 426 千米。

2009 年 1 月 6 日 22 时，中国晋东南—南阳—荆门 1000 kV 特高压交流试验示范工程正式建成投运。这是世界上首个实现商业化运行的特高压输电线路。2010年7月8日，向家坝—上海±800kV高压直流输电示范工程正式投入运行。2012年6月13日，锦屏—苏南±800kV高压直流输电工程全线贯通，具备带电运行条件。2012年5月和7月开工建设哈密南—郑州±800kV高压直流输电工程和溪洛渡—浙江金华±800kV高压直流输电工程。

（3）特高压输电的关键技术

特高压输电的关键技术主要包括电压控制、外绝缘配置和电磁环境控制[21]。

电压控制，包括稳态电压控制和瞬时过电压控制。特高压系统正常运行时，最高电压应控制在1100kV以下，沿线稳态电压接近平衡分布。故障断开时，电压分布发生突变，受端电压大幅抬升，开关操作时，会产生幅值极高的瞬时过电压，这些将直接威胁到系统和设备安全。为保证特高压系统大容量电力可靠传输，必须解决各种状态下电压控制的问题。

外绝缘配置，包括空气间隙和固体绝缘介质沿面。特高压系统外绝缘尺度大，空气间隙的耐受电压随间隙距离增大不再线性增加，呈现明显饱和效应；大气环境污染情况较为严重时，绝缘子在污秽情况下的沿面闪络电压大幅降低；线路铁塔高，雷电绕击导线概率明显增加。为保证特高压系统安全可靠性，必须解决复杂环境下外绝缘配置的问题。

电磁环境控制，包括工频电场、工频磁场、可听噪声和无线电干扰等。特高压线路、变电站构成的多导体系统结构复杂、尺度大，导体间相互影响显著，带电导体表面及附近空间的电场强度明显增大，电晕放电产生的可听噪声和无线电干扰影响突出。为保证特高压工程不对环境造成过多负面影响，极高电场下电磁环境控制问题也需要进一步解决。

四　智能配电技术

智能配电网将在先进量测体系的基础上，接入大量分布式能源、微电网、电动汽车充电站和智能用户。

（一）先进测量体系（AMI）

先进测量体系（AMI）是用来测量、采集、传送、储存、分析和应用客户用电信息，实现需求响应、双向互动，支持客户合理用电、节约用电的技术体系。先进测量体系是在双向计量、双向实时通信、需求响应以及用户用电信息采集技术的基础上，支持用户分布式电源及电动汽车接入与监控，实现智能电网与电力用户的双向互动，最终实现智能用电的目标，是智能电网的基础信息平台。

在遵循标准通信接口、标准数据模型、安全性的条件下，先进测量体系可实现双向分时段电能计量、远程控制、电能质量监测、窃电侦测、停电检测、双向通信、多表计接入、嵌入式互联网信息等服务，并在用户信息系统支持下实现用户用电服务、电价及费率自动调整、需求响应功能，支持智能楼宇/小区、分布式电源、电动汽车充放电接入与监控。电力用户能够根据AMI数据，制定高效的电能消费策略，实现满意用电；供电方通过收集、分析AMI数据进行系统优化运行，优化资源配置，提高电网的效率，增强电网可靠性。AMI的结构体系（见图4）及其关键技术可归结为4部分，即智能电表、通信网络、量测数据管理系统（MDMS）和用户户内网络（HAN）[22][23]。

（1）智能电表。智能电表是智能电网深入用户的智能终端，智能电表的应用，将让用户对智能电网的感知变得更加真切与全面。相比传统电表，除具有电能计量功能外，智能电表还具有信息采集与处理、实时监控、自动控制、信息交互等功能。为实现智能用电管理，智能电表重点加强了复费率计量、用户端控制、双向通信、防窃电等功能的研发。一些智能电表还可以将电能消费量和相应的成本数据发送给用户，或者是同时测量无功和有功功率，进行基波电能测量，便于进行更好的电能质量监测[24][25]。

（2）多级通信网络。为实现数据的统一共享、双向传输，需要在电网公司和电力用户之间建立多级通信网络。通信网络一般分为上行信道（主站与数据集中器之间）和下行信道（数据集中器与智能电表之间）。将采集到的电能数据通过上行信道传输至量测数据管理系统（MDMS），经主站中心计算机的计算分析后，再将相关结果（如实时电价、电表调控信息等）通过下行信道传输至智能电表，予以显示或控制相关设备。另外，故障报警和干扰报警信号也可

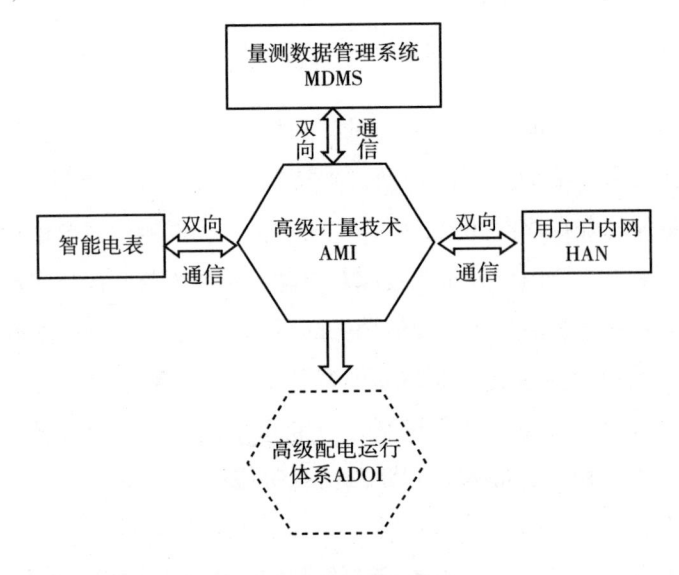

图 4　AMI 结构体系

资料来源：刘连永、陈锋、季振东：《基于智能电网的 AMI 系统》，《江苏电机工程》2010 年第 2 期。罗莎、曾祥君、王阳：《高级计量体系 AMI》，《大众用电》2011 年第 7 期。

通过通信网络近于实时地传送到数据中心，确保了用电安全及供电可靠性[26]。

在通信网络结构方面，常见的有分层系统、星状和网状网。在分层系统网络中，电表通过局域网（LAN）与数据集中器相连接，数据集中器再通过广域网（WAN）和数据中心相连接（见图 5）。数据集中器是局域网和广域网的交汇点，通常安装在杆塔、变电站或其他设施上。在局域网中，数据集中器按照设定收集区域内电表的信息，再利用广域网把数据传至数据中心。相反，由数据中心下发的命令与信息也将通过数据集中器传至智能电表，实现数据的双向传输。

智能用电和用电信息采集等方面所应用的通信技术，主要包括宽带电力线通信、窄带电力线通信、光纤复合低压电缆以及无源光通信、短距离无线通信、公网通信（GPRS，CDMA 1X，3G）等[27][28]。

（3）量测数据管理系统（MDMS）。MDMS 是 AMI 的数据处理与储存中心。其基本功能是确认、分析采集的计量值，并与其他系统进行信息交互，如用电信息系统、账单系统、停电管理系统、电能质量管理系统和负荷预测系统等。同时，利用 MDMS 的设计功能，电网公司可实现 AMI 的分时分地区计费、

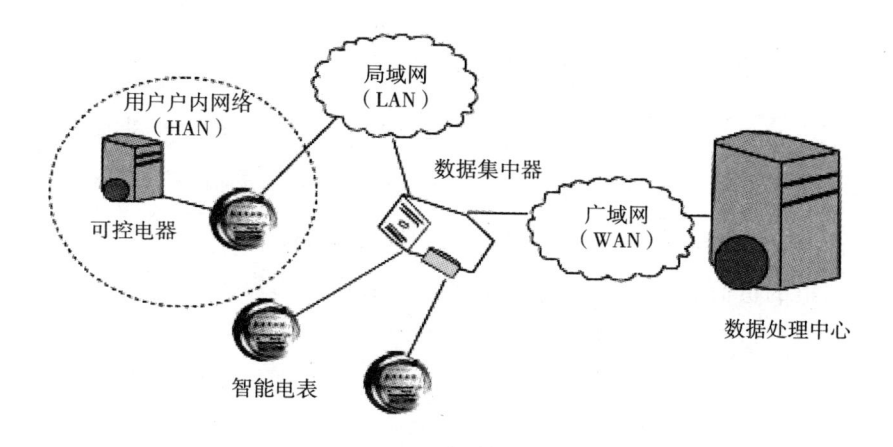

图 5 通信网络分层结构

用电时间模式设计、信息定时发布、远程安防监控等功能。另外，MDMS 在故障定位和停电修复方面也有良好的运用前景[27][28]。

未来智能电网的建设中，MDMS 将对城市生活中的其他数据开放，如自来水、天然气等，通过 AMI 技术综合管理从而实现高效、节能、环保、智能的新一代生活模式。

（4）用户户内网络（HAN）。HAN 是利用通信网络，将智能电表与用户户内可控电气设备相连接而组成，类似于用户的"智能体"。将可控用电设备连接入网，便于协调控制，提高用电效率；将智能家电和分布式电源接入 HAN，可实现用户侧能量管理功能。如合理控制用电设备启停、自主选择储能设备充放电时间等，加强智能家电和智能电网之间的互动。从国内外发展情况看，适用于 HAN 的通信方式主要有：BPL 技术、HomePlug 技术和 ZigBee 技术等[27][28]。

由于分布式电源、充电式电动车的大规模应用，电网的安全稳定运行问题日益突出，电网面临更多亟须解决的新问题，利用 AMI 技术建立集成协调的调度、管理系统，引导用户错峰、优化用电，从而提高效益，优化资源配置。用户通过 AMI 可以掌握电价的实时信息，进而选择合理用电方式，实现用电的经济性；用户也可根据电力供需情况，向电网发电，进行赢利。

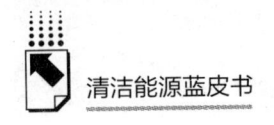

（二）分布式能源发电并网控制技术

分布式发电（DG）的概念最早于1978年在美国公共事业管理政策法中提出。其定义可概括为：直接布置在配电网或分布在负荷附近的发电设施，经济、高效、可靠地发电[29]。分布式电源发电规模一般在50MW以下，能够直接为附近的负荷供电，也能并入电网，主要以风力发电、太阳能发电、燃料电池等清洁能源为主。分布式电源接入电网后，将给配电网乃至输电网的电压、电能质量、系统保护和调度运行等带来一系列的影响。传统配电网只能被动地限制分布式能源的接入点和容量[30]，而智能电网能够通过配电自动化装置实时监控馈线运行并采集设备运行数据，同时在控制中心建立包括风电场等可再生能源在内的分布式发电模型，构建多代理系统[31][32]，实现积极支持分布式能源的接入、计及大型可再生能源的电网调度控制，并在安全、稳定运行的基础上提高运行效率。智能配电网的主要技术包括电力电子技术的控制、多代理系统的控制、智能电网高级故障管理技术和虚拟发电厂控制技术。

风机、光伏电池、燃料电池、储能组件等都需要通过电力电子变换器才能与电网系统相连接。变换器由于其响应速度快、惯性小、过流能力弱等特性，使得其能量管理的控制理念将与常规系统有很大的不同[33]。同时，适用于分布式能源发电并网中的逆变器除了需要具备常规逆变器的功能以及能够并联运行之外，还需要根据分布式能源发电的特殊需求具备一些控制功能[34]。

此外，在保证电能质量的前提下，分布式能源发电并网运行的协调控制和系统的能量管理显得尤为重要。智能电网高级故障管理是基于智能控制中心的局部电网自动化、智能控制开关和继电保护装置的管理措施，该方法的基本思想为在智能电网发生故障时快速退出分布式发电单元和重要用户并改为孤岛供电模式[35]。为提高分布式发电单元的稳定性，需要系统事先提供孤岛运行的所有预处理条件，并根据其容量调整孤岛运行的供电量。在此控制中，利用智能断路器和智能重合闸，在故障发生后即刻动作，但此时分布式电源仍可不间断工作，直至发电单元完全切换至孤岛模式（一般情况下分布式电源在电网故障发生时能够运行至少500~600ms），该法可有效避免分布式发电单元运行方式切换时对重要用户暂时断电所产生的危害。

虚拟发电厂（VPP）控制技术将配电网中分散安装的分布式发电单元、受控负荷和储能系统合并，作为一个特别的电厂参与电网运行。虚拟电厂中，每一部分均与能量管理系统（EMS）系统相连，通过智能电网的双向信息传送，利用 EMS 系统进行统一调度，以达到降低发电损耗、减少温室气体排放、优化分布式能源的利用、降低电网峰值负荷和提高供电可靠性的目的。VPP 技术的应用，还能使分布式电源控制的可视化程度大大提高，有利于调度员和运行部门做出合理的决策[36]。

为了更好地响应分布式能源的特性，集电网频率控制、潮流控制、电压控制、发电预测模型等功能为一体的高级控制技术亟待深入研究。此外，尚需研究各种联合运行情况下 DG 对电网稳定性和可靠性的影响及相应的控制策略、改进和提高系统承受随机电能能力的方法、如何提高系统的储能容量及保证储能系统能够安全及时地吸收和释放电能，以保证系统的安全稳定性和经济性，等等。

（三）微电网技术

由于各个国家和地区在阐述微电网这一概念时，均着眼于本地区电力系统特点、能源结构和社会条件等诸多因素，所以目前对微电网还没有统一的定义。一般来讲，微电网是包含微电源（如微型燃气轮机、风能发电机、燃料电池和太阳能电池板等）、储能元件（如超级电容、电池和飞轮等）以及负荷来构成一个可控的整体。微电网在提高可再生能源利用效率、供电的可靠性和安全性方面有着独特的优势。

2001 年，美国电气可靠性技术解决方案联合会（CERTS）最早给出了微电网的定义[37]，其初步理论研究成果已在实验室微电网平台上得到了成功检验。2005 年，CERTS 微电网的研究已经从仿真分析、实验研究阶段进入现场示范运行阶段[38][39]。由美国北部电力系统承建的 Mad River 微电网是美国第一个微电网示范工程，用于检验微电网的建模和仿真方法、保护和控制策略以及经济效益等，并初步形成关于微电网的管理政策和法规等，为将来的微电网工程建立框架[40]。美国又与通用电器（GE）合力开发出一套微电网能量管理系统。由于美国近年大规模停电事故频发，危及社会、经济稳定，鉴于微电网在提高系统供电的安全可靠性和电能质量方面的巨大潜力，美国加大了微电网相关技术的投资，并将其列为未来电力系统的三大基石，进入"Grid2030"计划。美国的微电网技术比较关注提高系统供电的安全可靠性和电能质量。

近年欧洲愈来愈重视微电网技术的开发利用，在欧盟第五框架计划（FP5）中，拨专款450万欧元资助微电网研究计划，各国多次开展交流合作。欧洲在微电网方面取得的成果有：DERs的模型、可用于对逆变器控制的低压非对称微电网的静态和动态仿真工具、孤岛和互联的运行机理、基于代理的控制策略、黑启动策略、接地和保护方案、实验室微电网平台的理论验证等。目前，欧盟第六框架计划（FP6）正在进行中，资助850万欧元从事微电网技术开发。由于欧盟独具的特点，其研究重点集中在微电网的可靠性、接入性、灵活性及互联性等方面。研究领域涉及微电网规划和系统集成、分布式电源控制策略、负荷管理、微电网通信与保护技术、相关技术商业化推广，以及微电网对传统电网发展影响的综合评估。未来欧盟微电网的发展方向以智能化、能量利用的多元化为主。

能源紧缺的日本在面临负荷日益增长的情况下，大力开展微电网研究，成立新能源与工业技术发展组织（NEDO），集中协调国内高校、企业与国家重点实验室开展新能源及其相关研究。日本关注的重点聚集在多样性分布式电源的集成控制、微电网供电质量和储能技术等方面。

目前，国内微电网应用研究单位集中在部分高校、科研院所及电力企业。国家电网公司建设的河南财专微电网示范工程，是国内第一个正式投入运行的微电网试点项目，取得了良好的运行业绩和社会效益。中国电网目前主要面临大规模风电和光伏系统的并网接入问题，因此微电网研究主要着眼于偏远地区供电和分布式能源的并网问题。

（四）电动汽车充电站技术

由于全球面临紧迫的环境问题以及能源日益匮乏的形势，汽车行业以日新月异的科技发展为支撑，轰轰烈烈地开展了一系列的革命。作为这场革命的产物之一——电动汽车,问世并开始普及。电动汽车研发和普及过程中的重要支撑装置是电动汽车充电站。电动汽车充电站对电网而言相当于一个分布式电源,正常充电时其出力的随机性会对电网稳定性造成影响,而集中、快速充电对电网冲击大,影响电网电力质量。由于智能电网具有强大的网络结构和信息网络,在其控制下,实现电动汽车安全、可靠充电和换电,并能对充电站实现负荷管理、储能监控,更易实现充电站的建设和维护。

日本在 1991 年提出"超高速充电系统研究计划"。该计划包括电动汽车与交通系统的关系、开发超快速充电蓄电池、超快速充电对供电系统的影响、充电方法研究、充电站的设计、设备制造与安装等,已取得显著成绩。未来几年,为加速普及电动汽车的使用,日本将建造千余座电动车充电站。日本东京电力公司领头参加电动汽车的基础建设,2013 年东京的充电站将达到 200 多个[41]。

美国索卡尔(Socal)公司计划在南加利福尼亚州的高速公路上建立无污染太阳能电动汽车充电站(同时作为汽车停车场)。太阳能充电站屋顶全部铺设太阳能电池板,晴天由太阳能进行充电,阴天和雨天则由商业电源充电。此外,美国科学家别出心裁,在洛杉矶的一条公路上铺设了一段 300 米的充电公路,电动汽车在进入这段公路时,只要放下一块带有连线的金属板在路面上滑行,就会吸取埋在路面上高压电缆中的电力,为汽车上的蓄电池充电,速度很快,只需几分钟。试验成功后,计划再将这条"充电公路"延长 3000 米,以方便更多的电动汽车及时补充能源。这为充电站(网)提供了一种新的思路,即通过沿公路建设充电线路(充电模式可以是接触式或非接触式)对行驶中的电动汽车随时提供电能补充[42]。

德国 Varta 公司与另一家公司合作,开发研制了一种可移动式电池更换装备,可将其放置在市内交通的某个车站,随时进行电池的自动更换。开至充电站,只要打开汽车后盖,有 2 个滚动式摇臂将充电站与汽车相连接,按下按钮,已放完电的电池便可自动从汽车后盖开启处经滚道式摇臂送入充电站,而已充满电的电池紧接着经摇臂轨道上车就位。

目前中国电动汽车充电站通常服务于电动公交车、集团内部用车或者作为示范工程运行。由于电动汽车的应用尚未普及,面向各种类型用户的充电站服务网络也尚未形成。

由于传统电动汽车集中、快速充电对电网冲击大，影响电网电能质量，并且存在用电离散化、电网能量储存与调配等问题，因此直接利用现有电网服务于电动汽车充电存在一定瓶颈。新能源储能型电动汽车充电站利用新能源发电存储在蓄电装置中，需要时为电动车充电，剩余的电力可以出售给电网。蓄电装置连接发电端和充电端，避免了集中、快速充电对电网的直接冲击。在特殊时期，此类充电站还可以作为临时电站为重要部门和设备供电。因其环保、安全、经济、高效等优点，新能源储能型电动汽车充电站成为未来电动汽车充电站的重要发展趋势。

五 结论与建议

智能电网的发展将有助于电力系统清洁、高效发展，同时极大地促进可再生能源和新能源产业以及通信、互联网产业的发展，带动相关技术及产业创新，拉动经济增长，引发新一代智能生活模式，推动社会发展。

智能电网也是未来电网发展愿景，其理念和规划目标尚需不断发展和完善。由于各国能源资源状况、电网发展历程和电力体制及国情均不相同，智能电网规划的目标和建设方案也必然各具特色。目前，国际上对智能电网概念的共识是，通过输配电网和用电设备的数字化、信息化、智能化与电力交易的市场化，解决可再生能源并网和能源合理利用的问题，引领未来能源系统智能化和人类生活智能化。

分时电价是智能电网高效运行的基础。智能电网和电力市场产生于不同时代，虽然各具使命，但将因共同的目标而逐渐融合，结伴而行，相互促进和发展。与以往的电力市场相比，以智能电网为载体的电力市场将为大规模可再生能源并网和实时需求响应提供经济激励机制，而智能电网则为之提供技术保障。智能电网的发展必将深刻地影响未来电力市场的发展模式，促使电力市场主体多元化和交易品种金融化，并将凸显实时市场的不可或缺性，提高市场效率，实现能源、环境等多种资源的综合优化配置，进而将推动经济社会、能源产业与环境的和谐发展。

参考文献

[1] 何光宇、孙英云：《智能电网基础》，中国电力出版社，2010。
[2] 美国能源部（DOE），"National Transmission Grid Study，" 2002。
[3] 孙柏林等：《"第三次工业革命"十问》，《自动化博览》，2013。
[4] 美国能源部（DOE），"The Smart Grid：A Introduction，" 2009。
[5] 美国能源部电力传输和能源可靠性办公室（OE），"What Is the Smart Grid，" 2009。
[6] Smart Grids European Technology Platform，http：//www.smartgrids.eu/ETPSmartGrids.
[7] 国家电网公司：《智能电网专栏》，http：//www.sgcc.com.cn/ztzl/newzndw/zspj/index_5.shtml。
[8] 杨方、尹明、刘林：《欧洲海上风电并网技术分析与政策解读》，《能源技术经济》2011年第10期。
[9] 蔺红：《直驱式风电场动态等值建模研究》，新疆大学博士学位论文，2012。
[10] 戴慧珠、迟永宁：《国内外风电并网标准比较研究》，《中国电力》2012年第10期。
[11] 赵璐璐、谢桦、乔颖：《风电场低电压穿越能力优化设计》，《可再生能源》2011年第3期。
[12] 陈云锋等：《光伏电站接入区域电网的影响分析》，《电气技术》，2013。
[13] 张哲等：《海上风电场电能传输技术研究》，《风能》，2012。
[14] 曾意：《具有有源滤波功能的光伏并网系统研究》，重庆大学博士学位论文，2012。
[15] 余蜜：《光伏发电并网与并联关键技术研究》，华中科技大学博士学位论文，2009。
[16] 洪辉、陈志福、牛国俊、魏子锚：《高温超导直流电缆现状》，《低温与超导》2012年第9期。
[17] 王少华、叶自强、罗盛：《高温超导输电电缆的发展现状》，《高压电器》2011年第7期。
[18] 张文亮、汤涌、曾南超：《多端高压直流输电技术及应用前景》，《电网技术》2010年第9期。
[19] 文劲宇、陈霞、姚美齐、李乃湖、孙树敏、李广磊：《适用于海上风场并网的混合多端直流输电技术研究》，《电力系统保护与控制》2013年第2期。
[20] 居福豹：《电网若干新技术应用的研究》，浙江大学博士学位论文，2011。
[21] 国家电网公司：《特高压：创新驱动发展的典范》，http：//www.sgcc.com.cn/

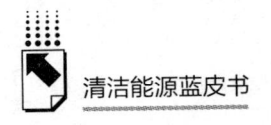

ztzl/newzndw/cyfz/03/289580.shtml。

[22] 刘连永、陈锋、季振东:《基于智能电网的 AMI 系统》,《江苏电机工程》2010 年第 2 期。

[23] 罗莎、曾祥君、王阳:《高级计量体系 AMI》,《大众用电》2011 年第 7 期。

[24] Hyun Sang Cho, Tatsuya Yamazaki, Minsoo Hahn, "Determining Location of Appliances from Multi-hop Tree Structures of Power Strip Type Smart Meters," *Consumer Electronics*, IEEE Transactions on, November 2009.

[25] 李保玮:《智能电表简介》,《装备机械》2010 年第 3 期。

[26] 吴佳伟:《智能电网中无线传感器网络技术的应用研究》,《供用电》2010 年第 4 期。

[27] 梁有伟、胡志坚、陈允平:《分布式发电及其在电力系统中的应用研究综述》,《电网技术》2003 年第 12 期。

[28] 李向阳、李玲娟、陈建新等:《数据融合在智能电网中的应用研究》,《计算机技术与发展》2012 年第 4 期。

[29] 欧海清、曾令康、李祥珍等:《电力物联网概述及发展现状》,《数字通信》2012 年第 5 期。

[30] 徐丙垠、李天友、薛永瑞:《智能配电网与配电自动化》,《电力系统自动化》2009 年第 17 期。

[31] Rahman S, Pipattanasomporn M., Teklu Y., "Intelligent Distributed Autonomous Power Systems (IDAPS)," IEEE Power Engineering Society General Meeting, Tampa, USA: IEEE, 2007.

[32] Pipattanasomporn M., Feroze H., Rahman S., "Multi-agent Systems in A Distributed Smart Grid: Design and Implementation," Power Systems Conference and Exposition, Tampa, USA: IEEE, 2009.

[33] Katiraei F., Iravani R., "Microgrids management," *IEEE Power and Energy Magazine*, 2008.

[34] 季阳、艾芊、解大:《分布式发电技术与智能电网技术的协同发展趋势》,《电网技术》2010 年第 12 期。

[35] Popovic D. S., Boskov E. E., "Advanced Fault Management as A Part of Smart Grid Solution, Smart Grids for Distribution," IET – CIRED, Frankfurt, Germany, ITE, 2008.

[36] 季阳:《基于多代理系统的虚拟发电厂技术及其在智能电网中的应用研究》,上海交通大学,2012。

[37] Lasseter B., "Role of Distributed Generation in Reinforcing the Critical Electric Power Infrastructure, Microgrids," Proceedings of 2001 IEEE Power Engineering Society Winter Meeting, 2001.

[38] Stevens J., "Development of Sources and A Testbed for CERTS Microgrid Testing,"

M2004 IEEE Power Eng – ineering Society General Meeting, Denver, USA, 2004.

[39] Stevens J., Klapp D., "CERTS Microgrid System Tests," Power Engineering Society General Meeting, Tampa, 2007.

[40] Klinger A., "Northern Power Systems, Microgrid Power Network to Address Risk of Poweroutrages," October 20, 2008, http：//www. northernpower. com.

[41] 鲁莽、周小兵、张维：《国内外电动汽车充电设施发展状况研究》,《华中电力》2010 年第 5 期。

[42] 陈滋健：《基于风光互补综合供电的电动汽车充电站》,《电源学报》2013 年第 1 期。

The Smart Grid in Coordination with Development of Clean Energy

Yu Fang　Zhang Lizi　Wang Yunyun　Zhang Chao

Abstract：The development of smart grid is the engine driving clean and efficient development of the power system, it also greatly promote the development of the renewable energy, new energy, industry, communication, Internet industry, the related technology and industry innovation. It should stimulate economic growth, lead to a new generation of intelligent life, promote social development. Therefore, making the smart grid planning and construction as a major component part of the energy development strategy in China will be very important.

The smart grid is the future for the development of power grid, still need to continue to develop and improve. As the differ in power grid development, power system and national energy resources of every country in goal, it is different characteristics of the smart grid planning in different countries.

The smart grid relies on the development of smart grid technology, which includes the information support and decision technology, new transmission technology, system security and stability control technology, intelligent technology, advanced measuring techniques, cloud data processing technology, ect. . The new power transmission technology and large-scale renewable energy access and control technology and intelligent power distribution technology are very important parts for the development, realizing smart grid, so, Europe, United States and China attache great importance to develop those intelligent.

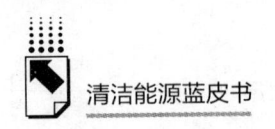

The development of smart grid will deeply influent the future development mode of power market, and promote the harmonious development of society, economy, the energy industry and the environment.

Key Words: Smart Grid; Intelligent Power Transmission Technology; Intelligent Power Distribution Technology; Demand response; Power Market

B.12
中国洁净煤技术发展现状与展望

乌若思*

摘　要：

本文介绍了洁净煤技术使用的现状和展望。洁净煤技术包括：原煤预处理技术，其中有洗选、型煤、动力配煤、褐煤提质技术；洁净煤发电技术，其中有超（超）临界发电、燃煤机组高效污染物脱除、循环流化床锅炉发电、整体煤气化联合循环发电技术；现代煤化工技术，其中有煤制油、煤制烯烃、煤制天然气技术；以及常规工业用煤技术和目前尚属前沿的 CCS 和 CCUS 技术。

关键词：

洁净煤　原煤　超超临界发电　煤化工　IGCC

随着中国工业化、城镇化进程日益加快，能源需求总量高速增长。中国煤炭的基础储量占化石能源的96%以上。2012年，中国一次能源消费总量36.2亿吨标准煤，其中煤炭约占70%，成为世界一次能源最大消费国，更是最大的煤炭消费国。未来几十年，煤炭在中国能源生产和消费结构中的主体地位不会发生根本性改变。煤炭在为中国国民经济作出巨大贡献的同时，也排放出大量的 SO_2、NO_X 和烟尘等大气污染物，造成酸雨、悬浮颗粒物、温室气体等环境危害。因此，中国一直大力发展洁净煤相关技术，最大限度降低煤炭使用对生态环境的影响。本文对中国洁净煤技术的发展和应用情况进行了全面综述，并对其发展趋势和前景进行了展望。

---

* 乌若思，国际清洁能源论坛（澳门）理事，中国华能集团原副总经理。

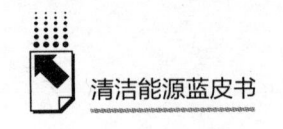

一 原煤预处理技术

为了提高煤炭的质量,必须从原煤抓起,按不同煤种的性质和不同使用目的,对原煤进行洗选、加工、提质等预处理,提高煤炭的综合利用效率,减少污染物排放。

(一)煤炭洗选技术

煤炭洗选是指根据原煤、矿物杂质和煤矸石的物理化学性质差别,采用人工拣矸、机械筛分、物理选煤、化学选煤等方法,清除原煤中的有害杂质,排除矸石,降低灰分、硫分、水分,减少使用过程中的污染物排放。

目前,中国煤炭洗选加工在技术上已经较为成熟,原煤入洗比例约为50.9%,但距离发达国家的先进水平还有较大差距,未来应以推进煤炭的全面洗选和提高洗选标准为发展重点,力争将原煤入洗比例提高至90%以上,将原煤中的杂质和污染物降至最低限度。

(二)型煤技术

型煤是指将一种或数种煤,或者掺混低热值燃料或废弃物等,与一定比例的黏结剂、添加剂等加工成一定形状尺寸、有一定理化性能的块状燃料或原料。

中国民用型煤技术处于国际领先水平,民用型煤普及率为70%左右。在工业型煤方面推广较慢。发展工业型煤技术,一方面应向规模化、实现清洁高效燃烧方向发展;另一方面,应继续开发新的黏结剂及大型高压成型设备,供气化、炼焦等行业使用。

(三)动力配煤技术

通过配煤可将两种以上不同种类、不同性质的煤,按一定比例掺配加工成混煤,改变其化学组成、岩相构成、物理性能和燃烧性能,达到优化产品结构、煤质互补、适应设备对煤质需求、提高燃烧效率、减少污染物排放、降低煤炭运输成本等目的。

中国自20世纪80年代起，在坑口、港口和部分大城市及电厂率先采用动力配煤技术，取得了一定效果，但与国外相比还存在一定差距，有待通过政策、资金、科研等支持，逐渐扩大规模，实现"因地制宜""因煤制宜"。

（四）褐煤提质技术

褐煤提质是指通过加工改变褐煤的成分和结构，降低水分、提高发热量，生成具有类似烟煤性质的提质煤，减小自燃倾向，便于运输和储存，提高能量转换效率，扩大使用范围。

国内外褐煤提质技术分脱水提质、成型提质、热解提质三类。目前，中国褐煤提质技术的应用刚刚起步，商业规模的褐煤提质项目有十余个，但大都处于探索示范阶段。

二 洁净煤发电技术

作为中国煤炭消费的第一大户，发电行业用煤占煤炭消费总量的50%左右。2012年年底，中国发电装机已达11.44亿千瓦，燃煤发电占比仍保持在70%左右。因此，洁净煤发电技术的发展对中国至关重要。

（一）超（超）临界发电技术

近年来，超（超）临界燃煤发电技术在中国得到了长足发展，中国已经成为世界上投运超（超）临界发电机组最多的国家，大大节约了电煤消耗总量，减少了污染物排放。截至2012年7月，中国五大发电集团已拥有超临界发电机组155台、超超临界发电机组65台，总装机容量1.42亿千瓦，占各自火电装机的30%以上。

超（超）临界发电技术还在向着进一步提高蒸汽参数、降低能耗和减少污染物排放的方向发展。中国将在"十二五"期间重点围绕700℃先进超超临界机组进行关键技术攻关和系统集成示范。

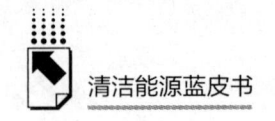

（二）燃煤机组高效污染物脱除技术

目前，在常规燃煤发电机组中普遍采用的污染物控制技术包括湿法脱硫（FGD）、选择性催化还原脱硝（SCR）、静电和布袋除尘技术，可以脱除烟气中95%的SO_2、90%的NO_x和99%的烟尘。此外，还可以通过吸附、沉淀、氧化等方法，实现烟气脱汞。

随着国家政策和法规引导，常规火电厂污染物控制技术在中国得到了广泛应用。目前，国内全部30万千瓦及以上等级燃煤发电机组均安装了效率较高的除尘装置，单位发电量烟尘排放量从2005年的1.33克/千瓦·时下降至0.5克/千瓦·时以下。国内已投运烟气脱硫机组装机容量占燃煤发电总装机容量的90%左右。在发电量相比2005年增长近70%的情况下，全国发电SO_2排放量占总排放量的比例从51%下降至约40%，单位发电量SO_2排放量从6.4克/千瓦·时下降至2.5克/千瓦·时左右。中国在新发布的《火电厂大气污染物排放标准》（2011年版）中大幅降低了NO_x排放限值，国内已投运烟气脱硝机组装机容量超过1亿千瓦，在建、规划装机容量超过1亿千瓦。

中国燃煤电厂烟气除尘以静电除尘技术为主，布袋除尘、电袋复合除尘等技术也有所应用。静电除尘技术已非常成熟，布袋除尘、电袋复合除尘技术也已实现国产化。在脱硫方面，广泛采用石灰石—石膏湿法脱硫工艺，部分采用干法和半干法。现已实现烟气脱硫的工艺优化、技术集成和关键设备国产化，主要技术经济指标达到世界先进水平。国内烟气脱硝90%以上采用选择性催化还原（SCR）工艺，少量采用选择性非催化还原（SNCR）工艺或SNCR+SCR工艺。SCR工艺在发达国家是成熟技术，中国也在开发SCR技术和催化剂。同时，通过应用空气分级等低氮燃烧技术，可以减少NO_x生成量，有效降低脱硝成本。

随着《火电厂大气污染物排放标准》（2011年版）的颁布实施，提出中国自2015年开始实行燃煤汞排放限制，而且国家也将逐步实施对PM2.5等级超细颗粒物的排放标准，开发应用重金属脱除技术、更高效可靠的除尘技术已迫在眉睫。中国也已启动SO_2、NO_x、汞等多种污染物协同控制关键技术的研发，并计划在60万千瓦燃煤发电机组进行示范。

（三）循环流化床锅炉发电技术

循环流化床（CFB）锅炉具有 NO_X 排放低、燃料适应性广、脱硫成本低、负荷调节范围大且速度快等优点，不过也存在厂用电率高、部分部件易磨损等问题。

中国已经成为世界上 CFB 锅炉装机台数和容量最大的国家，以 10 万~30 万千瓦容量为主。目前，四川白马电厂正在建设世界首个 60 万千瓦超临界 CFB 锅炉燃煤发电示范工程，即将进入调试阶段。总体上，中国大型 CFB 锅炉的整体技术研发、工程设计、工程建设已达世界先进水平，"十二五"期间，将朝着燃用劣质燃料、低排放、超临界等方向发展。

（四）整体煤气化联合循环发电技术

整体煤气化联合循环（Integrated Gasification Combined Cycle，IGCC）是把煤气化和联合循环发电集成的一种发电技术，被公认为最具发展前景的洁净煤发电技术之一。IGCC 机组环保性能好，污染物排放量约为燃煤机组的 10%，整体排放水平与天然气发电机组相当。IGCC 同 CCS（CO_2 的捕集和封存）相结合，能够以较低成本实现 CO_2 的近零排放，还可通过多联产实现煤炭的综合利用，具有很大发展潜力。IGCC 的主要问题在于系统复杂、造价较高。

中国开展 IGCC 相关技术的研究开发已有近三十年。2004 年，华能集团公司率先提出"绿色煤电"计划，旨在研究开发、示范推广基于 IGCC 技术的能够大幅度提高发电效率、达到污染物和 CO_2 近零排放的煤基能源系统。2012 年 12 月，"绿色煤电"计划第一阶段的华能天津 IGCC 示范工程成功投产，装机容量 26.5 万千瓦，采用华能自主开发的 2000 吨/天两段式干煤粉加压气化炉、西门子 E 级燃气轮机。该项目的成功投运，填补了中国洁净煤发电技术领域空白，标志着中国掌握了自主开发、设计、制造、建设、运营 IGCC 电站的能力，为中国深入开展 IGCC、绿色煤电相关技术的开发和验证以及进一步放大和示范奠定了基础。

"十二五"期间，中国将在不断完善现有 IGCC 示范电站的基础上，适时

开展40万~50万千瓦级IGCC—多联产工业示范，提高整体技术经济指标。同时，还将开展CCS等相关技术的研发，为建设近零排放IGCC示范电站进行技术储备。

三 现代煤化工技术

中国石油对外依存度已超过55%，发展煤基化学品生产技术，替代部分石油化工产品，对保障中国的能源安全具有重要的战略意义，也是煤炭清洁利用的重要方面。目前，中国煤化工行业用煤占煤炭总消费量的20%左右，有序发展高效洁净的煤炭转化技术，可以逐步实现落后产能替代和产业结构调整，大大减少污染物排放。

（一）煤制油技术

煤制油（Coal-to-liquids，CTL）是以煤炭为原料，通过化学加工过程生产油品和石油化工产品的一项技术，包含煤直接液化和煤间接液化两种技术路线。此外，以煤制甲醇为原料，也可合成汽油产品（Methanol-to-gasoline，MTG）。

中国已于2008年建成世界首套大型煤直接液化工业化装置——神华鄂尔多斯108万吨/年煤制油示范工程，采用神华开发的煤直接液化工艺和催化剂。目前，中国已建成3套煤间接液化装置，合计产能50万吨/年，均采用中国科学院山西煤炭化学研究所开发的中科合成油技术和铁系催化剂。此外，中国建成及在建的MTG装置有3套，合计产能40万吨/年。

总体上，中国在煤制油关键工艺、催化剂、装备和系统技术、工程技术等方面达到了世界先进水平。"十二五"期间，将以进一步扩大工程规模、实现商业化运营为目标。

（二）煤制烯烃技术

煤制烯烃是指将煤基甲醇通过催化剂合成烯烃产品。根据产品构成的不同，分为甲醇制烯烃（包括乙烯和丙烯）（Methanol-to-olefin，MTO）和甲醇制丙烯（Methanol-to-propylene，MTP）。

中国于 2010 年建成了世界首套大型煤制烯烃装置——神华包头煤制烯烃示范工程，并于 2011 年投入商业化运营，产能 60 万吨/年，核心技术采用中国科学院大连化学物理研究所的 DMTO 工艺。同时，还采用鲁奇技术相继建成了神华宁煤 52 万吨/年 MTP 装置、大唐多伦 46 万吨/年 MTP 装置。

通过不同工艺路线示范工程的建设，中国在煤制烯烃关键技术和工程化方面走在世界前列，接下来将继续验证煤制烯烃关键技术可行性及运行的稳定性、经济性，继续建设更多示范装置。

（三）煤制天然气技术

煤制天然气是指将合成气通过甲烷化反应合成替代天然气（SNG）的过程。中国首个大唐克旗 40 亿标方/年煤制气项目于 2009 年开工建设，目前已完成大负荷试验等试车工作。中国在建的煤制气项目还包括大唐阜新 40 亿标方/年、内蒙古汇能 16 亿标方/年、新疆庆华 55 亿标方/年等项目。

根据《天然气发展"十二五"规划》，中国到 2015 年计划实现煤制气产能 150 亿~180 亿标方/年，占国内天然气供应能力的 8.5%~10%。除在建项目，还将规划建设煤制气升级示范项目或以煤制气为主的煤炭清洁高效综合利用示范项目，提高资源利用效率和污染物治理水平。

目前，中国的煤制气项目大都布局在富煤缺水地区，国家颁布的最严格水资源管理制度将严重制约此类项目的发展，而中国天然气的负荷中心在相对富水的东部地区。因此，作为一种新思路和新途径，可以考虑在东南沿海等发达地区建设清洁高效的煤制气项目，利用价位合适的进口煤炭实现对国内天然气供应的有益补充。

四 工业用煤技术

除用于发电和煤化工外，中国还有大量的工业锅炉、窑炉等以煤炭为燃料，它们使用的煤炭超过煤炭消费总量的 20%。多年来，中国通过研究应用高温空气燃烧、纯氧或富氧燃烧、余热余能利用、过程优化节能等技术，有效

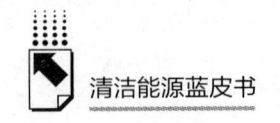

改善了工业用煤的消耗水平，但同国际先进水平还有一定差距。"十二五"期间，中国将重点围绕高效率、大容量工业锅炉岛成套技术及示范，工业窑炉余热余能高效回收利用新技术，冶金过程重点节能技术研发示范等领域开展工业用煤节能技术研发。

五 CCS和CCUS技术

近年来，全球气候变化引起了国际社会的普遍关注，有效控制以CO_2为主的温室气体排放，给发展洁净煤技术赋予了新的目标和要求。研发储备CO_2捕集与封存（CCS）以及CO_2捕集、利用与封存（CCUS）技术对中国未来应对气候变化、大幅降低碳排放强度具有重要意义。

CO_2捕集是指将燃煤发电、煤化工等排放的CO_2分离，形成高浓度的CO_2中间产品，便于资源化利用或封存至地下。CO_2捕集的主要问题在于CO_2分离提纯或制氧的装置投资和能耗较高，影响了整体经济性和能量转化效率。2009年，华能上海石洞口二厂建成了世界最大的12万吨/年燃煤电厂燃烧后CO_2捕集装置。2010年年底，神华鄂尔多斯煤制油项目10万吨/年燃烧前碳捕集装置建成投运。

CO_2封存就是把捕集的CO_2注入事先考察好的地点封存，使其与大气长期隔绝，难点在于安全性和可靠性，需通过长期的示范监测和环境评估进行验证。2011年，神华在鄂尔多斯建成了亚洲首套10万吨/年咸水层CO_2封存示范装置。下一步，中国将开展CO_2封存地质潜力的评价工作，并结合示范工程验证CO_2封存的安全性和可靠性。

六 展望

综上所述，中国在洁净煤各项技术上已取得长足进步，在多个领域达到世界先进水平，在利用煤炭为中国经济社会发展提供了充足动力的同时，有效抑制了环境污染问题。面对中国以煤为主的能源结构，资源、环境的压力依然巨大，洁净煤技术将朝着"全面开花、重点突破"的方向发展。所有用煤行业要继续推广原煤预处理技术和高效工业节能技术的应用规模；发电行业要大力提高洁净煤发电技术，重点提高煤炭发电过程污染物控制水平，更广泛地应用超（超）临界发电技术、循环流化床锅炉发电技术，进一步研发适用的整体煤气化联合循环发电技术；煤化工行业要加大现代煤化工、煤制油、煤制烯烃、煤制天然气等技术示范力度；各相关行业要积极探索面向未来的CCS、CCUS等前沿技术。全社会要共同努力，让洁净煤技术成为实现中国能源、经济、社会、环境协调可持续发展的必然选择。为此，必须进一步加大研发和应用力度，让洁净煤技术为全面建成小康社会、建设美丽中国作出更多贡献。

Current Development of and Prospects for China's Clean Coal Technology

Wu Ruosi

Abstract：The article gives a brief introduction to the current development and expectation on China's clean coal technology. It includes raw coal pre- processing technology, such as featuring coal washing and dressing, briquette, power coal blending, and brown coal upgrading technology; clean coal power generation, such as featuring super (ultra-super) -critical power generation, pollutants removal in coal fired power units, circulating fluidized bed (CFB) boiler power generation, and integrated gasification combined cycle (IGCC) technology; advanced coal chemical technology, such as featuring coal-to-liquids (CTL), coal to olefins, and coal to natural gas. It also includes conventional industrial coal technology and current advanced technology, such as CCS and CCUS.

Key Words：Clean Coal; Raw Coal; Ultra-super Critical Power Generation; Coal Chemical; IGCC

B.13
中国清洁能源汽车的发展现状与前景

张天舒*

摘 要：

原油可采量的减少、开采成本的增加以及能源安全问题，迫使世界各国和地区日益重视石油替代的问题，而发展清洁能源汽车①是其中非常重要的部分，中国发展清洁能源汽车的举措对本国和世界均具有重要意义。本文介绍了主要的几种清洁能源汽车，同时分析了政府制定的有关政策，以及各种清洁能源汽车的发展现状和趋势；并从多角度对以上几种清洁能源汽车进行了横向比较，深入分析了清洁能源汽车的发展对于解决中国石油替代问题的可能性，最后为中国清洁能源汽车的发展提出了建议。

关键词：

清洁能源汽车　石油替代　能源安全

一　引言

世界经济的快速发展是以能源的充足供应为前提的。然而，化石能源不具有可再生性，当前以化石能源为主要能源来源的经济模式是不可持续的。据国际能源署（IEA）数据，2011年世界石油消费量达到1.4×10^8升/日，其中约

---

* 张天舒，毕业于北京大学，硕士，现任北京大学世界新能源战略研究中心项目研究员，研究方向为能源政策与经济、可再生能源和车用替代燃料等。

① 本文中，清洁能源汽车是指应用各种技术使汽车尾气排放指标优于现行排放法规限值，并能达到排放法规要求的汽车，主要包括纯电动汽车、混合动力汽车、太阳能汽车以及使用其他可以改善传统汽柴油尾气排放情况的燃料汽车。

60%消费在交通运输领域。2011年,中国共生产汽车8009.28万辆,首次突破8000万辆大关,产量增加246万辆,同比增速约为3.2%。[①]

2012年,中国原油产量2.07亿吨,原油进口量达2.7亿吨,对外依存度近60%。根据预测,中国煤炭剩余可采储量为900亿吨,可供开采不足百年;石油剩余可采储量为23亿吨,仅可供开采14年;天然气剩余可采储量为6310亿立方米,可供开采不超过32年。可见,中国能源安全问题不可小觑。

汽车是中国石油消费的重要终端,车用燃料是中国石油消费增长的最大驱动力。国家统计局发布的2011年国民经济和社会发展统计公报显示,2011年年末民用汽车保有量达到9356.32万辆,中国正在加快步入汽车社会(见图1)。[②] 然而,目前中国千人汽车保有量约70辆,与世界平均水平(约140辆)相差很大。如果中国汽车拥有率达到美国的水平,那么中国的原油需求将超过全世界其他国家原油需求的总和。

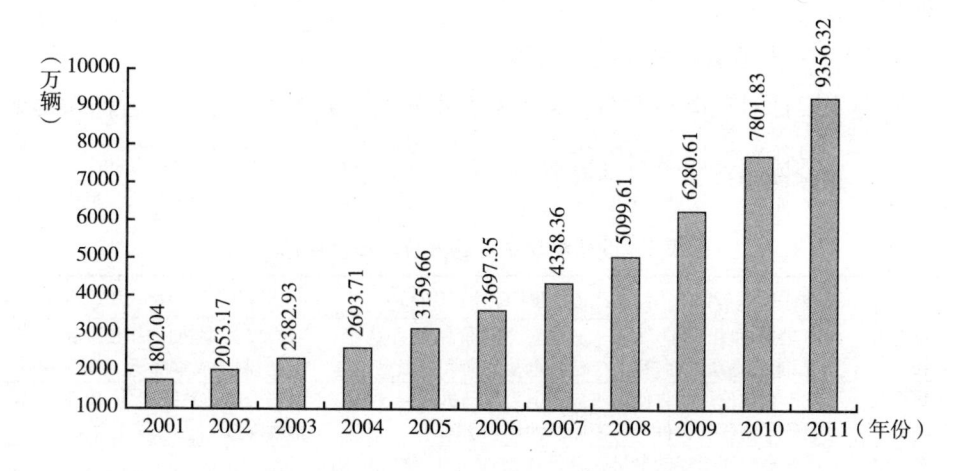

图1 2001~2011年中国民用汽车保有量

资料来源:作者根据中经数据库数据制作。

[①] 中国汽车技术研究中心、中国汽车工业协会:《中国汽车工业发展年度报告》,《中国汽车工业年鉴》期刊社,2012,第3页。

[②] 中国汽车技术研究中心、中国汽车工业协会:《中国汽车工业发展年度报告》,《中国汽车工业年鉴》期刊社,2012,第5页。

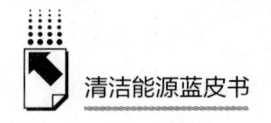

减少空气污染和降低碳排放是发展清洁能源汽车的另一个驱动因素。据《自然气候变化》（Nature Climate Change）杂志估计，2011年全球燃烧化石燃料的碳排放总量接近382亿吨，相当于每秒排放240万吨。中国已经是世界最大的温室气体排放国，且2020年中国道路交通碳排放将可能占到全球道路交通碳排放总量的1/4。

综上所述，大力发展清洁能源汽车是保障中国能源安全（特别是石油安全）、维持经济增长和汽车化发展，以及减少污染和降低排放的重要途径。

二 促进清洁能源汽车发展的相关政策

美、欧、日等国家和地区均制定了清洁能源汽车方面的鼓励和扶持政策，不过侧重点有所不同。

本节将简要介绍欧盟、美国和日本的相关政策，重点介绍中国有关政府部门制定的宏观政策。

1. 国际主要国家鼓励与扶持政策

欧盟主要针对纯电动汽车制定了发展路线图，并明确了相应的目标和实现的时间表，具体路线图及分阶段细化目标参见表1。

表1 欧盟电动车发展分阶段细化目标

技术领域	里程碑1（2012年）	里程碑2（2016年）	里程碑3（2018~2020年）
电能储存系统	全面理解和正确管理安全、性能和寿命方面参数	制造安全廉价储能存系统，延长电池寿命和电量密度	努力提高电池使用寿命和电量密度，制造成本降至20%~30%
车辆驱动技术	开发出有效使用和再使用电能的车辆驱动部件	提升电力发动机材料、性能，制燃油增程引擎	无限程电动系统工作，温室气体排放降低
系统一体化	形成安全耐用节能的电机和电池互动工作方案	基于软硬件设计，优化电动架构能源流控制	一体化系统安全改善和创新
电网一体化	电网运行需要调整	充电速度提高	迅速、便捷和智能化双向充电
交通系统	为促进电动车使用，调整公路设施和通信工具	电动车和其他运输方式实现全面一体化	基于积极安全系统和汽车至路边通信，实现自动驾驶
安全	推出同程度符合传统安全标准的电动车	实施与电动车大规模使用及与道路交通关联的特定安全问题解决方案	面向电动车最大限度开发利用积极安全措施

资料来源：盖世汽车资讯、《清洁能源汽车年鉴（2011）》。

美国政府建立了完善的法律法规体系，在《2005年国家能源政策法案》（Energy Policy Act, 2005）的基础上，美国国会于2007年通过了《可再生能源燃料、消费者保护和能源效率法案》（Renewable Fuel, Customer Protection and Energy Efficiency Act, 2007），提出要促进生物燃料的发展，提高车辆、电池、能量存储设备的能源效率，整合车辆平均燃油经济性标准等多项目标，以降低美国石油进口依赖度，减少温室气体排放和提高能源效率。2009年，总额达到7870亿美元的《美国复苏与再投资案》（The American Recovery & Reinvestment Act）由总统奥巴马签署生效，其中混合动力汽车的发展目标是到2015年销量达到100万辆。同时，美国为鼓励电动车的生产和消费，于2010年6月指定5个交通要道城市提供电动车补贴，最高补贴额达到8亿美元。[①]

日本经济产业省公布了能源基本计划修正案，这一修正案将作为日本2030年前的能源政策方针，该修正案提出在2020年前，要使下一代清洁能源汽车销售量占新车销售量的一半；同时，日本燃料电池商业化协会表示，政府资助了13座用于燃料电池汽车的加氢站。每座加氢站的成本约为500万~600万美元，政府提供一半，另一半费用由能源公司支付。日本新能源产业技术综合开发机构表示，一辆典型的燃料电池汽车花费大约100万美元。丰田公司将14辆燃料电池车租借给大学和当地政府，月租金高达9000~11000美元。[②]

2. 中国的有关政策

中国政府自20世纪90年代后期开始从国家宏观层面推动清洁能源汽车发展，至今为止已经推出一系列相关的政策。本文分别介绍了国家出台的总体政策和行动计划、促进纯电动和混合动力汽车以及使用其他清洁燃料汽车的有关政策，详见表2~表4。

[①] 沈琦、胡资骏：《美国政府支持新能源汽车发展经验及启示》，《特区经济》2012年6月，第73~75页。

[②] 中国汽车技术研究中心等：《清洁能源汽车年鉴（2011）》，中国经济出版社，2011，第110页。

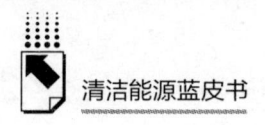

表2 中国促进清洁能源汽车的总体政策和行动计划

年份	政策及主要内容	颁发部门
1994	《汽车工业产业政策》鼓励推广使用汽车电子技术及新工艺、新材料,生产节能和低污染的汽车产品,研究开发新型燃料和新型动力汽车	国务院
2004	《汽车产业发展政策》引导和鼓励发展节能环保型小排量汽车,积极开展电动汽车、车用动力电池等新型动力的研究和产业化,重点发展混合动力汽车技术和轿车柴油发动机技术;促进混合动力汽车的生产和使用;支持研究开发醇燃料、天然气、混合燃料、氢燃料等新型车用燃料,鼓励汽车企业开发生产新型燃料汽车	发改委
2004	《节能中长期专项规划》实施清洁汽车行动计划,发展混合动力汽车,在城市公交、出租车等推广燃气汽车,加快醇类燃料推广和煤炭液化工程实施进度,发展替代燃料,可节约和替代石油3800万吨;研究鼓励发展节能车型和加快淘汰高油耗车辆的财政税收政策,择机实施燃油税改革方案;取消一切不合理的限制低油耗、小排量、低排放汽车使用和运营的规定;研究鼓励混合动力汽车、纯电动汽车生产和消费政策	发改委
2006	《中国节能技术政策大纲》鼓励发展节能型轿车;因地制宜推广汽车利用天然气、醇类燃料、合成燃料和生物柴油等替代燃料技术,开发研究电动汽车、氢气汽车等新型动力	发改委、科技部
2006	《国家中长期科技发展规划纲要(2006~2020年)》重点研究开发混合动力汽车、替代燃料汽车和燃料电池汽车整车设计、集成和制造技术以及新能源汽车实验测试及基础设施技术,燃料电池发电及车用动力系统集成技术	科技部
2006	《国民经济和社会发展的第十一个五年计划纲要》鼓励开发使用节能环保和新型燃料汽车;开发煤基液体燃料,有序推进煤炭液化示范工程建设;扩大生物质固体成型燃料、燃料乙醇和生物柴油生产能力;发展煤炭液化、醇醚类燃料等石油替代产品	全国人民代表大会
2007	《新能源汽车生产准入管理规则》明确新能源汽车包括混合动力汽车、纯电动汽车(BEV,包括太阳能汽车)、燃料电池电动汽车(FCEV)、氢发动机汽车、其他新能源(如高效储能器、二甲醚)汽车等各类别产品	发改委
2007	《产业结构调整指导目录》除鼓励发展压缩天然气、氢燃料、合成燃料和混合动力汽车,电动汽车,燃料电池汽车等新能源汽车外,首次提出了"鼓励发展生物燃料、二甲醚类燃料以及灵活燃料汽车",而在关于城市建设的栏目中,提到了"鼓励电动汽车充电站建设",同时删除2005年版中"先进的轿车用柴油发动机开发制造"的说法	国务院
2009	《汽车产业调整和振兴规划》推动纯电动汽车、充电式混合动力汽车及其关键零部件的产业化;发展普通型混合动力汽车和新燃料汽车专用部件;启动国家清洁能源汽车示范工程,由中央财政安排资金给予补贴,支持大中城市示范推广混合动力汽车、纯电动汽车、燃料电池汽车等清洁能源汽车	国务院
2009	《清洁能源汽车示范推广财政补助资金管理暂行办法》对购置清洁能源汽车将按同类传统汽车的基础价差,并适当考虑规模效应、技术进步等因素给予一次性定额补贴;其中长度10米以上城市公交车是此次补贴的重点,混合动力客车最高每辆补贴42万元,纯电动和燃料电池客车每辆补贴分别高达50万元和60万元	国务院

续表

年份	政策及主要内容	颁发部门
2009	《关于开展清洁能源汽车示范推广工作试点工作的通知》决定在13个城市开展清洁能源汽车示范推广试点工作,鼓励试点城市率先在公交、出租车、公务、环卫和邮政等公共服务领域推广使用清洁能源汽车	财政部、科技部
2010	《关于扩大公共服务领域清洁能源汽车示范推广有关工作的通知》将原先13个试点城市增加到20个	财政部、科技部、工信部、发改委
2011	《产业结构调整指导目录》涉及电动汽车充电设施,新能源汽车关键零部件,生物质纤维素乙醇、生物柴油等非粮生物质燃料生产技术开发与应用以及液化天然气技术开发与应用等	国务院
2011	《关于进一步做好清洁能源汽车示范推广试点工作的通知》免除拍卖、摇号、限行等限制措施;大力推进新能源车基础设施建设;将定期对试点城市推广工作成效等进行检查评估;对厂家提出要求	财政部、科技部、工信部、发改委
2011	《国民经济和社会发展的第十二个五年计划纲要》新能源汽车产业重点发展插电式混合动力汽车、纯电动汽车和燃料电池汽车技术;有序开展煤制天然气、煤制液体燃料和煤基多联产研发示范,稳步推进产业化发展	全国人民代表大会
2011	《国家"十二五"科技发展规划》全面实施"纯电驱动"技术转型战略;2015年突破23个重点技术方向,在30个以上城市进行规模化示范推广,5个以上城市进行新型商业化模式试点应用,电动汽车保有量达100万辆,产值预期超过1000亿元;发展沼气生产车用燃料、纤维素基液体燃料、农业废弃物气化裂解液体燃料、生物柴油、非粮作物燃料乙醇、250吨~500吨/日系列生物质燃气开发利用等关键技术和装备	科技部
2012	《清洁能源汽车产业发展规划(2012~2020年)》在规划期内投入1000亿元;到2020年新能源汽车产业化和市场规模要达到全球第一,其中新能源汽车保有量达到500万辆,以混合动力汽车为代表的节能汽车销量达到世界第一,年产销量达到1500万辆;税收优惠政策	国务院

资料来源:作者根据中国各部门网站相关资料制作。

表3 促进纯电动、混合动力等汽车的政策和行动计划

年份	政策及主要内容	颁发部门
2001	"863"计划电动汽车重大专项	科技部
2001	《国民经济和社会发展的第十个五年计划纲要》发展高效、节能、低排放车用发动机和混合动力系统	全国人民代表大会
2007	《高技术产业发展"十一五"规划》进一步强调以氢能燃料电池为重点,大力开发大规模制氢和储氢、燃料电池堆、燃料电池辅助装置、燃料电池发动机等系统集成技术,开展产业化示范,推动氢能燃料电池在交通领域的应用	发改委
2007	《中国应对气候变化国家方案》鼓励发展节能环保型汽车,鼓励混合动力汽车、纯电动汽车的生产和消费	国务院

续表

年份	政策及主要内容	颁发部门
2009	"十城千辆"电动车示范应用工程和百辆混合动力公交车投放	科技部、财政部
2010	《私人购买新能源汽车试点财政补助资金管理暂行办法》对试点城市私人购买使用新能源汽车给予一次性补助:对满足支持条件的新能源汽车,按3000元/千瓦·时给予补助;插电式混合动力乘用车最高补助5万元/辆;纯电动乘用车最高补助6万元/辆	财政部、科技部、工信部、发改委
2011	《中华人民共和国车船税法》对节约能源、使用新能源的车辆可以减征或者免征车船税(包括纯电动汽车、燃料电池汽车和混合动力汽车)	全国人民代表大会
2012	《关于扩大混合动力城市公交客车示范推广范围有关工作的通知》将在全国所有城市推广混合动力公交车,推广目标为3000~5000辆,补贴标准5万~42万元/辆	财政部、科技部、工信部、发改委

资料来源:作者根据中国各部门网站相关资料制作。

表4 促进使用其他清洁燃料汽车的政策和行动计划

年份	政策及主要内容	颁发部门
2005	《中华人民共和国可再生能源法》鼓励清洁、高效地开发利用生物质燃料,鼓励发展能源作物;鼓励生产和利用生物液体燃料;石油销售企业应当按照国务院能源主管部门或者省级人民政府的规定,将符合国家标准的生物液体燃料纳入其燃料销售体系	全国人民代表大会常务委员会
2005	《关于鼓励发展节能环保小排量汽车的意见》鼓励开发、生产柴油轿车和微型车,以及使用醇醚燃料、天然气、混合燃料、氢燃料等新型燃料的汽车;积极推动《乘用车燃料消耗量限值》国家标准的实施,从源头上控制高油耗汽车的发展	发改委、建设部、公安部、财政部、监察部、环保总局
2006	《可再生能源发展专项资金管理暂行办法》重点扶持发展生物乙醇燃料、生物柴油等生物燃料	财政部
2012	工业和信息化部决定在山西省、上海市和陕西省开展甲醇汽车试点工作	工信部

资料来源:作者根据中国各部门网站相关资料制作。

三 中国清洁能源汽车的发展现状

1. 纯电动和混合电动汽车

"十五"期间中国形成了以纯电动汽车、混合电动汽车、燃料电池汽车为"三纵",以多能源动力总成控制系统、驱动电机及其控制系统、动力蓄电池及其管理系统为"三横"的电动汽车布局。① 近几年相关的鼓励和扶持政策较多,体现了政府将其列为长期重点发展项目的决心。

与目前的汽油车相比,混合动力汽车能降低燃油消耗 25% ~ 50%,但成本比同类汽油车高 30% 左右。由于拥有两套动力系统,混合动力汽车的日常维修维护费用较普通柴油车高一些。目前推广的纯电动汽车多使用高性能的锂电池,理论续驶里程可以达到 150 ~ 200 公里;在城市工况和使用空调的情况下,续驶里程将大打折扣。以城市公交车为例,纯电动汽车每百公里平均电耗约为 130 千瓦·时,每公里能耗约为 420 克标煤,与同等规模的柴油车不相上下。但如果计算燃料成本,柴油车每百公里成本约为 260 元(按 7 元/升计算),而纯电动汽车仅为 130 元(按电价 1 元/千瓦·时计算),比柴油车节省 50%。另外,电动汽车的日常维修维护费用也较柴油车低。②

在国家政策大力支持下,在电池性能与寿命、充电基础设施建设、充电标准方面都在不断突破和完善。2011 年,中国共生产电动汽车 12526 辆,燃料以混合动力居多,占比 53%。其中生产电动轿车 6796 辆,纯电动轿车 4535 辆,占比 67.7%;生产电动客车 5730 辆,纯电动客车 1360 辆,占比 23.7%。从 2011 年电动汽车示范运行情况推算,全年实际新增运营电动车约 1 万辆,再加上 2010 年已有 5000 辆电动汽车运行,2011 年运行电动车接近 1.5 万辆。国家电网公司利用在终端供电网的优势,2010 年在国内 26 个省市地区建设电动汽车充换电设施,包括 87 座标准化充换电站、5179 台充电机和 7031 台交流充电桩。③

2. 燃气汽车

燃气汽车主要包括使用 CNG(压缩天然气)、LNG(液化天然气)和 LPG(液化石油气)的汽车(本文主要讨论前两种)。天然气在常温下为气态,以气态进入发动机,与空气相同,因此混合气均匀,燃烧比较完全,从而可大大降低一氧化碳、碳氢化合物和氮氧化合物的排放,同时也改善了颗粒排放。④

---

① 兰永霞:《国内新能源汽车发展机遇与挑战并存》,《中国汽车界》2009 年第 10 期,第 68 ~ 69 页。
② 张扬:《我国新能源汽车减排潜力及成本分析》,《节能与环保》2012 年第 8 期,第 54 ~ 56 页。
③ 汤湘华、李雪峰等:《国内车用替代燃料的发展现状及展望》,《石油规划设计》2012 年第 3 期,第 15 ~ 19 页。
④ 杜子学、王可:《车用能源及新型动力车的发展与研究》,《上海汽车》2007 年第 6 期,第 3 ~ 8 页。

自 1999 年 12 月由国家科技部、原环保总局联合 13 个部委启动实施"空气净化工程——清洁汽车行动"以来，中国作为亚太地区新兴的天然气汽车市场，在政府和市场的双重驱动下，天然气汽车保有量从 2000 年的不足 1 万辆发展到 2011 年的超过 100 万辆，已建成 3000 多座天然气加气站，整车生产厂以每年 10 万辆左右的速度投放市场。业内专家预计，到 2015 年，中国天然气汽车保有量将超过 150 万辆，有潜力成为世界最大、最具成长性的天然气汽车市场。

随着沿海地区 LNG 接收站及国内 LNG 生产装置的相继建成投产，LNG 公交车和重型卡车已在新疆、内蒙古、贵州等地推广应用。LNG 重型卡车由于对气源的依赖性强，其发展区域化特征明显。2011 年年底，LNG 汽车保有量约 4500 辆，LNG 加注站超过 200 座。目前，LNG 汽车在国内的发展面临一系列的制约因素，如资源供应不足、储罐价格偏高、低温以及设备技术不够先进等，因此 LNG 汽车仍处于示范工程阶段。[①]

3. 醇醚燃料汽车

甲醇和二甲醚是车用石油替代燃料的重要品种之一。甲醇燃料是较为洁净的燃料，其燃烧后排放的一氧化碳、碳氢化合物含量很低。甲醇来源广泛，可用天然气、煤炭（特别是可利用劣质高硫煤和焦炉气回收制取）和多种有机物来制取。世界范围内 85% 以上的甲醇是以天然气为原料的，中国甲醇生产企业主要是以煤为原料。二甲醚稳定性好，无腐蚀性，无致癌性，燃烧过程中无残渣、无黑烟，一氧化碳和氮氧化物的排放量低，可作为柴油替代品。其可以由不同的资源来制取，如煤炭、天然气、煤层气、二氧化碳和氢气等。

甲醇与汽油相溶性较好，可实现各种比例掺烧，将甲醇含量（体积）为 15%、25%、50%、85% 的汽油称为 M15、M25、M50、M85 的甲醇汽油，无须改动车辆或改动很少。另外一种方式是采用装配甲醇专用发动机的甲醇汽车（采用 100% 的甲醇作为燃料）。中国对甲醇燃料的研究起步于 20 世纪 70 年代，到目前为止，山西省、陕西省、河南省等地区对甲醇燃料有不同程度的应

[①] 华贲、李亚军：《从战略高度认识和推进天然气替代交通运输燃料》，《加工利用》2012 年第 4 期，第 1~6 页。

用和推广。2012年,工信部决定在山西省、上海市和陕西省开展甲醇汽车试点工作,争取两三年内,完成对高比例甲醇汽车可靠性、经济性、安全性和环保性等评价工作,建立甲醇汽车相关标准体系,提出高比例甲醇汽车相关配套基础设施改造和管理规范的产业政策建议。

自1997年起,有关单位对二甲醚燃料用于汽车的可靠性进行了系统研究。针对二甲醚汽车的产业化,在发改委、科技部和上海市经委的支持下,由上海交通大学、上海柴油机股份有限公司等单位共同组成二甲醚汽车研发的产学研团队,已经实施二甲醚发动机、汽车产业化和二甲醚汽车示范运行工作,试制完成10辆二甲醚公交车,同时建成了国内第一个车用二甲醚加注站。2011年年底,国家质检总局、国家标准化管理委员会批准实施了《车用燃料用二甲醚》(GB/T26605－2011)国家标准,但其他相关配套政策和基础设施还是比较欠缺。

4. 生物燃料汽车

生物燃料泛指由生物质组成或转化的固体、液体或气体燃料,是可再生能源开发利用的重要方向,具有良好的可储藏性和可运输性,是可替代石油的液体燃料。本文主要讨论燃料乙醇和生物柴油。

中国燃料乙醇的主要原料是陈化粮、木薯、甜高粱等淀粉质或糖质非粮作物,今后研发的重点主要集中在以木质纤维素为原料的第二代燃料乙醇技术。国内生产的燃料乙醇全部用于乙醇汽油调配,按照现有国家标准,乙醇汽油是用90%的普通汽油与10%的燃料乙醇调和而成。燃料乙醇生产企业必须通过发改委核准后方可生产,同时享受政府补贴。目前中国有5家生产燃料乙醇的企业,合计产能达到190×10^4吨/年。国家正逐步减少以粮食为原料的燃料乙醇企业补贴,而第二代燃料乙醇技术尚未大规模商业化,预计近两年国内燃料乙醇产量将基本保持平稳。[①]

国家已在四川、贵州、海南启动小油桐生物柴油产业化示范项目,在内蒙古支持了微藻固碳生物能源示范项目。生物柴油作为常规柴油的替代品,可以直接用作车用柴油,即100%生物柴油(B100),或与常规柴油调配使用,品种有

[①] 庄幸、姜克隽:《推广使用生物燃料是我国一项长期战略》,《宏观经济研究》2007年第9期,第14~20页。

2%、5%、10%和20%，即B2、B5、B10、B20柴油。2011年，B5生物柴油仅限于在海南省销售，而海南省柴油需求不到1.0×10^6吨/年，预计替代常规柴油不足5.0×10^4吨，预计近两年国内生物柴油产量仍将基本保持平稳。[①]

5. 综合评价

清洁能源汽车作为石油替代的解决方案，需要用几个重要因素或者指标进行考量。其中，能源供给安全、减少排放和保护环境、经济性、汽车性能四个因素尤为重要。[②]

从发展清洁能源汽车的初衷考虑，能源供给安全是一个重要的出发点。而从中国能源供给的基本国情看，煤炭相对于天然气和石油来说是最丰富的，以燃煤发电为主要形式的供电也相对比较容易保证电力稳定供应。同时，中国土地资源比较丰富，非粮食类的生物燃料也相对比较充足。因此，从这个角度来看，在电动汽车和混合动力汽车技术尚未完全成熟的情况下，在富煤地区发展醇醚燃料汽车，在生物质充足地区发展生物燃料汽车是可行的。减少碳排放和保护环境是各国推广清洁能源汽车的另一个考虑。由前文可知，电动汽车和混合动力汽车均达到国际的最高标准，天然气汽车、二甲醚汽车及生物燃料汽车的尾气排放也对环境影响很小，次之是甲醇汽车。因此，推广清洁能源汽车将会在减排和保护环境方面起到重要的推动作用。

经济性是大规模推广清洁能源汽车的另一个重要因素。目前国家和各省市对于购买新能源汽车的消费者给予了补贴政策，如对满足支持条件的新能源汽车按3000元/千瓦·时给予补助，插电式混合动力乘用车最高补助5万元/辆，纯电动乘用车最高补助6万元/辆。[③] 但对消费者来说，大多数还处于观望的状态，主要是因为价格相对偏高，而且充电设施尚未普及。由于使用天然气、醇醚燃料等替代燃料相对于汽柴油均有一定的价格优势，目前天然气汽车数量的增长比较迅速，而醇醚类燃料汽车受制于政策影响

[①] 陈昊：《车用替代能源综合评价与发展策略》，《中国能源》2013年1月，第31～43页。

[②] 沈中元：《中国汽车领域石油替代的可能性——现状、政策和长期展望》，《国际石油经济》2006年第11期，第6～17页。

[③] 财建［2010］230号，财政部、科技部、工业和信息化部、国家发改委《关于开展私人购买新能源汽车补贴试点的通知》。

尚未出现大规模推广的态势。生物燃料种类繁多，价格差异比较大，根据不同区域也有所不同，目前也还处于局部地区使用的阶段。汽车性能也是影响消费者购买和使用的另一个关键因素。目前各种清洁能源汽车相较于汽柴油车在性能方面均有一些弱点，但是随着技术的不断进步，这些问题都会被逐一解决。

综合上述各类清洁能源汽车近期发展情况，当前替代常规汽油、柴油的燃料较为广泛。但是，由于清洁能源汽车的发展更多受到国家推广政策以及产能和技术的限制和影响，目前大多处于局部省市示范推广阶段，2011年投入市场车用替代燃料约 8.74×10^6 吨，仅占当年汽油、柴油消费总量的3.6%，但是，同比增速较快。[①]

四 未来中国交通运输业石油替代的可能性分析

1. 未来中国交通运输行业压力与需求

前面已经提到，随着经济的快速增长和城镇化的加速，中国汽车保有量在不断提高。2011年，中国总体汽车保有量为10800万辆，全年汽车年成品油消耗达到2.59亿吨，按照60%的成品油率计算，年消耗原油4.3亿吨，年排放二氧化碳在8.52亿吨到10.28亿吨；预计到2020年，汽车保有量将达到25000万辆，全年汽车年成品油消耗将达到5亿吨，按照60%的成品油率计算，年消耗原油6亿吨，年排放二氧化碳在12.5亿吨到15亿吨，这对国家外贸和石油安全供应以及人类的生存环境而言都将是难以承受的。2012年，国际能源署发表报告，预测到2020年中国每天进口石油达690万桶，占中国石油消费总量的70%；2020年中国石油对外依存度为68%，2030年将达到74%，这将会对中国的能源安全产生巨大影响。

2. 清洁能源汽车燃料替代石油的可能性

在分析主要的清洁能源汽车燃料替代石油的可能性时，主要考虑的是可以

[①] 汤湘华、李雪峰等：《国内车用替代燃料的发展现状及展望》，《石油规划设计》2012年第3期，第15~19页。

替代汽柴油的消耗量。按照私人汽车单车油耗2.4吨/年（年行驶里程3.0×10^4公里，油耗10升/百公里）、出租车单车油耗6吨/年（年行驶里程1.0×10^5公里，油耗7.5升/百公里）、公交车单车油耗14吨/年（年行驶里程3.6×10^4公里，油耗28升/百公里）计算替代燃料量。[①]

根据《清洁能源汽车产业发展规划（2011～2020年）》的目标，到2015年，纯电动汽车和插电式混合动力汽车市场保有量达到50万辆以上；到2020年，新能源汽车保有量达500万辆，其余为200万辆。

根据规划，到2020年混合动力汽车达到300万辆，可以假设包括私人汽车200万辆、出租车50万辆、公交车50万辆，由于混合动力汽车相比于传统汽车可以节能35%，则估算到2020年使用混合动力汽车节约的汽油约为$2.73×10^6$吨，节约常规轻柴油约为$2.45×10^6$吨。假设200万辆电动汽车的类型包括私人汽车100万辆、出租车50万辆、公交车50万辆，且假设200万辆均为电动汽车，每辆电动小汽车平均燃料消耗量水平为25千瓦·时/百公里，每辆电动公交车平均燃料消耗量水平为120千瓦·时/百公里，则可以测算电动汽车对汽柴油替代量的上限，即2020年使用电动汽车节约的汽油上限为$5.41×10^6$吨，节约常规轻柴油上限为$7.0×10^6$吨。[②] 因此，到2020年新能源汽车可以替代汽油$8.13×10^6$吨，可以替代常规轻柴油$9.45×10^6$吨。

天然气汽车保有量在近几年增长很快，特别是CNG汽车，近十年来的增速达到30%左右，LNG汽车在近五年的增速也达到20%左右。据专家预测，2020年中国国内CNG汽车保有量将升至350万～450万辆，加气站总数将达到4500～5000座，双双跃至世界首位。如果按公交车耗气35立方米/百公里、年行驶里程$3.6×10^4$公里，出租车耗气8立方米/百公里、年行驶里程$1.0×10^5$公里，私人汽车耗气10立方米/百公里、年行驶里程$1.0×10^4$公里。假设到2020年CNG汽车达到400万辆，其中私人汽车240万辆、出租车100万辆、公交车60万辆，则预计耗气量为$1.8×10^{10}$立方米，替代常规汽油、柴油量分别为$1.176×10^7$吨和$8.4×10^6$吨。相比于CNG汽车，LNG

[①] 张杨：《我国新能源汽车减排潜力及成本分析》，《节能与环保》2012年第8期，第54～56页。
[②] 张杨：《我国新能源汽车减排潜力及成本分析》，《节能与环保》2012年第8期，第54～56页。

汽车的数量较少，因此可以粗略估计天然气汽车替代汽柴油量约为CNG汽车所替代的量。

虽然工信部已经启动了甲醇汽车（高比例M85和M100）的试点计划，但是在之前大多数使用甲醇汽油的省市是用M15等低比例掺烧的。初步估计2011年国内甲醇汽油消费量为3.0×10^6吨，绝大部分在山西和陕西销售。如果全部按M15甲醇汽油测算，可替代常规汽油4.5×10^5吨。[①] 预计未来几年内，无论是高比例甲醇汽车还是低比例掺烧的甲醇汽油都依然是在局部地区推广。

国家发改委于2006年就中国生物燃料产业发展做出未来三个"五年规划"的统筹安排："十一五"期间实现技术产业化；"十二五"实现产业规模化，2015年以后大发展；到2020年，全国生物燃料消费量将占到全部交通燃料的15%左右，建立起具有国际竞争力的生物燃料产业。就目前情况来看，全国范围内还没有形成大规模产业化的迹象，预计在"十二五"期间可能会迎来一个快速增长期。

五　小结

近年来，交通运输成为中国能源需求增长最快的领域之一，发展多样化车用能源已成为保障中国能源安全、应对气候变化所必须采取的措施。未来10～15年将是中国车用能源需求增长最快的时期。结合本文的分析，推广清洁能源汽车可以在很大程度上缓解替代石油的难题，同时也具有很大的减排潜力。中国政府在将纯电动汽车等类型的清洁能源汽车纳入长期战略计划的同时，对于目前技术相对成熟的天然气汽车和醇醚燃料汽车，应该在资源许可的地区重点推广并给予适当的政策补贴及推出相应的扶持计划。

[①] 汤湘华、李雪峰等：《国内车用替代燃料的发展现状及展望》，《石油规划设计》2012年第3期，第15～19页。

Development Status of and Prospects for Chinese Clean Energy Vehicles

Zhang Tianshu

Abstract: Reduction in the amount of petroleum, increase in exploration costs and energy security issues are forcing countries and regions all around the world to allocate more emphasis on oil alternative solutions, in which developing clean energy vehicles is one of the important parts. Development initiatives of Chinese clean energy vehicles have both national and world significance. This paper introduces major clean energy vehicles and then analyzes relevant policies launched by governments, as well as development status and trends of various clean energy vehicles. Moreover, comparison has been made among these kinds of clean energy vehicles from several perspectives, and the possibility to solve oil alternative in China has also been analyzed.

Key Words: Clean Energy Vehicles; Oil Alternative; Energy Security

B.14 国际核电高效利用回收铀资源的技术发展及路线图

阮养强　张振华　杨德滋　陈明军　Sermet Kuran　Catherine Cottrell *

摘　要：

高中子经济性是加拿大坎杜重水堆技术的一个突出优势，这种堆型也因此能够直接使用天然铀燃料，而且单位铀耗比较低，还可以高效利用由轻水堆乏燃料经后处理得到的回收铀等替代核燃料资源。秦山三期重水堆核电厂的成功建造和出色运营，为中加有关单位在重水堆先进燃料领域的创新合作与发展应用提供了有利的条件。回收铀燃料第一阶段的合作从2008年年初开始，首先是联合进行了秦山三期重水堆核电厂利用压水堆回收铀燃料的工程可行性研究，确定采用把回收铀与贫铀混合制作成等效天然铀燃料的技术方案，然后进行了等效天然铀燃料的详细设计分析、制造工艺研究、许可申请和入堆辐照准备工作，并且在2008年年底正式实施回收铀燃料辐照示范试验计划。在2011年年初辐照示范试验完成之后，秦山第三核电有限公司正式启动了全堆应用回收铀项目，现有的两台重水堆机组可望在2014年全面应用等效天然铀燃料。2012年3月，第二阶段的合作计划也正式启动，目标是在三代增强型坎杜重水堆技术的基础上进一步优化设计，率先在中国开发和建设三代先进燃料重水堆，为更优化利

---

* 阮养强，中国西安交通大学核反应堆工程与安全工学硕士、德国慕尼黑技术大学机械工程工学博士，现任加拿大坎杜能源公司区域副总裁（中国）；张振华，中国浙江大学工业自动化专业毕业，研究员级高级工程师，国务院政府特殊津贴获得者，现任中核集团秦山第三核电有限公司副总经理及中核秦山核电集团筹备组成员；杨德滋，中国西南交通大学结构工程博士，现任加拿大坎杜能源公司主管工程设计高级副总裁；陈明军，中国北京大学技术物理系毕业，研究员级高级工程师，现任职中核核电运行管理有限公司三厂技术处处长；Sermet Kuran，加拿大麦吉尔大学机械工程博士，现任加拿大坎杜能源公司 AFCR 及燃料循环部门主任；Catherine Cottrell，加拿大多伦多大学化学工程博士，现任加拿大坎杜能源公司先进燃料循环工程项目经理。

用回收铀资源，同时为钍基燃料的辐照考验及其未来的全堆工程化应用提供条件。中加联合开发先进燃料和推广应用先进重水堆技术，将带动回收铀优化利用的产业化发展，提高天然铀资源的综合利用率，也有利于促进中国闭式燃料循环体系的发展和完善。在发展建立商用后处理技术体系的同时，中国应适时启动优化利用回收铀资源的国家级配套计划，为核电规模化可持续发展和保障核燃料供应开辟新的途径。

关键词：

核电规模化发展　回收铀燃料　低铀耗技术　先进燃料重水堆　钍基燃料

一　核电大规模发展与回收铀资源的利用问题

（一）核电发展现状与潜在规模

随着城市化和工业化的不断发展，在过去四十年中世界人均每年消费的电量接近翻了一番，而且还在逐步提高；与此同时，世界人口总数还在快速增加，两者相乘的结果是全球电力年消费总量增长非常迅速，2011年已达到20.442万亿千瓦·时（20442 TW·h），人均2900千瓦·时[1]。目前世界电力供应高度依赖火电（见图1），核电是仅次于水电的世界第二大非碳基电力来源，2011年提供2.518万亿千瓦·时的电能，约占全球电能消费总量1/8。对很多发达国家而言，核电早已成为第一大的非碳基能源，约占经济合作与发展组织（OECD）国家每年总发电量的1/5。在快速增长的全球电力消费总量中保持和适当提高核电的比例，对世界能源体系的长期可持续发展非常重要，可缓解对化石燃料的过度依赖，也有助于应对空气污染、气候灾变、能源安全和价格不稳定的问题或风险。为实现这个目标，根据国际原子能机构（IAEA）的最近预测，全球核电总装机容量需要从2011年的3.69亿千瓦翻一番达到2030年的7.4亿千瓦，2050年要继续增加到近12亿千瓦，新增核电容量中的大部分将建在经济迅速发展中的国家，特别是中国和印度[1][2]。针对中国的能源供需状况，最近多个国际和国内机构研究预测[2][3]，中国的核电装机容量到 2030 年要扩大到 1.2 亿~2 亿千瓦，到 2050 年则需要进一步增加到 3 亿~4 亿千瓦的规模。

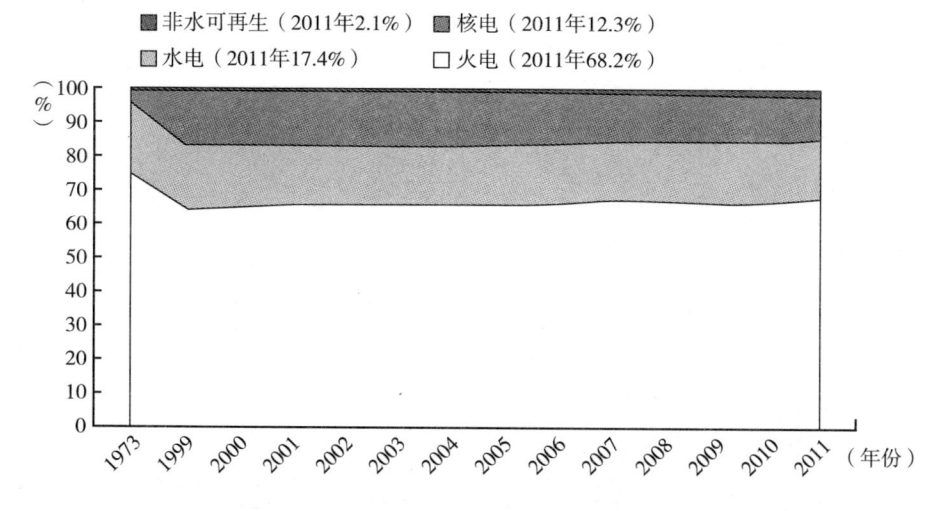

图例：
■ 非水可再生（2011年2.1%）　■ 核电（2011年12.3%）
■ 水电（2011年17.4%）　□ 火电（2011年68.2%）

图 1　1973~2011 年世界电力供应组成态势

资料来源：国际原子能机构。

（二）核电大规模发展对铀资源的需求估计

在后福岛时代实现大规模核电发展，全球核电界和各相关机构一方面要合力解决如何确保超设计基准极端外部条件下的核反应堆安全性问题，另一方面要努力提高核电的经济性和竞争力。对于核废物的妥善管理、乏燃料的后处理和再循环利用以及防止核武器扩散等问题，全球也需要逐步形成广泛共识，推动可行的解决途径和有效机制的建设。对核电大规模发展同样重要的另一个现实问题是如何不断降低核电的单位铀耗。对目前运行中的典型轻水堆核电厂，每上网 10 亿千瓦·时要消耗大约 25 吨天然铀（参见图 2 和附表 1，图和表中的单位铀耗和等效燃耗的单位分别是 tNU/TW·h 和 GWd/tNU），相当于每千瓦·时 25 毫克天然铀的平均铀耗水平。每建成一台净输出功率百万千瓦的核电机组，100%满功率运行一年发电 87.6 亿千瓦·时，需要大约 220 吨天然铀。若按年均 85%负荷因子的保守估计，运行六十年需要消耗 1.122 万吨天然铀。根据 2012 年版铀资源红皮书[4]，全球已探明的成本在每公斤 260 美元

245

以内的天然铀总储量为7.0966百万吨,若按目前世界核电的平均铀耗水平计算,已探明的总储量还不够IAEA所预测的2030年核电总装机容量全寿期的铀资源需求。如果中国到2050年核电装机容量增加到4亿千瓦,假设到时已经顺利建成3000万千瓦快堆,中国对天然铀总需求量将达到目前全球已探明储量的近60%。通过加大勘探投资和随着开采提取技术的进步或者新技术的出现,铀资源探明储量可能会逐步增加;但与此同时,不断降低现有和未来商用堆技术的单位铀耗,不断提高核燃料资源的利用率,也是必然的发展趋势。这要求高效地利用各种来源的易裂变材料,包括回收铀和回收钚,加快后处理技术和高转换及增殖堆技术的发展,同时逐步开发应用钍资源作为替代核燃料。对核电业主而言,通过应用更先进的燃料技术,包括开辟替代核燃料供应途径,不断降低现有机组的单位铀耗和燃料相关费用,可以降低核电机组的运营成本,提高经济效益,增强燃料供应保障和抗价格风险的能力。

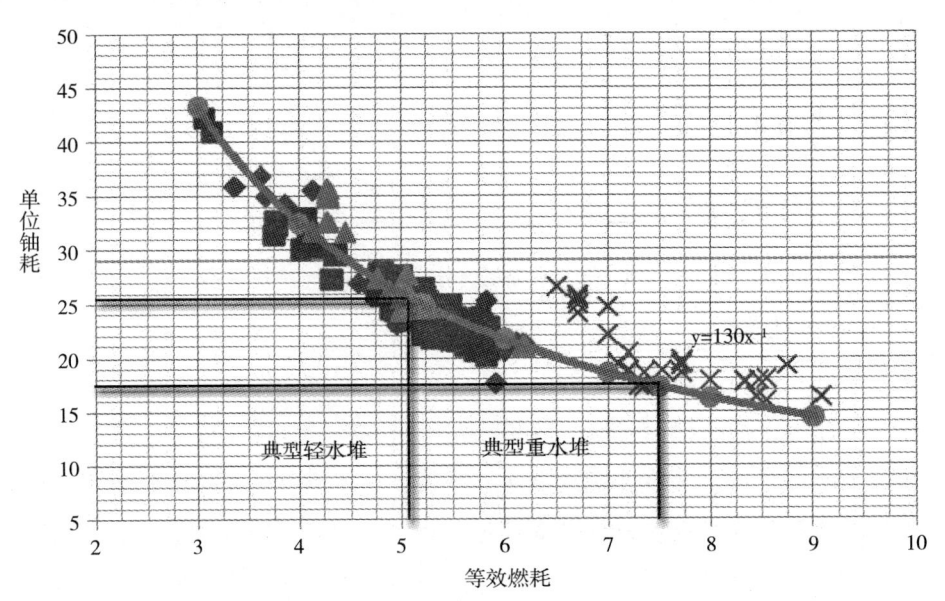

图2 全球运行中轻水堆和重水堆核电机组的单位铀耗

资料来源:国际原子能机构。

(三)回收铀资源的技术特点与利用问题

对采取闭式核燃料循环方式的国家,从核反应堆更换出来的乏燃料,在核电厂的乏燃料池冷却停留一定时间之后，最终要被运到后处理厂进行化学分离处理。轻水堆乏燃料经后处理的产物绝大部分是回收铀（约95%），还有少量的钚，其余则是裂变产物和除钚之外的超铀元素（主要是镎、镅、锔，又称次锕系核素）。目前全球核电厂每年产生约1万吨乏燃料，到2020年将积累大约44.5万吨[5]。目前，全世界乏燃料后处理厂总处理能力大约每年6000吨[5]，包括中国已建成的后处理中试厂。中国也已经设立了乏燃料处理处置基金，2010年开始按实际上网销售电量每千瓦·时0.026元的标准征收[15]，也在推进后处理大厂的建设项目；回收钚将主要留作快堆燃料，但是对后处理厂产物中数量最大的回收铀资源的利用问题，在政策层面上尚未见明确的国家级计划。根据我们的联合可行性研究分析[6]，中国压水堆乏燃料的回收铀中含有0.8%~1.2%的铀-235，典型参数见附表1中的UOX-33和UOX-45，其富集度明显高于天然铀的水平。随着更多核电机组不断投入运行，在2015年达到4000万千瓦之后，中国内地每年产生的乏燃料量将超过1000吨，相应的回收铀资源量也将以每年新增一个相当于千吨级铀矿的速度不断累积；如果2050年中国有4亿千瓦核电，则每年将新增一个万吨级铀矿。如果把乏燃料中回收铀和回收钚的易裂变材料一起计算，可回收核燃料的资源量将更大。所以，在加快发展后处理技术的同时，深入研究如何优化利用回收铀和回收钚资源，是中国核电规模化发展必须考虑的一个重大产业战略问题。

天然铀有三种同位素，按质量百分比其中铀-234仅占0.0053%，铀-235占0.711%，而绝大部分为铀-238，占99.284%。从辐照过的核燃料经后处理分离出的回收铀，增加了四种新的铀同位素，即铀-232、铀-233、铀-236和铀-237，其丰度与反应堆堆型、燃料类型和易裂变核素的初始富集度、卸料燃耗深度、卸料后的冷却时间长短等因素有关。虽然铀-232在回收铀中的含量很微小（每十亿分之一的数量级），但其衰变子体特别是铊-208会释放γ射线，故铀-232对回收铀利用过程中相关的储存、转化、浓缩和运输等环节在辐射防护方面的影响最大。铀-232在堆内通过吸收一个中子转换成易裂变核铀-233，后者裂变时产生中子，加上其含量微小，故对反应堆物理和运行的影响很小可以忽略。从中子物理和铀资源利用率的角度而言，铀-236的丰度不小，对中子吸收的影响最大；铀-236主要是通过铀-235吸收中子的途径而产生的，其质量百分比随着卸料燃耗的加深和燃料在反应堆中停留的时间增加而增大。相对而言，铀-234的含量与天然铀中的数量级接近，额外增加的对中子吸收影响较小。为便于后续分析比较，附表1列出从文献中选取的四种代表性的轻水堆燃料，具有不同的初始富集度和卸料燃耗深度，分别标识为UOX-33、UOX-45、UOX-51和UOX-100，其中UOX-100为超高卸料燃耗理论算例。附表2列出从这四种轻水堆燃料产生的回收铀，包括主要铀同位素的质量百分比模拟计算值[6][7]。

（四）轻水堆利用回收铀概况

一些国家的核电业主的经验表明，回收铀可以通过再浓缩并制作成现有轻水堆燃料组件进行循环利用，堆内燃料性能也无本质区别，这方面至少已有三十多年的实际使用经验积累[8]。但是，再浓缩过程中铀同位素铀-232和铀-236也会一起富集而显著提高含量，其负面影响也会随之放大，前者会显著增加辐射防护方面的复杂性和费用，而后者需要额外增加铀-235的富集度以补偿中子损失。对轻水堆而言，铀-236总富集度每增加1%，铀-235富集度需要额外增加大约0.3%以补偿中子损失。欧洲轻水堆业主的应用实例表明，为保持与浓缩天然铀（Enriched Natural Uranium，ENU）燃料同样的卸料燃耗，浓缩回收铀（Enriched Recycled Uranium，ERU）燃料的铀-235富集度需要额外增加0.5%~0.6%，以补偿铀-236吸收中子的负面影响[8]。对来源于卸料燃耗较深的回收铀，铀-236的含量本来就较高些，浓缩回收铀燃料所需额外增加的铀-235富集度会更大些，这样若要保持其卸料燃耗不变，浓缩回收铀燃料的总富集度会很容易超过现有5%的铀-235许可上限。这就会牵涉燃料循环前端所有设施、堆芯燃料换料设计与管理、后端的乏燃料管理和运输等问题。所以，轻水堆利用回收铀，尽管技术上没有本质障碍，但是为应对与回收铀再浓缩相关联的额外辐射防护和富集度补偿问题，在经济上却鲜有吸引力。

一些轻水堆业主也尝试了多种其他方法来利用回收铀，如用少量的富集度较高的浓缩铀或者用大量的天然铀来混合回收铀，使得铀-236的影响控制在一定范围之内。虽然这些方法技术上可行，但这些方法在高富集铀资源可持续来源方面或者在经济性上缺少足够大的吸引力，也难以规模化推广应用[8]。

对于中国和印度两个同时拥有轻水堆和重水堆并且坚持闭式燃料循环战略的国家，利用回收铀的最佳途径是直接把它制成重水堆燃料[8]。由于不需要再浓缩，从而不会产生易裂变材料的尾料损失，铀-236的影响也很小。充分发挥重水堆高中子经济性、低铀耗的优势特点，在重水堆中利用压水堆回收铀不仅相对简单经济，而且回收铀资源的利用率较高，同时可以替代和节省天然铀资源。

二 重水堆利用回收铀燃料的优势条件与技术途径

（一）重水堆高中子经济性特点

以秦山三期坎杜重水堆核电厂为例，其主系统基本流程和主要设备组成（图3为反应堆厂房示意图）与通常的压水堆核电厂基本相同。但是，重水堆有两大突出的特点：一是多了两道可以阻止和缓解严重事故的固有非能动安全热阱（见图3和图4），二是拥有优异的中子经济性[9][12]。坎杜堆出色的中子经

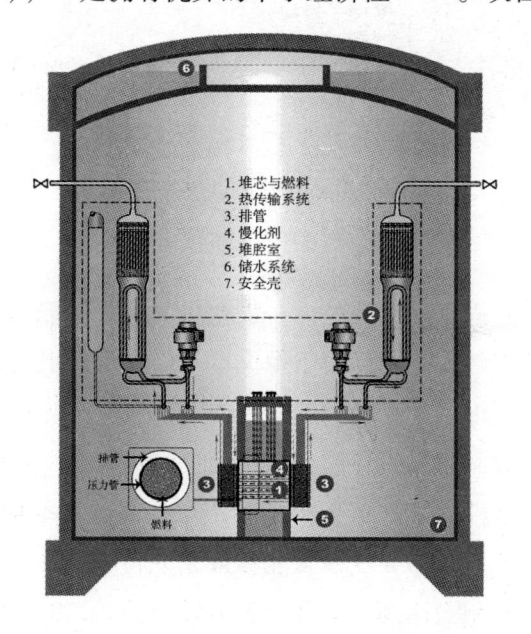

图3 坎杜反应堆及其热传输系统流程

资料来源：坎杜能源公司。

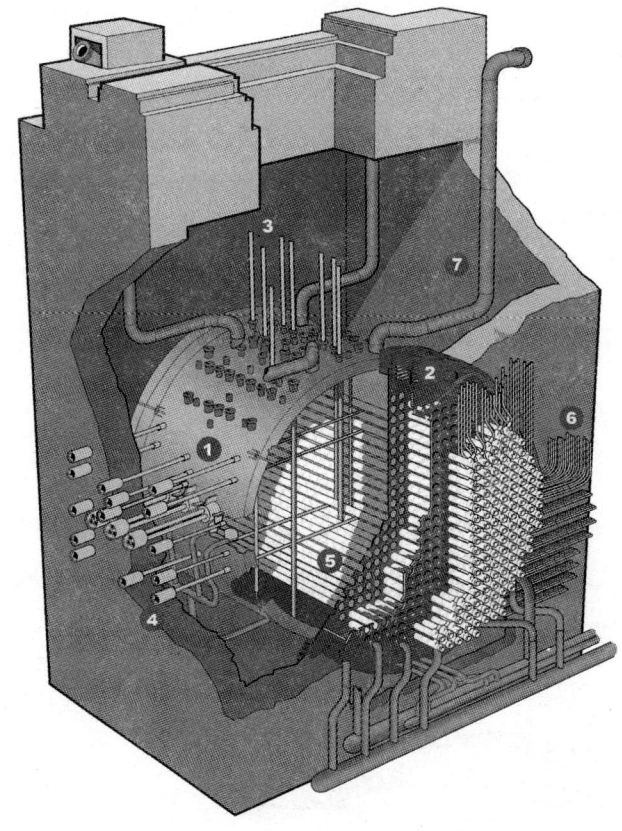

1. 排管容器
（内充慢化剂重水）
2. 端屏蔽
3. 停堆棒和控制棒
4. 毒物注入
（2号停堆系统）
5. 燃料通道组件
6. 输水管
（通到蒸汽发生器传热管内侧）
7. 堆腔室
（内充屏蔽轻水）

图4　坎杜反应堆的堆芯结构

资料来源：坎杜能源公司。

济性主要源于其堆芯固有的设计特点，最初目的是为了能够使用铀-235富集度极低的天然铀燃料。为了减少中子损失，不仅采用重水这种最佳的慢化剂和冷却剂，而且在反应堆结构材料的选择和使用上也进行优化考虑以尽量减少这些材料对中子的吸收，燃料组件设计简单而且结构材料少，同时采用不停堆换料使得堆内过剩反应性很小。由于中子利用率很高，坎杜堆可以使用铀-235富集度很低的燃料，而且易裂变核素能够被充分利用使其含量降到一个很低的剩余水平；同时还有相当比例的富余中子去转换铀-238并且就地利用转换而再生的钚-239，这样使得重水堆的铀利用率很高。也就是说，从单位质量的天然铀燃料中获得较多的电能；或者说，向电网输送每单位电能所消耗的天然铀比较少。典型坎杜堆的卸料燃耗为每吨天然铀 7.5 吉瓦日（7.5 GWd/tNU），相应的单位铀耗是每 10 亿千瓦·时消耗 18 吨天然铀（18 t NU/TW·h），比通常的轻水堆铀耗低大约 30%（见图 2）。坎杜重水堆设计特点不仅使其成为铀耗最低的成熟商用堆技术，而且最适合于快速引入和使用替代核燃料，包括回收铀和回收钚；也可以使用钍燃料，且只需很少量的易裂变材料作为驱动燃料。

（二）重水堆直接利用回收铀燃料的两种方案

由于轻水堆乏燃料回收铀中的铀-235 含量水平比天然铀还高，所以回收铀可以在坎杜重水堆直接使用而不需要再浓缩，免去了转化和浓缩各个环节的问题和相关费用。基于秦山三期重水堆核电厂项目的成功经验和该核电厂的出色运行业绩，还有国内一些大学开展的前期研究工作，加拿大坎杜能源公司（Candu Energy Inc.，加拿大原子能公司原坎杜反应堆事业部）和中国的三家单位（秦山第三核电有限公司、中国核动力研究设计院、中核北方核燃料元件有限公司），从 2008 年年初开始分阶段逐步开展了在先进燃料领域的联合开发、示范验证合作和工程化应用实施。

第一阶段的合作，首先是开展了关于秦山三期重水堆核电站利用压水堆回收铀的联合可行性研究，详细评估了两种技术方案。一种方案是以 37 根元件的标准坎杜重水堆燃料棒束组件为载体，燃料以回收铀为主，通过掺入适量的贫铀混合均匀，使制成的混合铀燃料的铀-235 富集度略高于天然铀水平并且在反应堆中子物理特性上与天然铀燃料等效，卸料燃耗深度一样，故称等效天然铀燃料（Natural Uranium Equivalent, NUE）。另一种方案是以 43 根元件的先进燃料棒束组件为载体，卸料燃耗可以更高，燃料则是以铀-235 富集度较高的回收铀为主，也通过掺入适量的贫铀混合均匀，使制成的混合铀燃料的铀-235 富集度明显高于天然铀的水平，这样可以更好地利用高富集度回收铀资源。

第一种方案相对比较简单（见图 5），可以充分利用中国现有的重水堆燃料生产线，有大量成熟的燃料设计、制造和运行经验可以借鉴。由于等效天然铀的富集度与天然铀基本一样，堆芯物理特性等效，设计论证和安

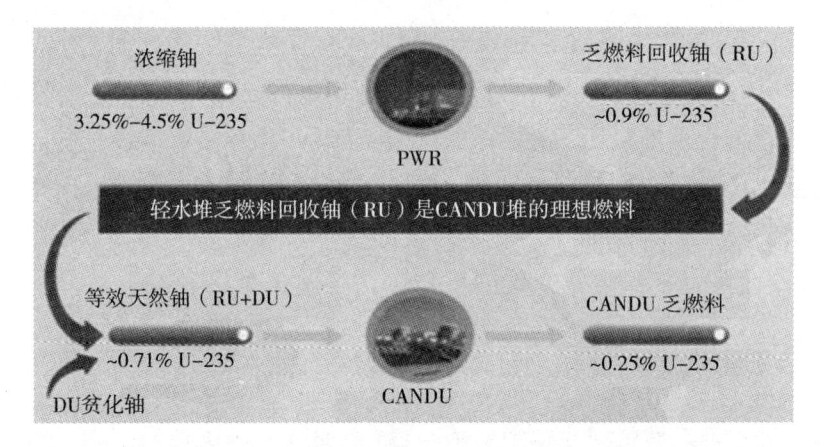

图5　重水堆无须再浓缩而直接利用压水堆乏燃料后处理的回收铀

资料来源：坎杜能源公司。

全分析工作可以大为简化，涉及的范围可以大为缩小，重点在于论证等效天然铀燃料和天然铀燃料之间的等效性。使用等效天然铀还可以尽量减少对燃料管理程序的改动，不引起卸料燃耗损失。实施整个项目需要的时间短，投资也会较少些。因为与现有的天然铀燃料等效，回收铀燃料棒束组件有可能与现有的天然铀燃料替换使用或混用，因此业主完全可以根据国内和国际上回收铀的供货情况及天然铀价格走势，灵活选择以回收铀还是天然铀作为燃料。贫铀（也称贫化铀）是铀浓缩厂的尾料，供应量充足而价格低廉。

第二种回收铀利用方案，对高富集度的回收铀资源利用率会更好，乏燃料体积也明显减少。由于燃料富集度和卸料燃耗提高了，需要采用先进燃料棒束组件设计，以降低燃料元件棒的线功率峰值，同时还可以显著提高其热工水力性能和安全裕量。但这种更高目标的回收铀利用方案会涉及大量设计论证和安全分析工作，现有燃料棒束组件生产线需要扩建或者必须进行较大规模的改造，项目研发周期和耗时较长，项目一次性投资也会显著增大。第二方案更适合作为后续阶段的发展内容。通过采用高燃耗先进燃料组件技术，可进一步强化重水堆运行性能和安全裕量，优化回收铀资源的利用，同时为开发和应用其他先进燃料提供有利的发展平台。本文第四部分将详细介绍这些内容。

三 回收铀燃料在秦山第三核电厂的示范验证试验与全堆应用

以等效天然铀的方法利用回收铀资源，其实质是采用合格回收铀为主要原料，通过掺入恰当比例的贫铀，使均匀混合物的铀-235富集度略高于天然铀水平以补偿铀-236等微量核素吸收中子的影响。用回收铀和贫铀均匀混合制成的燃料芯块替代天然铀燃料芯块，使用同样的37根元件燃料棒束组件为燃料载体，使得替代燃料在反应堆中子物理特性上与天然铀燃料的效果是一样的，而所存在的微小差异也满足技术要求。

秦山第三核电有限公司决定采用等效天然铀的方案，应用于现有运行中的两台重水堆机组，分两步按渐进性的方式实施。第一步是等效天然铀组件入堆辐照示范验证试验，目的是通过极少量的燃料组件入堆考验，充分搜集燃料性能数据，确认替代燃料与天然铀燃料的等效性；第二步是在燃料辐照示范试验项目成功之后，适时启动全堆应用等效天然铀燃料项目，使秦山三期重水堆核电厂可以尽快开始全面使用回收铀燃料。

（一）回收铀燃料示范验证试验

经过前期的初步设计分析、联合可行性研究、立项审评以及其他相关工作，2008年11月初四方协议正式生效，回收铀燃料组件在秦山三期反应堆的堆内示范验证试验项目详细计划发布并全面实施。项目的主要目标是通过开展等效天然铀燃料的详细设计分析工作，特别是堆芯物理特性计算分析，准备安全分析与评价文件，提交有关技术文件并取得国家核安全局的许可，同时采购回收铀和贫铀，制造等效天然铀燃料棒束组件；在通过安全评审和得到国家核安全局的许可之后，选定两个燃料通道将24个等效天然铀燃料组件分批入堆进行示范验证试验。

在详细设计研究和分析的过程中，特别开展了回收铀和贫铀的配料比例研究，并编制了技术规范和计算机程序。在对回收铀燃料进行详细反应堆物理分析计算时，需要考虑同位素铀-236等核素的影响。

在等效天然铀燃料制造过程中,由于涉及把铀－235富集度不同的回收铀与贫铀均匀混合并满足严格的富集度误差控制要求,对化工转换环节和混料工艺进行了比较研究,最后采用溶解液均匀混合的方法。粉末、芯块和组件工艺等其他环节与天然铀燃料的制造过程相同。

在项目实施过程中,对回收铀中铀－232等核素在辐射防护方面的额外影响,特别是对等效天然铀燃料制造和运输过程、电厂内对新燃料组件和乏燃料组件的操作、乏燃料干式储存环节,进行了详细研究分析和评价,确保符合相关要求。

2009年12月30日,中国国家核安全局批准秦山第三核电厂实施等效天然铀燃料组件入堆示范验证试验。2010年2月底,等效天然铀示范组件制造完成并运抵秦山第三核电厂。

根据秦山两台重水堆机组的换料具体情况,最终确定在M05和M16通道装载使用等效天然铀燃料组件。2010年3月22日,首次对两通道进行新燃料装料,装入12个新燃料棒束。2010年10月12日,进行第二次等效天然铀燃料装料,装入12个新燃料棒束,并从通道M05换出4个等效天然铀乏燃料棒束[10]。2011年3月30日,两个通道的等效天然铀乏燃料棒束组件全部卸出堆芯,转移到乏燃料水池冷却待检。辐照考验期间,累计24个等效天然铀棒束进入堆内进行辐照考验。经过辐照,最大卸料燃耗为9.079 GWd/tNUE,涉及等效天然铀的三次卸料的平均卸料燃耗依次为7.603、7.335和7.480 GWd/tNUE[10]。根据燃耗情况可知,回收铀制成的等效天然铀燃料棒束在堆内的能量输出能力与天然铀棒束相当。对辐照后的乏燃料棒束组件进行检查和对比,结果显示两者在堆内辐照后机械完整性均保持良好,未发现辐照后的等效天然铀燃料和通常的天然铀燃料有任何不同[10]。

示范验证试验项目涵盖了有关等效天然铀燃料棒束的设计、制造、堆内考验和后续的辐照后检查工作等各个方面。通过上述过程,确认对现有的天然铀重水堆燃料生产线进行一些改造即可满足等效天然铀燃料组件的生产要求。示范验证试验结果表明,等效天然铀燃料性能与通常的天然铀燃料无明显区别,回收铀以等效天然铀的方式在重水堆全堆推广应用不存在技术障碍,这为后续全堆应用工作奠定了坚实的基础[10]。

（二）回收铀燃料全堆应用项目

在前期可行性研究工作和堆内示范验证试验成功的基础上，秦山第三核电有限公司于 2011 年 3 月正式启动了以等效天然铀的方式全堆应用回收铀的工程项目，开展全堆应用的设计与分析、安全评价和许可申请、燃料生产线改造、换料软件升级改进等工作。

全堆应用的详细技术设计和分析工作由坎杜能源公司承担，包括为业主准备申请许可证需要的技术支持文件，涉及的重点专题包括[11]：

- 优化燃料和混合比，实现最大卸料燃耗；
- 开发程序计算回收铀和贫铀混合比；
- 辐射防护物理评估分析；
- 详细的换料管理模拟和区域超功率保护；
- 安全分析；
- 等效天然铀燃料使用对反应堆系统的影响分析；
- 对修订版秦山第三核电厂最终安全分析报告的增补内容；
- 燃料制造相关技术要求与支持。

上述开展的工作系统地论证了等效天然铀燃料的全堆应用为现有的安全分析范围所涵盖，满足验收准则并且维持了足够的安全裕量。由于不同批次的回收铀和贫铀易裂变核素铀-235 的富集度不同，有害微量核素铀-236 等的含量也不同，需要通过物理计算确定优化的混合比例，为此目的已专门开发了计算机软件以便燃料制造厂生产时应用。同时，进一步优化了物理和燃料设计以允许不同批次回收铀燃料芯块可以混合使用，从而保持使用天然铀燃料的简单性。

在燃料制造厂，要专门新建一个车间，用于储存回收铀及回收铀和贫铀的混料等。回收铀和贫铀的均匀混合是等效天然铀制造工艺的一个非常重要的环节，对粉末中铀-235 的目标值误差范围要求严格控制。为实现均匀性，每批次混合的容量越大越好，同时采用硝酸溶解回收铀和贫铀，并且采用溶液的方式进行混合。

待得到国家核安全局审评许可之后，第一批等效天然铀的装料将在 2014

年择机进行，预计18~24个月之后，可实现全堆完全过渡到使用等效天然铀燃料。

（三）回收铀资源利用率比较

等效天然铀方法提供了一种最简单、经济实用和高效利用回收铀资源的途径。由于重水堆的中子经济性好，每吨回收铀用于坎杜重水堆，可以比再浓缩后用于压水堆多获取约50%的电能（见图6，回收铀利用率的单位是GWe.d/tRU）。以等效天然铀的方式在秦山重水堆利用回收铀（以UOX-33参数为例），相当于从每吨初始天然铀中又获得约28%的电能（见图7，天然铀利用率的单位是GWe.d/tNU，等效燃耗的单位同前），使得联合单位铀耗比单独压水堆的单位铀耗降低约20%，从原来的每10亿千瓦·时消耗25吨天然铀降低到约20吨。每年从每三个百万千瓦级的压水堆机组卸出的乏燃料，经过后处理得到的回收铀至少可以制作100吨等效天然铀，故完全满足供应一台70万千瓦级的坎杜6或增强型坎杜6重水堆每年的燃料需求。

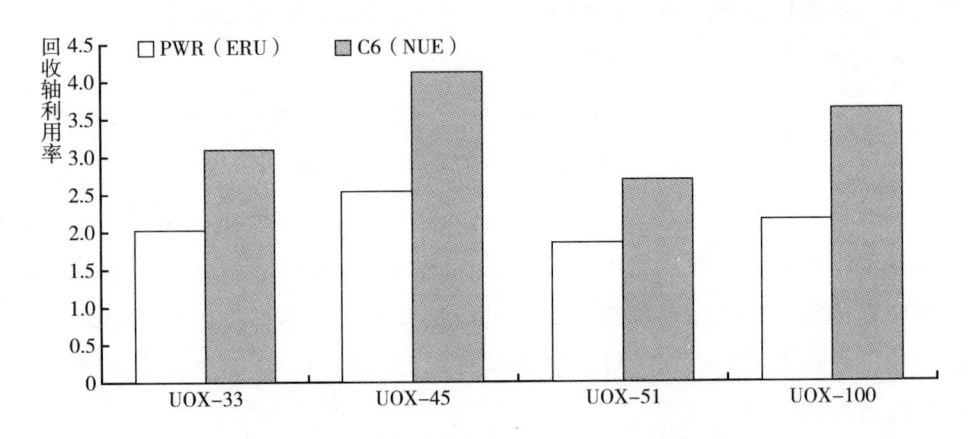

图6 压水堆和重水堆对各种回收铀的利用率比较

资料来源：坎杜能源公司。

等效天然铀燃料，在经济上也更具优势，这种优势随着天然铀价格的上涨而愈加明显。对重水堆业主而言，不仅多了一条获得比较经济的核燃料资源的途径，而且能减少对天然铀资源的依赖。更重要的是，通过规模化的采购利用回收铀资源，可促进闭式燃料循环体系的产业化和市场化发展，有利于促进核

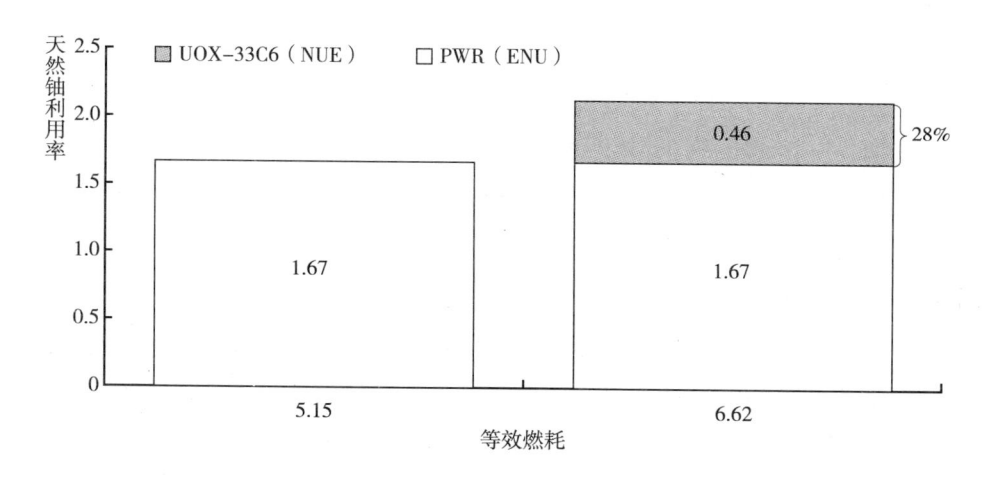

图 7 天然铀利用率额外增加 28%

资料来源：坎杜能源公司。

能的可持续发展。

基于等效天然铀燃料在现有运行机组的应用经验和合作基础，合作方决定进入新一阶段的先进燃料重水堆联合开发及其工程化应用。

四 先进燃料重水堆技术与回收铀等替代燃料的产业化开发利用

在完成秦山三期等效天然铀燃料辐照示范验证并开展全堆应用项目的基础上，坎杜能源公司与中方合作单位一起，于 2012 年年初正式启动了先进燃料重水堆（Advanced Fuel CANDU Reactor，AFCR）使用回收铀和钍基燃料的开发设计工作，而 AFCR 是以最新的三代增强型坎杜 6 技术（Enhanced CANDU 6，EC6）为基础。

（一）增强型三代坎杜堆技术

增强型三代坎杜 6 技术即 EC6 满足最新核管要求以及业主需求，属于 70 万千瓦级的重水慢化和重水冷却的压力管式反应堆机组。EC6 以成熟高性能坎杜 6 系列设计和最近建成的中国秦山三期机组为参考电厂，在安全裕量和运行性能等方面进行了强化提升，包括全面考虑了运行经验反馈和

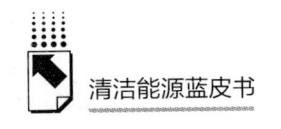

福岛核事故之后核工业界关于应对超基准设计假想极端事故的有效缓解和管理措施。

比如，EC6 把传统的应急水供应系统升级为更完善的应急排热系统（Emergency Heat Removal System，EHRS），当通常的排热系统在一些假想事故情况下发生故障时，该系统成为有效热阱，将衰变热从堆芯排出，而储备水系统非能动地向应急排热系统供水，并且通过水泵还可以从外部获得补充水源。该系统可以向蒸汽发生器二次侧供水，或者通过应急堆芯冷却系统管路向主回路系统供水，以及向应急堆芯冷却系统的热交换器供水确保长期冷却。

EC6 还增加了一个新的严重事故恢复和热排出系统（Severe Accident Recovery and Heat Removal System，SARHAS），以应对极端情况下的假想超基准设计严重事故。该系统可以从反应堆厂房地坑或者从外部接口获得水源，可以为排管容器和反应堆堆腔提供补充水或者为其再淹没供水，或者为安全壳喷淋系统供水。

作为中子利用率最佳的成熟商用动力堆，EC6 保留高效使用天然铀和等效天然铀燃料的能力，可继续使用 37 根元件的标准坎杜棒束组件为燃料载体，同时可以通过针对性地设计优化以适应其他替代燃料方案。

AFCR 是基于 EC6，但经过设计优化以适应更高燃耗的回收铀燃料（Derivatives of Recycled Uranium，DRU）和钍基燃料（LEU/Th）的反应堆。AFCR 符合中国法规，考虑秦山三期机组建成后的变更改进和国际认可的第三代准则和福岛核事故之后的经验总结与应对措施。AFCR 还增加了一些强化设计，特别是在与燃料有关的方面。AFCR 采用先进燃料棒束组件设计（CANFLEX 组件，见图 8），该组件设计已通过在加拿大勒普罗角和布鲁斯、韩国月城核电厂的示范验证试验。该燃料组件设计降低了元件棒的线功率密度，提高了热工水力学性能和安全裕量。AFCR 的设计策略是尽量减少设计变更，直接应用成熟坎杜 6 堆芯，使得设计和许可证申请的风险最小化，同时确保按时建成反应堆。AFCR 的燃料通道布置和堆芯的几何参数与坎杜 6 以及 EC6 完全一样，380 个水平燃料通道，正方形栅格结构，每个通道有 12 个燃料组件。

图 8　CANFLEX 燃料组件

资料来源：坎杜能源公司。

AFCR 与传统坎杜 6 堆芯设计之间的不同点主要在于[13]：（1）反应性控制装置布置（单元数目与空间位置）；（2）为了满足新的中子通量分布要求和延长堆的寿命以及提高寿期容量因子，压力管的壁厚略微增加；（3）反应堆的热输出功率提高约 1%，在这一点上 AFCR 和 EC6 相同。

（二）DRU 和 LEU/Th 燃料

AFCR 开始时是以 DRU 燃料来优化设计，平均卸料燃耗大约 10 GWd/tU。参见图 9 左侧，DRU 燃料的中心元件棒装有贫铀和可燃毒物镝，外面三圈共 42 根元件棒装有铀-235 富集度为 0.95% 的回收铀，若假设中心棒贫铀的铀-235 富集度为 0.2%，按 43 根元件棒平均实际富集度约为 0.93%。燃料富集度的选择是为了使卸料燃耗最大化，同时获得最佳的安全参数裕量，特别是堆芯的空泡反应性系数明显降低。为便于比较，图 9 右侧给出了标准的 37 根元件等效天然铀燃料组件截面示意图。DRU 与等效天然铀燃料非常相似，两者都是由回收铀与贫铀混合而成。所不同的是，DRU 的富集度提高了，因而可以达到更高的卸料燃耗，但同时需要采用先进燃料组件设计。在初始堆芯之后，DRU 燃料就成为 AFCR 首堆的参考燃料，并保持 30 年直到更换压力管。

在机组延寿更新之后，业主可以考虑改用钍基燃料组件，所以AFCR设计也考虑钍燃料的前导组件示范验证试验和后续的全堆化工程应用。

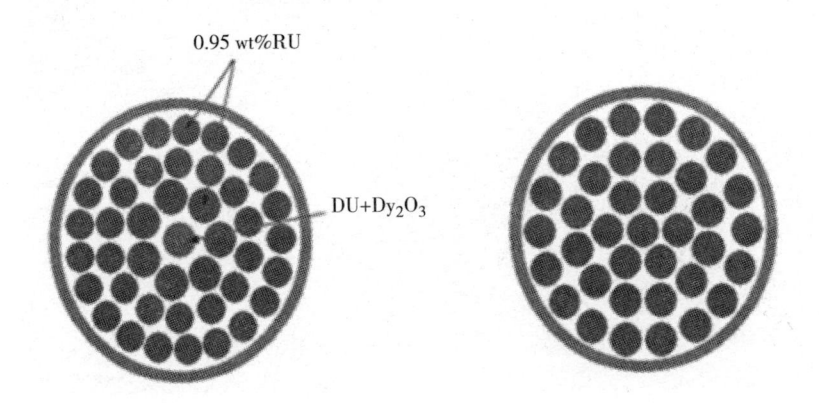

图9　43根元件DRU燃料组件和37根元件天然铀燃料组件的截面比较

资料来源：坎杜能源公司。

AFCR使用DRU燃料达到平衡堆芯，可以在一些通道中装入钍基燃料组件进行示范性的应用。如图10所示，钍基燃料也采用先进燃料组件设计，但中心8个元件棒装载核级二氧化钍芯块，其余的35个元件棒装载低富集度的二氧化铀芯块。钍基燃料的全堆平均卸料燃耗约为每吨重元素20吉瓦日（20 GWd/t HE，这里HE = Heavy Element，包括燃料中的初始重元素铀和钍）。在这些钍燃料的示范验证试验之后，AFCR就具备全堆工程化应用钍基燃料的条件，可以是新建的AFCR机组全堆应用钍基燃料，或者AFCR首堆延寿更新之后改用钍基燃料。选择这样的分阶段实施先进燃料的发展策略，使中国可以根据全球铀资源供应状况包括国内闭式燃料循环的发展情况，灵活采用不同的核燃料发展策略，可以快速引入钍基燃料的工程化应用，同时又可降低AFCR首堆的许可证申请难度和业主在项目上的潜在风险。

与使用37根元件的天然铀燃料相比，使用DRU和钍基燃料的AFCR堆芯的空泡反应性系数降低因而安全裕量增加；同时，最大通道功率、最大棒束组件功率以及元件棒的线功率都有降低，并且处在现有的天然铀燃料正常运行时的安全和运行限值包络范围以内。所以使用DRU和钍基燃料的AFCR反应堆，

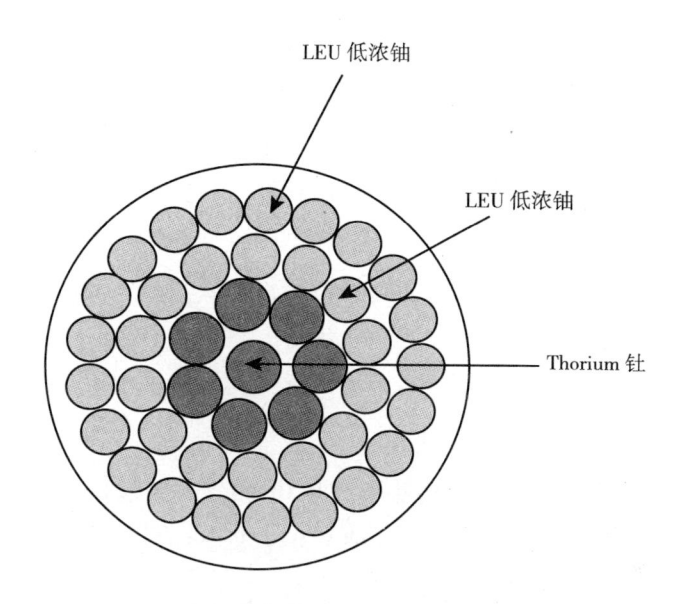

图 10 低浓铀/钍燃料组件截面示意

资料来源：坎杜能源公司。

其运行特性完全由现有运行中的坎杜 6 商用机组许可包络范围所涵盖，安全裕量显著提高。

AFCR 的开发建设目标是 2013 年年底完成详细概念设计，2015 年年底完成初步设计，2016 年获得建造许可并开始建造，争取 2021 年首堆商运[14]。

（三）先进燃料重水堆的铀资源利用率分析

由于优异的中子经济性，现有运行中的重水堆核电机组的单位铀耗比轻水堆要低许多，从每吨天然铀获得的电能也更多，即天然铀利用率比较高。新一代增强型设计 AFCR，保留坎杜堆低铀耗和高中子经济性的传统特点，同时优化了设计使其更有利于利用较高富集度的回收铀和钍基燃料。

本小节简要评估和比较不同机型以不同方法利用天然铀和回收铀资源的利用率，包括 EC6（天然铀 NU 或者等效天然铀 NUE）、先进燃料重水堆 AFCR（回收铀 DRU 或钍基燃料 LEU/Th），还有压水堆用通常的浓缩天然铀燃料 ENU 和浓缩回收铀燃料 ERU。

不同批次和来源的回收铀，其易裂变核素铀 - 235 的富集度和吸收中子的

核素铀-236的含量不同。为便于比较不同堆型和机型的回收铀利用率，有必要定义一个共同基础。为此目的，参考标准煤的定义方法，我们可以采用前面详细讨论过的等效天然铀的概念。对一定质量和规格参数的回收铀，同时假设总有充足的贫铀可供混合使用，我们可以计算出与这些回收铀相对应的等效天然铀的数量。这样，我们可以计算和比较不同机型和采用不同方法对天然铀或等效天然铀的消耗量，也可以比较每单位质量天然铀或者等效天然铀的发电利用率，即所能获取电能的多少。

针对附表2的四种回收铀，分别考虑了三种情况：①再浓缩后用于同样的压水堆（铀-236的补偿系数根据文献取经验值0.3，即ERU中每1%的铀-236，其铀-235富集度需要额外增加0.3%）；②以等效天然铀的方式用于EC6（铀-236的补偿系数取参考值0.04，即NUE中每1%的铀-236，其铀-235富集度需要额外增加0.04%）；③以DRU的方式用于AFCR，对于铀-235富集度较低的UOX-33和UOX-51两种回收铀，则掺入少量富集度为4.5%的低浓铀来提高其富集度。对①和②两种情况，浓缩厂尾料即贫铀的富集度统一取值为0.25%。

计算结果如图11所示，横坐标是等效燃耗，要把卸料燃耗折算成以天然铀或等效天然铀为基数，单位是GWd/tNUE；纵坐标是天然铀或等效天然铀利用率，单位是GWe.d/tNUE。图中也给出了压水堆采用通常浓缩天然铀燃料的情况。从图11中可以看出，由于要补偿铀-236的负面影响，PWR（ERU）四种RU情形的等效天然铀利用率比PWR（ENU）的分别低大约8%、9%、15%和23%，比EC6（NUE）则低更多，分别为35%、38%、32%和41%。

对AFCR（DRU），分别考虑了两种卸料燃耗情形，较低燃耗10.2 GWd/tHE和较高燃耗12 GWd/tHE，对较高富集度回收铀和较高卸料燃耗DRU，AFCR（DRU）的等效天然铀利用率较高，对较低富集度回收铀和较低卸料燃耗DRU，EC6（NUE）的利用率则更好。所以，对于低富集度回收铀资源，更适合以等效天然铀的方式在现有坎杜6或EC6中利用，而对高富集度回收铀则更适合在AFCR（DRU）中利用。

图11也给出了两种钍基燃料AFCR（LEU/Th）的情形，浓缩厂尾料富集

度分别取为0.25%和0.2%。LEU/Th燃料初始重元素总质量中含有约23%的钍，其天然铀的利用率比EC6（NUE）提高约10%~20%，而比PWR（ENU）则高出40%~75%，这里没有考虑LEU/Th乏燃料中还含有一定量的铀-233可以后处理回收利用。掺入钍还带来燃料性能和反应堆安全特性等其他方面的改善，钍燃料堆可进一步发展成更低铀耗的准增值热堆。这里仅从开发利用钍基燃料为部分替代燃料的角度而言，即使只考虑一次通过式的掺入少量钍燃料的方法，也可以节省相当数量的天然铀资源，AFCR特别适合希望开发利用钍燃料资源的核电市场。

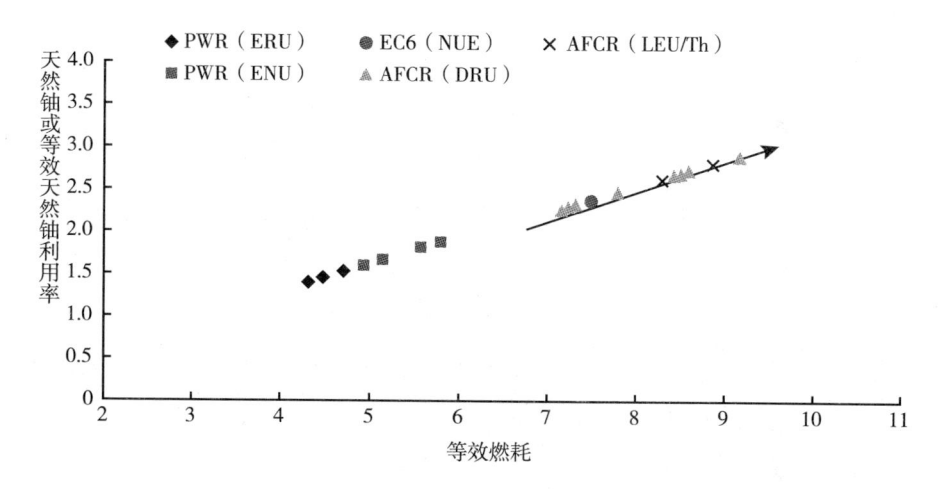

图11 天然铀或等效天然铀的利用率比较

资料来源：坎杜能源公司。

五 展望与建议

回收铀是乏燃料后处理厂数量最大的产物，其优化利用是中国发展和完善闭式核燃料循环体系的一个重要环节。与天然铀相比，回收铀含有额外的铀同位素，选择不同堆型和不同方法利用回收铀，其影响也不尽相同。有关政府部门在研究和制定相关产业发展计划时，需要将回收铀资源的优化利用纳入系统性的考虑。

坎杜重水堆具有高中子经济性的突出优势，在世界三大商用堆技术中其单位铀耗最低，比一般轻水堆要低大约30%。这种堆型不仅能够使用天然铀，还可以无须再浓缩而直接利用回收铀。我们的联合研究和示范验证再次确认坎杜重水堆技术是利用回收铀资源的最佳选择，与压水堆通过再浓缩利用回收铀的方式相比，坎杜堆利用回收铀可以从每吨中多获得50%以上的电能。基于三代增强型坎杜技术的先进燃料重水堆AFCR，保留了坎杜堆高中子经济性和低铀耗的传统特点，同时有利于开发利用回收铀和钍基燃料，可进一步发展成为更低铀耗的准增殖热堆，这对核电在中国和新兴市场的规模化可持续发展有重要意义。中国在发展建立商用后处理技术体系的同时，应适时启动优化利用回收铀资源的国家级配套计划，立项建设先进燃料重水堆示范工程与发展平台。

附　录

附表1　典型的轻水堆燃料

燃料代号	机组净热效率（%）	低浓铀富集度（wt% ^{235}U）	浓缩厂尾料富集度（wt% ^{235}U）	每吨低浓铀需天然铀（t NU/tU）	低浓铀平均卸料燃耗（GWd/tU）
UOX-33[6]	32.5	3.20	0.25	6.41	33
UOX-45[6]	32.5	4.45	0.25	9.13	45
UOX-51[7]	32.5	4.30	0.25	8.80	51
UOX-100[7]	32.5	8.50	0.25	17.93	100

燃料代号	折算成天然铀等效燃耗（GWd/tNU）	太瓦·时单位铀耗（t NU/TW·h）	吉瓦年天然铀消耗量（t NU/GWe.a）	吉瓦年低浓铀消耗量（t U/GWe.a）
UOX-33[6]	5.15	25	219	34
UOX-45[6]	4.93	26	228	25
UOX-51[7]	5.79	22	194	22
UOX-100[7]	5.58	23	201	11

资料来源：Jiao Y. J., Li., D. S., Chen M. J., Meng, Z. L., Wang J., Cottrell C. and Kuran S., "Test Irradiation of Recycled Uranium in Chinese CANDU Reactors," *The 30th Canadian Nuclear Society Annual Conference*, May 31 – June 3, 2009, Calgary, Alberta, Canada.

Dixon B., Wigeland R., *The Impact of Burnup on the Performance of Alternative Fuel Cycles*, GNEP-SYSA-AI-NE-RT-2008-000252, April 2008.

附表2 典型回收铀主要同位素质量百分比

燃料代号[6]	ENU富集度(wt% ^{235}U)	ENU平均卸料燃耗(GWd/t U)	^{232}U(wt%)	^{234}U(wt%)	^{235}U(wt%)	^{236}U(wt%)	^{238}U(wt%)
NU	—	—	0	5.3000E-03	7.1100E-01	0	9.9284E+01
UOX-33[6]	3.20	33	7.5438E-08	1.7996E-02	8.8935E-01	4.2689E-01	9.8667E+01
UOX-45[6]	4.50	45	1.6477E-07	2.3387E-02	1.1162E+00	6.3358E-01	9.8227E+01
UOX-51[7]	4.30	51	1.9593E-07	1.9689E-02	8.1858E-01	6.1099E-01	9.8551E+01
UOX-100[7]	8.50	100	1.2757E-06	7.5634E-03	1.0650E+00	1.4238E+00	9.7504E+01

资料来源：Jiao Y. J., Li., D. S., Chen M. J., Meng, Z. L., Wang J., Cottrell C. and Kuran S., "Test Irradiation of Recycled Uranium in Chinese CANDU Reactors," *The 30th Canadian Nuclear Society Annual Conference*, May 31 – June 3, 2009, Calgary, Alberta, Canada.

Dixon B., Wigeland R., *The Impact of Burnup on the Performance of Alternative Fuel Cycles*, GNEP - SYSA - AI - NE - RT - 2008 - 000252, April 2008.

参考文献

[1] IAEA, *Energy, Electricity and Nuclear Power Estimates for the Period up to 2050*, RDS – 1/32, August 2012, pp. 17 – 37; also *Nuclear Energy Development in the 21st Century*, NP – T – 1.8, November 2010, pp. 5 – 31.

[2] OECD/IEA, *Energy Technology Perspectives-Scenarios and Strategies to 2050*, June 2010, pp. 101 – 139, 373 – 455.

[3] 中国能源中长期发展战略研究项目组：《电力·油气·核能·环境卷》，科学出版社，2011，第201~238页。

[4] NEA/IAEA, *Uranium 2011 – Resources, Production and Demand*, July 2012, p. 18.

[5] IAEA, *Spent Fuel Reprocessing Options*, TECDOC – 1587, August 2008, pp. 2 – 3, 71.

[6] Jiao Y. J., Li., D. S., Chen M. J., Meng, Z. L., Wang J., Cottrell C. and Kuran S., "Test Irradiation of Recycled Uranium in Chinese CANDU Reactors," *The 30th Canadian Nuclear Society Annual Conference*, May 31 – June 3, 2009, Calgary, Alberta, Canada.

[7] Dixon B., Wigeland R., *The Impact of Burnup on the Performance of Alternative Fuel Cycles*, GNEP – SYSA – AI – NE – RT – 2008 – 000252, April 2008.

[8] IAEA, *Use of Reprocessed Uranium: Challenges and Options*, NF – T – 4.4, December 2009.

[9] IAEA, "Heavy Water Reactors-Status and Projected Development," *Technical Reports*

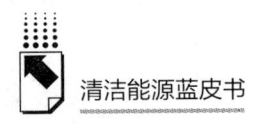

Series No. 407, April 2002.

[10] 樊申、孟智良、陈明军、乔刚：《压水堆回收铀在重水堆应用示范验证试验》，第十四届反应堆物理数值计算和粒子输运学术会议暨 2012 年反应堆物理会议，2012 年 9 月 24 日至 28 日，中国银川。

[11] Cottrell C., Chen M. J., Zhang Z. H., Kuran S., "NUE Fuel-Full Core Use of Recycled Uranium and Depleted Uranium in CANDU Reactors," The 21st International Conference on Nuclear Engineering (ICONE21), July 29 – August 2, 2013, Chengdu China, Paper No. 16659.

[12] Yee F., Kuran S., Soulard M., and Zhang Z. H., "AFCR and EC6: The Two Sister Products," ibid., Paper No. 16646.

[13] Boubcher M., Meng Z. L., Cottrell C., Kuran S., "Advanced Fuel CANDU Reactor Core Physics with High-Burnup Recycled Uranium and Uranium-Thorium Fuel," ibid., Paper No. 16662.

[14] Zhang Z. H., Chen M. J., Zhou P. D., Li Q., Meng Z. L., and Zhang G. W., "CANDU Position and Prospect in Chinese Nuclear Fuel Cycle," ibid., Paper No. 16727.

[15] 财政部、发改委、工业和信息化部：《核电站乏燃料处理处置基金征收使用管理暂行办法》，财综 (2010) 58 号，2010 年 7 月，http://www.gov.cn/gongbao/content/2010/content_1754121.htm。

[16] IAEA, http://www.iaea.org/PRIS/Publications.aspx, June 2013.

[17] Candu Energy Inc., http://www.candu.com/en/home/aboutcandu/candupublications.aspx, June 2013.

Technological Progress in and Roadmap for Efficient Utilization of Recycled Uranium Resources for Global Nuclear Development

Ruan Yangqiang   Zhang Zhenhua   Yang Dezi
Chen Mingjun   Sermet Kuran   Catherine Cottrell

Abstract: High neutron economy is one of the hallmarks of the CANDU ®

® Registered trademarks of Atomic Energy of Canada Limited (AECL) used under exclusive license by Candu Energy Inc. (Candu).

technology, enabling its capability to directly and efficiently utilize low fissile fuel resources such as natural uranium and recycled uranium (RU) recovered from spent fuel of light water reactors. Building on the solid foundation of the great success of the Third Qinshan Nuclear Power Plant project construction and the plant's top operational performance in China, leading Canadian and Chinese nuclear energy enterprises are engaged in a multi-stage strategic cooperation in the joint engineering study, development, demonstration and application of advanced fuels. Further to the completion of in-core demonstration irradiation in the Qinshan CANDU 6 reactors and the subsequent initiation of the full core implementation of natural uranium equivalent (NUE) fuel made of recycled uranium and depleted uranium (RU/DU), the parties have launched a joint program in the engineering design and preparing for deployment of the Advanced Fuel CANDU ® Reactor (AFCR) for more efficient utilization of higher burnup RU/DU fuel and low enriched uranium and thorium (LEU/Th) fuels. While the operating CANDU 6 and the new Generation III Enhanced CANDU 6 ® (EC6 ®) reactors are ideal for efficient use of natural uranium or natural uranium equivalent fuel made from low fissile recycled uranium, the EC6-based AFCR is more optimized for alternative fuels such as higher fissile recycled uranium and thorium-based fuels. The international cooperation in advanced fuel reactor technological development and deployment is of great importance for opening up a viable path of implementing alternative fuels starting with recycled uranium and thorium, contributing to the sustainable growth of nuclear energy utilization in China and other emerging nuclear power markets.

Key Words: Large-Scale Nuclear Power; Recycled Uranium Fuel; Low Uranium Consumption; AFCR; Thorium-Based Fuel

B.15 氢能与燃料电池的发展现状与市场趋势*

姜军港 米万良 苏庆泉**

摘 要：

燃料电池作为继火电、水电、核电之后的第四代发电方式，被誉为21世纪清洁、高效的动力源，受到国内外的广泛关注，燃料电池技术也在飞速地发展。本文在燃料电池基本原理的基础上对几种主要燃料电池进行了比较全面的介绍，总结了许多市场实践方面的经验，重点综述了目前国内外发展迅速的质子交换膜燃料电池（PEMFC）、固体氧化物燃料电池（SOFC）、甲醇燃料电池（DMFC）等几种燃料电池的基本原理、发展现状、最新市场应用以及未来发展方向等；并结合当前国内外能源与环境的重大压力，提出了适合澳门等人口密集地区发展的燃料电池技术方案。

关键词：

质子交换膜燃料电池 固体氧化物燃料电池 直接甲醇燃料电池 澳门 动力源

能源是与人类社会生存与发展密切相关的问题，持续发展是全人类的共同愿望与奋斗目标。人们已经意识到以化石能源为代表的矿物能源最终

---

* 基金项目：国家自然科学基金项目（No. 21006005）和中央高校基本科研业务费（No. FRF -〔TP -〕12 - 057A）
** 姜军港，北京科技大学硕士研究生，主要从事燃料电池研究；米万良，博士，国际清洁能源论坛（澳门）理事，北京科技大学副教授，硕士生导师，主要从事新能源技术及节能减排技术、工业催化研究；苏庆泉，博士，北京科技大学北京市高校节能与环保工程研究中心教授，主要从事新能源技术研究。

将会枯竭。中国是能源短缺的国家，石油储量只占世界的2%，中国自1993年首度成为石油净进口国，原油对外依存度由1993年的6%一路攀升，到2006年突破47%，其后每年都以2~3个百分点的速度向上攀升，直至突破50%的警戒线，并一路攀升至2011年的新高56.4%，创下历史新高。即使占中国目前能源构成近70%的煤，如图1所示，按照现有储量和使用速率，也只够用100余年，因此中国的能源形势十分严峻，能源安全将面临严重挑战。

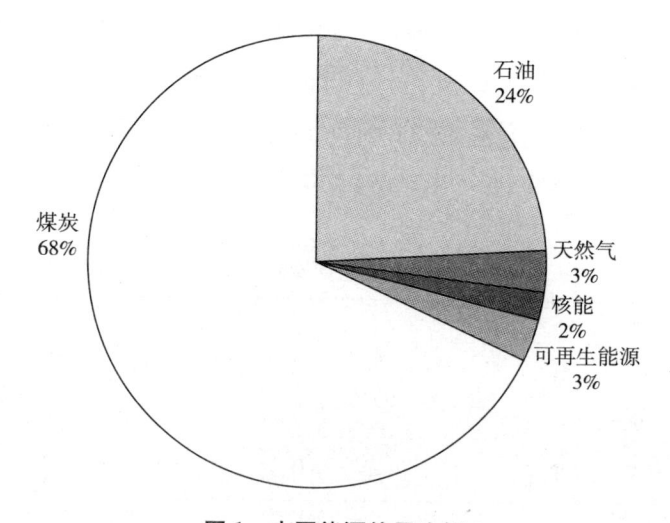

图1 中国能源使用比例

资料来源：《中国能源发展报告（2012）》，社会科学文献出版社，2012。

另外，中国的能源使用比例严重失调，普遍使用的煤炭等矿物燃料燃烧时，会释放出SO_2、CO、CO_2、NO_x等对环境有害的物质，随着能源消耗量的增长，有害污染物的释放量在快速增加，造成温室效应、光化学烟雾、酸雨、臭氧层空洞等严重的环境问题，危及人类的生存和发展。例如，现在的空气污染问题尤为突出，2013年1月中国中东部就有四次大范围的雾霾天气，PM2.5再次受到人们的关注，而造成PM2.5居高不下的罪魁祸首则是大量使用化石能源和汽车尾气的排放，因此调整能源产业结构已迫在眉睫。

为解决能源短缺、环境污染等问题，开发清洁、高效的新能源和可再生能源已十分紧迫[1][2]。氢能因燃烧热值高、污染小，资源丰富成为新能源研究的对象，氢（H$_2$）燃料电池作为氢能利用的有效手段，已被美国《时代周刊》评为 21 世纪有重要影响的十大技术之一。

燃料电池是一种将储存于燃料与氧化剂中的化学能直接转化为电能的发电装置，其研究开发已半个多世纪，并取得了很大的成就。它作为一种绿色能源技术，可以同时解决环境保护和节约能源两大社会难题。目前，燃料电池按照电解质的不同主要分为 5 种类型，如表 1 所示[3]，质子交换膜燃料电池（PEMFC）、碱性燃料电池（AFC）、直接甲醇燃料电池（DMFC）、磷酸燃料电池（PAFC）、熔融碳酸盐型燃料电池（MCFC）和固体氧化物燃料电池（SOFC）。表1给出了几种主要的燃料电池的基本性质和应用。可见，根据其各自的特性，燃料电池可以应用在不同场合，从小型便携式电源，到中型社区的热电联供，再到大型的固定电站等均可得到有效应用。

表 1　几种燃料电池基本性质和主要应用

电池分类	工作温度	燃料	氧化剂	理论发电效率	主要应用领域
PEMFC	80℃	H$_2$	O$_2$、空氧	83%	汽车、分布式电站、热电联产
AFC	60~90℃	纯 H$_2$	纯 O$_2$	83%	航天
DMFC	80℃	甲醇	O$_2$、空氧	97%	携带式应用（手机、笔记本电脑电源）
PAFC	160~220℃	甲烷、天然气、H$_2$	O$_2$、空氧	80%	发电站、热电联供
MCFC	660℃	甲烷、天然气、煤气、H$_2$	O$_2$、空氧	78%	发电站
SOFC	400~1000℃	甲烷、天然气、煤气、甲醇	O$_2$、空氧	73%	热电联产发电站

资料来源：刘建国、孙公权：《燃料电池概述》，《物理学与新能源材料》2004 年第 33（2）期。

最近几年，PEMFC、SOFC、DMFC 取得了迅猛发展，应用前景普遍被各国认可，部分燃料电池目前已经迈向市场，有望取得大规模市场应用，因此本文着重介绍上述三种燃料电池。

一　质子交换膜燃料电池（PEMFC）

（一）PEMFC 基本原理及简介

质子交换膜燃料电池（Proton Exchange Membrane Fuel Cell，PEMFC）是

General Electric 公司在 20 世纪 50 年代发明的，化学反应过程同酸性电解质燃料电池类似。工作环境温度为 60℃~80℃，属于低温燃料电池，其电解质是固体的、不流动的，电池结构比较简单。

质子交换膜燃料电池的工作过程相当于水电解的逆过程。工作原理图如图 2 所示，实验装置由阳极、阴极和质子交换膜组成。氢气（H_2）在阳极催化剂作用下，解离为带正电的氢离子并释放出的电子，氢离子穿透质子交换膜到达阴极；电子在外电路形成电流；在电池阴极，氧气（O_2）在阴极催化剂作用下与氢离子发生反应生成水[4]。将多个单电池层叠组合就能构成输出电压满足实际负载需要的燃料电池堆（简称电堆）[5]。

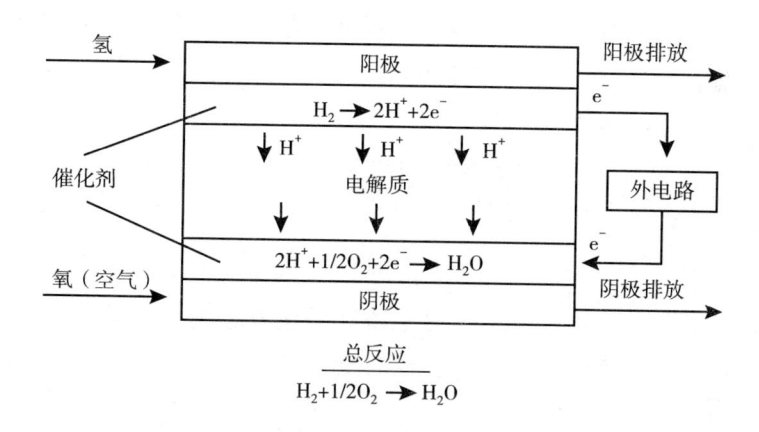

图 2　质子交换膜燃料电池工作原理

资料来源：陈海清、王金全、薛洪熙、王文平、王强：《氢能与质子交换膜燃料电池》，《兵工自动化》2005 年第 24（1）期。

（二）PEMFC 的优点

效率高：对于 PEMFC，由于工作过程中不涉及氢氧的燃烧，仅仅是氢和氧通过电化学反应生成水，因而不受卡诺循环的限制，其能量转化效率比较高，可以达到 83% 左右，是普通内燃机的两倍。与其他形式的发电技术相比，除核能外，这种发电形式平均单位质量燃料所能产生的电能燃料是最高的。

无污染：PEMFC 的反应是电化学反应，而不是采用燃烧方式，因此无污染。燃烧会释放有害气体和尘埃等。PEMFC 只会产生水和热，如果氢是通过

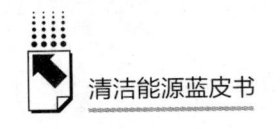

可再生能源产生的，整个过程就是彻底地不产生有害物质排放的过程。

无噪声：燃料电池运行安静，噪声大约只有50分贝左右，相当于人们正常交谈的无噪声水平，适宜于安装在室内或室外对噪声有限制的地方。

无振动：PEMFC内部发生反应过程中，不需要运动部件传递能量和做功，因此没有运动部件工作产生的振动。

安全可靠性：PEMFC的安全可靠性主要来自电堆和电堆材料的模块特性，同时由于燃料电池中没有运动部件而且易于维护，这些都给PEMFC提供了较高的运行可靠性。随着PEMFC的发展，电池的模块性越来越明显，可靠性越来越高，寿命也越来越长。

模块化：燃料电池从原理上可以和普通电池一样，做成一个个很小的单体（模块），若干个单体组成一个燃料电池系统。模块化技术提高了燃料电池的可靠性，减少了移动部件，便于组装和保养。

（三）PEMFC的应用与市场状况

目前，PEMFC是汽车研发公司最为喜欢的一类燃料电池，研究者正尝试用它来替代原先使用的内燃机。另外，PEMFC可以为绝大多数军事装置（战场上的移动手提装备，水下机器人，地下工事，海、陆运输工具等）提供动力。21世纪前十年，是PEMFC从特殊应用和示范运行转到产业化、民用化阶段的重要时期。按照现在的发展趋势，我们完全相信，PEMFC技术将在21世纪应用到我们生活的很多方面，从分布式电站到移动式电源，从电动汽车[6]到航天飞机，从军用装置到民用产品[7][8]。表2给出了PEMFC在不同领域的应用成本和技术目标，从表中可以看到，部分燃料电池产品已经具备进入市场的成本、寿命等必要条件。

1. PEMFC在分布式能源中心及热电联产、固定电站方面的应用

分布式发电[9][10]（Distributed generation，DG）简单地说就是将原来建在较远距离的大容量热电厂（或者电厂），改为在市区内建设一些小容量热电厂（或电厂），规模一般较小，通常为几十千瓦至几十兆瓦，这样能降低成本并提高能源的利用效率，还可以采用冷、热、电联供方式[11]。分布式能源中心所使用的能源包括水电、风能、太阳能、生物质等可再生能源或清洁能源。分布式发电可以减少长距离输变电工程，与集中式发电相结合可以提高电力系统的供电可靠性。

表2　PEMFC在不同领域的主要应用

	应用产品	电动机车	电动小客车	备用电力发电系统	家用发电系统	产业用发电系统	便携式小型发电机	便携式4C产品
FC市场需求现状	输出功率（千瓦）	3~5	50~80	1~10	1~7	>100	0.5~1	<0.5
	成本目标（美元/千瓦）	200	50	1000~2000	500~1500	1000~3000	1~5	5~10
	成本现状（美元/千瓦）	2000~10000		3000~10000			1~10	
	耐久性目标（小时）	5000	8000	数千至4万（寿命10~15年）	40000~80000	40000~80000	4000~5000	
	耐久性现状（小时）	2000~4000		8000~16000			1000~2000	<1000
	主要技术类型	PEMFC	PEMFC	PEMFC	PEMFC、SOFC	PEMFC、SOFC、MCFC	PEMFC、DMFC	PEMFC
	商品化时间	2008~2010年	2010~2015年	2004~2005年	2008年	2008~2012年	2004年	2008年
	市场推动力	油价、GHG减量压力		利基市场开拓、电力自由化、GHG减量压力			利基市场	

注：GHG（Greenhouse Gas）即温室效应气体，包括二氧化碳、甲烷、一氧化碳及氟氯烃等30余种气体。

利基市场，英文是niche market，指高度专门化的需求市场。

资料来源：尤如瑾：《燃料电池产业发展前景分析》，《电机月刊》2006年第192期。

表3　几种燃料电池与传统发电方式的比较

项目	柴油机	汽轮机	燃料电池			
			PAFC	PEMFC	MCFC	SOFC
操作温度（℃）	—	800~900	170~200	<100	600~700	900~1000
电效率（%）	30~40	28~30	35~45	30~40	50~60	50~60
最优功率范围（MW）	0.1~20	0.03~200	0.25~20	0.001~0.25	0.25~25	0.005~0.5
热电联供	适用	适用	适用	适用	适用	适用
主要应用	小型商用热电联产	小型商用、民用热电联产	商用、民用、工业用热电联产	移动或民用固定电源	商用或工业用发电	商用热电联产
发展现状	已商业化	已商业化	已商业化	商业化前期	商业化前期	商业化前期
氮氧化物排放（mg/L）	600~3000	30~150	<200	极低	<1	极低
主要问题	噪声、污染	噪声、污染	成本高	成本高	成本高	成本高

资料来源：李鹏、陈继军：《分布式发电及其并网对配电网的影响》，《广东电力》2012年第1期。

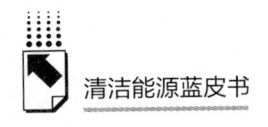

进入21世纪，人们对可再生的新能源发电方式的关注度逐渐增加。燃料电池与汽轮机、柴油机等传统发电方式相比，有众多优良特性，如表3所示[19]，它可以不受时间和天气等因素的制约，可稳定、可靠、持续地发电，是一种很有前途的分布式电源，受到了人们的广泛关注[12]。

在质子交换膜燃料电池热电联供系统方面，研发首先开始于北美和欧洲。由加拿大Ballard公司开发的第一台以天然气重整氢气为燃料的250kW质子交换膜燃料电池热电联供商用展示系统，于2000年6月在德国柏林Treptow供热厂开始运行[13]。该系统提供250kW交流电和230kW热量，系统的电效率为35%，总的能量效率为80%，并提供75℃的热水。在德国的Mingolsheim，另一套同样的系统在2002年9月至2003年10月运行了1年时间，期间系统输出150kW～212kW的交流电，电效率28%～38%，热效率30%～42%[14]。这之后，GM和Dow化学公司合作在Dow的工厂内安装了类似的300kW热电联供商用展示系统[15][19]，如图3所示。

图3 Dow化学公司的300kW质子交换膜燃料电池热电联供系统

资料来源：刘志祥、毛宗强：《质子交换膜燃料电池分布式电站》，《2006年节能与可再生能源发电技术研讨会论文集》。

在小型家用燃料电池方面，日本为我们做出了表率，日本政府认为[16]，1kW 燃料电池系统基本能够满足家庭的用电需要，采用这样的系统可以为居民住宅供电 8 小时，并且 24 小时供应热水。这样的系统在白天开启，夜晚以及峰值输出时用电网来补充供电不足，系统效率超过 30%，总效率超过 65%。日本、美国、中国等国近几年在民用燃料电池电站方面的投入巨大，如表 4 所示[7]。

表 4 国内外燃料电池热电联产系统的研究进展

单位名称	系统用途	燃料及改质方法	燃料电池功率	性能（备注）
东芝煤气公司	家庭用	天然气部分氧化制氢,氢气膜分离	1000W	价格 30 万~40 万日元（目标）
东京燃气公司（Tokyo Gas）	家庭用	城市燃气自热重整制氢	300~1000W	发电效率 37%,供热效率 52%
日本气体协会和 NEDO（新能源发展组织）	家庭用	城市煤气自热重整制氢	1000W	发电效率 30%~35%,总利用效率 70%~80%
美国 IdaTech 公司	便携式电源	蒸气重整制氢,钯膜分离净化	1.5~15kW	最终产品 H_2 纯度大于 99.995%
美国 InnovaTek 公司	家庭用及军用	天然气、汽油、煤油,微反应器、膜分离制氢气	1000W	尺寸:36.8cm×20.3cm×31.7cm,重 18.1kg
台湾碧青科技有限公司	家庭用及汽车动力能源	甲醇重整制氢,膜分离制氢气	500~5000W	换热、重整、分离三合一反应器,纯度为 99.998% 的 H_2
上海交通大学	家庭用	城市煤气直接反应	1000W	不间断电源,热电综合效率可达 70% 左右
中国科学院大连物化所	家庭用	甲醇水蒸气重整,板翅式集成反应器	5000W	1000 小时可靠性试验
北京科技大学	家庭用及中小型旅馆餐馆	天然气重整制氢	10kW	尺寸:160cm×170cm×60cm,发电效率 35%~40%,总效率 80% 以上

资料来源：解东来、王子良：《基于质子交换膜燃料电池的微型天然气热电联产研发进展》，《中国土木工程学会燃气分会应用专业委员会 2012 年年会论文集》。

中国的燃料电池发电研究起步并不晚，"九五"期间，质子交换膜燃料电池被列为重点，并于 2006 年组装了多套百瓦、千瓦级燃料电池电堆与燃料电池系统。北京飞驰绿能公司、清华大学、上海神力公司[17]和北京富原公司等都研制出 5kW 的氢燃料电池电站。广东省已建成了广州大学城分布式能源站，是目前全国最大的分布式能源站[18]，如图 4。此能源站以天然气为一次能源，通过燃气—蒸汽联合发电机组发电的同时，将发电后的余热用于生活热水和空调冷冻水制备，向大学城供应冷、热、电；通过能源的分级利用，系统的综合能源利用效率能够达 78%。北京市于 2006 年开展天然气—质子交换膜燃料电池分布式电站的研究[19]，由北京科技大学主持，建立了 10kW 级天然气重整制氢的 PEMFC 分布式热电联产电站[20][21]，并于 2008 年北京奥运会期间进行了示范运行，为北京绿色奥运作出了贡献。长时间运行结果表明，PEMFC 发电效率高达 40%，热电综合效率可达 80%，占地面积约 2 平方米，如图 5 所示。华南理工大学独立研发的 300kw 质子交换膜燃料电池示范电站已于 2009 年年底启用，如图 6，占地仅 2000 平方米，项目投资 1850 万元，是一个"微型"的发电厂，该发电厂彻底颠覆传统煤电模式，能量利用率可达 90%[8][22]。

图 4　目前全国最大的分布式能源站——广州大学城分布式能源站

资料来源：王仁雷、彭桂云、郑迪、高正来：《广州大学城分布式能源站水平衡测试与节水优化探讨》，《给水排水》2012 年第 38（12）期。

图5 10kW级分布式天然气—质子交换膜燃料电池示范电站

资料来源：北京科技大学大新能源实验室。

图6 华南理工大学自主研制的质子交换膜燃料电池示范电站

资料来源：张丽彬、陈晓宁、吴文健、高洪涛：《质子交换膜燃料电池发展前景探讨》，《农业工程技术·新能源产业》2011年第4期。

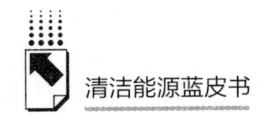

2. PEMFC 在移动式电源方面的应用

PEMFC 作为移动式电源,其应用领域分为两大类:一是用作便携电源、微型移动电源、备用电源等;二是可用作助动车、摩托车、汽车、火车、船舶等交通工具动力。从其发展情况看,PEMFC 技术是较为成熟的电动车动力电源,并且已经商业化,如图 7 所示[23]。

图 7 商业化的质子交换膜燃料电池汽车

资料来源:刘朝玮、王保国、何小荣:《质子交换膜燃料电池研究及应用现状》,《现代化工》2004 年第 24(9)期。

根据各国的社会情况,电动车的发展方向是不尽相同的,这其中影响最大的开发项目有两个:一个是由美国 DOE 组织的国家 PEMFC 研究项目,另一个是由加拿大 Ballard 动力公司作为技术支持,由福特、奔驰等公司支持的 PEMFC 电动汽车项目,如图 8 所示的奔驰 B 级氢燃料电池车是比较成功的一例[23]。2010 年起亚开发出霸锐 Borrego FCEV,该车能量供应来源于燃料电池(98%氢气供给),全四轮驱动,续航里程可达 700 公里,输出功率 115kW。起亚计划在 2013 年较大规模生产 Borrego FECV。目前,世界各国对氢燃料电池车和氢能研发的投入都比较大,如表 5 所示。

氢能与燃料电池的发展现状与市场趋势

表5　国外各国对氢燃料电池车和氢能研发的投入

国别	燃料电池汽车和氢能研发投入
欧 盟	第七框架计划中出资4.5亿欧元,用于燃料电池汽车及其基础设施研发
德 国	启动国家燃料电池及氢能创新计划,政府和企业拟累计投资14亿欧元
美 国	能源部在美国振兴计划中投资4190万美元,用于燃料电池特种车研发和示范;2011年美国政府用于燃料电池和氢能的国家财政投入约5000万美元
日 本	政府已经持续支持近30年,每年平均资助超过1亿美元
英 国	继出资2000万欧元完成"超低碳汽车示范计划"后,英国政府又启动"低碳汽车创新平台"计划,政府和工业企业联合资助2.5亿欧元用于该计划,包括燃料电池汽车在内的低碳排放汽车研发
加拿大	政府平均每年资助3000万美元
韩 国	政府平均每年资助1亿美元左右
丹 麦	政府平均每年资助4800万美元

资料来源:刘勇:《我国燃料电池汽车发展现状及未来建议》,《中国储能》2012年第5期(总第17期),第3~8页。

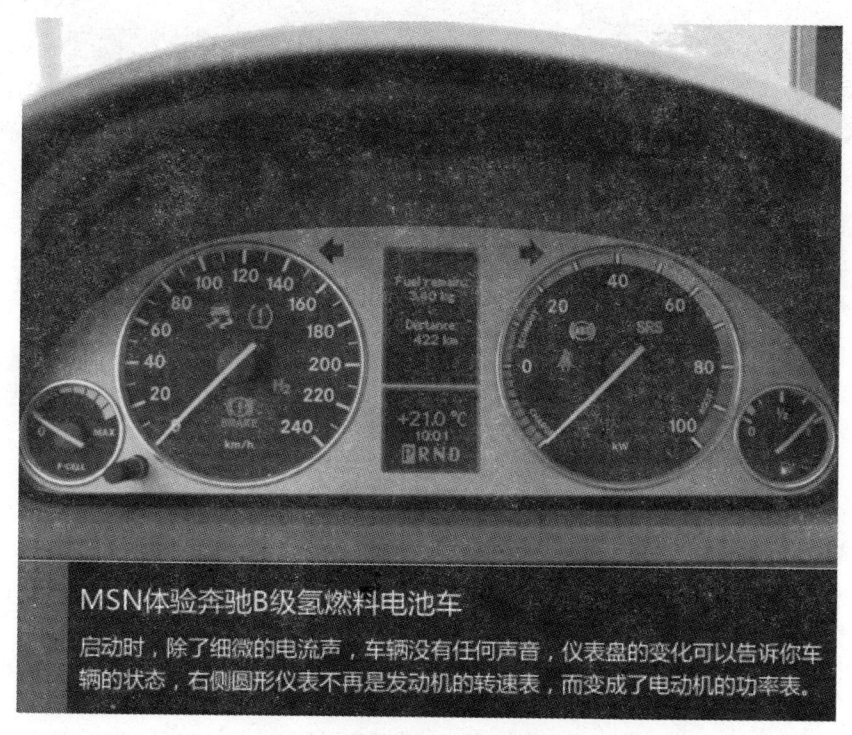

图8　奔驰B级氢燃料电池车

资料来源:刘朝玮、王保国、何小荣:《质子交换膜燃料电池研究及应用现状》,《现代化工》2004年第24(9)期。

279

在上海世博会期间，世博会与科技部合作开展纯电动、混合动力、燃料电池等1017辆各类新能源车辆示范运行项目，如图9所示[24]。其中，燃料电池汽车196辆，包括燃料电池客车6辆，燃料电池轿车90辆，燃料电池观光车100辆。这是继2008年北京奥运会（如图10所示）后，中国新能源车技术和成果的又一次集中展示[24]。为配套世博燃料电池汽车的示范运行，主办方在靠近世博园区附近新建了1座世博加氢站和2辆移动加氢车，为各种车辆提供燃料补给服务。

图9 上海世博会新能源车辆示范运行

资料来源：问朋朋、黄明宇、倪红军、贾中实：《燃料电池车发展概况及展望》，《电源技术》2012年第36（4）期。

中国对燃料电池电动车的推广相当重视，在国家《节能中长期专项规划》中着重强调要"发展混合动力汽车、燃气汽车、醇类燃料汽车、燃料电池汽车、太阳能汽车等清洁汽车"。清华大学、中国科学院大连化学物理研究所、富原燃料电池有限公司等科研院所已经研制出游览观光车、中巴车样车等，其运行性能接近或达到国际领先水平。

鉴于其重要性，燃料电池已经被美国列为使美国保持经济繁荣和国家安全而必须发展的27项关键技术之一，并被美国、加拿大等发达国家认定为21世纪首选的清洁能源系统。

图 10　北京奥运会期间应用的燃料电池汽车

资料来源：问朋朋、黄明宇、倪红军、贾中实：《燃料电池车发展概况及展望》，《电源技术》2012 年第 36（4）期。

二　固体氧化物燃料电池（SOFC）

（一）SOFC 工作原理及简介

Nernst 在 1899 年发现了固体氧化物电解质材料，为固体氧化物燃料电池奠定了基础。SOFC 因使用固体陶瓷材料电解质而得名，该电解质的本质就是金属氧化物。SOFC 的基本组成为阴极、阳极和中间的电解质，其工作原理是，燃料电池在运行过程中，在阳极和阴极分别送入还原、氧化气体后，氧气在多孔的阴极上发生还原反应，生成氧负离子。氧负离子穿过固体电解质材料到达阳极，然后与阳极的燃料反应，生成 H_2O 和 CO_2，电子经过外电路通过负载输出电能，化学能就转变成电能。

随着制备工艺的不断进步，在 20 世纪 80 年代，新型固体氧化物燃料电池得到了迅速发展。该电池具有诸多的优点：能量转换效率高，能量的综合利用效率可以达到80%以上；燃料适应性广，可以直接利用天然气、煤气化气或其他碳氢化合物等作燃料；能够承受较高浓度的CO的毒害，因此对电极的要求会降低；使用具备电催化作用的阳极可以在发电同时生产化学产品。因此目前世界各国都在积极投入对SOFC技术的研发。

（二）SOFC在固定电站、燃料电池—汽轮机联合发电方面的应用

目前，SOFC电池堆的研究者采用了两种不同的应用战略。

（1）开发高于900℃温度的SOFC系统，可与燃气轮机联合使用，使发电效率大幅提高。图11为西门子—西屋公司开发出的世界第一台SOFC和燃气轮机混合发电站，此发电站已于2000年5月安装在美国加州大学，功率220kW，发电效率58%[25]。

图11 西门子—西屋公司开发出的世界第一台SOFC和燃气轮机混合发电站

资料来源：吕文广：《锆在现代新能源材料中的应用前景和新的发展趋势》，[会议论文]中国化工学会无机酸碱盐专业委员会2003年无机盐学术年会，2003。

（2）开发小型SOFC发电单元。这种SOFC常常设计为热电联产的形式，既可应用于住宅以及偏远地区分布式电站，如Sulzer Hexis公司开发的系列产品；也可用于辅助电源以及交通工具，其产品以德国BMW集团公司开发的车

氢能与燃料电池的发展现状与市场趋势

用 SOFC – APU 为代表。日本大阪燃气于 2012 年 3 月 13 日宣布，已完成家用固体氧化物型燃料电池的开发，并于 4 月 27 日以"ENE – FARMtype S"的商品名投放市场。该产品达到了全球最高水平的发电效率。天然气通过重整器分解成氢和一氧化碳并被送入电池组（电池组中收纳有燃料电池），反应产生的热用于燃气重整和城市供热（如图 12 所示）[22]。

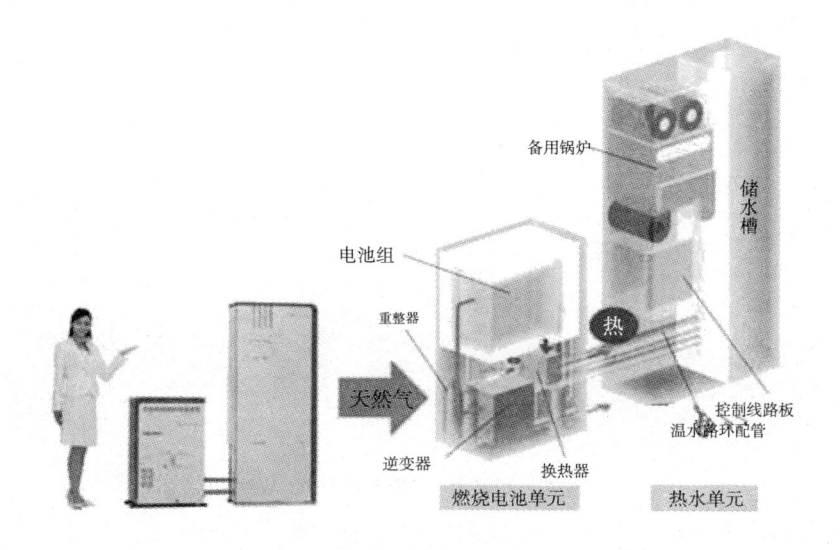

图 12　大阪燃气开发的 SOFC 构成

资料来源：金炼、解东来：《家庭用微型热电联产技术》，《中国土木工程学会燃气分会应用专业委员会 2012 年年会论文集》。

高温燃料电池能以天然气、甲烷、CO、气化煤气等作为燃料，电池堆产生的高温废气可以与燃气轮机组成联合循环发电系统，大大节约能源[26]。因此，高温燃料电池被国内外公认为适合固定电站或燃料电池—汽轮机联合的新型发电技术[27]。

美国是燃料电池研发最早的国家之一，早在 20 世纪 60 年代，美国国家航空航天局（NASA）就已经开始将燃料电池应用于航天工程。日本和欧洲各国进步也很快，其中多个项目已经开始进行商业应用方面的示范演示。图 13 为西屋公司在荷兰安装的 SOFC 示范电厂，它可以提供 110kW 的电力和 64kW 的热，发电效率达到 46%，总效率接近 75%[25]。新泽西州已于 2013 年 1 月 22 日启动热电联产和燃料电池的补助计划，该计划向发电能力超过 1

283

兆瓦的热电联产或燃料电池提供资助，要求热电联产系统大于 1 兆瓦，余热利用必须达到至少 65%，燃料电池项目超过 1 兆瓦的余热回收必须达到至少 45% 的效率。

图 13　西屋公司在荷兰安装的 SOFC 示范电厂

资料来源：吕文广：《锆在现代新能源材料中的应用前景和新的发展趋势》，[会议论文] 中国化工学会无机酸碱盐专业委员会 2003 年无机盐学术年会，2003。

在国外 SOFC 蓬勃发展的势态下，中国众多科研单位（如中国科学院大连化学物理研究所、吉林大学、清华大学、华中科技大学等），也相继开展了固体氧化物燃料电池的研究[28][29]。2007 年，中国科学院过程工程所固体氧化物燃料电池课题组研发的"列管式不密封无连接固体氧化物燃料电池"发电成功。发电功率为每组 35 瓦的单电池组，由 4 个电池组组成的电堆进行了 500 小时的运行试验，并通过科技部组织的"863"项目验收。总之，目前中国已经具备了研制数千瓦级的 SOFC 发电系统的能力[30]。

当今世界随着能源和环境的压力越来越大，世界各国积极发展固体氧化燃料电池，SOFC 的商业化进程正在加速实施，以下是部分建成的 SOFC 燃料电池厂，如表 6 所示[31]。

表6　国内外部分的SOFC燃料电池发电系统

单位名称	年代	功率	贡献
美国Westinghouse公司	1998	1100kW	SOFC发电系统
美国Westinghouse公司	1999	2套100kW	管式SOFC发电系统
美国ZTEK公司	1998	25kW	示范平板式SOFC发电系统
日本三菱重工	1998	10kW	示范SOFC系统
日本三菱重工	2001	10kW	示范加压管式SOFC发电系统
瑞士Sulzer Hexis公司	2001	400套1kW	生物质SOFC发电系统
德国Siemens Westinghouse公司	2003	4座5kW	SOFC电厂
芬兰Wrtsil公司	2008	2万KW	SOFC热电联供电站
英国CeresPower公司	2010	100kW	SOFC新产品"ES-5000",采用天然气或生物气为燃料
德国航空航天中心	2010	1MW	燃气涡轮机与SOFC混合电站
美国Bloom Energy公司	2010	100kW	公开了其拥有专利的固体氧化物燃料电池(SOFC)技术,使分布式发电站的广泛建立成为可能。
中国科学院过程工程所	2007	—	列管式不密封无连接极SOFC发电系统
华中科大燃料电池研究开发中心	2010	—	以电扇和灯泡为负载实现了固体氧化物燃料电池(SOFC)系统的独立发电
中国上海硅酸盐研究所	2011	5kW	平板式中温SOFC电厂

资料来源：金醒群：《固体氧化物燃料电池在天然气市场开发应用的探讨》，《燃气技术》2012年第4（446）期。

总之，固体氧化物燃料电池具有能量转换效率高、燃料适应性广、模块化组装、全固态、零污染等优点，可以直接利用氢气、天然气、煤气、液化气及一氧化碳等多种碳氢燃料。在大型集中供电、中型分布电站和小型家用热电联供等利用领域，作为固定电站，以及作为船舶动力电源、交通车辆动力电源等，应用前景十分广阔。

三　直接甲醇燃料电池（DMFC）

（一）DMFC工作原理及简介

图14[35]为DMFC的结构原理图。DMFC由阳极、电解质膜和阴极构成。

甲醇在阳极转换成质子、电子和二氧化碳，质子透过质子交换膜在阴极与氧反应生成水，电子通过外电路对外做功。其中，甲醇完全氧化生成二氧化碳是一个6电子的转移过程。理论上DMFC的电压基本上与氢氧燃料电池相近，但由于实际运行时电极极化和电池内阻引起的欧姆损失，DMFC输出电压会小于标准状态下的理论电压。

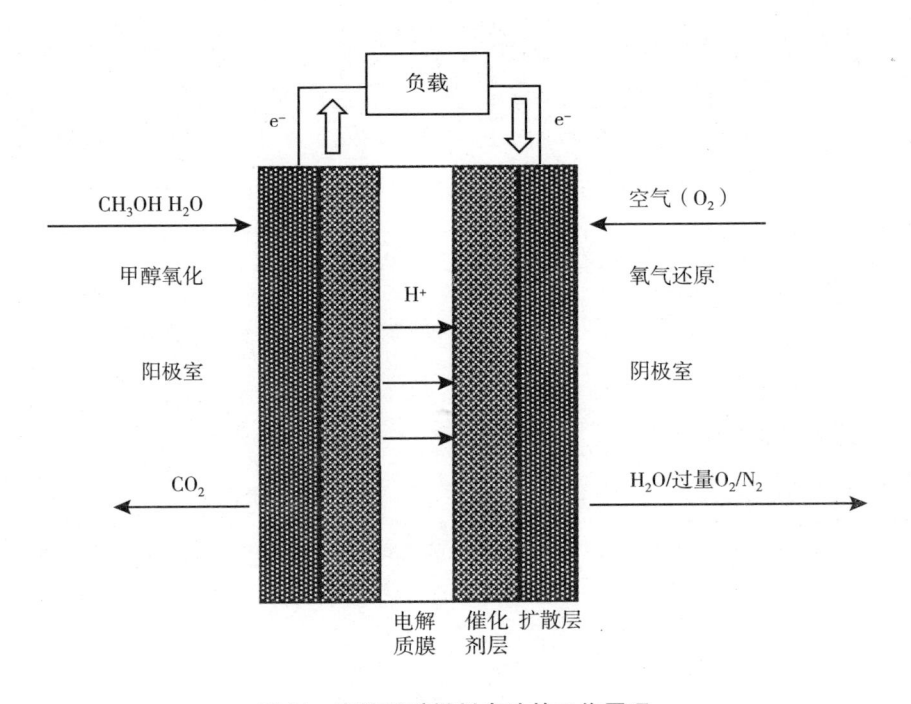

图14　直接甲醇燃料电池的工作原理

资料来源：陈波：《笔记本电脑燃料电池技术》，《通信技术》2010年第43（10）期。

从严格意义上说，直接甲醇燃料电池（DMFC）是一种特殊的PEMFC，只是用醇类或其他有机小分子代替氢气作为燃料。在过去的几十年内，DMFC由于其具有燃料来源广泛、容易储存和运输、价格便宜和氧化最终产物低污染的优势而受到越来越多的关注。尽管目前DMFC还存在诸如甲醇渗透和甲醇催化效率低等现象，导致DMFC的效率和性能降低；此外，其寿命和稳定性也尚不能满足市场的需求。但DMFC美好的前景，尤其是其在便携式电源领域里可操作性的前景，已经促使各大企业和科研单位将其作为重点研发方向而进行大量投入。

（二）DMFC 在小型电源上的应用

DMFC 市场大约可分为个人用便携式电子产品（100W 以下）、电机（100~1000W）、电动摩托车（不超过 1.5kW）、住宅用发电装置（5~15kW）、电动汽车（50~100kW）和小型电站（1MW）等。其中最具有发展潜力的是个人便携式电子产品，包括笔记本电脑、数码相机、个人数字助理（PDA）、手机、摄像机和收音机等。

随着人们工作生活节奏的加快，笔记本电脑、手机等便携式产品被广泛使用，而目前普遍采用的铅酸蓄电池、锂离子电池越来越不能满足发展的需要，市场急需要寻求一种新型的电池取代目前的现状，直接甲醇燃料电池被认为是最有希望的化学电源而受到极大的关注[32]。

自 20 世纪 60 年代开发至今，世界各国的厂商都在着力进行 DMFC 的研制，并取得显著进展。日本 KDDI 应用 DMFC 技术将甲醇微型燃料电池应用于 3G 手持电话充电器，二者均于 2008 年上市，如图 15[33]；在笔记本电脑应用方面，东芝及 Samsung 开发了 DMFC 产品，Casio 利用甲醇重组技术则开发出

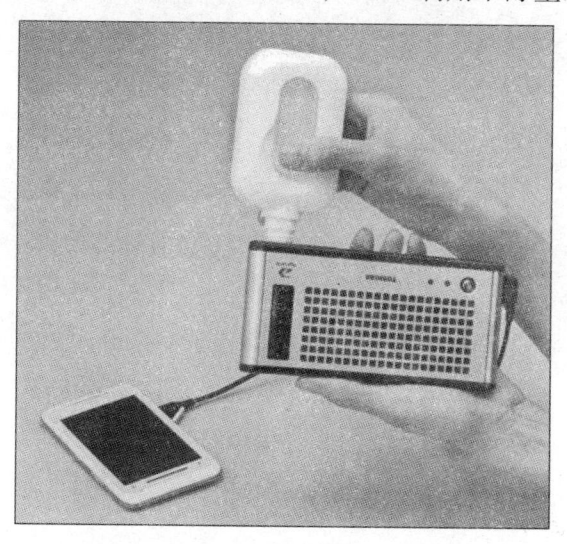

图 15　DMFC 燃料电池给手机充电

资料来源：左峻德、张行直：《台湾氢能燃料电池产业之发展》，《电源技术》2009 年第 33（4）期。

了 PEMFC 雏形机,这些产品都可使笔记本电脑运作 10 小时;美国零售商 Brookstone 已经贩售一款可携带型智能手机用燃料电池,可为 iPhone 4 充电至少 10~14 次。与此同时,甲醇作为燃料,其需求量也随之相应增加,也促进了化工产业的发展[34]。

中国政府对燃料电池的发展非常重视,将其列为"国家科技中长期发展规划"中能源、交通、电子等领域的重要研究方向和急需开拓的尖端高技术[35]。2009 年 11 月 24 日,由清华大学承担的国家高技术研究发展计划(863 计划)"智能化高效直接甲醇燃料电池系统的研制"项目在北京通过科技部验收,如图 16[36]。同时中国科学院大连化学物理研究所、北京科技大学等科研单位也为加速甲醇燃料电池技术的研发及产业升级作出了很大努力。最近,北京科技大学提出了一种以甲醇为原料、超分子化合物为中间储能介质的间接甲醇燃料电池,具有优异的电化学性能,同时巧妙地避免了现有直接甲醇燃料电池存在的甲醇穿透、催化剂中毒等问题,开辟了甲醇燃料电池的新研究方向[37]。

图 16　清华大学核研院研发 50 瓦 DMFC 发电系统

资料来源:吴韬、齐亮、郭建伟、王要武、谢晓峰、唐有根、陈昊:《直接甲醇燃料电池在军事领域上的应用》,《兵工自动化》2007 年第 26 期。

DMFC 作为小功率、便携式的电源具有许多优点,在小功率的应用场合(如移动式电源、电动汽车等)与其他化学电源相比具有很大优势。估计在以后几年中,DMFC 的研制应用将会有很大的进展。

四 其他类型燃料电池

碱性燃料电池是最早得到应用的一种燃料电池,在 20 世纪 60 年代,美国 NASA 就已成功用于"阿波罗"宇宙飞船。在中短期来看,碱性燃料电池的应用基本上局限在宇宙、AIP 推进系统,以及固定发电系统方面,而且相对于其他燃料电池的发展,碱性燃料电池的应用领域受到一定的挑战。

磷酸燃料电池(PAFC)由于其制造成本低、性能优良而受到高度重视,发展非常迅速,已步入商业阶段。PAFC 既可用于大规模发电,也可用作医院或居民区供电、汽车动力以及不间断供电,其中同时提供的电和热水被认为是 PAFC 的最佳应用方式,但是最近几年由于其居高不下的成本和较高的腐蚀性,影响了其进一步发展。

熔融碳酸盐型燃料电池通常称为第二代燃料电池,具有高效率、噪声低、无污染、燃料多样化(氢气、煤气和天然气和生物燃料等)、余热利用率价值高和电池材料造价低廉等诸多优点。

锌空燃料电池是利用锌和空气在电解质的作用下产生电能。锌空燃料电池的最大优势是高能量,另外,地球上丰富的锌资源使得锌空燃料电池的原材料非常便宜。这种燃料电池可用于电动汽车、电子消费品和军事等领域,应用前景比较广阔。

再生型燃料电池的概念相对较新,但全球已经有许多研究机构致力于这方面的工作。这种电池以太阳能为动力,将电解池中的水分解成氢和氧,然后送回到燃料电池。但这种电池的商业化开发仍然面临许多诸如成本、太阳能利用的稳定性等问题。

生物燃料电池是一种真正被寄予希望的燃料电池,它通常以有机物如甲醇或乙醇为原料,在生物酶的作用下产生电能。它的本质是把有机燃料变成能量。目前,这种电池还没有进入规模化的研究和应用。

随着燃料电池的发展,越来越多的燃料电池将被提出来,许多公司和科研人员也正致力于这些燃料电池的研究工作和商业化推进。

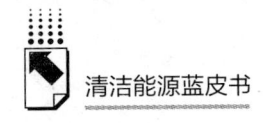

五　结论

随着科技的发展和全球能源危机，以及环保呼声的高涨，燃料电池正逐渐引起人们足够的重视。尽管目前燃料电池还面临着同化石燃料的竞争，但是燃料电池拥有的优势还是十分明显的，如应用范围广泛、环保方面的零排放等等。从世界燃料电池迅猛发展的趋势来看，21 世纪头二十年将是燃料电池发电技术商品化、产业化的重要阶段，其技术实用性、生产成本等都将取得重大突破。业内认为，随着今后几年的发展，再配合液态氢基础设施网络的建设和完善，国家政策扶植力度加大，燃料电池必将在能源及相关领域引发一场深刻的能源革命，促进产业升级，带动国民经济高速健康发展。而能源领域的这场革命是中国政府、企业、高等科研院所不得不正视的重大课题，我们对此必须要有充分认识并给予足够的重视，使其早日实现产业化，为中国的国家能源安全和国民经济可持续发展保驾护航。

澳门由于地少人多，能源消耗多，人与地、人与资源的矛盾突出，这也为燃料电池汽车、热电联供系统的发展与推广提供了广阔的平台与空间，由于 PEMFC 相对于其他燃料电池较成熟，造价较低。对于澳门政府，一方面针对公共交通系统或私人汽车领域，可以发展 PEMFC 燃料电池汽车。由于 PEMFC 电堆成本已经有大幅度下降，使用寿命大大提高，业界普遍认为氢储问题已成为发展 PEMFC 汽车的"瓶颈"，但是由于澳门地区占地面积小，区域地理半径小，因此可采用氢气钢瓶压力存储或者储氢合金存储方式进行氢气的存储，可满足澳门等小城市的全区域使用。众所周知，相对于传统燃油轿车，PEMFC 轿车具有排放产物只有水、噪声低、效率高等显著优点，虽然造价上高于传统内燃机轿车，但是长远来看，营造清洁、健康的环境将最终造福当地人民百姓，为澳门在新能源利用上谱写新的历史篇章。另一方面，为楼宇、宾馆酒店等小型社区发展分布式 PEMFC 冷、热、电三联供系统。澳门第三产业，尤其是博彩业和旅游较发达，地理位置处于热带地区，同时对制冷、热水、电力等有需求，而 PEMFC 冷、热、电三联供系统恰好吻合需求，同时该系统对一次能源的利用率可达 80% 以上，另外 NO_x、SO_2 等排放量也大幅度低于传统供热、供电系统。因此大力发展清洁能源，尤其以 PEMFC 为代表的能源产品，将为澳门的腾飞发展、绿色环境提供源源不断的动力。

综上所述，燃料电池清洁高效，应用前景广阔，市场潜力巨大，发展该技术对产业结构升级、环境保护及经济的可持续发展均有重要意义。

参考文献

［1］米万良、孙丹洁、苏庆泉：《Cu_Zn 催化剂的 CO 水汽变换反应特性》，《北京科技大学学报》2010 年第 32（2）期。

［2］李志远、米万良、程庆、苏庆泉：《反应条件对甲烷化法去除重整氢气中 CO 的影响》，《化工学报》2009 年第 60（10）期。

［3］刘建国、孙公权：《燃料电池概述》，《物理学与新能源材料》2004 年第 33（2）期。

［4］陈海清、王金全、薛洪熙、王文平、王强：《氢能与质子交换膜燃料电池》，《兵工自动化》2005 年第 24（1）期。

［5］聂明：《WC 增强燃料电池贵金属催化剂催化性能的研究》，重庆大学博士学位论文，2007。

［6］郏怡颖、赵治国：《车用质子交换膜燃料电池动态建模与仿真分析》，《机械与电子》2012 年第 4 期。

［7］解东来、王子良：《基于质子交换膜燃料电池的微型天然气热电联产研发进展》，《中国土木工程学会燃气分会应用专业委员会 2012 年年会论文集》。

［8］张丽彬、陈晓宁、吴文健、高洪涛：《质子交换膜燃料电池发展前景探讨》，《农业工程技术·新能源产业》2011 年第 4 期。

［9］李鹏、陈继军：《分布式发电及其并网对配电网的影响》，《广东电力》2012 年第 1 期。

［10］高厚磊、田佳、杜强、武志刚、刘淑敏：《能源开发新技术 – 分布式发电》，《山东大学学报（工学版）》，2009 年第 39（5）期。

［11］余昆、曹一家、倪以信：《分布式发电技术及其并网运行研究综述》，《河海大学学报：自然科学版》2009 年第 37（6）期。

［12］刘小强、陈维荣：《基于 PEMFC 的分布式并网发电系统设计》，西南交通大学硕士研究生学位论文，2011 年 5 月。

［13］Martin Pokojski, "The First Demonstration of the 250 – kW Polymer electrolyte Fuel Cell for Stationary（Application_ Berlin），" *Journal of Power Sources*，2000，86（1）.

［14］Wolfram Munch, Hellmuth Frey, Markus Edel, et al., "Stationary Fuel Cells –

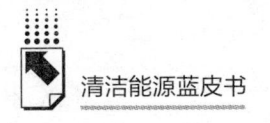

Results of 2 Years of Operation at EnBW", *Journal of Power Sources*, 2006, 155 (1).

[15] Alexandra Baker, "Fuel Cell Project at Dow Chemical," *Fuel Cell Today*, December 13, 2004.

[16] 苏庆泉:《日本在燃料电池发展方向的选择与我们的思考》,《新材料产业》2005年第10期。

[17] 胡里清:《可再生能源发电/质子交换膜燃料电池发电系统联合 – 互补发电站技术》,《能源技术》2005年第26期。

[18] 王仁雷、彭桂云、郑迪、高正来:《广州大学城分布式能源站水平衡测试与节水优化探讨》,《给水排水》2012年第38（12）期。

[19] 刘志祥、毛宗强:《质子交换膜燃料电池分布式电站》,《2006年节能与可再生能源发电技术研讨会论文集》。

[20] Li Zhiyuan, Mi Wanliang, Su Qingquan, "CO Deep Removal with A Method of Two-stage Methanation," *International Journal of Hydrogen Energy*, 2010, 35 (7).

[21] Mi Wanliang, Su Qingquan, Bao Cheng, Wang Li, "A 10 kW Class Natural Gas-PEMFC Distributed Heat and Power Cogeneration System," *Energy Procedia*, 2012 (28).

[22] 金炼、解东来:《家庭用微型热电联产技术》,《中国土木工程学会燃气分会应用专业委员会2012年年会论文集》。

[23] 刘朝玮、王保国、何小荣:《质子交换膜燃料电池研究及应用现状》,《现代化工》2004年第24（9）期。

[24] 问朋朋、黄明宇、倪红军、贾中实:《燃料电池车发展概况及展望》,《电源技术》2012年第36（4）期。

[25] 吕文广:《锆在现代新能源材料中的应用前景和新的发展趋势》,[会议论文]中国化工学会无机酸碱盐专业委员会2003年无机盐学术年会, 2003。

[26] 程健、许世森、徐越:《高温燃料电池发电技术分析》,《热力发电》2009年第38（11）期。

[27] 世森、程键:《燃料电池发电系统》, 中国电力出版社, 2007。

[28] 章天金、唐超群、周东祥等:《YSZ薄膜Sol-Gel法制备及其结构分析》,《无机材料学报》1997年第12（2）期。

[29] 朱永平、戴学刚、胡万起等:《固体氧化物燃料电池的结构及其联接方法》,《中国专利》, CN1192059, 1998。

[30] 卢俊彪、张中太、唐子龙:《固体氧化物燃料电池的研究进展》,《稀有金属材料与工程》2005年第34（8）期。

[31] 金醒群:《固体氧化物燃料电池在天然气市场开发应用的探讨》,《燃气技术》2012年第4（446）期。

[32] 徐维正:《直接甲醇燃料电池进入实用阶段》,《中国化工信息中心》, 2007。

[33] 左峻德、张行直:《台湾氢能燃料电池产业之发展》,《电源技术》2009年第33（4）期。

[34] Yang LX, Allen RG, Scott K, et al., "A Study of PtRuO2 Catalysts Thermally Formed on Titanium Mesh for Methanol Oxidation," *Electrochimica Acta*, 2005, 50 (5).

[35] 陈波:《笔记本电脑燃料电池技术》,《通信技术》2010 年第 43 (10) 期。

[36] 吴韬、齐亮、郭建伟、王要武、谢晓峰、唐有根、陈昊:《直接甲醇燃料电池在军事领域上的应用》,《兵工自动化》2007 年第 26 期。

[37] Mi Wanliang, Jia Dongmei, Fang Xiaofei, Wu Kangqian, "Evaluation on the Property of Methanol Oxidation by Phosphomolybdic Acid," *Advanced Materials Research*, 2012.

Current Situation and Development Trend in the Market for Hydrogen Energy and Fuel Cell

Jiang Jungang   Mi Wanliang   Su Qingquan

Abstract: Fuel cell is considered as the fourth generation power system after thermal power, hydropower, nuclear power generation, it has been known as the most century clean, efficient power source in 21st century, received widespread attention at home and abroad. In this paper, based on the fundamental principle of fuel cell, several main kinds of fuel cells are introduced. The practical experience in markets for fuel cell is summed up. The proton exchange membrane fuel cell (PEMFC) and solid oxide fuel cell (SOFC), methanol fuel cell (DMFC) are reviewed on the basic principle, development status of fuel cell, the latest market applications and future development directions as they have been received much rapid development in recent years. Combining with the great pressure of energy shortage and environment pollution, we proposed a suitable fuel cell technology development scheme for Macao and other densely populated areas.

Key Words: Proton Exchange Membrane Fuel Cell; Solid Oxide Fuel Cell; Direct Methanol Fuel Cell; Macao; Power Source

B.16 锂—空气电池国内外研究现状及前景展望[*]

孙春文[**]

摘　要：

　　锂离子电池在发展纯电动汽车和混合电动汽车中扮演着重要角色，但是目前锂离子电池的比能量和安全性等问题还与汽车需求存在较大差距，因此，迫切需要发展基于高能量密度和功率密度、安全性好、使用寿命长的新材料和新型可充电电池体系。与目前的锂离子电池相比，锂—空气二次电池因其具有高得多的理论比能量，是未来电动汽车重要的候选电源。本文重点介绍在锂—空气电池在国内外的研究进展、存在的问题、解决办法及前景展望。

关键词：

　　锂—空气电池　电解质　空气阴极　氧还原/析氧反应

一　引言

环境污染的日益加重与能源需求的不断增加，使人类的环保意识与日俱增，采用电动汽车（EVs）和混合电动汽车（HEVs）替代对环境污染严重的燃油汽车已经成为必然的选择，传统的化学电源已不能满足要求，因此，迫切需要研发高比能量与高功率密度的化学电源。

---

[*] 本工作得到国家重点基础研究发展计划（973计划）项目（2012CB215402）、国家自然科学基金项目（Nos. 51372271）、中国科学院物理所人才启动项目（Y1k5018E11）的资助。

[**] 孙春文，中国科学院物理研究所副研究员，研究方向为新能源材料。目前承担国家重点基础研究发展计划（973）项目、国家自然科学基金面上项目和物理所人才启动基金各一项。

在所有元素中，锂是自然界中最轻的金属元素，同时具有最负的标准电极电位［相对于标准氢电极（NHE）的电位为 -3.045V］。这两个特征结合在一起使得该元素具有很高的能量密度，理论比容量达到 3860Ah/kg，而锌和铅分别只有 820Ah/kg 和 260Ah/kg[1]。由于锂的标准还原电位很低，因此该金属在质子化溶剂水中，热化学上是不稳定的。所以，锂电池的实际应用很大程度上取决于非水体系电解液的发展。

自从索尼公司 1990 年成功开发出以石油焦炭为负极的锂离子电池以来，随着负极碳材料的逐步改进，锂离子电池的性能不断提升，其重量比能量已由最初的 80W·h/kg 提高到目前的 180W·h/kg。锂离子电池已经成长为每年几十亿美元的全球产业，并且预期未来还会稳健地发展。目前，小型锂离子电池和电池包已经获得了全球消费者的认可，但是，用于混合和纯电动车的大型锂离子电池仍需进一步的研究。安全问题的基本起因在于液体电解质、聚合物隔膜和过渡金属氧化物阴极之间的反应。此外，高温环境会导致液体电解质基锂电池破裂、燃烧甚至是爆炸[2]。国际上一些较大制造商生产的锂离子电池发生安全事故和召回事件已经引起关注。最近，被称作"梦想客机"的波音 787 故障连发原因也在于此[3]。2013 年 1 月 7 日，日本航空公司一架 787 客机飞抵美国波士顿时，电池起火导致客舱冒烟，所幸没有人员伤亡。自波音 787"梦想客机"被曝存在锂电池自燃隐患后，一直处于全球停飞状态。4 月初，该公司表示，787 客机在换装由 GS Yuasa 公司设计的全新电池组后，飞行状态良好，在数次飞行试验中均未出现电池组过热自燃的现象，并表示将把这些数据提交美国联邦航空管理局（FAA）审核，力求让该飞机尽早重返蓝天。过度充电导致电池过热、漏液，或许是波音 787 多起起火事件的主要原因。整个航空业正在重新思考锂离子电池作为后备能源系统在技术上是否成熟[3]。

环境的日益恶化也促进了电动汽车的发展。近年来，中国内地多个城市上空笼罩着让人窒息的阴霾，除了对健康的损害，也让人心里增添了一些阴影。二氧化硫、氮氧化物和可吸入颗粒物是雾霾主要组成成分，前两者为气态污染物，最后一项颗粒物才是加重雾霾天气污染的罪魁祸首。颗粒物的英文缩写为 PM，北京监测的是细颗粒物（PM2.5），也就是直径小于等于 2.5 微米的污染物颗粒。这种颗粒本身既是一种污染物，又是重金属、多环芳烃等有毒物质的载体。城市有毒颗粒物的来源主要是汽车尾气,其中,使用柴油的汽车是排放细颗粒物的"重犯"。因此,在这种背景下迫切需要开发高能量密度、安全的汽车用动力电池。锂—空气电池的理论能量密度为11140 W·h/kg,比锂离子电池高很多倍[4~6],可充电的Li-O$_2$电池集成了燃料电池和可充电电池的优点[2]。在锂—空气电池中,固态金属锂是燃料,减少了储存和运输的问题,固体锂也作为阳极。在H$_2$-O$_2$电池中,为了实现低温下氢的氧化和氧的还原,需要基于贵金属(Pt、Pd等)的昂贵的膜电极。此外,锂—空气电池的开路电压(OCV)大约为3.0 V,是H$_2$-O$_2$电池OCV的大约3倍。较高的OCV意味着在相同的电流密度下大约高3倍的功率输出。另外,通过使用全固态无机电解质将金属锂和湿气以及大气隔离开来,阻止了锂枝晶短路、锂反应性,并且相关的安全性问题也可以得到解决。因此,锂—空气电池被称为锂电池的"圣杯",Li-O$_2$电池对电动车、固定能量储存和军事领域应用更具吸引力[7]。最近,国外大的汽车公司也竞相投入到锂—空气电池的研发中。2013年1月24日,日本丰田公司和德国宝马公司签订协议,正式合作研发燃料电池车、轻量化技术以及"后锂离子充电电池技术"[8]。

二 电动汽车动力电池的主要标准

实用的电动汽车电池的主要标准为能量密度、成本、寿命[以年和行驶里程(公里或英里)测定]和安全性[4]。

重量和体积能量密度:汽油的理论能量密度为13000W·h/kg,图1比较了汽油和各种可充电电池的质量比能量密度(W·h/kg)。美国汽车平均的(油罐到车轮)效率为12.6%,因此,对于汽车来说,汽油可用的能量密度大约为1700W·h/kg[9],这是汽油"实际的"能量密度[4]。由于电动车系统的效率(电池到车轮)大约为90%,目前锂离子电池能量密度(电池包级)一般为100~200W·h/kg,因此,目前锂离子电池能量密度需要提高10倍,才能够与汽油驱动系统相提并论。

电池的体积能量密度(W·h/L)也是设计时需要考虑的一个重要参数[4]。对于一个家庭用汽车,要求电池和辅助系统所占最大体积为300L。驱

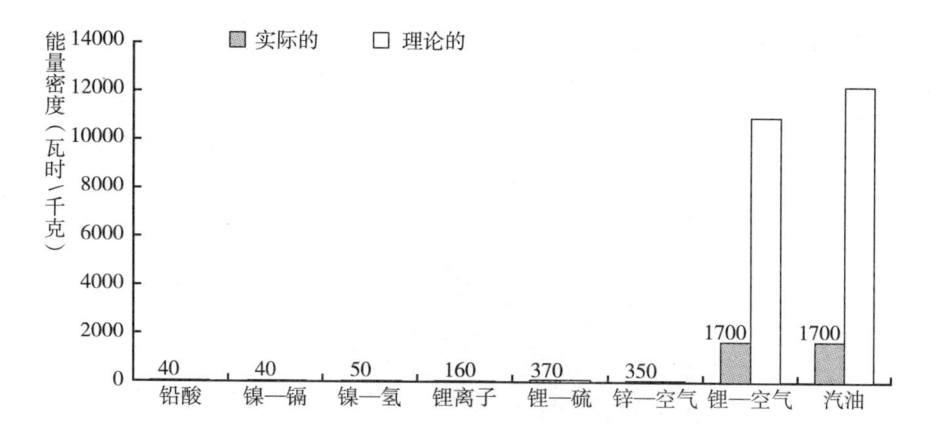

图1 各种可充电电池的质量比能量密度（W·h/kg）与汽油的比较。理论密度严格地基于热力学计算，如白条所示；实际的能量密度如上面标有数值的灰色条所示。对于锂—空气电池实际的值仅仅为估计值。对于汽油，实际的值包括汽车平均的油罐到车轮的效率。

资料来源：Girishkumar G., McCloskey B., Luntz A. C., Swanson S., Wilcke W., "Lithium-air batteries: promise and challenges," *The Journal of Physical Chemistry Letters* 1 (2010): 2193–2203.

动里程500英里（800千米）要求125kW·h的容量（按250W·h/mi），因此，300L体积的限制决定了电池的比重，包括分配给电池内部空气流道和空气处理系统的空间不得小于0.5kg/L。假设从电池中出来的废空气中氧气的含量为17%，进入锂—空气电池的比空气流（产生每千瓦电的空气质量）应该与内燃机的比空气流相当。

功率密度和成本：尽管锂—空气电池有希望获得非常高的能量密度，但是目前的功率密度（每千克电池质量的瓦数）非常低。在锂离子存在的条件下，放电过程中，氧气被还原生成氧化锂，发生氧还原反应（ORR）；而充电过程中，发生氧气析出反应（OER）。这两个反应都发生在阴极表面。因此，微观和宏观尺度都要求阴极具有非常大的内部表面积[4]。原型非质子电解液锂—空气电池的电流密度在$1mA/cm^2$的数量级，迫切需要将这一电流密度提高至少一个数量级。

在决定锂—空气电池是否能够被采用问题上，价格和性能一样重要[10]。图2 中给出的价格是美国先进电池联合体（the US Advanced Battery Consortium）对电池包设定的目标，电池必须将电池包组装成包括电池管理部件的系统。美国先进电池联合体认为大批量生产的（25000 单元）40kW·h 电池包的长期目标为每 kW·h 最低销售价格 150 美元。显然，最终哪种技术被采用将决定于电池成本能否显著地降低。目前锂离子电池包级的价格接近 500～600 美元/千瓦·时。

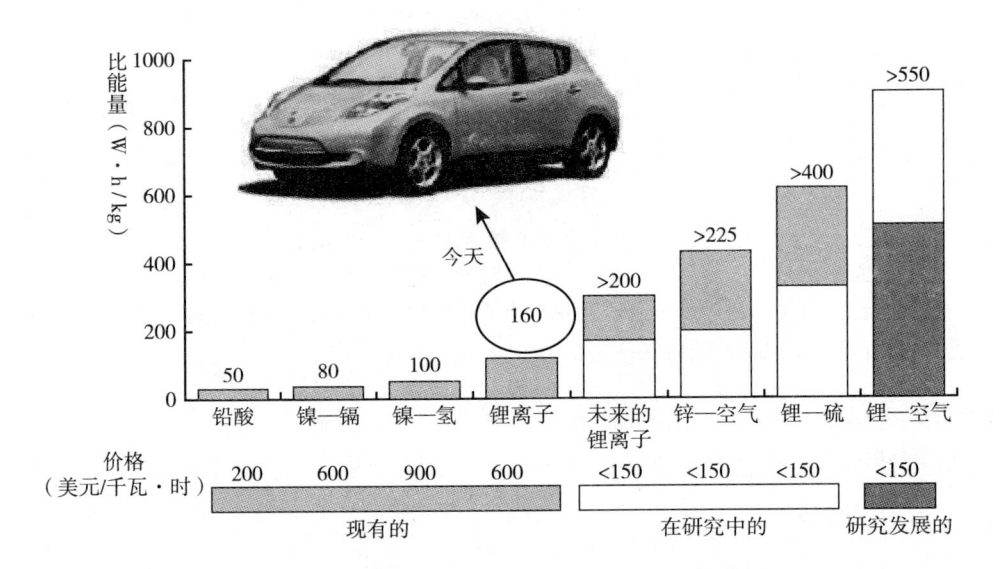

图 2　一些可充电电池实际的比能量以及估计的驱动里程和电池组的价格。对于一些未来的技术，在研究和发展的可充电的电池的直方图中浅阴影区给出预期的比能量。驱动里程的值是基于每种技术最低的比能量，按尼桑 Leaf 使用的锂离子电池的比能量（140W·h/kg）和驱动里程（160km）进行放大。发展中的技术的价格以美国先进电池联合体的目标设定。

资料来源：Bruce P. G., Freunberger S. A., Hardwick LJ., Tarascon J. M., "Li-O$_2$ and Li-S batteries with high energy storage," *Nature Materials* 11 (2012): 19 – 29。

电能效率：目前的锂—空气电池表现出极大的过电位，即充电电压比放电电压高很多。这对应低的电能循环效率，目前为 60%～70%，即使在非常低的电流密度下（0.01～0.05mA/cm^2），也将导致非常低的充放电效率（<60%）和低的功率特性[4]。而实际的动力电池要求能量循环效率应当为 90%。这一性能与催化剂的性质和其在高表面积阴极上的载量密切相关，期望通过选择合适的催化剂可以显著地降低。最近，美国 MIT 的 Yang 小组[13]报道了纳米结构的合金颗粒 PtAu/C 催化剂不仅仅降低充电电压，而且提高了放电电压。充电电压低达

3.8V，在 100mA/g 的速率下循环效率高达 73%。Au 提高放电过程发生的氧还原反应，而 Pt 促进充电过程的析氧反应。但是，因为使用贵金属，成本太高。相比较，氧化物基催化剂在反应性和成本两方面是最好的折中。

寿命和循环性：目前报道的锂—空气电池的寿命可以达到大约 100 次循环，容量上只有适度的损失。因此，未来的研究需要集中在改进循环过程中的容量保持[4]。但是，假定锂—空气电池拥有大的容量，大型动力电池总的充电循环次数不一定需要非常多。例如，对于设计 150000 英里寿命的电池来说，每次充电行驶里程为 500 英里，仅仅需要充电 300 次（全循环当量）[4]。在其寿命期内，需要许多吨的空气通入电池；但是，对于非质子电解液电池甚至很少量湿气的累积或副反应产物对电池都将是有害的。

安全性：电动汽车电池要求满足非常高的安全标准，比汽油汽车高得多。因为反应限制速率的表面性质，锂离子电池容易由于过充或内部短路而引起热失控，不过这在锂—空气电池中是不可能发生的，也就是说反应物 O_2 没有储存在电池中[4]。但是，需要考虑其他两个安全问题[4]。第一个，使用金属锂阳极存在一个众所周知的安全问题，因为金属锂往往生成锂枝晶，会造成电池短路，并和许多污染物剧烈地反应。第二个，假定非质子电解液主要的反应产物是 Li_2O_2，由于此为一种强氧化剂，与有机电解液组合，在事故中会导致安全问题。但是，IBM 公司初步的实验结果表明，在温度低于金属锂的熔点（180℃）之下，在 Li_2O_2 和普通的电解液之间没有放热的反应发生。这一安全担忧在水溶液电解质电池中不存在。

总之，对汽车动力电池的要求非常多，上述这些标准都将为今后锂—空气电池体系的研究提供指导[4]。目前，汽车动力电池刚刚开始从镍氢电池转向锂离子电池，对锂离子电池的研究已有 35 年[4]，向锂—空气电池的成功转变可能也将以相似的历程发展。

三 锂—空气电池的结构和反应机理

1996 年，美国 EIC 实验室的 K. M. Abraham 等人首次报道了有机电解液锂—空气电池[14]。目前研究的锂—空气电池有四种类型，根据电解质的种类不同可以分

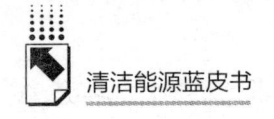

为[6]：锂盐溶解在有机溶剂、水、混合溶剂（有机溶剂/水）和全固态电解质。

四种体系分别使用金属锂和氧气作为阳极和阴极材料。但是，按照使用的电解质不同，它们的反应机理也是不同的，如图3所示[6]。

非水电解质体系的结构类似于传统的锂离子电池。传统的锂离子电池使用碳或合金材料作为阳极，锂的金属氧化物或磷酸盐作为阴极，锂盐溶解在非质子的溶剂中作为电解质。锂—空气电池使用氧气作为阴极材料，因此在阴极中必须添加多孔碳和催化剂的复合材料作为产物 Li_2O_2 的储存池。此外，金属锂必须用作阳极，因为阳极是锂—空气电池的锂源。这两个体系关键的差异是锂—空气电池要求一个开放的系统，因为需从空气中获得氧气。开放的体系则需要额外的部件，例如，脱水膜[15~17]。

如上面提到的，非水电解质体系第一次由 Abraham 等人报道，其结构如图3（a）所示，他们提出了逐级反应机理[14]。

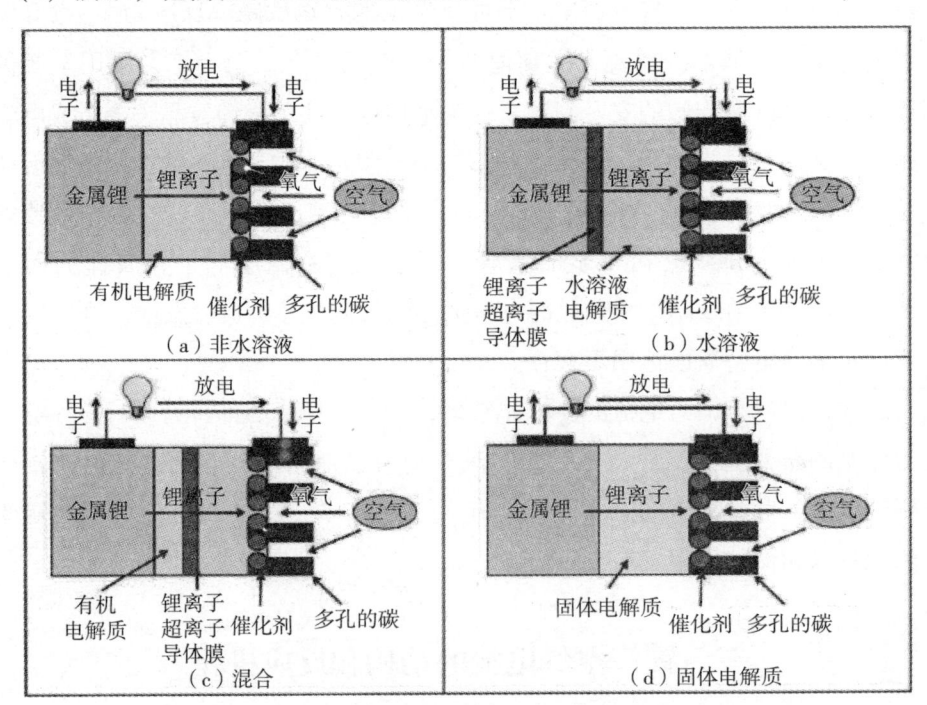

图3 四种类型锂—空气电池结构示意

资料来源：Lee J. S., Kim S. T., Cao R., Choi N. S., Liu M. L., Lee K. T., Cho J., "Metal-air batteries with high energy density: Li-air versus Zn-air," *Advanced Energy Materials* 1 (2011): 34–50。

氧还原反应以逐级方式生成产物 O_2^-、O_2^{2-} 和 O^{2-}，氧还原的第一个产物是超氧化锂 LiO_2，涉及一电子过程。这些反应动力学上是不可逆或准可逆的电化学过程，导致析氧反应高的极化。

在 2004 年，美国 Polyplus 公司在金属锂表面引入一层保护性的玻璃—陶瓷层［LiSICON，$LiM_2(PO_4)_3$］，这一保护层使得金属锂在水中保持稳定[24]。这一层保护层是离子电导的，并且阻止与水的剧烈反应。因此，Polyplus 公司使用水溶液电解质从根本上发展了锂—空气电池[25]。水溶液电解质体系由保护的金属锂阳极、水溶液电解质和空气阴极构成，其结构如图3（b）所示。

Polyplus 公司也展示了混合电解质，金属锂阳极//非水电解质/离子电导玻璃陶瓷膜/水溶液电解质//空气阴极的混合体系，其结构如图3（c）所示。同样，日本 AIST 的 Zhou 小组也研究了混合电解质体系[26][27]。他们使用混合电解质，1M $LiClO_4$ 溶解在乙烯碳酸酯和二甲基碳酸酯中，与 1M KOH 水溶液被 LISICON（$Li_{1+x+y}Al_xTi_{2-x}Si_yP_{3-y}O_{12}$）膜隔开。

各种离子电导的玻璃陶瓷保护双层被引入改善金属锂和水溶液电解质之间的电荷迁移反应[28~31]。Imanishi 组报道 $Li_{1+x+y}Al_xTi_{2-x}Si_yP_{3-y}O_{12}$（LATP）在水中是稳定的，但是与金属锂反应。玻璃陶瓷 $Li_{3-x}PO_{4-y}N_y$（LiPON）和锂电导聚合物电解质（$PEO_{18}LiTFSI$）抑制了 Li 和 LATP 之间的直接反应。因此，Imanishi 组将 LiPON//LATP 或者 PEO_{18}LiTFSI//LATP 用于水溶液锂—空气电池中。Kumar 等人展示了一个全固态锂—空气电池[2]。电池由金属锂阳极，玻璃陶瓷和聚合物—陶瓷材料层压制的锂离子电导固体电解质膜，以及由高表面积碳和离子电导玻璃—陶瓷粉末制备的固态复合空气阴极构成，其结构如图3（d）所示。在30℃~105℃范围内样品表现出优良的热稳定性和可充电性。

四　锂—空气电池的研究现状及挑战

锂—空气/氧气电池的研究在近年来刚刚起步，目前全球研究锂—空气电池比较活跃的研究单位主要有：美国 PolyPlus 电池公司、IBM 公司、MIT 的

Yang Shao-Horn 小组、美国军事实验室的 J. Read，以及最早研究锂—空气电池的 Abraham 小组；英国的圣安德鲁斯大学的 Peter G. Bruce 小组；日本 AIST 的周豪慎小组和山重大学的 Yamamoto 小组；国内研究主要单位包括中国科学院物理研究所、中国科学院长春应用化学研究所、复旦大学等。它们的研究主要集中在电池的工作机理、电解液对电池性能的影响以及新型双功能催化剂等方面。

值得一提的是，自 2009 年以来，IBM 公司一直致力于"电池 500"项目的研究[32]。"电池 500"表示每次充电的目标行驶里程为 500 英里/千米，转化成电池的容量大约为 125kw·h，标准的家庭汽车平均使用 250W·h/mi。该项目的目标是开发一款能够推动电动汽车单次充电运行 500 英里的新型锂—空气电池。IBM 称，如果一切按计划进行，锂—空气电池有望在 2020~2030 年间进行批量生产。

研究发现锂—空气电池的性能受到许多因素的影响，例如，相对湿度[33]、氧分压[34]、催化剂的选择[35]、电解质组成[36]、空气电极的宏观结构[37][38]、碳材料的微纳结构[39]以及总的电池设计[33][40]。下面将分别介绍空气阴极、电解质和金属锂阳极的挑战。

（一）空气阴极挑战

锂—空气电池的性能很大程度上受限于空气阴极，这是因为电池大部分的电压降起源于空气阴极[5]。图 4 给出了锂—空气电池的电势分布；阳极电压恒定在大约 0.02V（vs. Li$^+$/Li），而空气阴极贡献锂—空气电池总电压降的大部分[41]。这些结果表明改善空气电极对于锂—空气电池性能的提高是必要的。

实际上，非水溶液电解质锂—空气电池的能量远低于理论值，主要是在放电终止之前，空气电极的孔体积填充了氧化锂[5]。反应产物氧化锂在碳电极上的沉积最终阻塞了氧气扩散传输的路径，限制了锂—空气电池的容量。因此，迫切需要设计优化的空气电极，含有微米尺度的、开放的大孔实现快速的氧扩散，丰富的纳米级孔隙率（2~50 纳米）催化锂—空气反应，并且阻止放电产物过度生长阻塞化学反应的路径[40]。此外，为了实现锂—空气电池的可

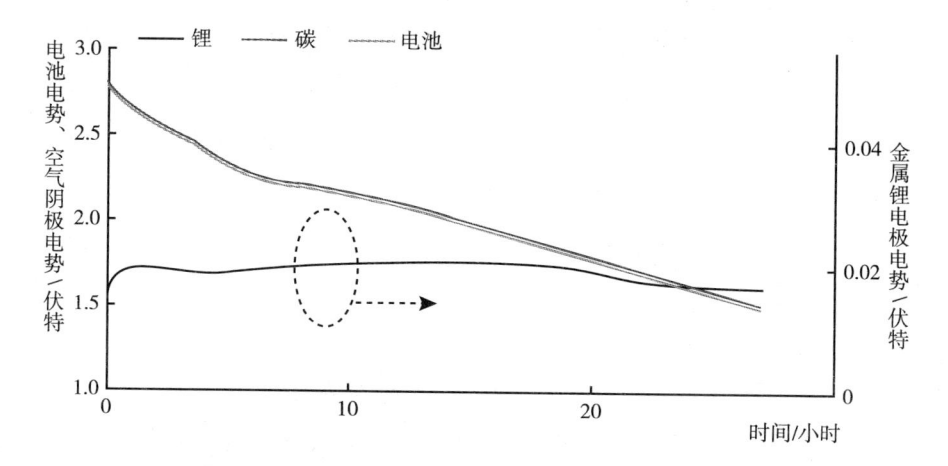

[图示：锂阳极和空气阴极电势随时间变化曲线]

图4 锂阳极和空气阴极电势，相对于 Li^+/Li（$0.2mA/cm^2$）。锂阳极电势如右侧垂直坐标轴所示，相应的曲线被圈起；空气阴极电势（左侧坐标轴）非常接近总的电池电势（也示于左侧坐标），因此，相应的曲线似乎重合在一起。

资料来源：Zhang S. S., Foster D., "Discharge characteristic of a non-aqueous electrolyte Li/O₂ battery," *Journal of Power Sources* 195（2010）：1235–1240。

充放电特性，要求空气电极材料既能催化电池放电过程涉及的氧还原反应（ORR），也能催化电池充电过程对应的析氧反应（OER）。但是，ORR 和 OER 的不对称性导致了不同的放电和充电电压，因而降低了锂—空气电池电能储存的效率，而且充放电的速率取决于催化剂对 ORR 和 OER 的催化活性[42]。

用于催化空气发生 ORR 反应的阴极催化剂通常为碳黑或碳载贵金属。如前面所述，Shao-Horn 等人[13]使用 Pt-Au 纳米颗粒作为双功能催化剂将在 50mA/g 电流密度下发生的 ORR（充电曲线）和 OER（放电曲线）之间的电压差降低到小于 0.8 伏特，合理地利用了 Au 提高 ORR 而 Pt 降低 OER 电压的特性。Ishihara 等人[43]利用 Pd/介孔 α-MnO₂ 作为空气电极催化剂，有效地降低了电池的充电电压，改善了电池的能量效率（~80%）和循环稳定性。但是，大规模应用锂—空气电池仍然受阻于缓慢的 ORR/OER 反应动力学、差的倍率性能、短的循环寿命和贵金属有限的资源及其高的成本。因此，低成本、高效、稳定的双功能催化剂仍然是目前可充电锂—空气电池面临的挑战之一。

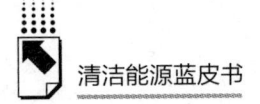

一些低成本的氧化物材料是贵金属可能的替代催化剂。Meadowcroft[44]最先研究了钙钛矿型氧化物作为低成本的氧还原催化剂。从那时起,科学家们集中研究钙钛矿型氧化物作为下一代氧还原反应的电催化剂。Shao-Horn 等人[45][46]发现含有 e_g^1 电子构造的表面阳离子和具有优良体相电子电导的过渡金属钙钛矿氧化物在碱性溶液中表现出高的 ORR 和 OER 活性。最近,中国科学院物理研究所孙春文等人研究发现钙钛矿型 $Sr_{0.95}Ce_{0.05}CoO_{3-\delta}$ – Cu 纳米颗粒是一种优异的低成本、稳定、高效的 ORR 和 OER 双功能催化剂,设计的混合电解质锂—空气电池表现出优良的充放电特性、倍率和循环性能,电池性能如图 5 所示[42]。

最近,中国科学院长春应用化学研究所张新波等人利用电纺和后续热处理技术制备了钙钛矿基多孔 $La_{0.75}Sr_{0.25}MnO_3$ 纳米管(PNT – LSM),用于锂—空气电池阴极催化剂,显著地抑制了 ORR 和 OER 过电位,改善了充放电效率,电池显示出高的比容量、优异的倍率和循环性能,电池性能如图 6 所示[47]。

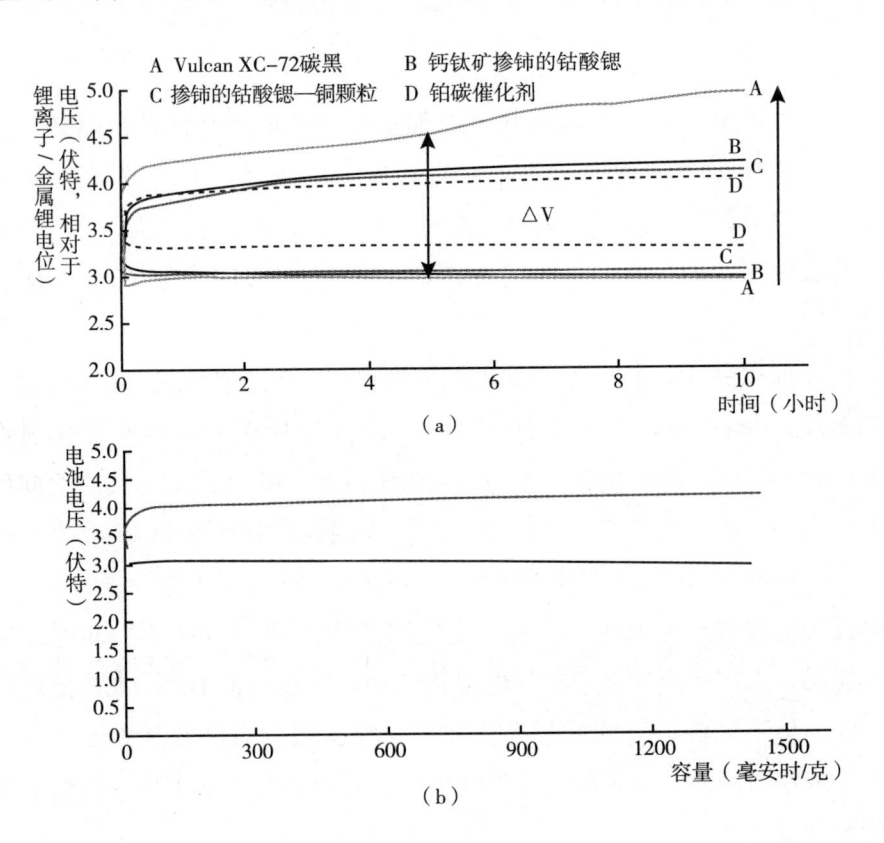

(c)

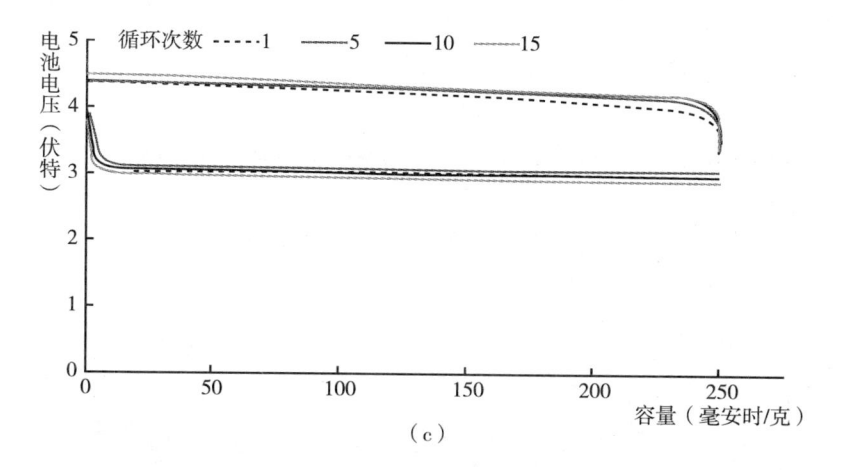

图 5 （a）不同催化剂制备的锂—空气电池首次充/放电曲线；（b）用 $Sr_{0.95}Ce_{0.05}CoO_{3-\delta}$ -Cu 催化剂制备的锂—空气电池在 $0.05mA/cm^2$ 电流密度下电池的长时间充/放电曲线；（c）在 $0.2mA/cm^2$ 充/放电电流密度下电池不同循环次数的充/放电曲线。

资料来源：Yang W., Salim J., Li S., Sun C. W., Chen L. Q., Goodenough J. B., Kim Y., "Perovskite $Sr_{0.95}Ce_{0.05}CoO_{3-\delta}$ loaded with copper nanoparticles as a bifunctional catalyst for lithium-air batteries," *Journal of Materials Chemistry* 22 (2012): 18902-18907。

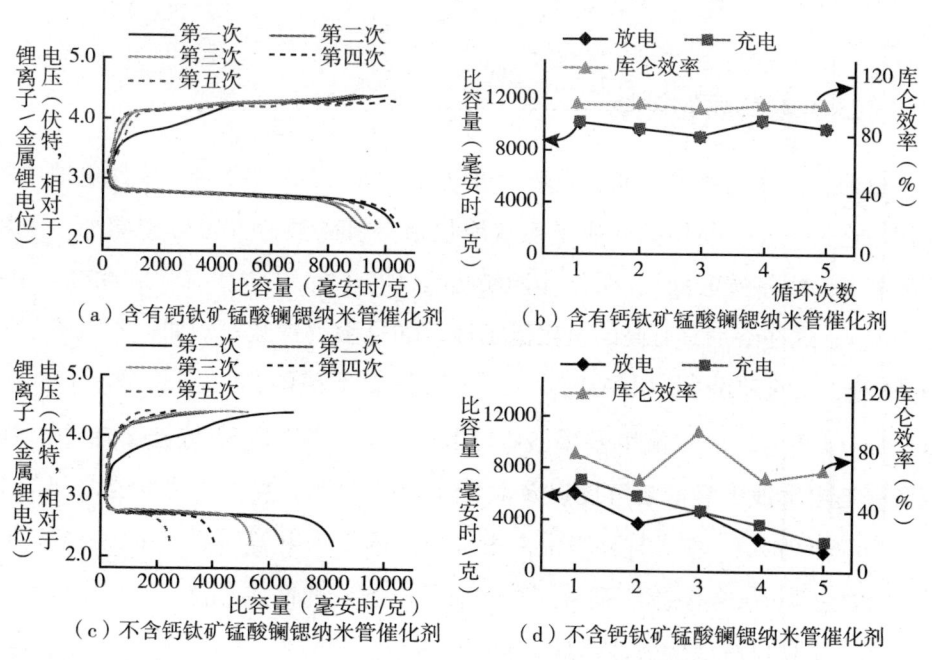

（a）含有钙钛矿锰酸镧锶纳米管催化剂

（b）含有钙钛矿锰酸镧锶纳米管催化剂

（c）不含钙钛矿锰酸镧锶纳米管催化剂

（d）不含钙钛矿锰酸镧锶纳米管催化剂

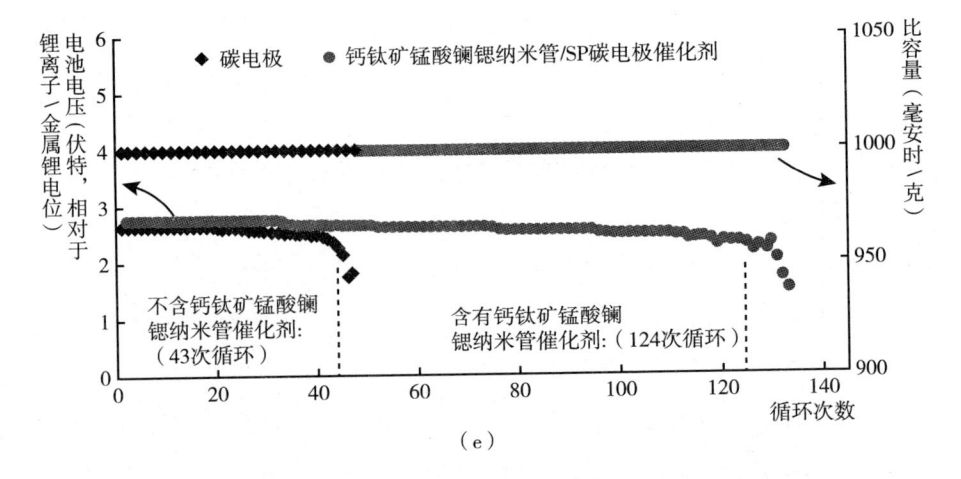

图6 锂—空气电池的循环性能、放电/充电比容量和库仑效率：含有（a，b）和没有（c，d）PNT－LSM 催化剂，电流密度为 $0.025mA/cm^2$，（e）锂—空气电池终止放电电压随循环次数的变化，电流密度为 $0.15mA/cm^2$

资料来源：Xu J., Xu D., Wang Z., Wang H., Zhang L., Zhang X., "Synthesis of perovskite-based porous $La_{0.75}Sr_{0.25}MnO_3$ nanotubes as a highly efficient electrocatalyst for rechargeable lithium-oxygen batteries," *Angewandte Chemie*, *International Eedtion* 52（2013）：3887－3890。

（二）电解质的挑战

目前，许多课题组研究非质子有机电解质在一次和二次锂—空气电池中的应用。迄今为止，使用的非质子电解液包括有机碳酸盐（乙烯碳酸酯、丙烯碳酸酯、二甲基碳酸酯）、醚类［四氢呋喃（THF），二氧戊烷］和酯类（γ-丁内酯），这些溶剂具有高的氧化稳定性，并且溶解锂盐，例如，六氟磷酸锂（$LiPF_6$）、六氟砷酸锂（$LiAsF_6$）、二（三氟甲基磺酰）亚铵锂［LiTFSI，$LiN(SO_2CF_3)_2$］和三氟甲基磺酸锂（$LiSO_3CF_3$）[4]。Read 与合作者[48][49]研究了普通电解液中氧的溶解度以及氧传质特性和锂—空气电池性能之间的关系。Kuboki 等人[50]在大气环境中采用离子液体作为电解质研究了锂—空气电池的性能。Xu 与合作者[51]研究了各种有机电解液的性质对锂—空气电池性能的影响，发现电解液的极性是最重要的因素。

锂—空气电池一个重要的挑战是增加电极反应的动力学，尤其是充电过程。

Bruce 等人[52]构建了一个锂—空气电池,电解液为 0.1M $LiClO_4$ 的二甲基亚砜(DMSO),阴极为纳米孔金电极,他们发现多孔金电极对于促进 Li_2O_2 分解特别有效。放电时,阴极反应主要受生成的 Li_2O_2 支配;充电时,则完全氧化并且是可持续地循环,这是实现可充电非水溶液锂—空气电池必要的先决条件。

最近,Barile 等人[53]利用差分电化学质谱(DEMS)表征了含有四乙二醇二甲醚(TEGDME)和三氟甲磺酸锂(LiOTf)电解液的锂—氧气电池,并且考察了几种阴极催化剂的影响。他们发现 Au 纳米颗粒增大了充电过程中析出氧气的量,并且改善了电池的循环性能;相反,Pt、Pd 和 Cu(II)氧化物催化剂对电池性能是有害的,因为催化了溶剂或碳阴极的分解,证据为 CO_2 的析出。无论使用哪种催化剂,充电过程中测得的氧气的量显著地比预期全部 Li_2O_2 形成和分解的要少,与电池循环过程中观察到的容量快速衰退相一致,这表明 TEGDME 对于可逆的锂—空气电池来说不是一种合适的溶剂。

目前,高能量密度和高功率密度的电化学器件使用有机液体电解质。但是,这种电池需要相对严格的安全预防措施,使得大规模系统非常复杂和昂贵。固体电解质的使用目前受到限制,这是因为固体电解质的电导率比有机电解质低一个数量级[54],只能在 50℃～80℃的高温下得到实用的电导率(10^{-2} S/cm)。研究者们正在试图改进固体电解质的锂离子电导率。例如,Aono 等人发现 $Li_{1.3}M_{0.3}Ti_{1.7}(PO_4)_3$(M = Al 或 Sc)室温下最高离子电导率为 7.0×10^{-4} S/cm[55]。Thokchom 等人则发现 LAGP 玻璃陶瓷 27℃下最高的电导率为 5.0×10^{-3} S/cm[56]。这些固体电解质可以应用于混合电解质的新型可充电池。此外,如果可以将工作温度提高到 70℃～80℃,固体电解质的离子电导可以增加大约 10 倍[57]。此外,应当研发在酸性和碱性环境下都稳定的新型固体电解质。

2011 年,日本东京工业大学的研究人员发现了一种具有三维框架结构的新型固体电解质材料 $Li_{10}GeP_2S_{12}$,在室温下表现出非常高的离子电导率 12mS/cm[54]。图 7 给出了 $Li_{10}GeP_2S_{12}$ 以及在实用的电池中使用的其他电解质材料离子电导率随温度的变化[54]。$Li_{10}GeP_2S_{12}$ 是目前发现的唯一一种离子电导率与液体电解质体系相当或甚至稍高,并且具有较高的化学和热稳定性的固体电解质材料。其他的优点包括:从器件制备角度容易成型、形成图案和集成,稳定性好（不挥发），安全性好（不爆炸），并且具有优良的电化学性能（高的电导率和宽的电位窗口）[54]。

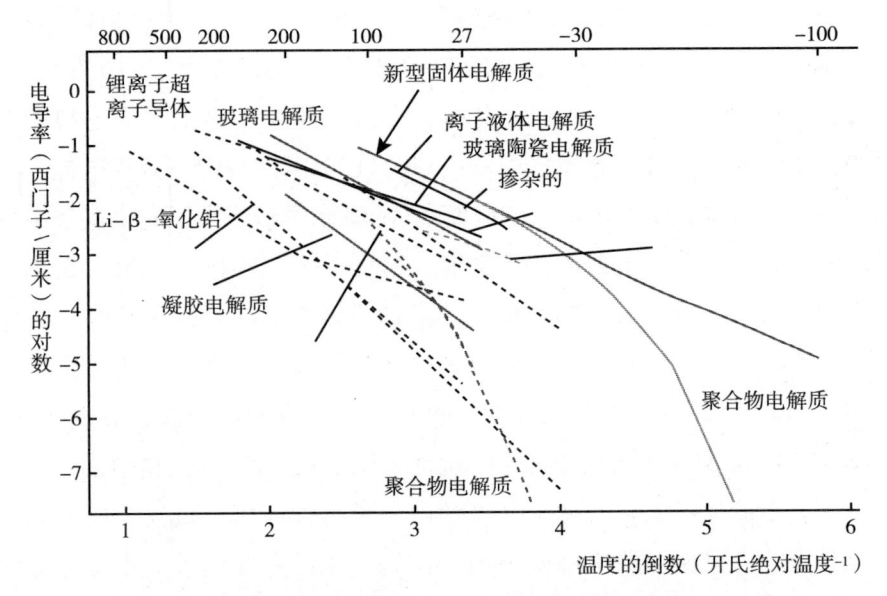

图7 $Li_{10}GeP_2S_{12}$离子电导率随温度的变化，以及与其他锂固体电解质、有机液体电解质、聚合物电解质、离子液体或凝胶电解质的比较。其中，$Li_{10}GeP_2S_{12}$在无机、聚合物固体锂电导膜及其复合体系中表现出最高的锂离子电导率（在27℃为12mS/cm）。因为有机电解质的离子迁移数通常小于0.5，无机锂电解质具有非常高的电导率。

资料来源：Kamaya N., Homma K., Yamakawa Y., Hirayama M., Kanno R., Yonemura M., Kamiyama T., Kato Y., Hama S., Kawamoto K., Mitsui A., "A lithium superionic conductor," *Nature Materials* 10 (2011): 682 – 686。

（三）锂阳极的挑战

锂—空气电池使用锂金属阳极，其与普通的嵌入式碳电极相比具有非常高的能量密度。事实上，锂—空气电池的高容量一旦考虑使用重的嵌入阳极将被完全折中掉[4][5]。使用金属锂阳极会生成锂枝晶，最终导致阳极和阴极之间的短路以及与电解质的不兼容性（在阳极上生成阻抗膜势垒），从而影响了使用锂金属阳极二次电池的循环寿命和安全性。很多研究都试图解决这些问题，其中，Brandt[58]很好地综述了这一问题。这些研究使用的主要手段是将锂金属阳极和液体电解质分离开,提出的解决办法包括将界面或保护层涂在金属锂上。这些保护层材料由传导锂离子的聚合物、陶瓷或玻璃构成[24][25][59]。其他的办法包括使用固体聚合物电解质材料而不是液体电解质。这些材料是锂离子导体,对金属锂是惰性的,可以阻止锂枝晶的生成。

五 结论和展望

二次电池发展的总趋势是要求达到高能量、长寿命、安全和廉价,同时降低污染,并且可回收利用。而锂二次电池具有能量密度高、循环寿命长、安全性好、无污染等优点,是最能满足未来社会可持续发展要求的高能电池之一。除了锂—空气电池,钠—空气电池和锌—空气电池对于动力电池也是不错的选择。在发展这些不同电池的过程中,空气电极有共同的特点,可以相互借鉴。

锂—空气电池是一种有希望的超高能量密度化学电源,可能应用于从便携式电子元件到电动汽车。目前,锂—空气电池仍然处于发展的初始阶段,对于发展实用的可充电锂—空气电池及其商业化,今后需要进行的关键研究如下[4~6]。

(1)定量地理解电化学反应及其与充/放电电流之间的关系,这是定量揭示循环过程中化学可逆性和理解库仑效率的关键。进一步研究两相界面的电化学过程(溶解的氧/非水溶液电解质/碳/催化剂)和(溶解的氧/非水溶液电解质/锂—氧化物),理解这些过程将有助于获得高的阴极电荷容量和倍率性能,并将对开发高效阴极催化剂提供指导。

(2)电解质的极性、黏度、氧气溶解度和抗氧化性是影响电池电化学性能的重要因素。发展具有高的氧传输能力和低挥发性的电解质体系,例如,憎水性的离子液体因为与水的不混溶性是有希望的电解质。同时要求对于氧气中湿气及空气中可能的 CO_2 向电池阳极的扩散形成足够的屏障。此外,系统应当保持高的锂阳极循环性,成功的电解质体系可能由几层构成:靠近阳极层保护金属锂的衰减,并且抑制锂枝晶生长;而临近空气阴极层需保持足够的氧气传输性能。

(3)研究和发展在氧气及高电势条件下稳定的阴极催化剂,首先要控制阴极表面的氧化还原过程，使得锂氧化是可逆的；实现在放电/充电循环过程中获得高的电荷效率和长的循环寿命。此外，对于发展可充电锂—空气电池，降低充/放电两个反应的阻抗，ORR/OER 双功能催化剂是有利的。

（4）发展有层次的阴极孔结构，这将保持氧气和 Li$^+$ 离子的快速传输，同时为容纳固体氧化锂提供足够的空间。这一结构对于获得高的阴极碳载量和较高功率密度下高的容量是重要的。电极的孔隙率影响空气阴极的电化学性能，孔隙率增大会促进氧气的扩散，导致氧还原电极动力学性能的提高。

（5）金属锂阳极树枝状结晶造成电池差的循环性能，可以通过在金属锂表面生成稳定的 SEI 膜而得到抑制。电解质添加剂对于形成稳定的 SEI 膜是有效的。发展能够在较高电流密度下重复循环的刚性金属锂或锂复合电极，非常需要发展保护层限制环境污染物对锂阳极有害的影响和抑制锂枝晶的生长。

（6）发展高通量的呼吸空气的 O_2 选择透过性膜，将氧气从空气中分离出来，从而避免 H_2O、CO_2 和其他的环境污染物对锂—空气电池寿命的限制。

（7）与电解质和空气阴极设计同步的是发展流动型锂—空气电池。这一设计在电池外储存氧化锂产物，从而显著地提高了锂—空气电池的能量密度。

（8）理解温度对锂—空气电池影响的原因，从而可以改善电池的性能并减小不利的影响。

预期锂—空气电池的研究仍将是未来几十年的研究热点，使用固体电解质的锂—空气电池因其安全性将是最佳的选择。锂—空气电池适用于各种需要高能量密度电源驱动的设备，例如，移动通信设备、笔记本电脑、便携式电子设备、电动玩具、电动工具、电动汽车、混合动力车、潜艇、鱼雷、航天飞行器和飞机、储能电源等。

参考文献

[1] Vincent C. A.，"Lithium batteries：a 50 - year perspective，1959 - 2009，"*Solid State Ionics* 134（2000）：159 - 167.

[2] Kumar B., Kumar J., Leese R., Fellner J. P., Rodrigues S. J., Abraham K. M., "A solid-state, rechargeable, long cycle life lithium-air battery," *Journal of the Electrochemical Society* 157 (2010): A50 – A54.

[3] http://military.people.com.cn/n/2013/0422/c1011 – 21222249.html.

[4] Girishkumar G., McCloskey B., Luntz A. C., Swanson S., Wilcke W., "Lithium-air batteries: promise and challenges," *The Journal of Physical Chemistry Letters* 1 (2010): 2193 – 2203.

[5] Kraytsberg A., Ein-Eli Y., "Review on Li-air batteries—Opportunities, limitations and perspective," *Journal of Power Sources* 196 (2011): 886 – 893.

[6] Lee J. S., Kim S. T., Cao R., Choi N. S., Liu M. L., Lee K. T., Cho J., "Metal-air batteries with high energy density: Li-air versus Zn-air," *Advanced Energy Materials* 1 (2011): 34 – 50.

[7] Qin Y., Lu J., Du P., Chen Z., Ren Y., Wu T., Miller J. T., Wen J., Miller D. J., Zhang Z., Amine K., "In-situ fabrication of porous-carbon-supported (– MnO$_2$ nanorods at room temperature: application for rechargeable Li-O$_2$ battery," *Energy & Environmental Science* 6 (2012): 519 – 531.

[8] http://www.sxdzjt.com.cn/Info.aspx?ModelId=1&Id=1746.

[9] Richter B., Goldston D., Crabtree G., Glicksman L., Goldstein D., Greene D., Kammen D., Levine M., Lubell M., Savitz M., Sperling D., *Energy Future: Think Efficiency* (College Park, MD: American Physical Society Press, 2008): 1.

[10] Bruce P. G., Freunberger S. A., Hardwick LJ., Tarascon J. M., "Li-O$_2$ and Li-S batteries with high energy storage," *Nature Materials* 11 (2012): 19 – 29.

[11] http://www.nissanusa.com/leaf – electric – car/specs – features/index#/leaf – electric – car/specs – features/index.

[12] US Advanced Battery Consortium USABC Goals for Advanced Batteries for EVs (2006), http://uscar.org/commands/files_download.php?files_id=27.

[13] Lu Y., Xu Z., Gasteiger H. A., Chen S., Hamad-Schifferli K., Shao-Horn Y., "Platinum-gold nanoparticles: a highly active bifunctional electrocatalyst for rechargeable lithium-air batteries," *Journal of the American Chemical Society* 132 (2010): 12170 – 12171.

[14] Abraham K. M., Jiang Z., "A polymer electrolyte-based rechargeable lithium/oxygen batteries," *Journal of the Electrochemical Society* 143 (1996): 1 – 5.

[15] Zhang J., Xu W., Li X. H., Liu W., "Air dehydration membranes for nonaqueous lithium-air batteries," *Journal of the Electrochemical Society* 157 (2010): A940 – A946.

[16] Kumar J., Kumar B., "Development of membranes and a study of their interfaces for rechargeable lithium-air battery," *Journal of Power Sources* 194 (2009): 1113 – 1119.

[17] Zhang J. G., Wang D. Y., Xu W., Xiao J., Williford R. E., "Ambient operation of Li/air batteries," *Journal of Power Sources* 195 (2010): 4332 – 4337.

[18] Ogasawara T., Debart A., Holzapfel M., Novak P., Bruce P. G., "Rechargeable Li_2O_2 electrode for lithium batteries," *Journal of the American Chemical Society* 128 (2006): 1390-1393.

[19] Lu Y. C., Gasteiger H. A., Parent M. C., Chiloyan V., Shao-Horn Y., "The influence of catalysts on discharge and charge voltages of rechargeable Li-oxygen batteries," *Electrochemical and Solid-State Letters* 13 (2010): A69-A72.

[20] Laoire C. O., Mukerjee S., Abraham K. M., Plichta E. J., Hendrickson M. A., "Elucidating the mechanism of oxygen reduction for lithium-air battery applications," *The Journal of Physical Chemistry C* 113 (2009): 20127-20134.

[21] Laoire C. O., Mukerjee S., Abraham K. M., Plichta E. J., Hendrickson M. A., "Influence of nonaqueous solvents on the electrochemistry of oxygen in the rechargeable lithium-air battery," *The Journal of Physical Chemistry C* 114 (2010): 9178-9186.

[22] Aurbach D., Daroux M., Faguy P., Yeager E., "The electrochemistry of noble metal electrodes in aprotic organic solvents containing lithium salts," *Journal of Electroanalytical Chemistry* 197 (1991): 225-244.

[23] Gibian M. J., Sawyer D. T., Ungermann T., Tangpoonpholvivat R., Morrison M. M., "Reactivity of superoxide ion with carbonyl compounds in aprotic solvents," *Journal of the American Chemical Society* 101 (1979): 640-644.

[24] Visco S. J., Katz B. D., Nimon Y. S., De Jonghe L. C., "Protected active metal electrode and batter cell structures with non-aqueous interlayer architectures," *US Patent 7282295*, 2007.

[25] Visco S. J., Nimon Y. S., "Active metal/aqueous electrochemical cells and systems," *US Patent 7645543*, 2010.

[26] Wang Y. G., Zhou H. S., "A lithium-air battery with a potential to continuously reduce O_2 from air for delivering energy," *Journal of Power Sources* 195 (2010): 358-361.

[27] Wang Y. G., Zhou H. S., "A lithium-air fuel cell using copper to catalyze oxygen-reduction based on copper-corrosion mechanism," *Chemical Communications* 46 (2010): 6305-6307.

[28] Zhang T., Imanishi N., Shimonishi Y., Hirano A., Xie J., Takeda Y., Yamamoto O., Sammes N., "Stability of a water-stable lithium metal anode for a lithium-air battery with acetic-water solutions," *Journal of the Electrochemical Society* 157 (2010): A214-A218.

[29] Hasegawa S., Imanishi N., Zhang T., Xie J., Hirano A., Takeda Y., Yamamoto O., "Study on lithium/air secondary batteries-stability of NASICON-type lithium ion conducting glass-ceramics with water," *Journal of Power Sources* 189 (2009): 371-377.

[30] Zhang T., Imanishi N., Hasegawa S., Hirano A., Xie J., Takeda Y., Yamamoto O., Sammes N., "Water-stable lithium anode with the three-layer construction for aqueous lithium-air secondary batteries," *Electrochemical and Solid-State Letters* 12 (2009): A132-A135.

[31] Zhang T., Imanishi N., Hasegawa S., Hirano A., Xie J., Takeda Y., Yamamoto O., Sammes N., "Li/polymer electrolyte/water stable lithium-conducting glass ceramics composite for lithium-air secondary batteries with an aqueous electrolyte," *Journal of the Electrochemical Society* 155 (2008): A965 – A969.

[32] http://www.techhive.com/article/248159/ibm_develops_a_lithium_air_battery_with_a_500_mile_range_for_electric_cars.html.

[33] Zhang J. G., Wang D., Xu W., Xiao J., Williford R. E., "Ambient operation of Li/air batteries," *Journal of Power Sources* 195 (2010): 4332 – 4337.

[34] Read J., Mutolo K., Ervin M., Behl W., Wolfenstine J., Driedger A., Foster D., "Oxygen transport properties of organic electrolytes and performance of lithium/oxygen battery," *Journal of the Electrochemical Society* 150 (2003): A1351 – 1356.

[35] Débart A., Paterson A. J., Bao J., Bruce P. G., "(– MnO$_2$ nanowires: a catalyst for the O$_2$ electrode in rechargeable lithium batteries," *Angewandte Chemie, International Edition* 47 (2008): 4521 – 4524.

[36] Xu W., Xiao J., Zhang J., Wang D., Zhang J. G., "Optimization of nonaqueous electrolytes for primary lithium/air batteries operated in ambient environment," *Journal of the Electrochemical Society* 156 (2009): A773 – A779.

[37] Xiao J., Xu W., Wang D., Zhang J. G., "Optimization of air electrode for Li/air batteries," *Journal of the Electrochemical Society* 157 (2010): A487 – A492.

[38] Kuboki T., Okuyama T., Ohsaki T., Takami N., "Lithium-air batteries using hydrophobic room temperature ionic liquid electrolyte," *Journal of Power Sources* 146 (2005): 766 – 769.

[39] Beattie S. D., Manolescu D. M., Blair S. L., "High capacity lithium-air cathodes," *Journal of the Electrochemical Society* 156 (2009): A44 – A47.

[40] Xiao J., Xu W., Wang D., Zhang J. G., "Hybrid air-electrode for Li/air batteries," *Journal of the Electrochemical Society* 157 (2010): A294 – A297.

[41] Zhang S. S., Foster D., "Discharge characteristic of a non-aqueous electrolyte Li/O$_2$ battery," *Journal of Power Sources* 195 (2010): 1235 – 1240.

[42] Yang W., Salim J., Li S., Sun C. W., Chen L. Q., Goodenough J. B., Kim Y., "Perovskite Sr$_{0.95}$Ce$_{0.05}$CoO$_{3-\delta}$ loaded with copper nanoparticles as a bifunctional catalyst for lithium-air batteries," *Journal of Materials Chemistry* 22 (2012): 18902 – 18907.

[43] Thapa A. K., Ishihara T., "Mesoporous (– MnO$_2$/Pd catalyst air electrode for rechargeable lithium-air battery," *Journal of Power Sources* 196 (2011): 7016 – 7020.

[44] Meadowcroft D. B., "Low-cost oxygen electrode material," *Nature* 226 (1970): 847 – 848.

[45] Suntivich J., Gasteiger H. A., Yabuuchi N., Nakanishi H., Goodenough J. B., Shao-Horn Y., "Design principles for oxygen-reduction activity on perovskite oxide

catalysts for fuel cells and metal-air batteries," *Nature Chemistry* 3 (2011): 546 – 550.

[46] Suntivich J., May K. J., Gasteiger H. A., Goodenough J. B., Shao-Horn Y., "A perovskite oxide optimized for oxygen evolution catalysis from molecular orbital principles," *Science* 334 (2011): 1383 – 1385.

[47] Xu J., Xu D., Wang Z., Wang H., Zhang L., Zhang X., "Synthesis of perovskite-based porous $La_{0.75}Sr_{0.25}MnO_3$ nanotubes as a highly efficient electrocatalyst for rechargeable lithium-oxygen batteries," *Angewandte Chemie, International Edition* 52 (2013): 3887 – 3890.

[48] Read J., "Ether-based electrolytes for the lithium/oxygen organic electrolyte battery," *Journal of the Electrochemical Society* 153 (2006): *153*, A96 – A100.

[49] Read J., Mutolo K., Ervin M., Behl W., Wolfenstine J., Drieger A., Foster D., "Oxygen transport properties of organic electrolytes and performance of lithium// oxygen battery," *Journal of the Electrochemical Society* 150 (2003): A1351 – A1356.

[50] Kuboki T., Okuyama T., Ohsaki T., Takami N., "Lithium-air batteries using hydrophobic room temperature ionic liquid electrolyte," *Journal of Power Sources* 146 (2005): 766 – 769.

[51] Xu W., Xiao J., Wang D., Zhang J., Zhang J., "Effects of Nonaqueous Electrolytes on the Performance of Lithium/Air Batteries," *Journal of the Electrochemical Society* 157 (2010): A219 – A224.

[52] Peng Z. Q., Freunberger S. A., Chen Y. H., Bruce P. G., "A reversible and high-rate $Li-O_2$ battery," *Science* 337 (2012): 563 – 566.

[53] Barile C. J., Gewirth A. A., "Investigating the $Li-O_2$ battery in an ether-based electrolyte using differential electrochemical mass spectrometry," *Journal of the Electrochemical Society* 160 (2013): A549 – A552.

[54] Kamaya N., Homma K., Yamakawa Y., Hirayama M., Kanno R., Yonemura M., Kamiyama T., Kato Y., Hama S., Kawamoto K., Mitsui A., "A lithium superionic conductor," *Nature Materials* 10 (2011): 682 – 686.

[55] Aono H., Sugimoto E., Sadaoka Y., Imanaka N., Adachi G., "Ionic-conductivity of solid electrolytes based on lithium titanium phosphate," *Journal of the Electrochemical Society* 137 (1990): 1023 – 1027.

[56] Thokchom J. S., Gupta N., Kumar B., "Superionic conductivity in a lithium aluminum germanium phosphate glass-ceramic," *Journal of the Electrochemical Society* 155 (2008): A915 – A920.

[57] Zhou H., Wang Y., Li H., He P., "The Development of a New Type of Rechargeable Batteries Based on Hybrid Electrolytes," *ChemSusChem* 3 (2010): 1009 – 1019.

[58] Brandt K., "Historical development of secondary lithium batteries," *Solid State Ionics* 69

(1994): 173-183.

[59] Visco S. J., Nimon E., De Jonghe L. C., Katz B., Chu M. Y., Abs. 396, *IMLB 12 Meeting*, 2004, The Electrochemical Society, Inc..

Research Status and Perspective on Lithium-Air Batteries

Sun Chunwen

Abstract: Lithium-ion batteries will play a key role in the electrification of transport, including electric vehicles (EVs) and plug-in hybrid electric vehicles (PHEVs). However, the highest energy storage of Li-ion batteries and their safety issues can not meet the requirements of transportation. Therefore, developing new rechargeable batteries with higher energy density and power density as well as excellent safety and long life is greatly desired. Lithium-air batteries can provide three to five times higher energy density/specific energy than the existing battery system. In this paper, we mainly focus on the research status, existing issues and their solutions as well as perspective on lithium-air batteries.

Key Words: Lithium-air Battery; Electrolyte; Air Cathode; Oxygen Reduction/Oxygen Evolution Reaction

B.17 太阳能热发电的发展现状及其关键技术

桑丽霞 蔡萌 任楠 吴玉庭 马重芳*

摘 要：

太阳能发电是太阳能利用的重要项目，其中太阳能热发电是一种发展迅速的极具潜力的利用可再生能源规模发电技术，其运行的关键核心技术是太阳能高温传热蓄热技术。在商业化太阳能电站中的应用中，熔融盐已被证明是一种性能良好的高温传热蓄热工质。本文介绍了国内外硝酸盐、氟化盐、碳酸盐等熔融盐及多元混合熔盐的发展现状和研究重点。

关键词： 太阳能 热发电 传热 蓄热 熔融盐

一 太阳能热发电是一种发展迅速的可再生能源规模发电技术

太阳能是取之不尽、用之不竭、无污染、廉价、人类能够自由利用的能源。因此，太阳能作为一种开发潜力巨大的新能源和可再生能源，既能满足社会可持续发展的需要，又能解决人类面临的能源短缺问题，还能达到保护环境的目的。因此，加快开发和利用太阳能已经成为人类解决当前所面临能源与环境等问题的必然选择[1]。

---

* 桑丽霞，博士，研究员，国际清洁能源论坛（澳门）理事，研究方向为能源转化材料；蔡萌，硕士，研究方向为太阳能传热蓄热材料；任楠，博士，研究方向为太阳能传热蓄热材料；吴玉庭，博士，研究员，研究方向为太阳能热发电；马重芳，教授，研究方向为强化传热与能源利用。

太阳能发电是太阳能利用的重要途径，且主要包括两种基本途径：一种是通过光电器件直接将太阳辐射能转换为电能，即太阳能光伏发电；另一种是采用聚光器捕获并聚集太阳辐射能，将太阳辐射能转换为热能，然后再按某种发电方式将热能转化为电能，即太阳能热发电[2]。

太阳能光伏发电系统主要是利用硅等半导体材料直接将太阳能转化成电能的技术，由于其材料成本高，以及太阳能电池二次污染的问题，使太阳能光伏发电系统的应用受到了限制。在美国国家可再生能源实验室的报告中明确指出：平板光伏发电不是近期利用太阳能大规模发电的方向，由于它是所有太阳能技术中最容易发现的，因此平板光伏发电吸引了众多公众和支持制定者的支持，但事实上聚光太阳能热发电技术才是今天太阳能发电技术的真正方向[3]。太阳能热发电是最有可能跟风力发电、水力发电一样产生能与化石燃料经济上相竞争的大量电能[4]。然而风力发电、光伏发电等可再生能源发电只能采用成本非常高的蓄电模式，在大容量电站中无法采用。而且光伏发电和风力发电产生的电能随太阳辐射强度和风能波动很大，如果在电网中占有比例过大，会对电网产生冲击。相对而言，太阳能热发电可采用大规模低成本的蓄热技术，能实现发电功率平稳、可控输出；同时，太阳能热发电热功转换部分与常规火力发电机组相同，有成熟的技术使其适宜于大规模开发应用。

自从1950年苏联设计建造了世界第一座塔式太阳能热发电小型试验装置和1976年法国在比利牛斯山区建成世界第一座电功率达100kW的塔式太阳能热发电系统之后，20世纪80年代以来，美国、意大利、法国、苏联/俄罗斯、西班牙、日本、澳大利亚、德国、以色列等国相继建立起各种不同类型的试验示范装置和商业化试运行装置，促进了太阳能热发电技术的发展和商业化进程[2]。经过几十年的发展，太阳能热发电在国外不少国家已经进入全面商业化阶段，如美国能源局已将太阳能热发电定义为基础能源。而中国的太阳能热发电事业才刚刚起步，目前主要处于实验研究和示范阶段，一些地方也开始建设相关电站。

中国科学院电工所是国内最早研究太阳能热发电技术的单位之一，目前电工所已在北京市延庆县建成了1MWe的太阳能塔式实验电站，建立了太阳能实验系统和实验平台。在塔式热发电的核心技术方面，完成了基于能量梯级利

用的塔式太阳能热发电站总体设计技术,解决了太阳间歇性对发电系统稳定性的影响、常规储热的高热损等问题,在高精度、低成本定日镜研制,过热蒸汽吸热器设计技术,太阳能塔式热发电站集中控制系统,太阳能热发电实验平台方面也取得了突破。

2010年上半年,随着目前中国国内最大的太阳能热发电项目——内蒙古鄂尔多斯市50MW项目特许权招标启动,中国国内太阳能热发电迅速升温。7月,皇明集团与中国科学院、华电集团合作,在山东德州建设中国首座菲涅尔式太阳能热发电站;8月,北京中航空港通用设备有限公司在湖南沅陵建设中国首座槽式太阳能热发电站。此外,陕西榆林50MW电站、四川100MW电站、海南50MW电站也在计划中。中国首座兆瓦级太阳能热发电试验示范项目——大唐天威(甘肃矿区)10MW太阳能热发电试验示范项目于2010年10月28日在甘肃举行开工奠基仪式,该项目光场规模为10MW,场址位于甘肃矿区大唐803电厂。项目占地300亩,总投资3亿元,一期计划2011年10月竣工。该项目建成后,利用可再生的太阳能资源来补充发电,光场可以输出热能4.423×10^{10}kcal,可有效减少原火电机组煤耗量,降低污染排放,每年可节约燃煤11785吨,可减排二氧化硫33.64吨、烟尘2.081吨、氮氧化物38.31吨。该项目开工标志着中国在太阳能热发电领域翻开了实际应用的新篇章。项目的如期建成运行将使中国成为少数掌握完整太阳能热发电技术的国家之一,并以此验证光热发电关键部件国产化技术,推动国内热发电装备制造产业的发展。

随着太阳能热发电技术的日益成熟和规模的增大,发电成本会逐步下降,如在西班牙2008年开始运行的商业电站Andasoll的发电成本已经降至每千瓦·时12~17美分。2005年世界银行根据平均发电电价将太阳能热发电商业化划分为四个阶段,如图1所示。据世界银行预测,太阳能发电成本最终会在2025年左右与不断上涨的化石能源发电成本相当[4]。

中国有80多万平方公里的荒漠地区,这些地区正好处在太阳能辐射相当丰富的地带,每平方公里的太阳能辐射功率达百万千瓦,即使按照5%~10%的热电转换效率计算,这些地区每平方公里的发电量为5万~10万千瓦,中国80多万平方公里的荒漠地带用百分之几的发电量即可达10亿千瓦发电水

太阳能热发电的发展现状及其关键技术

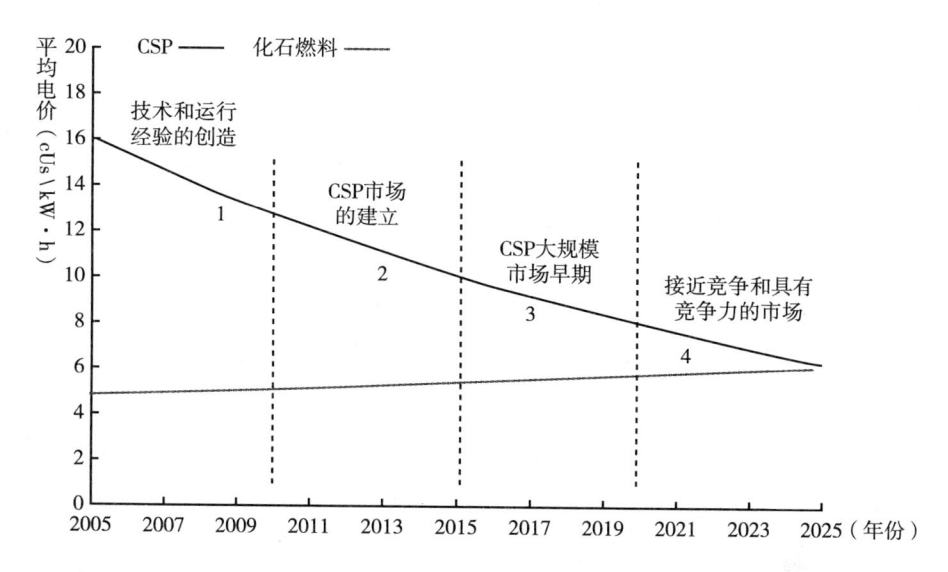

图1 世界银行根据平均发电电价将太阳能热发电商业化划分的四个阶段[4]

资料来源：世界银行。

平[2]。如果能够有效地利用这些太阳能资源发展太阳能热发电技术，可为中国解决当前能源短缺、环境恶化问题提供一个有效的途径。但中国的太阳能热发电技术研究才刚刚起步，许多关键技术的研究都远落后于发达国家，因此，尽快缩小中国在太阳能热发电及其关键技术研究方面的差距具有十分重要的现实意义。

二 太阳能热发电中的高温传热蓄热技术

为了发展太阳能热发电技术，需要解决的关键问题包括：（1）太阳辐射能的总量虽然很大，但是到达地球表面的能流密度低，要达到太阳能热发电需要的数百度的高温，需要通过增大采光面积或者提高聚焦程度来获得较大功率的辐射能，同时需要能够长时间接收高热流密度的吸热器将太阳能转化为热能；在此基础上，不论是槽式聚光系统还是塔式聚光系统，都必须有传热系统把吸热器收集到的高温热能传输到蒸汽轮机、空气透平等发电设备。（2）由于受到季节、气候、昼夜、地理纬度和海拔高度等的影响，太阳辐射是间断且不稳定的，这是太阳能利用的薄弱环节和亟待解决的关键问题。要使太阳能能够持续稳定地被利用，就必须解决和掌握太阳能高温蓄热技术。综合可知，太阳能高温传热蓄热技术对于提高系统热利用和发电效率、提高系统发电稳定性和可靠性具有重要意义，是太阳能热发电的关键核心技术。

按照热能存储方式不同，太阳能高温蓄热技术可分为潜热蓄热、化学反应蓄热和显热蓄热三种方式[2]。通过蓄热材料发生相变时吸收或放出热量来实现能量的储存属于潜热蓄热，具有蓄热密度大，充/放热过程温度波动范围小等优点。通过化学反应的反应进行蓄热是化学反应蓄热方式，具有储能密度高、可以长期储存等优点。表1为一些常用的显热蓄热材料，显热蓄热主要是通过这些材料随温度的改变而存储热能，是三种热能存储方式中原理最简单、技术最成熟、材料来源最丰富、成本最低廉的一种。因此，显热蓄热被广泛地应用于太阳能热动力发电等高温蓄热领域。

表1所列的介质中，导热油比较特殊，它只能作为蓄热介质，不能作为传热介质直接从吸热器吸收热量，所以必须采用双工质蓄热，即蓄热工质和传热工质分别采用不同的介质。这就存在一些问题：（1）换热环节比较多，导致在充/放热的过程中，蓄热材料温度降低，因此导致整个系统的工作温度也降低；（2）在充/放热的过程中，传热介质和蓄热材料没有直接接触，两者之间通过换热器进行换热，因此换热效率比较低，特别是当蓄热介质为固体材料时，这种缺点尤为明显[5][6]。

表1　显热蓄热材料

材料	温度低(℃)	温度高(℃)	密度(kg/m^3)	导热系数(W/m·K)	热容(kJ/kg·K)	价格($/kg)	蓄热成本($/kW·ht)
砂—石—矿物油	200	300	1700	1.0	1.30	0.15	4.2
钢筋混凝土	200	400	2200	1.5	0.85	0.05	1.0
NaCl(固态)	200	500	2160	7.0	0.85	0.15	1.5
铸铁	200	400	7200	37.0	0.56	1.00	32.0
铸钢	200	700	7800	40.0	0.60	5.00	60.0
耐火硅砖	200	700	1820	1.5	1.00	1.00	7.0
耐火氧化镁砖	200	1200	3000	5.0	1.15	2.00	6.0
Hitec 盐	142	535	1862	—	—	—	—
矿物油	200	300	770	0.12	2.6	0.30	4.2

续表

材料	温度 低(℃)	温度 高(℃)	密度 (kg/m³)	导热系数 (W/m·K)	热容 (kJ/kg·K)	价格 ($/kg)	蓄热成本 ($/kW·ht)
导热油	250	350	900	0.11	2.3	3.00	43.0
硅脂油	300	400	900	0.10	2.1	5.00	80.0
亚硝酸盐	250	450	1825	0.57	1.5	1.00	12.0
硝酸盐	265	565	1870	0.52	1.6	0.50	3.7
碳酸盐	450	850	2100	2.0	1.8	2.40	11.0
液态钠	270	530	850	71.0	1.3	2.00	21.0

资料来源：吴玉庭、张丽娜、马重芳：《太阳能热发电高温蓄热技术》，*Solar Energy*，2007年第3期。

对于上述问题，可以通过采用单工质蓄热来解决，即同一种工质起着传热和蓄热的双重作用。熔融盐就是一种非常好的选择，其本身就有不同于水溶液的众多特性：（1）熔融盐是离子熔体，形成熔融盐的液体由阳离子和阴离子组成，碱金属卤化物形成简单的离子熔体，而二价或三价阳离子或复杂阴离子如硝酸根、碳酸根和硫酸根则容易形成复杂的络合离子；（2）由于是离子熔体，因此熔融盐具有良好的导电性，其导电率比电解质溶液高一个数量级；（3）有较高的离子迁移和扩散速度；（4）具有广泛的使用温度范围，通常使用温度在300℃~1000℃之间，具有相对的热稳定性；（5）熔融盐具有较低的蒸汽压，特别是混合熔融盐，蒸汽压更低；（6）大热容量；（7）对物质有较高的溶解能力，有溶解各种不同材料的能力；（8）低黏度；（9）具有化学稳定性[7]。

当用硝酸盐作为太阳能热发电的传热和蓄热介质，相对导热油作为传热蓄热介质，可以将蒸汽轮机的工作温度由393℃提高到450℃~500℃，从而可以将朗肯循环的效率由37.6%提高到40%；由于蓄热温度的提高，可以在相同发电量的前提下减少蓄能系统的体积和重量。图2为55MW槽式热发电系统以熔融盐和导热油作为传热介质发电成本的比较[5]。由图2可知，对于55MW的槽式太阳能热发电系统，采用价格低的熔融盐进行6小时蓄能，相对用导热油的发电成本的132美元/兆瓦·时可降为129美元/兆瓦·时。因此，用熔融盐作为太阳能热发电的传热和蓄热介质，效率高、成本低，并可根据不同的温度要求选择不同的盐[3]，且对环境不会产生任何危害，如在塔式Solar Two

Project，意大利的 ENEA，西班牙的 Andasol 1、2、3 的运行中已充分显示其优势；对于槽式热发电系统，如西班牙的 Extresol – 1 和 Extresol – 2 槽式电站已使用以硝酸盐为基础的 solar salt 作为蓄热工质[8~11]。

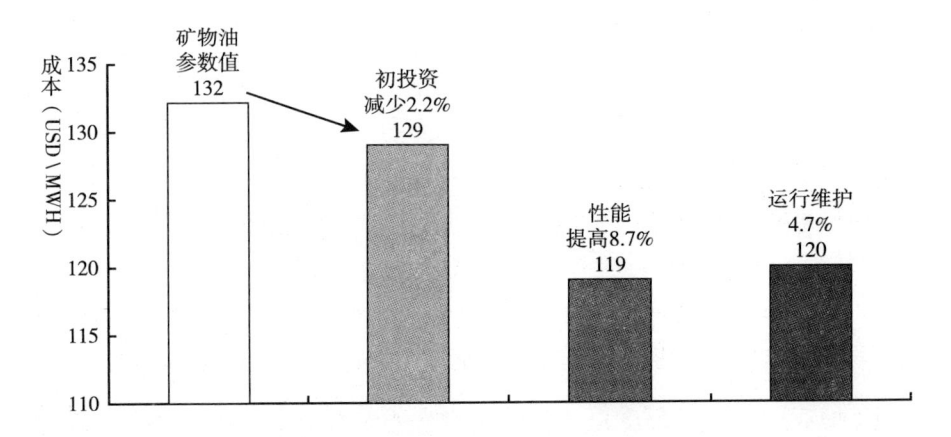

图 2　熔融盐和导热油作为传热介质发电成本的比较[5]

资料来源：吴玉庭、张丽娜、马重芳：《太阳能热发电高温蓄热技术》，*Solar Energy*，2007 年第 3 期。

三　熔融盐作为高温传热蓄热工质的研究重点

作为一种性能良好的高温传热蓄热介质，熔融盐已在各商业化太阳能电站中得到广泛应用，其主要是以硝酸盐为基础的太阳盐 Solar Salt 和 Hitec 盐。已成功应用在大规模太阳能中央集热系统中的 Solar Salt 是指二元混合硝酸盐（60wt% $NaNO_3$ + 40wt% KNO_3），该混合熔盐的熔点为 220℃，其上限使用温度达到了 565℃。Hitec 盐是三元硝酸盐（7wt% $NaNO_3$ + 53wt% KNO_3 + 40wt% $NaNO_2$），具有更低的熔点（142℃）。J. Alexander 和 Kirst 等[12][13]研究证实了 Hitec 盐在 454.4℃以下热化学稳定性很好；M. D. Silverman 等人[14][15]研究发现，该熔盐上限温度为 450℃；有的还得出熔盐上限温度为 535℃。Y. Takahashi 和 Y. Abe 等人[16]开发了一种 SiC 和 LiF 的混合物，可以用于入口温度高达 1000~1100K 的闭环传统的气轮机，具有更高使用温度的 MgF_2 和 SiC 被开发用于空间动态发电系统。R. I. Olivares 等[17]研究了熔融的 Li、Na、

K 的碳酸盐在温度高达 1000℃ 的热稳定性和适合蓄能的潜在性，对比例为 32.1 - 33.4 - 34.5 wt% 的共熔 Li_2CO_3 - Na_2CO_3 - K_2CO_3 三元碳酸盐，用 DSC/TG - MS 同步分析仪在氩气、空气和二氧化碳的气氛下进行了测试，研究了不同气氛下混合盐的热稳定性；并对该比例的混合盐添加了三种不同的添加剂，分析了其熔点、稳定性等性能。Murat M. Kenisarin[18] 也总结了氟化盐、氢氧化物、硝酸盐、碳酸盐、钒酸盐、钼酸盐等一些无机盐的热物性参数（熔点、比热、导热系数等），并讨论了作为蓄热材料的稳定性和结构材料的兼容性。

中国国内对熔融盐的研究相对较少，其中中山大学、华南理工大学和北京工业大学做了大量研究工作。中山大学[19~24]不仅对三元碳酸盐（Li_2CO_3 - Na_2CO_3 - K_2CO_3）的各种热物性进行了研究，而且成功应用多种添加剂在不改变混合熔融盐的热稳定性的前提下使二元混合碳酸盐熔点大幅度降低，同时使混合碳酸盐的最高使用温度提高；对于氯化盐也进行了研究，得出混合氯化盐的熔点为 497.7℃，相变潜热为 86.85J/g，最高操作温度为 800℃；对硝酸盐分别添加了添加剂 A、B、C，研究其在温度 500℃ ~ 550℃ 时的高温稳定性，得出加入 5% additive A 混合熔盐具有较好的高温稳定性，且可以稍微降低熔融盐的凝固点和提高相变潜热，并给出了比热、密度和黏度关于温度的拟合公式[34~39]。此外，北京航空航天大学的袁修干和崔海亭等学者[25][26]主要研究了熔融盐相变蓄热模拟系统，对空间站吸热器高温熔融盐相变蓄热地面模拟系统进行了一系列数值模拟的研究。上海交通大学的 C. Y. Zhao 等[27]利用同步分析仪对三元硝酸盐 [$LiNO_3$ - $Ca(NO_3)_2$ - KNO_3] 的热物性进行了研究，表明其有小于 100℃ 的低熔点和大于 500℃ 的热稳定性。

北京工业大学关于熔融盐的热物性及传热蓄热循环实验的已经做了大量的工作，建成了国内第一个熔融盐传热蓄热循环试验台，成功解决了熔盐泵熔盐启动，停泵排盐，防冻堵，管路设备预热、保温、熔融盐参数计量等一系列技术难题，取得了一系列突破性进展，获得了熔融盐管内对流换热特性规律的研究成果[28~31]；还测量了二元混合硝酸盐的熔点、熔化潜热、比热等热物性参数，进行了稳定性测试，并优选了性能和经济成本良好的配方；测量了三元混合碳酸盐熔点、比热、潜热等热物性参数，优选了性能和经济成本良好的配方。为了满足高温太阳能热发电的需求，还进一步将碳酸钾、碳酸锂、碳酸钠按照不同比例混合，配制得到了 36 种混合碳酸盐，通过差示扫描量热法获得了熔融盐的熔点、初晶点、熔化潜热、比热。综合考虑熔融盐熔点和初晶点的大小，对 36 种混合碳酸盐进行了筛选，得到了 9 种低熔点、低初晶点的共熔混合碳酸盐。为了降低混合硝酸盐的熔点，在 Solar Salt 的基础上，通过改变组分配比和添加两种添加剂对其进行改性和优化，得到了一种新型低熔点混合熔融盐，该混合熔融盐的熔点可降到 100℃以下，相对 Solar Salt 220℃的熔点降低了约 130℃，这对应用在太阳能热发电系统中具有重要意义[32][33]。

但是相对来说，熔融盐还属于新型传热蓄热介质，人们对其基本热力学参数的掌握还远远不如水和水蒸气那么全面。多元混合熔融盐相对单一成分熔融盐具有熔点更低的显著优点，而混合熔融盐的相关数据则更加缺乏。故以熔融盐作为太阳能热发电系统的传热蓄热工质，研究的重点和基础是其基本的热力学参数及内在的规律。

参考文献

［1］Kahrl F, Roland-Holst D., *China's Carbon Challenge：Insights from the Electric Power Sector*, Berkeley, Californi. 2006.

［2］罗运俊、何梓年、王长贵：《太阳能利用技术》，化学工业出版社，2005。

［3］A. Leitner, "Fuel from the Sky：Solar Power's Potential for Western Energy Supply," *RDI Consulting*, 2002, NREL/BK－550－32160.

［4］World Bank, "Assessment of the World Bank/GEF Strategy for the Market Development of Concentrating Solar Thermal Power," 2005.

［5］吴玉庭、张丽娜、马重芳：《太阳能热发电高温蓄热技术》，*Solar Energy*, 2007 年第 3 期。

［6］R. Hewett, B. P. Gupta, et al, "Phase-Change Thermal Energy Storage," Luz International Ltd. &Solar Energy Research Institute&CBY Associates, Inc., 1989.

［7］谢刚：《熔融盐理论与应用》，冶金工业出版社，1998。

［8］J. M. Chavez, H. E. Reilly, et al., "The Solar Two Power Tower Project," A 10 MWe Power Plant, 1995.

［9］C. E. Tyner, J. P. Sutherland, et al., "Solar Two, A Molten Salt Power Tower Demonstration," Albuquerque：Sandia National Laborator Report, 1995.

［10］M. Vignolini, "Solar Collector Assembly Test Loop and Laboratory Studies," ENEA

Research Activities: Solar Thermodynamic Project, 2003.

[11] R. Dunn A., "Global Review of Concentrated Solar Power Storage," The 48th AuSES Annual Conference, 2010.

[12] W. E. Kirst, W. M. Nagle, J. B. Castner, "A New Heat Transfer Medium for High Temperatures," *Transactions of American Institute of Chemical Engineers*, Vol. 36, 1940.

[13] J. Alexander, Jr., S. G. Hindin, "Phase Relations in Heat Transfer Salt Systems," *Industrial and Engineering Chemistry*, Vol. 39, 1947.

[14] M. D. Silverman, J. R. Engel, "Survey of Technology for Technology for Storage of Thermalenergy in Heat Transfer Salt," United States: Oak Ridge National Lab., 1977.

[15] D. Kearney, B. Kelly, et al. "Assessment of A Molten Salt Heat Transfer Fluid in A Parabolic Trough Solar Field," *Solar Energy Engineering*, Vol. 125, 2003.

[16] Y. Takahashi, Y. Abe, R. Sakamoto, et al., "High Temperature Fluoride Composites for Latent Thermal Storage Inadvanced Space Solar Dynamic Power System," *Energy Conversion Engineering Conference*, Vol. 2, No. 24, 1989.

[17] R. I. Olivares, C. L. Chen, S. Wright, "The Thermal Stability of Molten Lithium-Sodium-Potassium Carbonate and the Influence of Additives on the Melting Point," *Journal of Solar Energy Engineering*, Vol. 134, 2012, pp. 1–8.

[18] M. M. Kenisarin, "High-temperature Phase Change Materials for Thermal Energy storage," *Renewable and Sustainable Energy Reviews*, Vol. 14, 2010.

[19] 廖敏、魏小兰、丁静等:《LNK 碳酸熔盐的制备及热性能研究》,《太阳能学报》, 2010, 31 (7)。

[20] 廖敏、丁静、魏小兰等:《高温碳酸熔盐的制备及传热蓄热性质》,《无机盐工业》, 2008, 40 (10)。

[21] 彭强、魏小兰、丁静等:《多元混合熔融盐的制备及其性能研究》,《太阳能学报》, 2009, 30 (12) C

[22] 胡宝华、丁静、魏小兰等:《高温熔盐的热物性测试及热稳定性分析》,《无机盐工业》, 2010, 42 (1)。

[23] Q. Peng, J. Ding, X. L. Wei, et al., "The Preparation and Properties of Multi-Component Molten Salts," *Applied Energy*, Vol. 87, 2010.

[24] Q. Peng, X. L. Wei, J. Ding, et al., "High-temperature thermal stability of molten salt materials," *International Journal of Energy Research*, Vol. 32, 2008.

[25] 刑玉明、崔海亭、袁休干:《高温熔盐相变蓄热系统的数值模拟》,《北京航空航天大学学报》2002, 28 (3)。

[26] 崔海亭、袁修干、邢玉明:《高温相变蓄热容器的优化设计及参数分析》,《太阳能学报》2003, 24 (4)。

[27] C. Y. Zhao, Z. G. Wu, "Thermal Property Characterization of A Low Melting-

temperature Ternary Nitrate Salt Mixture for Thermal Energy Storage Systems," *Solar Energy Materials & Solar Cells*, Vol. 95, 2011.

［28］朱建坤：《太阳能高温熔盐传热蓄热系统设计及实验研究》，北京工业大学硕士学位论文，2006。

［29］张丽娜：《太阳能高温熔盐蓄热的实验研究》，北京工业大学硕士学位论文，2007。

［30］Y. T. Wu, B. Liu, et al., "Convective Heat Transfer in the Laminar-turbulent Transition Region with Molten Salt in A Circular Tube," *Experimental Thermal and Fluid Science*, 2009.

［31］B. Liu, Y. T. Wu, et al., "Turbulent Convective Heat Transfer with Molten Salt in A Circular Pipe," *International Communications in Heat and Mass Transfer*, Vol. 36, 2009.

［32］Y. T. Wu, N. Ren, T. Wang, C. F. Ma, "Experimental Study on Optimized Composition of Mixed Carbonate Salt for Sensible Heat Storage in Solar Thermal Power Plant," *Solar Energy*, Vol. 85, 2011.

［33］任楠、王涛、吴玉庭、马重芳：《混合碳酸盐的 DSC 测量与比热容分析》，《化工学报》，2011，62（S1）。

The Development of Solar Thermal Power Generation and Its Key Technology

Sang Lixia Cai Meng Ren Nan Wu Yuting Ma Chongfang

Abstract: Solar power generation is an important application of solar energy, and solar thermal power generation is one of the most promising ways in the field of renewable energy power generations. Heat transfer and heat storage technology at high temperature is crucial to develop solar thermal power generation. In commercial solar thermal power plants, molten salts were proven as the most promising medium of heat transfer and heat storage with good properties. This paper focuses on the research and development of molten salts including nitrate, fluoride salt, carbonate and multi-mixed molten salts at home and abroad.

Key Words: Solar Energy; Thermal Power; Heat Transfer; Heat Storage; Molten Salts

案例研究
Case Studies

B.18
塔里木油田铺就中国大规模利用天然气资源发展道路

王炳诚 张 露[*]

摘 要：

1952~1984年的30余年间，中国曾五次对塔里木进行油气勘探，史称"五上、五下"，由于盆地自然环境恶劣，仅开采出两个中小油气田。20世纪80年代中期，石油工业部提出"六上塔里木"，借鉴西方油田公司组织钻探模式，运用最先进的物探、钻井、测试以及开发建设技术，组织油气田勘探开发，获得了重大突破。通过20年的勘探、开发和建设，塔里木油田于2008年达到年产油气当量2000万吨的水平（其中天然气建成能力为200亿立方米/年）。计划在2015年达到3000万吨/年（其中天然气300亿立方米/年）。2004年西气东输工程建成投产，将塔里木生产

---

[*] 王炳诚，教授级高级工程师，曾任大庆石油会战指挥部副指挥兼总工程师，原石油部海洋石油勘探局常务副局长兼总工程师、塔里木石油会战指挥部常务副指挥，石油工业有突出贡献专家，享受国务院政府特殊津贴专家；张露，中国石油塔里木油田公司助理工程师，油田办公室秘书。

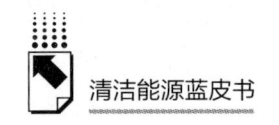

的清洁能源输送到东部14个省（直辖市）的80个大中城市，造福中国人民。2012年，塔里木油田使南疆五地（州）的12个城市实现了天然气化，13个城市正在天然气化的建设过程中，清洁能源惠及当地各族人民。

关键词：

塔里木油田　油气资源　西气东输　清洁能源展望

塔里木盆地位于新疆维吾尔自治区南部，总面积56万平方千米，是中国陆上最大的沉积盆地，蕴藏着丰富的石油天然气资源，是一代代石油人苦苦追求并寄予厚望的热土。根据评价数据，可探明油气资源总量约为160亿吨，其中，石油80亿吨，天然气10万亿立方米，分别约占中国油气资源预测总量的1/6和1/4，天然气资源量列全国500多个盆地之首。

20世纪80年代末，在中国改革开放的浪潮下，石油大军再一次挺进塔里木盆地，最终在20世纪末，伴随着库车地区克拉2气田的发现，促成了举世瞩目的西气东输工程，拉开了中国大规模利用天然气资源的序幕。

一　塔里木油田勘探历程

130多年前，美国人类学家摩尔根曾发表一个观点：塔里木河流域是世界文明的摇篮，谁找到了"金钥匙"，谁就打开了世界文明的大门。瑞典探险家斯文赫定也认为塔克拉玛干沙漠蕴藏着丰富的宝藏，谁找到了"金钥匙"，谁就能打开这座宝藏的大门。为此他多次来到塔里木盆地，闯入塔克拉玛干沙漠，几次死里逃生，最终发出"生命无法涉足的死亡之海"的感叹。

塔里木盆地作为中国最大的盆地，20世纪初，国内地质界的先驱者坚信塔里木一定蕴藏着丰富的石油资源。新中国成立后，国内石油供给一度十分紧缺，世界上"中国贫油论"的观点充斥着国内外舆论。即便在大庆油田发现之后，随着国民经济发展对能源的需求大幅增长，寻找资源战略接替区的形式日益紧迫，塔里木一次次成为中国石油的希望。

然而塔里木地面环境十分恶劣，盆地四周是天山、昆仑山和阿尔金山，中央是塔克拉玛干沙漠，常年干旱少雨，冬季严寒、夏季酷暑，气候十分恶劣。加之南疆地区地处边远，属于少数民族聚居区，经济社会发展水平长期滞后，社会各方面依托条件都比较差。尤其是新中国成立初期，国内装备技术十分落后，难以满足这个复杂盆地勘探开发的需要。从20世纪50年代到80年代，国内相关部门锲而不舍，相继五次组织赴塔里木盆地进行勘探，经历了艰难而又曲折的历程，尽管收效甚微，但是为后来的勘探开发积累了经验和打下了基础。

（一）新中国成立之初开始的三十年艰辛探索

1. "五上五下"历程

一上塔里木，重点勘探山前。新中国成立初期，中国严重缺乏石油和技术人才，在这种情况下，中国和苏联合作成立了中苏石油股份公司，一方面向苏联学习技术，另一方面培养人才。考虑到台盆区地面主要是沙漠，车辆装备无法进入，加之油气埋藏可能比较深，1952~1954年，苏方技术人员通过类比，认为塔里木库车坳陷和喀什凹陷是最有利地区，因此将勘探集中在这两个地区。两年多的时间里，中苏石油公司在此相继开展地质普查、地面构造地质详查细测、重磁力详查电测深等，把除地震之外的主要勘探手段都用上，并上钻7口探井，但均未获得实质性突破。1954年，中苏石油公司移交中国独自经营，盆地的勘探工作只进行地质勘察。

二上塔里木，初闯地台，首获突破。1957年，石油部成立塔里木地质大队，组织二上塔里木，开展专题综合研究和普查工作。1958年，505重磁力联队组织120人，依靠320峰骆驼为交通工具，九进九出塔克拉玛干沙漠。加上1959年完成的罗布泊地区概查，3年时间地质大队徒步穿越沙漠7000千米，完成沙漠测线26条，第一次提供了盆地结构构造特征的基础资料。

1958年，塔里木盆地短时间上钻井队16支，人数达4500人，10月9日，依奇克里克1号井喷油，发现了一个储量300多万吨的小油田——依其克里克油田。油田虽小，但它的发现，给了地质家和勘探者很大的鼓舞，也为盆地后来的油气勘探提供了有力支撑。依其克里克作为塔里木盆地勘探的第一个里程碑并非偶然，从后来塔里木的勘探情况来看，山前地区是塔里木油气最富集的地区之一。

到1959年，由于大庆油田的需要，塔里木的绝大部分勘探开发队伍全部撤出，只留下少部分开发依其克里克油田。

三上塔里木，转战东部，初探塔中。1964年8月，新疆石油管理局决定再次展开对塔里木盆地的油气勘探，12月成立塔里木勘探会战指挥部，调集部分勘探力量到南疆，其中包括三个大型钻井队。一方面选择库车坳陷有利构造进行细测和钻探；另一方面在盆地北部、东部地区进行综合勘探并部署参数井，寻找后备石油资源。其间共在15个构造上钻井31口，其中在吐格尔明构造获浅层工业油流，在米斯布拉克、色力布亚、牙桑地钻探见到少量油气或见良好油气显示。1967~1969年，受"文革"影响，塔里木盆地勘探工作，除钻井外，其余工作都被迫停顿。

四上塔里木，再探山前，解剖克拉托背斜。1969年年初，塔里木盆地的油气勘探工作再次展开，对勘探工作重新部署，提出了"着眼全盆地，一手抓山前，一手抓地台，扩大库车坳陷，查明西南斜坡，进入民丰、且末、若羌，寻找战略后备油田"的勘探方针。部署9个地质队、15个地震队年，钻井20口，其中在西南地区5个构造钻井12口，皆未见油气显示；克拉托背斜钻井8口，皆见油流，但无工业开采价值。1973年物探和钻井工作全部停止。

五上塔里木，重点勘探西南坳陷。1975年1月，石油部提出"三年内一定要解决南疆用油问题"，把注意力集中到塔西南叶城—皮山一带，此时，勘探队伍达1500余人。1977年5月，位于叶城以南、井深3783米的柯克亚1号井，在处理事故过程中发生强烈井喷，初期日喷油上千方、天然气260万立方米，无控制井喷了一个月之久，从喷势和时间上看，塔里木盆地地下的确蕴藏着丰富的油气资源。

柯克亚凝析油气田的发现，受到石油部和地矿部的高度重视。1978年2月石油部会议决定，勘探战略西移，抽调设备2000台套、人员14000多人到塔西南地区展开勘探。由于缺少征服沙漠的交通工具和机具，便沿盆地北缘经盆地西部至盆地南缘拉开"马蹄形探区"。在持续三年多的时间里，除了柯克亚两口探井获得工业油气流外，未获得新的战略性突破，在这种形式下，石油部果断决策，暂停塔西南地区勘探。与此同时，地矿部先在盆地西南部勘探，但1980年将勘探重点向塔北转移。1984年9月，在盆地北部雅克拉构造钻探的沙参 2 井在钻入 5391 米奥陶系白云岩时发生强烈井喷，初期日喷原油近千方、天然气 200 万立方米，再一次证实了塔里木盆地蕴藏着丰富的油气资源。

2. "五上五下"经验

在 1952~1984 年的 30 余年间，塔里木"五上五下"的油气勘探尽管一直处于低迷状态，收效不大，但曲折的勘探历程为未来勘探积累了几条重要经验。

一是塔里木盆地地质构造十分复杂。30 年间的勘探历程，区域遍及整个盆地，虽然对盆地总体的地质认识逐步明朗，但是盆地地质构造十分复杂，局部认识难以摸清，所以按常规方式部署上钻的探井几乎全军覆没。这说明在塔里木这样一个较大的盆地开展勘探，必须集中精力、脚踏实地逐步推进。

二是塔里木不仅富含油，更富含气。无论是柯克亚还是雅克拉气田的突破，都发生了强烈井喷，充分说明了地层压力大，能量保持好。两口井日产气量都超过 200 万立方米，当量超千吨，比原油日产量都高，充分说明塔里木不仅富含油，更富含天然气。

三是塔里木勘探需要先进技术作支撑。塔里木地面条件差、地质条件复杂，油气藏埋藏深，30 年间的勘探，诸多情况下受制于技术条件，导致山前地区地质构造难以摸清，沙漠腹地的地台地区难以进入，同时缺乏钻超深井的钻机，导致大部分勘探工作都无功而返。

四是在塔里木搞勘探开发不适合大规模上队伍。南疆地区经济社会发展条件很差，远离东部地区，社会依托条件很差。五上塔里木过程中，每次大规模上队伍，不仅给勘探单位带来巨大的经济压力，也给当地造成巨大压力，最终都快速上去，又快速下来。

总结以上认识，石油部决定挺进沙漠腹地，从地球物理勘探入手，搞清盆地地下地质情况，为再上塔里木勘探找油找气做准备。

（二）改革开放以来的创新发展

1. "六上"背景

1981 年，石油部决定在塔里木引进外国技术力量，花重金购买美国的先进地震装备，与美国地球物理服务公司签订合同合作开展勘探。1983 年 5 月，由366台设备和沙漠车辆组成三个地震队,其中两个队以美国GSI公司人员为主组成,一个队全部是中方员工,开始了征服塔克拉玛干地震空白区的施工。根据编制的《塔里木盆地地震普查总体设计》,三年时间完成了19条贯穿盆地南北的区域大剖面及少量东西向联络测线的区域概查,在此基础上相继完成69条测线加密,完成了地震普查任务。在现代化的施工器械、强有力的运输工具、先进的通信设备、有效的空中支援下,创造了平均近1000千米队年的施工高速度,使塔里木盆地地震勘探的采集质量和成果品质提高到一个崭新的水平,并取得了对盆地"三隆四坳"构造格局的初步认识,同时发现沙漠腹地有几个大型构造圈团和塔北地质异常体,展示了诱人的勘探前景。

1985年石油部策划"六上塔里木",准备借鉴中国海上对外开放引进的国外油田公司管理模式,在塔里木进行陆上油田的改革试点,即实行项目管理甲乙方合同制的新型管理方式,通过执行合同组织钻探作业。由新疆石油管理局组成塔里木勘探项目经理部(后改为南疆勘探公司),项目经理部编制仅69人,不配直属的钻井和专业服务队伍,通过招标择优录用钻井队和专业承包单位。石油部调集熟悉国外石油公司管理体制和掌握深井技术的专家,成立石油部沙漠钻井顾问组,指导改革试点和采用80年代国际先进工艺技术,钻超深探井。试点取得了理想的成果,探井成功率超过65%,实现了"一年准备、两年展开、三年突破"的预期目标。

1987年9月24日,"六上塔里木"试点工程在短短的一年后,轮南1井在三叠系中途测试获日产油28立方米,在塔北区首次发现三叠系工业油流。接着由新疆石油局6048钻井队承钻的轮南2井于1988年3月24日开钻,同年11月26日至1989年1月8日完井试油,在三叠系和侏罗系地层获得了3层高产油气流,合计日产油682立方米、日产气达10.5万立方米,从而发现年产百万吨级的轮南油田。

轮南2井试油首获高产油气流,成为塔里木盆地油气勘探史上的一个重要的里程碑。中国石油天然气总公司作出决策,"六上塔里木"。

2. "六上"特点

1988年年末,国务院批准中国石油天然气总公司关于开展塔里木石油勘探开发的报告。总公司总结前三年体制改革试点和采用新技术组织勘探的经验,提出"两新、两高"的会战方针(即采用新的管理模式和国际上80年代新技术,以实现会战高效益、高水平),组织"六上塔里木"。

此次行动基本特点是:指挥部作为总甲方,全面掌握勘探开发决策、部署和投资使用方向,对各项施工作业和承包工程实施全过程、全方位的现场监督。指挥部基本不配前方的钻井队、试油队等专业施工队伍,也不建后勤加工队伍,所有建设和生产、生活服务工作,都采取专业化承包和社会化服务的方式,充分依靠行业主力和依托当地社会基础,充分发挥行业和地方的积极性。

按照这种新的管理模式(体制),在企业的运行机制上,实行以经济手段为主的合同制管理。各类队伍都通过招标的方式择优选用,用合同明确甲乙双方的工作职责、权利和义务,用合同规范各自的行动,组织钻探工作。这种管理模式和甲乙方的关系又不同于国外的油公司和承包公司。这里的甲乙双方有一个共同的目标,都做油田的主人,共同铸造社会主义条件下的油田公司,共同为塔里木盆地找大油气田而努力。

由于采取新的管理模式,全探区甲方主体员工一直保持在4600人左右,加上乙方人员总共不到2万人,担负起东部地区传统方式4万~5万人才能完成的工作量。

新的管理模式,不仅在组织钻探上是成功的,在进入油田建设和开发生产阶段,也走出了一条类似国际石油公司的模式。油田的设计和施工建设,都是用投标方式优选设计、施工单位,实行工程监理制,先后建成了21个油气田。

塔里木的成功试点(实践)为陆上油气田提供了一个现实的样板。由于采用了新的管理模式,这就为普遍采用新技术创造了极为有利的条件。塔里木油田广泛引进国内外技术、人才资源,坚持不懈地进行技术攻关,终于促成了油气大发展。

(三)塔里木在天然气勘探方面的创新成果

"六上塔里木"以来,油田始终坚持采用新工艺、新技术、新装备,面对诸多世界级的技术难题,坚持不懈地进行科研攻关,积累了丰富的勘探开发经验和成熟配套理论和技术,包括超深低幅度砂岩油气藏勘探配套技术、超深碳酸盐岩复杂油气藏勘探配套技术、前陆盆地山前高陡构造天然气勘探配套技术、超深层海相砂岩油田高效开发配套技术、高压气田凝析气田高效开发配套技术等，共获得国家科技进步奖15项、省部级科技进步奖212项、专利授权83项。塔里木天然气勘探的成功突破充分展现了科技攻关的重要作用。通过"八五""九五"国家重点科技攻关，塔里木油田在天然气勘探技术上获得了三大重要突破。

1. 石油地质认识的突破

首先，库车前陆盆地是富气的含油气盆地，发现一套煤系烃源岩，厚度达480~1040米，分布广，有机质含量高，成熟度高，连续埋藏、连续生烃、连续排烃、晚期排气。其次，该前陆盆地大逆掩断裂之下，有一巨厚膏盐岩盖层、陆相三角洲优质砂岩储层，背斜圈闭保存完整，最可能形成大气田。

2. 山地地震勘探技术的突破

库车前陆盆地地表地形起伏剧烈，断裂构造复杂，地层倾角大，常规地震设备无法进行施工，难以获得高品质的地震资料，地质家难以认识地下地质情况。

长期以来，油田坚持不懈开展山地地震勘探。在技术上，突破了直测线地震测量技术，山地宽线大组合采集处理技术和全方位三维地震等解决了高陡构造准确成像问题，发现库车前陆盆地克拉苏富气区带东西长248千米，南北宽15~30千米范围内，有一系列完整的圈闭，很有可能找到几个到几十个大气田。

3. 超深、复杂地质条件下钻井技术的突破

最为突出的是高陡构造垂直钻井技术、复合膏盐层配套钻井技术、高密度水基钻井液及油基钻井液技术、致密砂岩氮气钻井技术和超深井复杂地应力及不同压力体系条件下的井身结构优化设计等技术的成功突破，钻成了克拉2井、迪那2井、克深2井、大北3井等井深从5000米到7000米以上的高压高产油气井，证实了克拉苏构造带是一个成片成带的大油气区。

在"两新、两高"的工作方针的指引下，塔里木历经20余年会战，取得了显著的成绩。建成2000万吨级大油气田。油田职工人数保持在一万人左右。在甲、乙方共同努力下，累计探明石油8.6亿吨、天然气1.43亿立方米；已投入开发21个油气田，2008年油田油气产量当量突破2000万吨，到2011年累计生产原油9462万吨、天然气1264亿立方米。全面建成西气东输塔里木气源地，天然气产能达到200亿立方米，目前每年向西气东输供气160亿～190亿立方米以上，形成上下游一体化发展格局。相继投产塔西南石化厂、化肥厂以及塔石化大化肥项目，建成库尔勒市、泽普县两大炼化基地，具备加工原油50万吨和生产尿素130万吨能力，年产值40多亿元，有力地保障了南疆三地州成品油和化肥供应，创造了显著的经济效益。累计投资1251亿元，实现收入2974亿元，上缴税费771亿元。特别是随着近几年生产规模的快速增长，经济效益大幅攀升，2011年实现收入505亿元、税费160亿元、万名职工人均劳动生产率325.8万元/年，各项经济指标居于中央企业前列。

二 塔里木清洁能源之路——气田输送工程

1998年9月，塔里木油田发现高压、高产、高丰度的整装气田克拉2气田，为西气东输工程奠定了坚实的资源基础。中石油咨询中心专家和总公司提出"西气东输"，建一条长输管道将塔里木丰富的天然气输向缺乏油气资源的东南部地区。国务院领导对"西气东输"工程非常重视，很快提上议事日程，组织各方面专家进行论证。大家一致认为，建设西气东输工程的时机已经成熟，只可快，不可迟。2000年2月，国务院第一次会议批准启动"西气东输"工程。4月，国家储委正式通过克拉2气田储量的审核验收。8月，国务院召开办公会，批准建设中国距离最长、口径最大的输气管道，"西气东输"工程项目正式立项。"西气东输"工程是仅次于长江三峡工程的又一重大投资项目，是拉开西部大开发序幕的标志性建设工程。

（一）"西气东输"工程

规划中的"西气东输"工程，线路全长约4200千米，投资规模1400多亿元，输气管道直径1016毫米，设计压力为10兆帕，年设计输量120亿立方米；全线采用自动化控制，供气范围覆盖中原、华东、长江三角洲地区。西起新疆塔里木轮南油气田，向东经过库尔勒、吐鲁番、鄯善、哈密、柳园、酒泉、张掖、武威、兰州、定西、西安、洛阳、信阳、合肥、南京、常州等大中

城市，终点为上海。东西横贯新疆、甘肃、宁夏、陕西、山西、河南、安徽、江苏、上海9个省（市）区。

1. "西气东输"的特点

通过数万建设者挑战极限、顽强攻坚的努力，实现了高水平、高标准建设安全、绿色、环保工程的目标。

首先，工程如期建成首批气田。2004年9月1日，牙哈先锋气进入"西气东输"管道。当年12月1日，克拉2气田投产。2005年4月9日，吉克拉凝析气田竣工；4月底，桑南气田竣工投产。国外专家认为克拉2气田建设需24个月，实际只用了15个月。

其次，高效开发了中国规模最大、单井产量最高、异常高压的克拉2气田，建成了亚洲最大的天然气处理厂，形成了特高压气藏采气工艺、地面高压集输、特殊钢材焊接等150多项新技术，部分技术填补了国内空白。

再次，创造了项目管理的典范，把塔里木的项目管理水平提升到了一个新阶段。整个工程没有发生一起人身伤亡事故，没有出现一起工程质量事故，没有发现一起腐败案件。

最后，创造了和谐发展的典范。为保护湿地、树木、植被，共花费投资2200万元。使用气田所在地的施工队伍21家，当地劳务近3000人，完成工作量6170万元。

"西气东输"工程从决策启动到全线投产仅用了四年零八个月的时间，创造出中国工程建设中的一个奇迹，充分展现了中华民族大团结、社会主义大协作的精神，充分体现了社会主义集中力量办大事的优越性。

2. "西气东输"的低碳贡献

紫气东去，永铸辉煌。"西气东输"工程是西部大开发标志性工程中第一个建成投产并发挥效益的工程，对拉动西部经济发展，改善中国能源结构，建设全面小康社会，具有重大的战略意义。据初步测算，与进口液化天然气相比，塔里木天然气具有很强的竞争力。与东部地区大量使用的人工煤气相比，虽然煤气价格便宜，但其热值远低于天然气。按同等热值计算，塔里木天然气输送到东部的供气价，每立方米只相当于煤气的2/3。同时，"西气东输"工程大大加快了新疆以及中西部沿线地区的经济发展，促进了中国能源结构和产业结构的调整，带动了钢铁、建材、石油化工等相关行业的发展。"西气东输"管道沿线城市用天然气取代部分电厂、窑炉、化工企业和居民生产生活使用的燃油和煤炭，有效改善了大气环境，提高了国民的生活质量。与此同时，新疆每年可获得10多亿元的税收收入。

截至目前，塔里木油田已累计向"西气东输"工程供气超过1000亿立方米。据测算，塔里木油田输送的1000亿立方米天然气，相当于替代了1.28亿吨标准煤，减少有害物质排放600余万吨。

（二）"气化南疆"工程

该天然气利民工程主要包括气田产能建设、天然气管网建设以及配套工程建设。工程主力气源有柯克亚气田、和田河气田、英买力气田，并以塔中气田作为补充和安全保障气源。工程管道总长度约2384千米，6条支线总长度534千米，连接主要县级城市及沿线各生产建设兵团团场，从1999年10月开始，陆续开工。

气化范围包括南疆三地州喀什地区、和田地区和克孜勒苏柯尔克孜自治州以及途经的阿克苏地区，新疆生产建设兵团农一师、农三师、农十四师，共有25个县市、24个农牧团场。该工程的实施，将形成全面覆盖南疆三地州主要城镇和乡村的天然气支干线管网，每年可减少二氧化碳排放量520万吨；对于推进新疆的能源结构调整和生态环境保护、提高各族人民的生活水平、巩固新疆稳定局面，进而促进经济社会又好又快发展也具有重要意义。

1. "气化南疆"的社会效益

塔里木石油开发区域处于经济比较困难的少数民族地区，居住着维吾尔族、蒙古族、汉族、回族、柯尔克孜族、塔吉克族等13个民族，人口约550万，包括巴音郭楞蒙古自治州、阿克苏地区、克孜勒苏柯尔克孜自治州、喀什地区、和田地区五个地州及其所辖的42个县（市）。这里经济一度非常落后，民风淳朴，当外面的世界进入现代化时代的时候，这里很多少数民族依然采用农业社会的生活方式。在一些偏远的乡镇和农村地区，千百年来家家户户和市场商户、饭店都依靠燃烧胡杨、红柳枝烧火做饭取暖，给原本稀疏的地表植被造成很大破坏，城镇、农村附近多数变成不毛之地，给南疆地区带来荒漠化的风险。即使在显现出现代文明的城市，所有的集中供热锅炉全部烧的都是焦煤，每到冬天，高高的烟囱连续地冒出黑烟，破坏着原本干净的天空，威胁着市民的健康。

作为中央驻疆大型企业，塔里木油田在加快"西气东输"气源地建设、保障"西气东输"工程供气的同时，始终高度重视当地生态环境保护和新疆经济社会发展。1999年10月，塔里木油田生产的天然气输送到库尔勒市的千家万户，由此拉开了油田"气化南疆"的序幕。十多年来，油田按照"整体规划、逐步推进"的思路，坚持不懈地推进"气化南疆"工程，油田先后投入10多亿元，积极开发分布在塔里木盆地周缘的和田河、阿克莫木、柯克亚等中小气田，大力建设输气管线，向周边县市供气，让当地群众用上清洁的天然气，促进当地经济社会又好又快发展。到2008年年底，库尔勒市、和田市、叶城县、法普县、喀什市、阿图什市、且末县等23个县市30多万户各族群众使用上了天然气，天然气用量达到3.5亿立方米。此外，还为当地提供液化气、化肥、成品油，基本满足了当地社会的生产生活需要。

2. "气化南疆"的环境效益

除了社会效益的凸显，天然气在南疆五地州的使用，缓解了部分城市因燃料短缺、烧煤烧柴而带来的污染问题，对保护沙漠边缘荒漠植被起到了重要作用。和田、喀什、克州三地州地处塔克拉玛干沙漠西南边缘，气候干燥，植被稀少，资源匮乏。长期以来，三地州的城乡居民大都以红柳、梭梭或煤炭等做燃料，仅乔、灌木每年要砍伐、烧掉多达几十万吨。大量的砍伐造成环境进一步恶化。据和田地区统计数据，以前每年风沙和浮尘天气曾一度超过300天，几乎没有一、二类天气，三、四类天气只有60多天。2006年，和田市成为全国首个实现整体天然气供暖的中型城市，每年可节约原煤10万余吨，当地恶劣的空气状况也随之明显好转。和田市政府2008年年底提供的数据表明，和田市居民使用天然气取暖、做饭后，每年每户可节省燃料费支出1200元，家家户户受益。

南疆五地州自使用天然气后，城市的交通车辆也从烧油改成烧气，汽车有害尾气排放大幅减少，能源利用的紧张局面也得到缓解。各市县的燃煤锅炉都改成了燃气锅炉，70%以上的出租车和公交车也改用天然气，使城市的天更蓝、水更清、地更绿。库尔勒市全年空气质量平均水平保持在二级及以上，先后荣获"国家卫生城市""国家级园林城市"和"魅力城市"等称号。

截至2010年，南疆三地州实现气化县（市）12个，正进行气化县（市）共13个。

近几年，南疆五地州供应需求大幅增长，其中2012年油田向当地供气达35亿立方米，同比增加4亿立方米，增幅近20%。在南疆利民工程目前还未全部完工、管网还不完善的情况下，塔里木油田在冬季用气高峰期，不惜减少塔西南炼化装置负荷，减少自用气量，优先满足当地民众用气需求，全力保障南疆地区的天然气供应。

三 塔里木清洁能源展望

（一）塔里木的未来——"新疆大庆"

1. 塔里木的潜力

自1989年开始的塔里木新式石油大勘探，逐步揭开塔里木地宫中的奥秘之后，历经20年艰苦创业，建成2000万吨级油气当量，创造出了辉煌的业绩。但与目前开采的油气当量相比，塔里木具有更大的开发潜力：从储量发现上来讲，目前塔里木油田探明的油气储量当量为20亿吨，与盆地160亿吨的油气资源量相比，探明率不到1/7，具有实现更大发展目标的资源基础；从地质认识上来说，经过几代人前赴后继的勘探积累，目前塔里木在除二叠系外的12个层系均获得工业油气流，既富油，更富气，对盆地的地质认识更加清晰，勘探前景十分广阔。

以前期勘探打下的坚实基础结合科研攻关，近年来塔里木油田勘探持续获得大突破，连续保持储量高峰增长。从天然气上看，继克拉2气田重大发现后，十五期间探明控制了千亿立方米规模的迪那、大北气田，找到轮古、哈得、塔中1号三个超亿吨级大油田；"十一五"期间进一步把勘探作为发展的重中之重，坚持"三大阵地战"，即克拉—大北区带天然气勘探、塔中地区奥陶系鹰山组油气勘探、塔北哈拉哈塘地区石油勘探，目前均取得重要发现和进展；塔西南地区

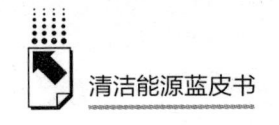

的柯东1井获得战略性发现，打破了继塔西南柯克亚气田发现之后昆仑山山前33年的勘探沉寂，进一步坚定了将塔西南作为战略后备区的信心。

塔里木油田将用10年左右时间，有可能实现油气产量当量翻一番目标，达到4000万吨；远期目标在此基础上，经过进一步的努力，有可能实现油气产量当量相当一个大庆油田的产量，并稳产20年以上。为了实现这一目标，塔里木油田制定了三步走战略，即2010~2012年，加快储量落实，夯实稳产基础，保持2000万吨水平；2013~2015年，巩固资源基础，加快上产步伐，踏上3000万吨台阶；2016~2019年，扩大储量规模，稳步建产提产，实现4000万吨目标。如果说，在塔里木建成一个大庆是一个梦想的话，这个规划无疑勾勒出了"大庆梦想"的基本蓝图。

2. "新疆大庆"战略部署

作为中石油在新疆上游油气产量规模最大和资源潜力最大的企业，塔里木油田也有责任担当起重任，实现更大发展规划目标。

在连续保持油气产量2000万吨的基础上，塔里木油田一手抓开发稳产基础，一手抓储量夯实，连续获得重大发现，特别是库车山前东中西部同时获得重要突破，2万~4万亿立方米天然气储量基本在握，为加快落实油气发展规划、实现天然气业务快速发展奠定了坚实的资源基础。

2012年3月，中石油正式作出建设"新疆大庆"的规划部署，明确要求塔里木、新疆和吐哈三大油田到2015年中石油在疆油气产量当量达到5000万吨以上，其中要求塔里木油田达到3170万吨（其中，天然气300亿立方米，年油710万吨），确保"新疆大庆"如期建成。可以清晰预见，到2015年塔里木油田将完成它历史性的蜕变，从2000万吨级油田迈入3000万吨级大油气田，年产天然气跨上超300亿立方米的水平，为东部城市和南疆各族人民奉献更多的清洁能源。

（二）塔里木的涡流效应

1. 中国天然气的需求与资源

中国利用天然气有着十分悠久的历史，但在农业社会长达数千年的漫长历史中未走向大规模应用的道路。新中国成立前夕，全国天然气的年产量仅

1000万立方米。新中国成立以来，天然气工业有了较快发展，相继开发了近百个气田。然而，由于天然气利用需要铺设管道和稳定的气源，加之中国天然气资源主要蕴藏于西部和海洋盆地，前期基础设施投资巨大，存在较大的经济风险，从新中国成立后到20世纪末，中国的天然气事业发展整体十分缓慢。从1976年的100亿立方米增长到1996年的200亿立方米，整整用了20年时间。后期速度逐步加快，从200亿立方米增加到300亿立方米，只用了5年。但这样的发展速度依然满足不了快速发展的经济形势对清洁能源的需求。2005年，"西气东输"工程正式启动并投入商业运营后，中国天然气发展正式驶入快车道。此后每年以近100亿立方米的增长速度递增，到2011年，全国天然气产量达1025.3亿立方米，同比增长6.90%。目前天然气产量虽已排名世界第九位，成为世界天然气主要生产大国之一，但和国内对天然气这种清洁能源的需求还有较大的差距。

作为一种优质清洁能源，天然气燃烧后只生成水和二氧化碳，同等热值二氧化碳排放量比煤炭少43%，比石油少28%，在能源结构由"传统"向"低碳"的转型期扮演桥梁式的重要角色。全球能源结构中天然气平均占比23.7%，中国虽然经历了近十年天然气业务的快速发展，但目前天然气在中国能源消费中的比重依然只有4%，仅相当于世界平均水平的1/6。加快天然气发展，是实现绿色发展、低碳发展，建设美丽中国的客观需求。近年来，天然气受到各行各业的青睐，各省、直辖市、自治区，甚至各中小城市，都开始加紧和中石油、中石化等天然气供气公司签订气化协议，争取早日通过天然气搭上绿色发展、清洁发展的班车。

未来，中国天然气需求将呈现大幅度增长趋势，预计年均增速将达到11%~13%。"十八大"报告提出，到2020年，中国要全面建成小康社会，实现国内生产总值和城乡居民人均收入比2010年翻一番。要实现这"两个翻一番"，必须有可靠的能源保障。按照国家战略规划，到21世纪中期，全国65%的城市将通上天然气，其中到2020年，国内天然气需求量将超过2000亿立方米。

中国天然气资源比较丰富，常规天然气富集区除塔里木盆地以外，还有鄂尔多斯、四川、柴达木、准噶尔、渤海湾、松辽盆地和近海海域等，地质资源量约为54万亿立方米（不包括南海海域远景资源量的16万亿~20万亿立方米），资源潜力较大。据2004年国土资源部评价的天然气资源量，截至2009年年底，陆地和近海地区天然气资源探明率仅为20%左右，勘探前景很好，产量上升空间较大。

此外，中国非常规天然气（包括致密砂岩气、煤层气和页岩气）资源，据国内地质家评估，其资源量约为常规天然气的2.2倍，这作为未来的战略接替前景是可以预期的。

2. 中国天然气的开发战略

面对国内天然气的需求，近年来，中石油把加快天然气业务发展作为"奉献能源、创造和谐"的具体实践，把天然气作为战略性和成长性工程，持续加大国内天然气勘探开发力度，加快天然气产能建设，部署天然气开发战略。

（1）通过不断加大勘探力度，加强气田前期地质研究，突出前期评价，不断加大产能的建设力度，塔里木的克拉2、英买力和长庆油田的靖边气田等重点气田设计产能和实际建成产能符合率高达98%，实现中、大型气田的科学开发和天然气产量快速增长。

（2）多项措施并举，通过滚动扩边，精细气藏研究，精细描述和井网加密，采用技术措施减缓产量递减，老气田深化挖潜成效显著，确保老气田的持续稳产。

（3）加强技术集成、攻关和配套，钻完井和储层改造技术都取得重要进展，并初步建立以克拉2气田为代表形成异常高压高产气藏、以苏里格气田为代表形成低渗低丰度致密砂岩气藏、以涩北气田为代表形成多层疏松砂岩气藏、以牙哈气田为代表的高含凝析气藏4类气藏开发模式。

中石油在"十二五"规划中明确提到，到2015年国内油气产量各占半壁江山。为实现这一目标，中石油一方面加快长庆、塔里木、四川、柴达木等油气田勘探开发，落实资源，夯实稳产上产基础，大规模实施天然气产能建设；另一方面加快煤制天然气业务发展，对新疆等较成熟的煤炭富集区加快开发，制定了千亿方煤制气规划。另外，加快非常规天然气发展，通过与国外公司开展合作开发、合作研究，加快攻克致密气、煤层气、页岩气等技术"瓶颈"。

在加强勘探力度加快建设的同时，为加快天然气工业的发展，在天然气管网建设方面，中石油在"西气东输"一线、二线投运，三线开工的基础上，规划了四线、五线、六线和七线。管道约3.5万千米，设计总输气能力2420亿立方米/年，总投资约6300亿元。该管网全面建成投产后，天然气清洁能源的覆盖面将包括：中南地区、东南沿海、西南地区、中西部地区、长三角、珠三角和环渤海湾，管网遍及全国大部分省（市）区。中国的环境质量将发生更大、更好地转变。

综观历史，塔里木的天然气事业在历经艰辛探索后实现大发展，具有历史的客观性和必然性，充分体现了科技是第一生产力，充分体现了改革开放政策的正确性。而从塔里木天然气事业的发展到全国天然气的大发展，是中国进入21世纪以来大规模发展清洁能源的一个缩影，是加快推进国民经济和生态文明建设、改善人民生活水平和全面建成小康社会的需要。

参考文献

[1] 查全衡：《开发页岩气，中国只能走自己的路》，《中石油咨询中心2011年专家论坛年会专家发言汇编》，中石油咨询中心，2011。

[2] 查全衡：《开发非常规天然气的几点想法》，《中石油咨询中心2012年专家论坛年会专家发言汇编》，中石油咨询中心，2012。

[3] 翟光明、王世洪：《我国油气资源现状和战略思考》，《中石油咨询中心2012年专家论坛年会专家发言汇编》，中石油咨询中心，2012。

[4] 周新源、王清华、杨文静等：《塔里木盆地天然气资源及勘探方向》，《塔里木油田会战二十周年论文集》，石油工业出版社，2009。

The Practice of Tarim Oilfield Paves the Way for the Large-scale Use of Natural Gas in China

Wang Bingcheng　Zhang Lu

Abstract: Chinese petroleum professions and workers had ever conducted five explorations in Tarim basin from 1952 to 1981, but only discovered two medium and small oil fields due to the extreme harsh environmental conditions of the basin. The history was called "Five tries with five fails". In the mid of 1980's of 20th century, the Department of Petroleum organized the sixth explorations in Tarim Basin. Drillings and explorations were organized with operation models learnt from western oil companies and with modern and most advanced technologies of geophysical exploration, drilling, well testing as well as development and constructions, some important and great breakthroughs were acquired. The annual oil and gas production equivalent from Tarim Oilfield with only less than 10 thousand staffs and workers had reached 20 million tons (including yearly gas production capacity of 20 billion cubic meters) in 2008. The estimated annual production equivalent will reach as high as 30 million tons (including 30 billion cubic meters of natural gas) by the year of 2015. The West-East natural gas transmission project was completed and put into production in 2004, from which clean gas produced from Tarim Oilfield has been transported to 80 big and medium sized cities in 14 provinces (including directed governed cities) in the east and thus benefited people of whole China. Some 12 cities in 5 southern regions have already got fully supply of gas by the year of 2012, and gas supply facilities are under construction in 13 cities now. The clean energy, gas has been benefiting local people of all nationalities.

Key Words: Tarim Oilfield; Gas Resource; The West-East Natural Gas Transmission Project; Clean Energy Outlook

B.19 中国与欧盟的合作实例
——清洁能源示范区

Roberto Pagani　Alessandra Merlo　Nannan Lundin[*]

摘　要：

中欧清洁能源中心项目（EC2）旨在通过建立示范区的形式，展示欧盟和中国在清洁能源领域的合作潜力与重大意义。

为应对共同的挑战，寻求共享的发展机遇，欧盟2020经济增长计划为欧盟设定了智慧、持续与包容性发展战略；中国在"十二五"期间设定了绿色低碳的经济转型方向，EC2以共同的政策方向和具体务实的合作内容珠联璧合，聚焦能源安全和可持续性城市化发展这两个领域，达成战略共识，促进共赢。

以中国（尤其是中国西部）绿色转型过程中遇到的机遇和挑战为试点，在新疆乌鲁木齐建立清洁能源示范区，引进欧洲成功示范项目中欧洲清洁能源政策经验以及先进技术与综合规划，为开拓中国城市创新能源和环保战略提供重要的借鉴和参考。同时为中欧的可持续城市化发展在政策和技术/商业两个方面带来生机与活力，对中欧合作起到了巨大的推动作用。

关键词：

中欧清洁能源中心　清洁能源示范区　绿色低碳转型　环保战略

本文描述了中欧清洁能源中心项目（EC2）在建立示范区的过程中在清洁能源领域的合作模式。以欧洲示范项目中成功案例为参考与借鉴，在引进欧洲

---

[*] Roberto Pagani，北京中欧清洁能源中心欧洲方面的合作主管，也是Politecnico di Torino的教授；Alessandra Merlo，北京中欧清洁能源中心的联络官；Nannan Lundin，Tekfors AB公司的创办人。

清洁能源政策经验以及先进技术与方案的过程中,中欧双方合作在城市化进程中建立示范区。在中国城市化的大环境下,在中欧合作框架中应用这些方法将对中国清洁能源和绿色低碳发展起到推动作用。

第一部分为中欧双边合作建立的政策体系。首先,描述了中欧在能源安全和中欧城市化合作方面的政策对话。其次,对中国在"十二五"期间实施的"绿色经济转型"进行了分析,重点放在能源结构优化、节能减排目标以及未来绿色发展战略的区域因素上,特别是中国西部战略上。EC2的首个示范区建立在新疆维吾尔自治区的乌鲁木齐。

第二部分总结了欧盟投资项目 EC2 的主要目标和已取得的成绩。目的在于通过支持技术合作、政策研究和建议以及能力建设,加强中欧在清洁能源领域多方面的深入合作。最后对乌鲁木齐示范区(EURUMQI)进行描述,为中国的其他城市在各自的能源结构转型与优化和低碳发展过程中提供借鉴经验。

第三部分介绍欧洲城市示范项目的经验,为中国城市化进程中在清洁能源以及环保政策和机制创新的研究提供背景材料与经验介绍。该部分对示范区工具箱进行了描述,此工具箱不仅在欧洲已得到认可与成功,同时也针对中国的国情与需求,进行了相应的调整与改进。最后对这些工具进行了描述与应用,对中国的"现实观察"得出了初步结论。

一 中欧合作框架:从共同的挑战到共享的绿色发展机遇

(一)中欧在能源安全和城市化领域的合作

在 21 世纪,经济和社会的发展应该与自然资源和环境保护相协调,这对于保证发达国家和高速发展的新兴国家(如中国)的可持续发展具有重大的意义。为应对共同的挑战,寻求共享的发展机遇,欧盟 2020 经济增长计划为欧盟设定了智慧、可持续与包容性发展战略,中国在"十二五"期间设定了绿色低碳的经济转型方向,中欧在共同的政策方向和具体实务方面建立合作内容，为中欧未来合作奠定了良好的基础。

欧盟和中国未来的合作将受到政策引导和实务合作的双重驱动，聚焦能源安全和可持续性城市化发展两个领域，达成战略共识，促进双边共赢。中欧合作的关键在于加强能源安全，提高能源结构多样化，提高能源使用效率，发展可持续低碳技术，加强双边在能源、环境、气候变化等国内与国际政策法规等方面的对话。

双方政府领导人于 2012 年 5 月签订"能源安全中欧共同宣言"[①] 及"城市化战略合作中欧共同宣言"[②]，指出未来中欧在能源和城市化领域的合作重心。

（1）工业能源效率：加强中欧在先进技术和政策法规方面的合作，促进工业化进程中的能源效率提高和能源低碳化。

（2）低碳城市建设：加强城市能源高效供求管理系统（包括节能建筑、清洁及高效城市交通、城市设施中的可再生能源应用）中绿色低碳发展领域的双边交流。

（3）可再生能源：综合利用可再生能源、电网接入，以及分布式可再生能源系统。

（二）中国"十二五"规划中的绿色转型和区域发展

站在中国的角度来看，在过去十年里中国已经开启了一条绿色发展的道路。目前，中国要建设节能环保社会，并为建设发展循环经济和低碳经济打下基础。根据中国目前所面临的挑战和机遇，需要找到一条适合中国特色的发展途径，加速加深中国绿色转型。因此，中国"十二五"规划（2011~2015 年）出台了明确的奋斗目标：中国需要加速经济发展模式的转型，从过去不平衡、不协调、不可持续的发展转变为绿色环保、具有竞争力和包容性的经济发展道路。

[①] http：//ec. europa. eu/energy/international/bilateral_cooperation/china/doc/20120503_ eu_ china_ joint_ declaration_ energy_ security_ en. pdf.

[②] http：//ec. europa. eu/energy/international/bilateral_cooperation/china/doc/20120503_ eu_ china_ joint_ declaration_ urbanisation_ en. pdf.

在国内外多方努力实现绿色转型的过程中，区域发展起到了至关重要的作用。中国地广人多，不同地域之间各不相同，因此更要重视有区域特色的绿色发展。考虑到区域特殊性的发展需求和限制，在不同区域的绿色转型各有区分，更重要的是，我们还要对各地绿色发展中具有区域特色的转型动力与和机遇进行区分。换句话说，国家层面和地区性的"绿色示范转型"是多样化的，为人们带来的不仅是行为上的改变，更有思想与理念的转变。

西部是中国国家层面区域性绿色转型中一个具有战略意义的重要基地。西部物产富饶，但生态脆弱，具备多样化特征和重大的生态意义。西部提供大量的物产资源和关键的生态资源，为中国其他地区的社会和经济发展以及全球的生态环境作出贡献。在"十一五"期间（2006~2010年），在国家和地区对能源、原材料和相关基础设施大量需求的驱动下，中国西部地区的GDP增长超过东部地区1%~2%[1]。然而，由于在过去几十年内中国快速的资源密集但低效型的经济增长模式，使得西部在可持续发展、平衡与包容性发展领域付出了巨大代价。

尽管在政府大力投入与支持下（尤其是西部发展战略的第一阶段——WRDP，2001年启动，针对2001~2010年间的情况），以及在基础设施改进和消除贫困方面有了巨大进步，中国西部地区在不可持续和大规模发展中仍受到环境、气候、贫穷等问题的侵扰。

（1）中国西部地区普遍经济增长速度较高，尤其在"十一五"期间，增长模式为高度不可持续性增长。随着大量的生产基地从沿海和东部地区转移到西部，西部的经济增长严重依赖投资和大量的能源密集型工业。

（2）WRDP希望提升地区经济发展、生态安全和环境保护等方面的意识，而西部不同政策重心中的重重矛盾，如实现经济增长、加强环保、保护国家能源和资源安全等，却难以解决，这样一来，中国西部也就无法完全发挥其发展潜能。

（3）社会发展、环境生态发展与经济发展关联密切，应该如何实现自身

---

[1] Yuval Atsmon, Max Magni, Molly Liu, Lihua li, "The New Frontiers of Growth," *Mckinsey Insights China*, 2011.

可持续发展，打破"贫穷—环境恶化"的恶性循环呢？

（4）WRDP的多项区域性项目，如能源项目等的设立均是为了实现国家战略目标，而非区域性发展目标。因此，WRDP是从整个国家获益出发（如WRDP是原材料和能源的净出口区域），而东西部区域之间的距离也在进一步拉大。

因此，"十二五"期间是西部大开发战略的一个关键的转折点，西部已经完成"基础建设阶段（2001～2010年）"，进入了第二个"加速发展阶段（2011～2030年）"。面对自然资源减少、生物多样化损失以及提高贫困人口生活水平的极大需求，西部的发展不能再依赖于资源密集型的重污染工业化进程。为了西部和整个中国的稳定、平衡和可持续发展，我们需要对西部发展进行重新思考，实施探索新的绿色发展道路。

"十二五"期间中国西部大开发指导细则由国务院于2012年1月审批通过。在全面建设小康社会的过程中，西部是中国区域发展中的"短板"，"十二五"期间应完成以下重要任务，以推动西部大开发的进程。[①]

（1）明确主要的功能区：在关键的经济开发区、主要的农业生产区、主要的生态保护区、资源富饶地区以及极度贫困地区设定目标差异化的指导细则；

（2）继续将重点放在基础设施建设上，特别重视交通运输和水利资源；

（3）加强生态系统的修复与建设和环境保护，防止资源流失与破坏的恶化；

（4）加速新兴产业的发展，建立清洁能源、资源加工、先进制造业和其他新兴战略产业的生产基地；

（5）加速开发现代农业生产，开发具有区域特征的农业系统，增加农民收入的类型和范围；

（6）集中加快发展中小型城市和具有地方特色的城镇，改进城市化的水平和质量；

---

① 《国务院通过西部大开发"十二五"规划》，《人民日报》2012年1月10日，http：//finance.sina.com.cn/g/20120110/044411163771.shtml。

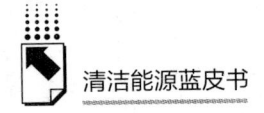

（7）优先发展教育，增加就业机会，进一步促进公共服务的平等，加强科技及创新能力，建设"创新型"区域发展；

（8）加强国内外经济开放程度，加强经济发展的活力。

在中国的"十二五"规划中首次提到了"生态安全"。中国西部占有中国85%的自然资源和70%的生态资源和物种，因此是实施该计划的重中之重。除了特定的节能减排目标之外（见表1），还要在中国西部的不同城市建立一系列不同规模的循环经济和低碳发展试点。

（1）循环经济试点区域：西部12个城市。

（2）循环经济试点领域：钢铁业、有色金属、煤炭、电力、化学、建材、照明业、制造业、农产品加工等。

（3）循环经济试点工业园区：12个工业园。

（4）低碳省市。

表1 "十二五"规划里中国西部节能减排与经济发展目标

目标	细则
能源与气候	截至2015年人均GDP的能耗减少15%（西藏除外）
环境保护	截至2015年化学需氧量和SO_2的排放量分别减少4.5%和3.5%
水资源	截至2015年单位工业生产增值的水资源消耗减少30%
生态系统重建	截至2015年森林覆盖率达19%，森林储备面积增加3.3亿平方米；停止植被生态破坏，大大减少水土流失
城市化	城乡居民收入的增长率高于国家平均水平；城市化高于45%；城市经济住房覆盖率超过20%；注册城市失业率低于5%；大大降低贫困人口

资料来源：西部大开发的"十二五"规划，国家发改委，2012年。

与WRDP第一阶段的政策相比，"十二五"期间出台的新政策，针对区域发展需求和潜力，提出更高的可持续区域发展目标与更明确的可持续发展战略。该政策对中国西部至关重要，这不仅是因为东西部之间的差异，还因为西部内部也存在明显的地区差异，西部的各个城市在自然资源储备、发展程度和发展潜力上各有不同。与此同时，面对新的挑战，尤其是应对气候变化和对社会凝聚力和稳定，实施新的WRDP势在必行。为了迎接这些挑战，寻求新的机遇，需要在西部开发的过程中考虑到各种发展能力、结构性和制度性问题。

（1）目前，西部的 GDP 增长速度已经超过东部。而在绿色经济转型的背景下，需要了解的是西部的 GDP 是如何完成增长转型的，我们需要在不影响西部 GDP 快速增长的前提之下提高经济增长的质量和效率。

（2）在黑/棕色增长的模式之下，西部已经基本告别了"低收入低排放"的发展阶段。取而代之的是西部地区一些贫困的城市开始大量的碳排放，人均碳排放量和总碳排量放均随 GDP 的增长大大提升，这样一来，我们就需要及时打破低收入、高排放、高污染的僵局，在西部中国实现绿色低碳的跨越式发展与转型。

（3）传统的"政府投入"和"财政转移性支出"在西部的快速可持续发展中已独木难支。那么，西部应该如何利用市场动力/机制在公私合作（PPP）的基础上，开拓多元化融资渠道，对金融资源进行多样化、高效利用，从而实现区域绿色发展呢？

（4）为实现观念和行为两方面的有效转变，需要充分认识并理解有区域特色的绿色转型的结构性壁垒和驱动因素。这样我们就能在国家和区域发展政策框架以及决策过程中，对重要的政策框架与市场环境做出根本的改进和改变。对西部来说，要实现绿色发展，就需要建立责任制系统，将市场机制和政府支持联系起来，并持续进行多方位的政策与机制的改革与创新。

面对中国，尤其是中国西部，在绿色转型过程中遇到的机遇和挑战，中欧清洁能源中心在乌鲁木齐（新疆）建立清洁能源示范区，旨在挖掘与实现中欧双方在政策和技术/商业多领域的巨大合作潜能。

二 中欧清洁能源中心（EC2）：中欧合作的传播媒介

（一）EC2 源头

建立中欧清洁能源中心的理念是在 2007 年 12 月的第十次中欧峰会上由中欧双方共同提出："双方承诺，能源问题是全球性问题，与各国的经济社会发展息息相关。中国和欧盟了解在此问题上加强双边交流与合作的重要性，同意采取有效措施继续在能源领域内促进共同利益，加强合作……中欧领导人签字并建立中欧清洁能源中心。双方将在协商互利的基础上运营该中心。"[1]

中国战略2007~2013以及中国多年度合作项目规划（MIP 2007~2010）[2]中反映了欧盟对与中国合作的战略意义的认识，欧洲将"协助中国应对气候变化、环境和能源等方面的全球性问题"，并认为欧洲将"为中国提供技术支持，促进能源政策领域改革，提高能源效率，促进能源节约，利用可再生清洁能源和其他相关能源技术"。

在中国方面，2007年12月，国务院发布《中国的能源状况与政策》白皮书，表明了中国应在"能源开发与利用"以及"先进技术研发与应用"[3]方面积极开展国际合作。

2009年，欧盟委员会和中国政府同意建立中欧清洁能源中心（EC2），并签署融资协议（2009年3月）。[4] EC2项目由意大利都灵理工大学与中国社会科学院作为欧中双方的协调单位在2010年3月开始实施。[5] 该项目将于2015年3月完成，预计EC2将成为自治的项目主体，并在将来继续运营。

EC2项目的目标在于"通过改进中国和国际（尤其是欧洲）之间的合作渠道，促进清洁能源的发展，在政策、法规、技术和实践方面进行改进"[6]。这样一来，可以"支持中国实现可持续发展，建设节能环保型社会"[7]。EC2主要负责三方面的活动：支持技术合作、政策交流、提高公众意识。EC2项目的主要受益人是中国西部和地方政府机构以及欧洲和中国的企业。

---

[1] 第10次中欧峰会，北京，2007年11月28日，联合提案（16070/07 – Presse 279）。
[2] "Development Cooperation Instrument-People's Republic of China. Mid-Term Review National Indicative Programme," EU Commission, 2010, http：//eeas.europa.eu/sp/index_en.htm.
[3] "White Paper on Energy," the State Council of People's Republic of China, 2011, http：//www.china.org.cn/english/environment/236955.htm.
[4] 《欧洲共同体和中华人民共和国融资协议》，中欧清洁能源中心（EC2），DCIKASIE/2008/19218。
[5] Politecnico di Torino（I）；Calabria大学；欧盟—地中海气候变化中心（I）；查尔姆斯理工大学（SE）；Commissariat´à´l'Énergie´Atomique´（F）；中东欧区域环境中心（H）；中国社会科学院（CN）；国家发改委能源研究所（CN）；清华大学（CN）
[6] 欧盟委员会，中欧清洁能源中心，申请人指导方针（2009）。
[7] 欧盟委员会，中欧清洁能源中心，申请人指导方针（2009）。

（二）EC2 战略：清洁能源示范区

EC2 项目的战略目标是加强中欧双方在清洁能源领域的技术合作和经验交流，建立城市示范展示区域（示范区），并采取一系列的技术和政策解决方案。

示范区是城市的特定区域，实现能源与成本效率高及有战略性的解决方案，从而突破之前无法实现或因技术难度过高而无法逾越的障碍。示范区的概念全方位涉及能源效率、可再生能源、智能电网、低碳区域和智能社区概念等。

为探索示范区的可行性与有效性，EC2 在中国西部的新疆维吾尔自治区首府乌鲁木齐建立了应对绿色低碳转型挑战的发展规划。乌鲁木齐通过该规划对其工业结构进行重塑，优化其能源结构，提高能源使用效率，应对大气与环境污染并降低温室气体排放。大约 2000 年前，乌鲁木齐在丝绸之路上促进了中欧在经济文化方面的沟通，如今，它作为中国和世界上污染最严重的城市之一，又将在工业化和城市化进程中促进可持续发展，从而为中国西部五座省会城市树立榜样。乌鲁木齐的未来需要一条绿色低碳的发展道路。为实现这一目标，乌鲁木齐需要全新的视角、全方位的方案，以及新的长期性目标和创新理念。

EC2 为乌鲁木齐市在生态创新战略和低碳城市规划方面提供指导。中国第十二个五年规划中提出了乌鲁木齐市在节能减排计划和循环经济计划基础上的综合示范行动。"十二五"规划中设立的目标能够带动中央政府资金对地方项目实施有力支持。EC2 将以欧盟的城市发展和工业发展相结合为出发点，为中国西部的其他城市引入成功经验和先进技术。

考虑到示范区内部的复杂性，乌鲁木齐所面临的挑战需要坚实的方法学与理论基础，并在示范区工具箱的实践应用中得以展示。示范区结合各种不同的方法，以欧洲成功示范项目为基础，融合中国的特定条件与寻求，对示范区进行尝试。这主要是为了让城市的管理者对结构框架进行更好的规划管理。

EURUMQI 示范区项目（通过方法质量创新实施能源和城市重建计划）于 2012 年 5 月在乌鲁木齐启动。由中国中央政府代表、乌鲁木齐市政府代表以及欧盟驻中国代表团代表组成的"愿景工作室",以及中国专家和企业代表会聚一起,达成协议,实现该城市的低碳发展,促进该城市的能源优化发展。欧洲专家通过互动的形式,让与会人员一起分享,表达了各自在政策领域和当地发展的愿望和关注重点。

三 示范项目:概念框架及其在中国的实施方案

(一)可持续发展的媒介——示范项目

欧洲的城市试点项目在"可持续性"上主要强调:新的方法,不仅限于技术层面,而是延伸至多个学科多个领域。城市示范项目,如CONCERTO[①]等,都是城市中关键的技术项目。这些项目的综合管理需要团队至少十年的共同努力。地方领导、专家、市民和工业界的相互融合是进行该试点项目的关键。欧洲城市互相借鉴经验,分享方法、过程和结果,让不同城市的工作小组可以参与到共同的发展活动中,通过经验的比较获得成功的发展模式。

城市示范项目显示,当超越传统的"固有系统"后,就会出现创新,而只有坚持有突破性的创新方法和技术,城市才能实现:增加当地居民的参与;加强"合作"概念和特定领域内的合作;突破性创新,实施比目前的项目更大、更有创意的项目。

无论在单一的解决措施方面,还是技术方案方面,中方和欧方的城市在城市转型的过程中都面临着复杂的问题。在这一背景之下,城市示范项目可以帮助城市建立创新型的能源和环境策略。

目前中国有12所城市拥有超过500万的人口,并有大约6亿人口居住在城市/城镇环境中。截至2030年,城市人口将达到10亿。[②] 大量人口涌入城市,造成史无前例的人口迁移,这一趋势将持续多年。在中国,如果不出台新的城市恢复计划,对城市进行有效的可持续性恢复,那么环境恶化和水资源及

---

① CONCERTO是欧盟委员会在欧洲研究框架项目中出台的措施(FP6和FP7)。
② 更多信息详见《为中国城市人口突破十亿做准备》,Mckinsey全球研究中心,2009年,http://www.mckinsey.com/insights/urbanization/preparing_for_urban_billion_in_China。

能源匮乏将成为现阶段和未来阶段的持久性问题。同样，如果环境出了问题，那么中国的经济发展也将受到严重威胁。所谓的"可持续"城市技术对欧洲有着重要的战略意义，但是它对中国的意义更为巨大，因为中国正在经历巨大的变革。中国可以成为欧洲城市发展技术最大的市场，这些技术包括能源、水资源、环境控制、城市交通和信息化交通、智能建筑以及相关专业知识等。

在"可持续发展"的环境下，种种能源与环境风险的主要来源是由于传统发展模式过于重视能源的供给方，而忽视了对能源需求方的管理。每个城市、每个行业、每位生产商都希望得到可持续性的发展。然而，仅仅建立太阳能利用和相关解决方案是远远不够的，我们需要建立两到三个综合性可持续发展建筑集群，再由这些建筑集群组成一个可持续发展城市。在这一层面上，中国和欧洲所面临的风险和制约是相同的。

欧洲城市之所以可以"展示"中国特定条件与需求下的示范区，是因为欧洲城市建筑的"持久耐用"。法语中没有"可持续性"这个词，因此法语将"可持续性"翻译为"持久性"，其实"持久性"正是"可持续性"中的一个重要概念，适合中国的自然与社会发展环境。如果能够在项目开发的过程中很好地应用"持久性"的概念，就能够把"可持续发展"延续下去，实现对资源的有效利用，降低城市建筑中的能耗，增强建筑的耐用性。

目前，示范区的运行还处于初级阶段，但已得到来自中欧双方的支持和好评，有望继续运营和发展下去。EC2作为中欧双方利益相关方（包括公共机构、专家、研究中心和商业企业等）之间有效的沟通平台，为示范区的发展创造了条件。

（二）示范区工具箱

开发示范区工具箱是为了让政策制定、决策与实施者在城市化建设项目的过程中，得到理论与实践多方面的支持与指导，为政策决策人提供一系列方法。为适应城市的可持续发展项目，该工具箱融合了一系列综合性项目的指导方案，已在欧洲得到认可与成功应用。

该工具箱的创建是基于城市政策和可持续决策制定的相关图标（如图1所示），可以总结为四个基本方法。从上到下的方法：政府及/或机构引进新的法规，减少法规和程序的烦琐与障碍；从下到上的方法：出台与社区需求相关的政策；需求方方法：终端用户及其需求，如交通、住房、生活质量、经济发展机遇、健康环境等；供给方方法：市场组织商品、服务和技术的生产能力，满足消费者需求。

四个方法会对城市政策的制定与发展带来不同的影响。第一个方法和其他三个方法一样，在寻求更好的城市发展质量方面，可以分开应用，也可以结合起来使用。在实际操作上，城市发展政策不会全都是"从上到下"或"从下到上"，也不会全都是"供给方"或"需求方"。通常情况下，城市政策会结合四种方法，呈现在图1中，其中X轴指供求双方，Y轴指从上到下和从下到上的政策制订方案。这种概念性的框架可以为该项目带来创新。具体的"城市规划表格"如图1所示。

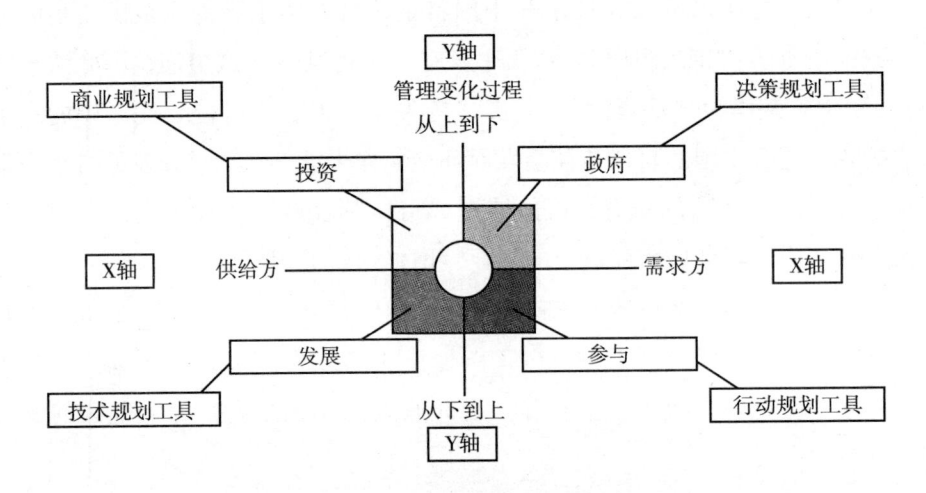

图1 工具箱创建的相关图标

资料来源：作者独立制作。

（1）"从上到下—需求方"：该方案应用于就城市发展，制定与改进决策与具体管理条例时的"政府"意见。

（2）"从下到上—需求方"：通过公众"参与"和合作关系，由利益相关者和市民参与制定决策的过程。

（3）"从下到上—供给方"：最佳方案的"开发"，为解决城市发展问题提供综合的解决方案,并有专家和利益相关者的参与。

(4)"从上到下—供给方":城市发展技术和市场的"投资",包括技术方案的供应和城市可持续发展的工业产品与服务供给。

根据这样几种决策方式,城市示范项目不会只侧重于某一个方面,而是根据不同的对象,让所有的利益相关者参与进城市在经济、环境、社会等问题上的决策制定,从而为城市发展问题提供可持续的解决方案。

示范项目在城市环境中有望长期存在下去。通过技术和非技术干预相结合的手法,我们可以对决策制定进行管控。示范区工具箱可以帮助我们找到针对特定问题的最佳方法,从而协助我们制定最佳决策。

多数情况下,欧洲在试点项目和示范项目中应用工具是为了协助政策制定,设计过程管理。根据之前的概念框架,我们在工具箱中,只能通过仔细的甄别之后,根据工具的类型和结构,使用有限数量的工具。

图2的工具主要分为以下四个类别:政策类,决策规划工具;参与类,行动规划工具;发展/执行类,技术规划工具;投资类,商业规划工具。

		研究		示范			传播				
		策略	分析	项目确认	合作确认	项目规划	项目实施	监测评估	培训	意识	
决策规划工具	利益相关者映射			●							低碳规划
	确认环节			●							低碳能源
	逻辑框架矩阵			●							
行动规划工具	分享活动		●								低碳建筑
	愿景研讨会	●									低碳产业
	情景规划					●					
技术规划工具	能源行动计划		●					●			低碳运输
	生态评估		●			●					
	多重分析			●	●						资源3R
商业规划工具	项目融资				●	●					
	绩效融资				●	●	●	●			
	绿色公共采购			●	●	●					

图2 示范区工具箱

注:Roberto Pagani-Alessandra Merlo-Nannan Lundin-DEMO-ZONE-TOLLKIT-v01.
资料来源:作者独立制作。

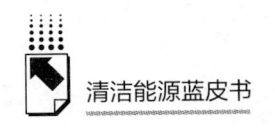

在介绍这些工具之前，需要解释一下"矩阵"的概念。所谓矩阵，是指工具箱的形状图。该矩阵由竖直的工具分类和水平的示范阶段组成。每个工具类别中，有三个基本的工具。我们在下文中会进一步讨论。

根据欧洲的项目框架，要完成任何一个示范项目，都要完成三个重要的操作步骤：研究、示范和传播推广。同时在这三个步骤之下还要完成一些子步骤。

根据不同示范过程中工具的分类，我们得出了一个应用工具矩阵，让读者能够更好地从整体上把握和理解工具箱的应用。

需要注意的是，对于哪个阶段应用哪个工具，我们并没有明确的规定。在某一个欧洲的示范项目中也不见得要用到所有的工具。我们可以根据不同的项目、不同的步骤来选择不同的方案，从而改进与优化决策制定，提供创新与高效的解决方法。在一个项目中，为了避免重复，我们很少充分使用某一个工具。但是，通过矩阵上的按钮，我们可以找到所有的应用方案。

此工具箱涵盖了经欧盟示范项目检验过的、针对中国的国情与需求进行了相应调整与改进的、适应中国国情的城市项目管理方法。该过程的关键在于针对城市示范项目的复杂性，进行适合当地特色的集成创新，从而易于被当地各利益相关方接受。这些方法为城市管理者更好地规划城市发展提供了实用的结构化框架与技术支持，并帮助城市决策者、专家、专业人士、开发商实现跨领域的交流与合作。

此工具箱的设计遵循着一个重要的指导思想，即适应中国的国情。许多工具已经在 EURUMQI 示范区倡议活动（"愿景研讨会"以及"分享活动"）框架中得到验证。而且，在北京召开的审议会议上，此工具箱已经被提交供与会者进行"现状核实"。与会者包括中国中央政府和地方政府机构、非政府组织、欧盟成员国、商界代表和有关专家[①]。审议结果将在下面的工具阐述章节进行介绍。

1. 政府：决策规划工具

示范区工具箱中的决策规划工具是以逻辑框架法（LFA）为基础的，它是

[①] 活动的简要介绍，请参见 http://www.ec2.org.cn/en/news/ec2 – demo – zone – toolkit – review – session – held – beijing。

一种被多个国家、国际组织广泛应用于公共计划与项目的规划方法论。决策规划工具旨在"引导"从原始概念到实际执行的城市可持续性转型以及转型过程的管理。

此方法在20世纪70年代早期首次被美国国际开发署（USAID）用于对外发展援助项目，以工业/商业界的"目的/目标性管理"原则为基础。欧洲委员会（European Commission）在20世纪90年代将逻辑框架法作为欧洲发展合作的项目周期管理的一部分。基于逻辑框架法的类似方法亦被一些发展机构，如世界银行（World Bank）、亚洲开发银行（Asian Development Bank）、德国国际合作机构（GiZ）、丹麦国际开发署（DANIDA）等在其合作伙伴国包括中国采用。

在设计各种公共政策干预措施时，无论这些措施的复杂程度（小型项目或大型计划）、性质（有形或无形）、范围（相关行业、地区、本土）如何，逻辑框架法都是颇有助益的。运用此法能使我们确认系统性因果分析所推导出的一系列的手段—结果环节（目标层次）。此法能够帮助我们概览：在相关政策框架内的项目目标以及实现相关目标的手段和必要的资源需求。它包括项目采用风险管理策略的假设基础并提供了用于衡量监测结果与评估目的的信息。自设计伊始，与项目持续性相关的方面即被纳入设计中，以便从投资阶段后的前次公共政策干预措施中导出收益流。

逻辑框架法假定是实施者在对项目的设计和实施有了充分了解的前提下，充分关注受益人的实际需要。利益相关者根据其看法进行的咨询和问题分析是此方法的一个重要方面。这种方法拥有巨大的潜能，它能帮助所有的项目参与者针对有价值的、可行的观点进行交流并达成一致意见。然而，此种情况只是出现在实际讨论及谈判条件被接受之后。

决策规划工具箱包括3种工具。

（1）利益映射绘制工具

利益映射是一种分析项目利益相关者并反映它们之间关系的方法，它给出一个图表，以反映与这一项目有关联的个人、群体、机构或公司，它们可能是受益者、实施者、服务商或对手，并帮助建立一种利益相关者可在项目规划和实施阶段中参与进来的框架。

利益相关者映射是基于这样一种前提，即不同群体和机构有着不同的并与各自背景相关的利益、动机以及能力。这些需要在项目设计时就被确认并完全理解，从而实现社会、经济、制度效益最大化，并最大限度地减小不利影响。

（2）确定环节工具

确定环节指利益相关者代表们分析具体情境（城市、周边、示范区）的团体参与性事件，确定问题，并对接下来的实施流程达成一致意见。它是一种以对问题进行充分分析为基础，确定公共项目和计划的工具。

项目是一种实现创新的媒介，是一种把不利局面转化为有利局面的尝试。要想实现这种转化，关键在于在开始时头脑中有清晰的画面，并知道在干预过程中需要强调的问题。其运用包括勾勒出最初的不利局面（问题分析），把这种不利局面转化为有利局面（目标分析），并确定行动路线。

在这一环节中，利益相关者们会进行适当的磋商，并辅之以利益相关者分析。该磋商有助于确定优先顺序，同时检验一些目标实现的现实可行性，并确定实现期望目标可能需要的额外方法。

（3）逻辑框架矩阵工具

逻辑框架矩阵是总结复杂项目（目标层次、指标、验证源、外部因素/风险）的基本要素。它以结构化模式分析和组织信息，从而引导决策者理解项目的原理、目标以及实现目标的方法。逻辑框架矩阵既能用于项目设计，又能用于项目管理和评估。它是确定活动、资源需求、成本的基础，而且它可分离供不同的合作伙伴使用。只有完成利益相关者与问题的分析流程（如上所示）之后才应完成此矩阵。

在中国，基于逻辑框架方法的决策规划工具的应用，在发展合作项目（由欧洲委员会、世界银行、亚洲开发银行实施的）框架下能找到多种业绩记录。问题分析方法已用于中国的一些城市发展项目，中国一些直辖市也在使用类似工具，比如逻辑框架矩阵。

中国现状核实中的经验强调：利益相关者分析的系统应用，可以通过展示项目中其他有关实体的重要性，帮助扩大项目规划的范围。利益相关者分析对于以下两方面非常关键：与主要角色更加有效地交流，更好地确定主要角色需求的优先顺序。此外，确定每个利益相关者群体的适当代表非常关键，当然，利益相关者太迟参与项目可能导致其参与度较差或成为项目开展的障碍。

我们也已经注意到：利益相关者分析在一些情况下很难开展，例如缺乏参与文化、信息量太少或信息不明确，或者利益团体中或组织中存在矛盾。我们认为利益相关者的磋商过程缺乏助力是一个主要缺点。在很多情况下，通过非正式渠道从利益相关者获得信息是最有效的方式。

如果在确定问题时有公众参与（例如在北京市编制"年度关键问题清单"时的公共参与），解决这些关键问题的成功率会更高。不像往常那样在项目开始时先制定目标，而是先进行问题分析，这会更有效，因为这能找到真正的问题根源、目标群体、可实现的目标、可行的解决方案。当遇到技术问题时，确定环节方法是非常适合的，因为技术问题将通过技术方案解决；而遇到其他亟待解决的问题时，则很难通过这种方法解决。最关键的地方在于设定合适的指标，指标质量的改善可以有效提高结果和目标的可衡量性。

2. 参与：行动规划工具

这一工具箱从一开始就利用行动规划工具中的研讨会和参与方法，对城市规划者和城市管理者展开培训。行动规划工具帮助地方管理者理解并体验新型的管理流程，意识到这些工具在经济、环境、社会和文化方面的潜力和持续性。

行动规划工具的关键和常见因素为密集的、以社区为或利益相关者为基础的研讨会，会议时长为一至五天，取决于研讨会的具体目标：分享、规划、设计。研讨会的成果基本上是一份包含策略清单的发展计划、选项、针对问题处理的优先机会清单，一份囊括行动人员和行动时间以及行动内容的工作计划。方法以专业技术投入和社区间的平等关系为基础。

行动规划工具箱包括3种工具。

（1）活动分享工具

活动分享的目的在于对不同背景下（例如中国和欧盟）的经验和知识进行分享，这些经验和知识能影响或升级现有做法或产生新做法。活动聚焦于以不同视角（中国的和欧洲的视角）提出的某一个主题或问题展开，然后围绕问题的一些特征要素（关键词）展开讨论。围绕每个关键词提出两个问题："不利因素分析"（如弱势、风险、失败的方面、障碍）和"成功与有利因素分析"（如优势、因素、成功实践）。

经证实，这种方法在推动积极参与以及得出全面结论方面非常有效。在活动中，有组织地邀请参与者回顾经验并通过将意见写在卡片上的方式表达他们的观点，随后将卡片收集起来，形成讨论主题来推动深度交流。首先讨论"不利因素"，将会使讨论集中于怎样避免再次犯错。

（2）愿景研讨会工具

愿景研讨会指一种增加创新性发展参与机会的工具。在研讨会上，利益相关者可交流信息并讨论研讨会主题、创新发展工艺流程以及科技与创新对社会发展的影响。讨论的方向应被引导到：针对解决现有问题的方案的规划与确定，激发与会者的参与。愿景或情景研讨会旨在鼓励公开辩论，从而在社会、技术、环境之间建立一种平衡关系，并确保依照当地社区的愿望和需要实现可持续发展。

（3）情景规划工具

人们可利用此工具在结构化确定环节过程中制订行动计划并使受影响的利益相关方在该过程中创造性地参与。情景规划有利于发展城市发展方面的设计理念，让人们身临其境，帮助人们创造性地实现城市转型。

社区参与规划和发展的方法，即以使用简单模式让人们提出改进社区的想法并按优先顺序排列这些想法。

情景规划，又称社区规划，是一种高度可视的亲身实践的工具，让所有不同能力、不同背景的利益相关方都能轻松愉快地参与。

向由中国专家和政府的利益相关者组成的质量检测小组提交行动规划工具箱后，可以发现似乎在中国国情下应用欧盟的经验方面没有明显障碍。例如"分享活动"方法，尽管被称为"调查"，但在中国的应用非常广泛。展开政策调查时，在中国的"十二五"规划节能减排行动中，一些地区先召集关键的利益相关者，组织政府官员收集以前的经验做法，然后展开深入分析。实践证明：旨在提高参与意识的地区会议确实非常有用（研讨会和微博比起圆桌会议更加有用）。

愿景研讨会这种方法非常有趣，特别是对于地区参与者。在前期活动中，参与者发现：为将来的发展表达观点和建议是一件非常有趣的事情。但是，这需要一个适应过程：询问反馈后，他们的回答（尽管非常满意）是，口头讨论与日常的实际做法之间存在差距。而且，在被要求为优先顺序投票时，通常他们会明显不情愿表达出偏好，所以在中国不记名投票或许会更合适。中国的专家应有更多地这种机会确定地方发展的需求与"瓶颈"。

一些行动驱动法，例如"情景规划"在中国被公认为行之有效，因为在中国这种自上而下的方法非常普遍。我们感觉：和当地社区一起工作非常重要，但在随后的项目发展阶段就以"磋商"的形式展开。这都需要在最初的步骤中制定工作框架。

社区规划方法应将规划的城市发展阶段考虑在内，因为人们已经意识到更加国际化的城市，如上海和北京，往往比传统城市或小镇的社区更容易参与。

3. 开发：技术规划工具

技术规划工具有很多种，涵盖技术决策的很多部门：建筑、工业、运输、能源、材料、设备等。

每一部门和技术领域都有一套各自的工具（从规划、设计到实施），我们不得不先分类，然后从广泛应用于能源示范项目的工具中挑选合适的工具，为改善城市环境质量与能源效率作出贡献。

此工具箱有利于改进城市发展过程的规划和设计阶段，这一阶段始于城市/地区规模的能源平衡、地区/建筑层面的生态评估，止于挑选最佳技术方案的多功能工具，例如"多重标准分析"工具。

这些工具可以质化和量化能源方案的效果，评估选定的生态技术的环境质量，论证成本效益以及将综合的、创新性技术在城市发展项目中进行实际应用。

技术规划工具包包括以下3种。

（1）能源平衡工具

能源规划工具旨在满足城市层面上能源规划的需求，以从能源的观点评估和监测城市能源发展的效果。这一工具的具体目标为组织能源信息系统，给出一个图表，以展现流入城市系统的能源和不同部门（建筑、运输和工业）的最终需求间的关系，并以简化方法评估相关的污染物排放量。

（2）生态评估工具

生态评估工具体现市区环境可持续性方面的指标，以检查生态工程潜在的改进能力。基于创新型评估方法的"现场足迹"很容易预测并且可进行复制。依据绩效水平的估算，有八种不同指标：能源、交通、空气、水、废弃物、土

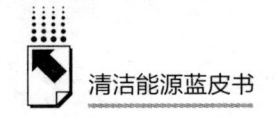

壤、材料、生物多样性，这些指标又可以归结到三个不同的层次：当前实践、最佳实践和模范实践（见图3）。

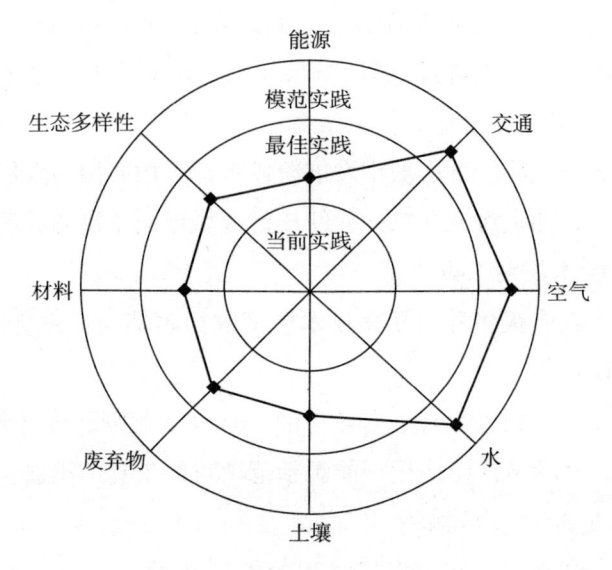

图3 多重标准分析示意

资料来源：作者独立制作。

（3）多重标准分析工具

多重标准分析工具被用来在选择性项目或不同类型解决方案之间进行比较性评估，当有多重因素（技术方面、经济方面、环境方面、社会方面）影响选择时，这一工具对做出最佳决策起着非常重要的作用，它能帮助在决策过程中处理复杂性问题（包括定性和定量方面的问题）。

中国政府和国家能源局已参与工具箱的开发，并致力于帮助地方政府更加有效地做出决策。根据中国的经验，前期的可行性研究是实施行动的最基本步骤，这些工具也是最初的决策规划工具，用在中国的流程中，以更好地进行前期的可行性研究。

"能源行动规划"方法论在欧洲已经标准化，有着共同的模板和可比较的结果，这在中国也同样可行，尽管这些方法被应用到城市中，也被能源和技术规划师用于满足城市要求。

"生态评估工具"是一种用于地区层面的工具，在最初规划阶段用来评估设计选择，我们认为直辖市的接受度很高，因为有了这些工具，城市决策者可以通过协调生态评估的八个方面、讨论和决定改进方面，来证明这些规划是否环保或兼容。这一工具有利于志向不同的城市决策者们聚焦于共同志向上。这是一种强有力的规划工具（如水、运输等）。

"多重标准分析"是一种人们熟知的工具，在中国广泛应用于比较规划建议，但是，中国的地方政府可以更好地利用这项工具，规划师应广泛应用这种工具来展现项目的潜力。它被认为是技术决策过程的焦点。

4. 投资：商业规划工具

此工具箱概括了基于公私伙伴关系（PPP）概念的三种主要商业与融资模型。

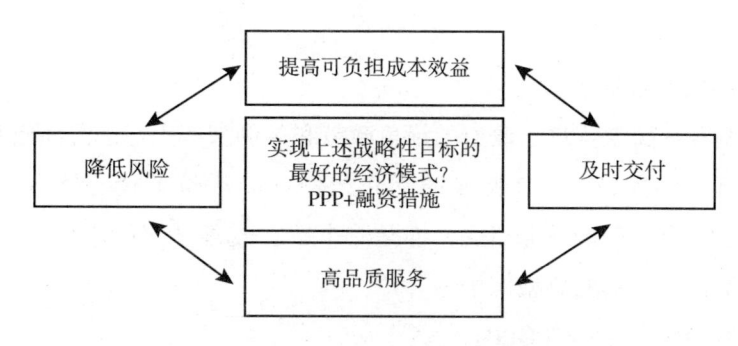

图 4 公私伙伴关系的战略目标

资料来源：作者独立制作。

在认识过度依赖公共补助和公共投资以促进欠发达地区（如中国西部地区）发展的局限性时，怎样使得融资渠道多样化及怎样创建有效的基于公私伙伴关系的方法，以实现绿色转变，对于一些区域和地区决策者们仍然是关键性挑战。在此背景下，开发绿色低碳商业与融资规划工具的总体目标应该为：①帮助地方决策者和技术人员建立并理解在区域/地区背景下的绿色低碳商业开发计划的战略性目标；②帮助地方决策者和技术人员获得实践工具和技能，以创造基于公私伙伴关系的融资机制，从而促进区域或地方可持续的能源和环境基础设施建设；③确定与公私伙伴关系和绿色低碳商业开发相关的需求的能力建设；④把握国际合作机遇，促进中国欠发达地区竞相激发绿色低碳潜力，并实现欧盟和中国间的共赢合作。

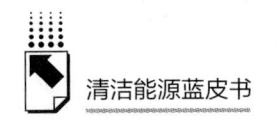

低碳绿色商业模型工具箱通过选择三项基于公私伙伴关系的工具来开发绿色低碳投资的财政与金融资源，并且提升投资效率。

商业规划工具包包括以下3种工具。

（1）项目融资

由于金融行业的流动资金限制以及项目数量众多（能源、社会、环境基础设施），项目融资正在成为增强信贷措施和缓解项目风险的结构化解决方案中越来越重要的一部分。

简单地说，项目融资涉及一个或多个赞助商提供的无追索权借款和权益。借款用于特定项目，可用的借款数额与此项目在一定时期内的产生收益直接相关联，因为这是偿还借款的方式，这一数额随后将调整以反映项目的内在风险。

（2）绩效型融资

绩效型融资高度依赖于政府的绿色政策和条例来产生与能源绩效和环境绩效改进方面相关的产品和服务的需求，例如，建筑节能。能源服务公司（ECSO）是一个新型的商业概念，亦是一个旨在改善终端用户/需求方能源管理的绩效型融资工具的典型例子。

（3）绿色公共采购（GPP）

绿色公共采购（GPP）涉及公共采购过程中的环境标准，因此采购过程可以说是一个有力的"市场创建"工具，刺激人们对环保型和资源节约型产品和服务的需求。绿色公共采购的主要原则包括：最佳性价比优先于（单纯的）最低价，公平、公开的竞争，透明度及可预测性，支持生命周期型成本与环境影响评估。

因为供应方（技术和供应商）和需求方（项目开发商和地方政府）未必平衡，亦不会自发平衡，所以导出现有模型是非常困难的。尤其是之前的中欧双边项目出现了重大的曲折：①在项目合作中找到适当的平衡通常是一项挑战，因为"城市可持续发展方案"中的供应方经常是分散的，很难实现协调与一致，而这一点恰恰是实现"长期高标准"绩效所必需的。②为了提供城市可持续发展方案，不仅需要技术方案，还需要财政机构和地方政府的支持和承诺。然而，迄今为止，绿色金融和绿色公共采购还处于不成熟的发展阶段。

③在城市可持续发展的背景下开展国际合作，开放和透明是引进外商投资与技术的必要框架条件；在使用商业规划工具以及打造中国的绿色区域发展的未来能力方面，如何提高绿色商业开发的市场条件以及如何为绿色投资建立起必要的金融基础设施将成为关键因素。

关于项目融资，公共补助和私人资本需被提到同一个平台上。欧盟—中国这个架构可服务于这一范围和"小舞台"（在这个舞台上，相关合作伙伴各司其职可能是最理想的）。中国目前正处于城市化的浪潮下，节能降耗已经成为各个城市的新目标，但是在这一过程中制定和审批新政策却是非常困难和耗时的，这也是为什么中国需要聚焦于工商业的原因。鉴于此，绿色投资银行可以是一个选择。商业参与不仅对中欧双边合作项目至关重要，而且对于绿色低碳发展方面的各项公共政策的有效执行亦至关重要。应进一步研究激励机制，即如何鼓励企业积极参与到深化节能减排的行动中来。

关于绩效融资工具，这一工具在中国已经过检验，然而，在"十一五"期间，ESCOs（能源服务公司）却由于商业参与不足和政策激励不足而面临诸多挑战。此外，立法框架亦需到位。因此，尽管 ESCOs 有兴趣参与，但依然面临重重挑战（例如能源价格、节能、能源激励政策）。要发挥节能的巨大潜力，就需严肃对待和消除 ESCOs 的发展障碍，例如开发商、建筑用户和终端用户之间利益错位，以及中国市场上薄弱的监管与执法方面存在的弊端。至于绿色公共采购，它的确可以成为带动绿色（成本效益型和环保绩效型）产品和服务需求的一个有利工具。在欧洲，公共采购市场规模很大（如该市场预计将达到大约 2 万亿欧元的年市场额，相当于欧盟 GDP 的 17% 左右），许多欧盟成员国已积累了丰富的绿色公共采购经验。在中国，公共采购的重要性正在日益提高，但仍缺乏经验，尤其在绿色公共采购领域缺乏经验。因此绿色公共采购应该能够成为中国—欧盟在《清洁能源和循环经济示范区框架》下合作的重要着力点。

四　结论

中国正追求的绿色转型过程和"生态安全"不论在政策层面还是技术层

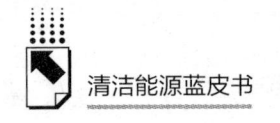

面，对于中欧合作来说，既是挑战也是机遇。

中欧清洁能源中心在乌鲁木齐开发的清洁能源示范区在以下方面，即中国城市如何利用公共干预工具和方法的有效组合以及市场主导型机制（在欧洲过去 30 年被证明是成功的）来实现清洁能源和低碳转型的宏伟目标方面，具有很强的示范潜力。

换言之，示范区起着一个实验室的作用。在这个实验室内，中国和欧洲通过实施环境改善、资源利用率提升、商业发展方面的实验，来协力实现互惠互利。中欧双方（中央和地方层面）均认为这一实验将会是一个双赢战略，能令双方的本土社区和投资者受益，并成为中国其他城市的示范和参考。

这个过程的关键是利用创新方法的正确组合解决城市示范设置的复杂性，而且这些创新方法需符合中国的国情并能被当地利益相关者所接受。尽管示范区的运作还处于初级阶段，但至今所积累的经验表明在中欧双方强有力的支持与承诺下，这是一项切实可行的尝试。而 EC2 作为中欧双方的利益相关者（包括公共机构、专家、研究中心与企业）的一个有效的、公认的平台则发挥其桥梁作用推动此项尝试不断向前发展。

The Clean Energy Demo Zone as A Case of Cooperation between the European Union and China

Roberto Pagani   Alessandra Merlo   Nannan Lundin

Abstract：The Europe-China Clean Energy Centre Project（EC2）is an implementing model of the cooperation between the European Union and China in the field of clean energy through the creation of a *Demo Zone*.

The Demo Zone is an urban area in a process of regeneration, in which European policy experience and technological solutions related to clean energy are introduced, based on tools and methodologies successfully adopted in European demonstration projects. Faced by the common challenges and in the search for shared growth opportunities, the EU 2020 growth strategy for a smart, sustainable and inclusive economy and the green and low-carbon transformation of the Chinese economy outlined in China's 12th Five Year Plan have laid a promising common ground for the emerging EU-China cooperation framework, supported by both shared political aspirations and concrete collaborative actions. In the ongoing and future policy-driven and action-oriented cooperation between Europe and China, energy security and sustainable urbanization are identified as two focal areas where both sides see common strategic interests as well as mutual benefits.

Given the challenges and opportunities inherent to the process of green and low-carbon transformation in China, and in particular in Western China, the clean energy Demo Zone that EC2 is developing in Urumqi, Xinjiang Region, represents a considerable potential for cooperation between Europe and China, at both the policy and the technology/business levels. The European urban demonstration projects have been chosen by EC2 as a reference background for innovative energy and environmental strategies in Chinese cities. A Demo Zone Toolkit has been developed, i.e., a methodological set for public decision makers to govern and manage urban projects, which have been tested in Europe with adaptations for the Chinese context. The key to this process is tackling the complexity of the urban demonstration setting, using the right mix of innovative methods, which are well accepted by local stakeholders. Although the operation of the Demo Zone is still at an initial stage, the experience gained so far shows that this is a viable endeavour thanks to the strong support and commitment from both the Chinese and the European sides. This is facilitated by the role of EC2 as an effective and recognized platform for the dialogue between the Chinese and the European stakeholders, including public institutions, experts, research centres and the business community.

Key Words: EC2; Clean Energy Demo Zone; Green and Low-carbon Transformation; Environmental Strategies

B.20
中国太阳能电池板出路在何方：如何在美国市场保持竞争力

Matthew Fellmeth *

摘　要：

　　2011年，光伏（PV）面板价格开始下降，2012年全年持续下降；随着价格的下跌，由于利润率下降，中国光伏制造商承受着越来越大的压力。随着市场日趋商品化和全球化，中国光伏制造商已经面向外界寻找核心业务来提高竞争力和收益。许多中国光伏制造商正在下游探索项目开发的盈利价值，而使项目开发活动成为一个独立的业务线是这项新业务成功和繁荣的关键。建立这个新业务线的唯一目标是提高盈利，研究团队必须了解如何把项目财务合理化，从而最终高效有计划地运行项目。制造商的核心业务之外的多元化总是带来新的风险，为了更有效地部署资本投资而实现利润最大化，有效地评估和减轻风险是必要的。

关键词：

　　太阳能电池板　中国制造商　项目开发　管理教育

　　自2011年以来，光伏（PV）电池板价格一直下跌，中国太阳能电池板制造商由于利润率下降承受着越来越大的压力。据《芝加哥论坛报》报道，太阳能电池板2011年价格下跌50%，2012年6月继续下降20%。随着大量光伏电池板价格下滑，美国商务部（DOC）5月20日初步裁定对出口到美国的中国太阳能电池模块征收31%~249.96%的关税。2012年5月的进口数字反映了DOC强加的4.76%的关税，但它们并不完全反映DOC最新决定的影响。根

---

* Matthew Fellmeth，美国雷茨尼克能源公司分析师。

据联盟对美国太阳能制造业（CASM）的消息，相比2011年5月，2012年5月从中国出口到美国的太阳能电池板下降45%。

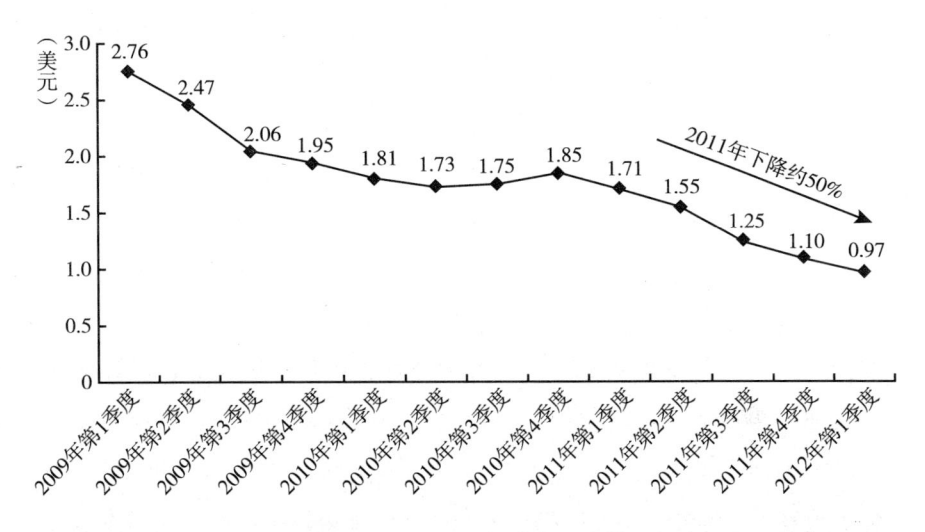

图1 美国 c – Si 组件在 2009 ~ 2011 年的平均价格（源自 GTM 研究）

在光伏产品价格的下降和联邦实施关税导致在美市场份额和销售利润率下降的情况下，中国光伏制造商已经面向国外寻找他们的核心业务来提高销售和收入。这通常需要扩大向上或向下的价值链。上游电池生产面临和电池板制造同样的挑战：利润缩水。因此，中国光伏制造商必须在下游寻求项目开发。在制造商进行项目开发多元化发展的辩论中，市场参与者分成了正反面两个阵营。但经过精心规划，管理层收购和对项目生命周期投资的理解，制造商可以开发新业务以提高利润。

投资：在项目生命周期？

准备就绪的项目非常适合投资者，但为了在项目生命周期添加价值，中国光伏制造商应该在开发过程中提前观察。制造商在寻找下游项目开发有两个主要的选择：项目收购和原创发展。

原创发展通常涉及更多的风险，但也可能带来更大的回报，并允许发起者来控制整个生命周期的项目开发过程。对原创的初始投资可能很大。首先，一个可行性研究将给开发人员关于在特定区域或特定位置的可用的资源一个明确的评估。可行性研究是一项投资，无论是在资本或人力资源方面，能够确定项

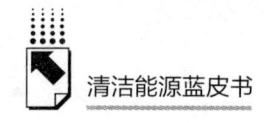

目潜在的可行性。其次，发起者必须在环境和相关联的研究方面投资，允许的话，预先设计和初始营销模式也包含在内。这个开发周期时间较长，失败率较高。考虑一个制造商的传统风险预测，原创开发可能涉及太多的风险从而很难成为对于制造商而言可行的选择。

项目收购涉及的风险较少，但需要更大的资本支出和更多的尽职调查来确保工程质量。在决定沿着项目开发生命周期收购项目时，制造商必须权衡他们愿意承担的风险和投资资本。制造商需要为特定的风险状况确定在项目开发周期中进行项目收购的最好时机。正如人们所预料的那样，制造商愿意承担的风险越大，项目所需要的资金通常会越少。因为风险预测对于制造商和项目开发者很不相同，它们有流程和程序来降低风险并且让高层管理者认识这些风险以及如何降低这些风险。这些流程和过程包括管理教育、构建一个可行的项目规划以及风险识别。

管理教育

第一，正考虑收购和开发项目的制造商应告知他们的管理层和董事会，这不仅仅是一个电池板市场的出路，它是一个与电池板的数量无关的运营和利润的额外业务线。管理层和董事会支持这种业务是至关重要的，如果没有它，新的体制将会失败。一个制造商的发展机构，实际上不应该被认为是放置电池板那样容易。是的，制造商通常会倾向于使用原公司的电池板，但在某些情况下使用竞争对手的光电板可能会给项目带来更高的投资回报。使项目开发活动成为一个独立的业务线对这种新业务的成功和繁荣来说是关键的。

建立一个项目规划和风险确认系统

第二，建立新业务线的单一目标是增加收入。为了成功地增加收入，新的业务线需要开发的不仅是单一的项目，更是一个项目整体规划。拥有一个有价值的项目整体规划将显示董事会和管理层在项目开发领域长期的盈利潜力。发展规划需要时间和耐心，为了获得一个有价值的项目规划，开发团队通常不得不从数以千计的项目中筛选，审查每个细节和识别可能的风险。开发团队不仅要审查项目和识别风险，他们也必须考虑低成本且快速审查可能的项目收购，并立即识别风险和机遇。这都需要经验丰富的团队来完成。全面的项目审查有时是冗长、乏味的过程，但它的确非常重要。花费多一点时间在收购前审查项目可以为以后的工作节省数百小时和数百万美元。然而，为了项目开发成功，制造商必须有能力承担风险及提供开发和建设的资本。一旦一个项目被选中，效率是最重要的，适当的规划是关键：运行团队必须了解需要做什么以将项目资金与运行紧密结合。

风险识别是项目规划的一个组成部分，能够识别和减轻风险的能力是通过亲自体验参与项目开发学习到的。早期风险识别可以给项目带来巨大的积极影响：不仅降低风险，同时也降低发展所需的生产总资本。根据项目的成熟程度，开发周期可以是几个月或几年，所以能够计划长期风险和预测市场变化是项目团队必备的能力。图 2 是一个包含很多风险的典型开发生命周期，但在前期开发和发展的第一阶段不包含全部。在开发的初期，不能过多强调为降低发展太阳能项目的风险的规划。

降低风险的最好的方式，可能会出现在稍后的发展过程之中，即在任何项目计划开始之前完成一个必要的关于投资时间和资金的全面的可行性研究。这个过程允许项目开发人员来分析风险和挑战以及相关项目机会，可行性研究将有助于确保项目在预算之内按时完成。完成一个 3 万美元到 10 万美元的可行性研究可以节省长期运行的数百万美元，因为及早发现风险有助于风险的处理或将风险过大的项目更换为一个更好的项目。另一个收益是，在获得管理层批准的环节，可行性研究报告会给项目开发商强有力的支持。一旦一个详细的可行性研究完成，假设已被批准，该项目将可以进入规划阶段。

在规划过程中，项目团队将制定一个详细的时间表，任务职责和预算安排，这些将帮助团队有效地安排资源和保证工程资金支持。具有最高质量的规划和项目管理（项目和高层管理）水平的组织在项目开发的过程中会拥有最高的成功率。毫无疑问，任何项目在发展的过程中都会有问题出现，但对于具有合适的规划和经验丰富的团队，大多数风险和项目挑战是可以克服的。

制造商发展项目并不是一个新概念。2012 年 6 月 21 日，根据美通社报道，加拿大太阳能公司宣布关闭交易，这个公司曾在 16 个约 190 千瓦到 200 千瓦的太阳能项目中获得了很大收益。根据 Ucilia Wang 和可再生能源世界的消息，有一些制造商参与了加拿大太阳能公司的项目开发。制造商比其他大多

清洁能源蓝皮书

项目发起与评估

- 可能发起的PV项目
- 高水平项目评论
- 放弃不适宜的项目
- 保留项目的可行性研究
  - 经济财政
  - 技术资源
- 为购买者和投资选择第一项目

- 尽职调查
- 执行
- 咨询
- 市场分析
- 财务结构
- 企业联合组织

交易

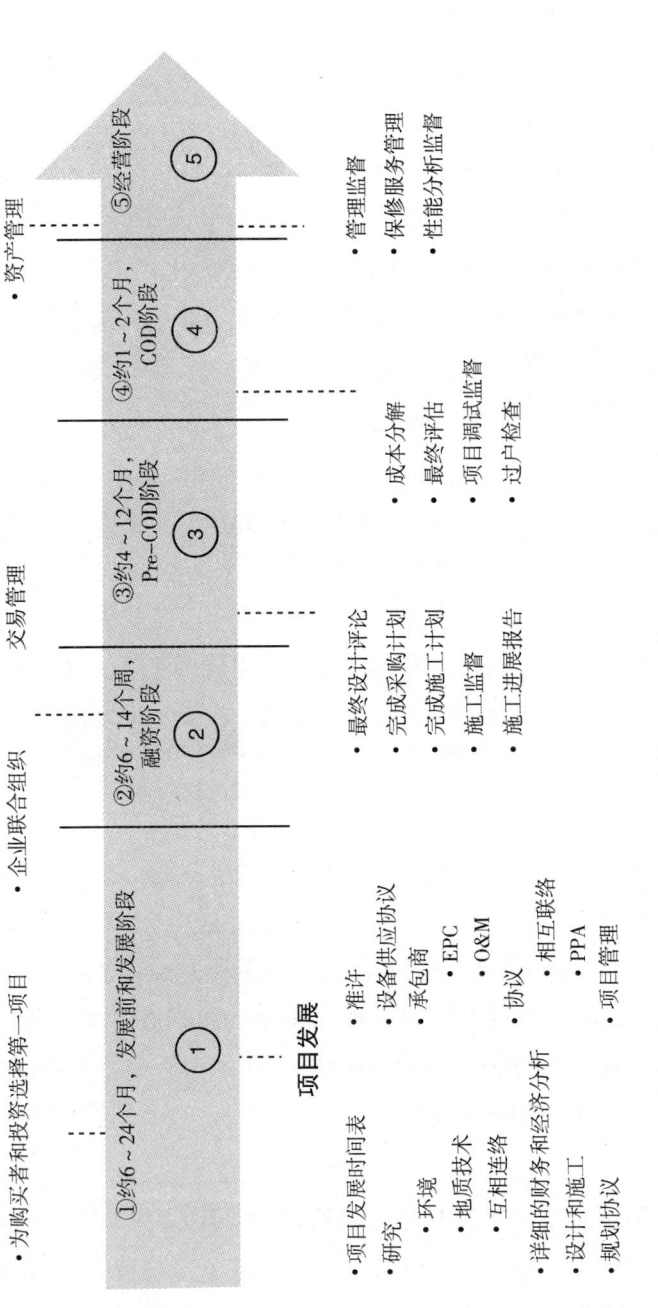

- 股权融资
- 债务布置
- 税收股票配售
- 资产出售
- REC 同意
- 交易管理

- 正在进行的审计
- 税款筹划
- 公司税款指导
- 资产管理

- 管理监督
- 保修服务管理
- 性能分析监督

项目发展

① 约6~24个月,发展前和发展阶段
② 约6~14周,融资阶段
③ 约4~12个月,Pre-COD阶段
④ 约1~2个月,COD阶段
⑤ 经营阶段

- 项目发展时间表
- 研究
  - 环境
  - 地质技术
  - 互相连络
- 详细的财务和经济分析
- 设计和施工
- 规划协议

- 准许
- 设备供应协议
- 承包商
  - EPC
  - O&M
- 协议
- 相互联络
- PPA
- 项目管理

- 最终设计评论
- 完成采购计划
- 完成施工计划
- 施工监督
- 施工进展报告

- 成本分解
- 最终评估
- 项目调试监督
- 过户检查

图2 项目发展生命周期

数项目开发人员更有优势，包括从建设融资到资本注入，有能力利用投资抵免税收，以及能够利用成本的光伏电池板、增加项目的利润。

这些优点资本化的关键是，在资源之外利用小但经验丰富的团队进行有效的项目管理。我们的目标是在创建公司最大金融价值的前提下尽量减少企业投资和风险。制造商可以通过发展项目创造企业价值，也必须注意有效地使用人力资源和资本资源。

（桑丽霞 编译）

Chinese Panel Manufacturers: Staying Competitive in the U. S. Market

Matthew Fellmeth

Abstract: In 2011, photovoltaic (PV) panel prices began to fall and have continued to fall throughout 2012; with this drop in prices, Chinese PV manufacturers have been under increasing pressure due to declining margins. With an increasingly commoditized and global marketplace, Chinese PV manufacturers have to look outside their core business to boost competitiveness and revenue. Many Chinese PV manufacturers are looking downstream to explore the benefits of project development on earnings. The ongoing debate about manufacturers diversifying downstream has divided market participants into two camps: pro. and con. . Manufacturers have two choices when it comes to project development: original development or project acquisition. Each option comes with a unique set of challenges and risks, ranging from contractual and financial to permitting and technology risks.

Key Words: Photovoltaic (PV) Panel; Chinese Manufacturers; Project Development; Management Education

B.21 结　语

经过近一年的准备,《2013年清洁能源蓝皮书》终于完稿出版,这是国际清洁能源论坛(澳门)成立一年后迈出的实质性的一步。自2012年10月该书发出征稿函之后,得到了国内外相关专家、学者和企事业领导人的积极响应,经专家多次会审,编委会从众多稿件中最终选定20篇论文登入蓝皮书。这是反映国内外清洁能源发展的第一本蓝皮书,抛砖引玉,以飨读者。

综观全球,清洁能源的发展无一例外地得到了各国政府的重视。作为一种新兴产业,发达国家在清洁能源的科学研究和生产技术上处于领先水平,但发展中国家正迎头追赶,也取得了可喜成绩。2008年之后全世界范围内的金融危机对清洁能源的发展造成很大冲击,唯有中国在发展清洁能源和能源清洁技术上坚定不移,呈现一花独放的局面,对全球减排作出了很大贡献。截至2012年,中国在水力发电、风能利用、太阳能热利用等建成规模上居世界第一位;核电、太阳能光伏发电在建规模全球最大;生物质能和电动汽车的研发取得重大进展。2011年后,迅速兴起的新能源形成很大的产业链,但由于欧美国家放慢新能源发展步伐并对中国太阳能光伏电池板等出口进行"双反",致使中国以太阳能光伏产业为代表的部分新兴产业出现暂时的产能过剩。中国政府正在加大结构调整,积极扩大内需,继续坚定不移地发展清洁能源,为世界节能减排作出更大贡献。

由于时间紧迫,我们编写蓝皮书经验不足,在选编中难免挂一漏万,以偏概全,很多好的论文和案例未能收录,拟通过各种形式在将来补充交流。

感谢各位作者、编委的辛勤劳动,感谢社会科学文献出版社杨群总编辑、王晓卿编辑、张金勇编辑等"皮书"专家的指导,感谢澳门基金会、澳门博彩股份有限公司、中国长江三峡集团公司、北京宝策公共关系咨询有限公司的鼎力支持。

国际清洁能源论坛（澳门）常务副理事长
袁国林
2013 年 7 月于北京

权威报告　热点资讯　海量资源

当代中国与世界发展的高端智库平台

皮书数据库 www.pishu.com.cn

皮书数据库是专业的人文社会科学综合学术资源总库，以大型连续性图书——皮书系列为基础，整合国内外相关资讯构建而成。包含七大子库，涵盖两百多个主题，囊括了近十几年间中国与世界经济社会发展报告，覆盖经济、社会、政治、文化、教育、国际问题等多个领域。

皮书数据库以篇章为基本单位，方便用户对皮书内容的阅读需求。用户可进行全文检索，也可对文献题目、内容提要、作者名称、作者单位、关键字等基本信息进行检索，还可对检索到的篇章再作二次筛选，进行在线阅读或下载阅读。智能多维度导航，可使用户根据自己熟知的分类标准进行分类导航筛选，使查找和检索更高效、便捷。

权威的研究报告，独特的调研数据，前沿的热点资讯，皮书数据库已发展成为国内最具影响力的关于中国与世界现实问题研究的成果库和资讯库。

皮书俱乐部会员服务指南

1. 谁能成为皮书俱乐部会员？
- 皮书作者自动成为皮书俱乐部会员；
- 购买皮书产品（纸质图书、电子书、皮书数据库充值卡）的个人用户。

2. 会员可享受的增值服务：
- 免费获赠该纸质图书的电子书；
- 免费获赠皮书数据库100元充值卡；
- 免费定期获赠皮书电子期刊；
- 优先参与各类皮书学术活动；
- 优先享受皮书产品的最新优惠。

卡号：9172989971745208
密码：

（本卡为图书内容的一部分，不购书刮卡，视为盗书）

3. 如何享受皮书俱乐部会员服务？

（1）如何免费获得整本电子书？

购买纸质图书后，将购书信息特别是书后附赠的卡号和密码通过邮件形式发送到pishu@188.com，我们将验证您的信息，通过验证并成功注册后即可获得该本皮书的电子书。

（2）如何获赠皮书数据库100元充值卡？

第1步：刮开附赠卡的密码涂层（左下）；

第2步：登录皮书数据库网站（www.pishu.com.cn），注册成为皮书数据库用户，注册时请提供您的真实信息，以便您获得皮书俱乐部会员服务；

第3步：注册成功后登录，点击进入"会员中心"；

第4步：点击"在线充值"，输入正确的卡号和密码即可使用。

皮书俱乐部会员可享受社会科学文献出版社其他相关免费增值服务
您有任何疑问，均可拨打服务电话：010-59367227　QQ:1924151860
欢迎登录社会科学文献出版社官网（www.ssap.com.cn）和中国皮书网（www.pishu.cn）了解更多信息

社会科学文献出版社 皮书系列

"皮书"起源于十七、十八世纪的英国,主要指官方或社会组织正式发表的重要文件或报告,多以"白皮书"命名。在中国,"皮书"这一概念被社会广泛接受,并被成功运作、发展成为一种全新的出版形态,则源于中国社会科学院社会科学文献出版社。

皮书是对中国与世界发展状况和热点问题进行年度监测,以专家和学术的视角,针对某一领域或区域现状与发展态势展开分析和预测,具备权威性、前沿性、原创性、实证性、时效性等特点的连续性公开出版物,由一系列权威研究报告组成。皮书系列是社会科学文献出版社编辑出版的蓝皮书、绿皮书、黄皮书等的统称。

皮书系列的作者以中国社会科学院、著名高校、地方社会科学院的研究人员为主,多为国内一流研究机构的权威专家学者,他们的看法和观点代表了学界对中国与世界的现实和未来最高水平的解读与分析。

自20世纪90年代末推出以经济蓝皮书为开端的皮书系列以来,至今已出版皮书近800部,内容涵盖经济、社会、政法、文化传媒、行业、地方发展、国际形势等领域。皮书系列已成为社会科学文献出版社的著名图书品牌和中国社会科学院的知名学术品牌。

皮书系列在数字出版和国际出版方面成就斐然。皮书数据库被评为"2008~2009年度数字出版知名品牌";经济蓝皮书、社会蓝皮书等十几种皮书每年还由国外知名学术出版机构出版英文版、俄文版、韩文版和日文版,面向全球发行。

2011年,皮书系列正式列入"十二五"国家重点出版规划项目;2012年,部分重点皮书列入中国社会科学院承担的国家哲学社会科学创新工程项目;一年一度的皮书年会升格由中国社会科学院主办。

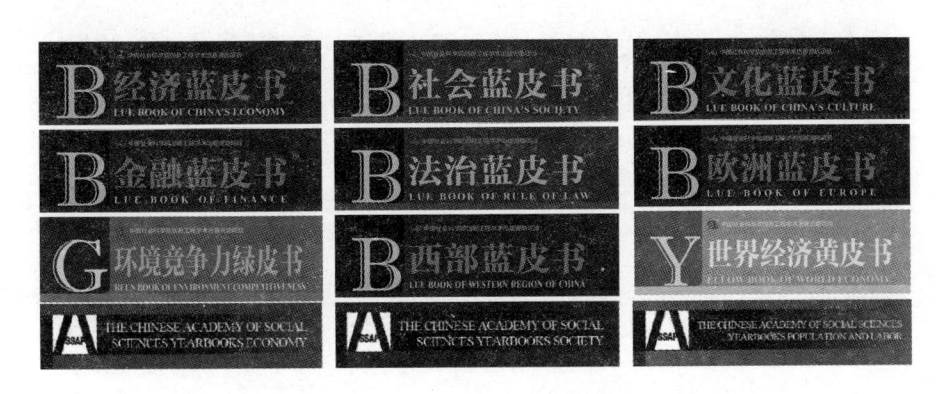

法律声明

"皮书系列"(含蓝皮书、绿皮书、黄皮书)由社会科学文献出版社最早使用并对外推广,现已成为中国图书市场上流行的品牌,是社会科学文献出版社的品牌图书。社会科学文献出版社拥有该系列图书的专有出版权和网络传播权,其LOGO(　)与"经济蓝皮书"、"社会蓝皮书"等皮书名称已在中华人民共和国工商行政管理总局商标局登记注册,社会科学文献出版社合法拥有其商标专用权。

未经社会科学文献出版社的授权和许可,任何复制、模仿或以其他方式侵害"皮书系列"和LOGO(　)、"经济蓝皮书"、"社会蓝皮书"等皮书名称商标专用权的行为均属于侵权行为,社会科学文献出版社将采取法律手段追究其法律责任,维护合法权益。

欢迎社会各界人士对侵犯社会科学文献出版社上述权利的违法行为进行举报。电话:010-59367121,电子邮箱:fawubu@ssap.cn。

社会科学文献出版社